"博学而笃志，切问而近思。"
（《论语》）

博晓古今，可立一家之说；
学贯中西，或成经国之才。

复旦博学·复旦博学·复旦博学·复旦博学·复旦博学·复旦博学

博学 复旦博学
现代旅游学教材系列

章海荣 著

旅游文化学

Culture of Tourism

复旦大学出版社
www.fudanpress.com.cn

内容提要

追寻古人足迹，回溯文化源头，人类自从文明史源初走来，从没停止过追寻和拓展生活空间场所的脚步。旅游不仅体现出社会限制和家园疆界的突破，同时意味着民众对异乡的知识的认知。本书除绪论与综论外共分六章，论述了旅游文化学学科的理论、旅游的主体——一定文化的负载者、旅游地生态文化系统、城市文化与城市精神、人际交往与文化传播、旅游文化震惊和文化冲突等。本书的特点是配合案例，同时提供阅读材料及文化链结，使全书更通俗、更完整。

本书适合各大专院校旅游等专业师生，广大旅游爱好者。

人 是 "动物"

——章海荣先生《旅游文化学》序

人是动物。这话无论从物理学或人类学来说都是对的。人的本质就在行动。"树挪即死,人动则活"。中国的古话也很早就叙说过这样的道理。

依据人类学的现行说法,人类祖先最早在非洲发源。后来由于气候变化等原因,人类开始走出非洲,向四方扩散,成为如今广布全球的物类。以此推测,早期的人类移动,主要受自然界的食物牵引,范围限于资源数量、种群规模和获食能力。一般来说,只要能够满足基本的生存需要,特定的人群和个体大多会有较为稳定的生活区域。除非生态环境发生剧变,人类不会轻易作出长距离空间转移的决定,尤其不会到生计艰难的地方去。

后来人类发明了驯化植物和动物的方法,从而不仅改变了食物来源并也转变了自身,即分别演变出靠种地为生的农民和以放牧为业的牧民等不同"族群"。在新演化出来的生存方式里,农民开荒种地,春播秋成,精耕细作,乐业安居。这种农耕类型的群体,多依大河流域繁衍,念土思家,重守成,轻迁徙。在东亚内陆,经过漫长岁月的陶冶承继,形成了费孝通所言之"土地捆绑"的文明。而在大漠草地,牧民们居无定所,跟随自己赖以为生的牛羊,逐水草而行,无论日常活动的半径还是总体移动的空间,都大大胜于终年"面朝黄土背朝天"的农民。不过农牧民之外,人类还演化出另一种靠海为生的类型。他们或下海捕鱼,或出洋贸易。而相比之下,后者的游历范围显然又超过了草地牧民。

中国的文化,自秦汉以后便越发以农耕为主,并滋生出"我为中心、四方荒野"的心界。秦始皇大筑长城,分割了城墙内外农、牧两种类型。墙外的游牧部落,平时在各自的冬、夏草场生息,战时则彼此联盟,纵马驰奔,游动在一望无际的茫茫草地,突显着自由自在、游动不拘的习性。长城里面的农民,不但受着土地的捆绑,还遭到中央集权的诸多控制,越来越丧失人作为"动物"种类的迁居自由和行走天性。到了明清时代,政府不但在全国强化编户管辖,甚至在各地遍设关卡,强令不得不跨地经营的民间商贾,必须先向官方领取印照,验证放行;在西南地区甚至规定马贩出行"伙伴不得过十人",违者惩办[①]。在这种封建专制的

---

① 《〈清实录〉贵州资料辑要》,贵州人民出版社,1964年。

治理下,乡土民众日益习惯于画地为牢,"鸡犬之声相闻,老死不相往来"。久而久之,便深信"在家千日好,出门一日难"的古训确切无疑。这样的传统严重制约了中国民众的眼界和知识来源,使其对外界的认识受制于书本描绘与官方宣传,以至于在对人类世界的了解上,长期局限于故乡本土和"自以为中"的东亚一隅。

幸好就在中国文化的脉络中,还有庄子"逍遥游"精神和玄奘、徐霞客式的"行万里路"实践,才为封建专制的"捆绑文化",注入了恢复人之行走自由的一线生机。近代以后,从下南洋发展的沿海村民开始,直到赴东洋求变和到西洋留学的书生文人,走出国门的一批批有胆之士进一步冲破本土藩篱,把国人眼光带向更为广阔的天地,开启了连通世界的全球之旅。自此,非但在原本铁板一块的社会结构里出现了南来北往的全民流动,甚至长期沉眠于"华夏中心"梦魇的整个中国,都可说像艘摇摇晃晃的老船一样,被推入了与四方交通的漫漫旅途。

于是,现代意义上的旅游,不仅体现出社会限制和家国疆界的突破,而且意味着民众对异乡的知识由间接向直接、从书本向经验的复归。它的兴起、普及和发展,打破了信息由官方和精英的单向垄断,促进着社会的民主进程,帮助公众在你来我往的流动中重新获得人的身体解放和行走自由,并在相互观察的过程中反省自己。

当然上述情景还只是理想图式。在现实生活中,世界各地的旅游状况均有弊端,有的方面可以说困境重重。由于社会地位、经济实力等的明显差异,目前的旅游还多半是强势群体到弱势地区去的猎奇观光。而在货币利润和短期效益的驱动下,从事旅游开发的地方政府和大小商家,每每以各自收益为重,几乎是不经思考地就把每一处具有特色的地方当作可任意经营的"旅游地"资源。这种外来式旅游开发不顾当地民众的主体权益和生存远景,未经许可就自行动手,结果是造成本土文化的急剧改变,甚至导致众多珍贵的地方性传统的永久性破坏和丧失。

那么如何在发挥旅游为人之解放提供广阔空间的同时,免除其带来的各种弊端呢?就目前的情况而论,人们似乎还没有找到最佳途径。

由此看来,旅游作为人类行为的重要方面,值得研究的内容很多。对其加以关注可再次提醒人们:不但旅游是文化,文化更是"旅"和"游"。以这样的背景来审视,如今"旅游文化学"一类论著和学科的出现,可谓应运而生。我个人的看法是愿其能够在保持学术中立的基础上,对比中外旅游事象,探讨人类作为动物自"走出非洲"以来的古今演变,进而认识全球连通后的相互远景。

章海荣学兄是我多年老友。自1969年以"知识青年"身份从上海都市南下苗疆务农以后,他在异土他乡"漂流"数十载,在对山村野趣的感同身受中,增加了对文化多元的真切体认。如今重返沪地,任教于全球化声浪中的高等学府,面对现实,潜心学问,完成了以旅游文化为题的论著。在我看来,在其表面一本正经的学理论说背后,其实更流露出游历于城乡之间和远行之后的人生感悟。

海荣强调说,"人类自从文明史源初走来,从没停止过追寻和拓展生活空间场所的脚步"。(见本书绪论)

谁能让这样的"脚步"停止呢?"土地的捆绑"不能,社会差别不能,家国疆界也不能……

因为说到底,人是动物。

是为序。

徐新建
2003 年 11 月于岷山之旅

目 录

绪 论 追寻古人足迹,回溯文化源头 ·················· 1
  一、迁徙的足迹 ··· 2
  二、神话的启示 ··· 4
  三、智者的业绩 ··· 8

第一章 旅游文化学学科和核心理论 ················· 13
  第一节 旅游文化学的理论构成及学科归属 ········· 13
    一、旅游文化定义及其思考 ···························· 13
    二、以文化交流为核心的体系构成 ··················· 17
    三、非定居的全球趋同的旅游生活 ··················· 19
    四、休闲、游憩与旅游一体的学科 ··················· 20
    [阅读材料1-1 美国著名大学旅游学研究和专业归属] ··· 23
  第二节 旅游文化学的支撑学科 ······················· 28
    一、旅游学文化内涵的学科化研究 ··················· 28
    二、文化社会学对目的地的文化研究 ················ 31
    三、专注于文化传播的跨文化交流学 ················ 35

第二章 旅游主体是一定文化的负载者 ·············· 40
  第一节 人是文化的产物 ································ 40
    一、人类起源和文化起源同步 ························· 40
    二、自然环境是影响文化创造的第一变量 ·········· 43
    三、区域性文化特征与民族性格 ······················ 47
  第二节 主体的文化身份与文化品味 ················· 52
    一、主体的文化身份与人格个性 ······················ 52
    二、东西南北中,一方水土养一方人 ················· 56

　　　　[阅读材料2-1　中原文化,忠义厚道] ………………………… 57
　　　三、旅游主体文化人格的塑造 ……………………………………… 59
　　　　[阅读材料2-2　为旅游的生活] …………………………………… 61

第三章　旅游地生态文化系统：村落与市镇 ……………………………… 64
　第一节　农耕经济为基础的村落文化 ………………………………… 64
　　　一、村落文化的起源 ……………………………………………… 65
　　　二、村落聚居地的一般特征 ……………………………………… 69
　　　三、村落文化举例：徽州与黔东南 ……………………………… 71
　第二节　文化、文化丛和文化区域 …………………………………… 79
　　　一、文化与文化创造 ……………………………………………… 80
　　　二、文化层与文化丛体 …………………………………………… 82
　　　三、文化圈与文化区域 …………………………………………… 85
　第三节　市镇起源与繁荣的商贸文化 ………………………………… 91
　　　一、商业、手工业兴市 …………………………………………… 91
　　　二、开放带动了移民 ……………………………………………… 93
　　　三、河运促进了商贸 ……………………………………………… 96
　　　四、繁华商贸誉满九州 …………………………………………… 98
　案例思考1　江南古镇,碧波中的一叶 ……………………………… 101
　　　一、石桥廊棚水中游 …………………………………………… 102
　　　二、粉墙黛瓦居家人 …………………………………………… 105
　　　三、水乡明珠永留存 …………………………………………… 108

第四章　城市文化与城市精神 …………………………………………… 114
　第一节　城市的文化生态系统和早期城市 ………………………… 114
　　　一、自然生态与人文生态 ……………………………………… 114
　　　　[阅读材料4-1　北京的门,又多又大又雄奇] ………………… 116
　　　二、西方早期城市的历史观察 ………………………………… 118
　　　　[阅读材料4-2　城堡山,中世纪的布达佩斯] ………………… 122
　第二节　城市形象的改造与观赏 …………………………………… 125
　　　一、旧城与新区,城市形象的评价 …………………………… 126
　　　二、生态与通达,城市形象的感悟 …………………………… 129

三、城市景观与空间序列的美 …………………………………… 133
第三节　城市的个性和文化特色 ………………………………………… 136
　　一、感悟城市的文化个性和特色 ………………………………… 137
　　二、北京、香港、巴黎和纽约的文化特色与精神品位 ………… 143
案例思考2　中国民居与北京四合院 …………………………………… 152
　　一、我国各地民居撷英 …………………………………………… 152
　　二、四合院，中国民居建筑的代表 ……………………………… 160
　　三、北京四合院与胡同游览 ……………………………………… 162

第五章　人际直面交往与文化传播 …………………………………… 165

第一节　旅游，当代民间跨文化交流活动 ……………………………… 165
　　一、跨文化交流与当代世界旅游大趋势 ………………………… 166
　　二、旅游，在异质文化中的交往 ………………………………… 170
　　［阅读材料5-1　我在原始部落走婚］…………………………… 174
第二节　旅游跨文化扩散与涵化法则 …………………………………… 178
　　一、旅游带动的文化扩散 ………………………………………… 179
　　二、文化涵化和涵化因素 ………………………………………… 181
　　三、文化涵化的一般优势法则 …………………………………… 183
第三节　旅游跨文化整合与转型 ………………………………………… 188
　　一、旅游跨文化整合 ……………………………………………… 189
　　二、旅游目的地的社会转型 ……………………………………… 193
　　三、旅游主体文化身份的转型 …………………………………… 199
案例思考3　民族旅游和旅游民族 ……………………………………… 206
　　一、他乡期待：旅游启程前的"异者幻像" ……………………… 206
　　二、现场观赏：展演互动中的身份转移 ………………………… 208
　　三、村寨旅游：客人进门后的日常变异 ………………………… 211
　　四、分析与结论 …………………………………………………… 214

第六章　旅游文化震惊和文化冲突 …………………………………… 216

第一节　旅游交往中主体的文化震惊 …………………………………… 216
　　一、跨文化交流中的文化差异 …………………………………… 216
　　二、旅游者的文化震惊 …………………………………………… 219

三、文化震惊产生后的障碍·· 222
［阅读材料6-1　感受萨乌那］·· 224
第二节　文化震惊的原因与理解·· 226
一、文化震惊的心理探索·· 227
二、种族中心主义和文化相对论·· 230
三、对跨文化的理解和适应·· 233
［阅读材料6-2　一位文化学者的意大利之旅］······································ 238
第三节　旅游在我国民族地区产生的影响·· 242
一、利弊影响的分析和关注·· 243
二、超容量接待引发的文化冲突·· 248
［阅读材料6-3　权力边缘的曼春满］·· 255

综　论　**当代休闲消费：演绎文化的产品**·· 260
一、当代文化消费趋势·· 260
［阅读材料综-1　环球嘉年华登陆上海］·· 264
二、休闲文化与休闲生活·· 268
三、走向后现代的文化消费·· 273

主要参考文献·· 279

后记·· 282

绪论　追寻古人足迹,回溯文化源头

人为何去旅游?这似乎是旅游心理学有关旅游动机的问题,而且旅游心理学已对此作出了回答,诸如求知、求美、求名望等等。如果,我们再追问,再思考,旅游何为?即会发现,旅游与人类的关系,旅游与人类文化间的渊源,并会感悟于旅游在人类生存和发展中存在的合理性。作为文化创造的主体,人类自从文明史源初走来,从没停止过追寻和拓展生活空间场所的脚步。今天我们提出这一问题:旅游何为?在稍许思考后,在我们的思绪中便会凝聚起三个关键词:人类、旅游、文化。而当我们着眼于探索旅游的奥秘,无论从怎样的视角进入,在一定的深度,总有一个概念在等待着你,那就是"文化"。我们思考旅游文化,反之它又推动我们进一步解答"旅游何为?"

在人类诞生后的历史发展中,有过很多与旅游相关、相似、类似的活动,如迁徙、游牧、漂泊、商贸、征伐、差役、出访乃至后来的地理发现、移民等等,但这些都不是旅游,至少现代学者在整理旅游历史时并不把上述生活事象看作是旅游。思路宽泛的作者,在追溯旅游历史的起点时,想到了遥远的古代,扯出"人猿相揖别"的话题来。如陈颖先生在《力的奔放美的热恋——中国古代旅游说数》第一章"朦胧难觉的前夜"中这样说:"正是基于这样的理由,我们便以此种方式开始了中国古代旅游史的叙述,认定了三皇五帝——这些英雄时代的巨人们率先迈开了中华民族涉渡江河、登攀峻岭、穿越林莽、驰驱旷原的步伐。是神话、是传说,自然更是青史,使他们得以成为中华民族祖先的代表,从而也就因此享有了被礼崇为中国古代旅游事业的揭幕人的殊荣。"[①]这仅仅是个"前夜",也仅仅只是被礼崇为古代旅游事业的"揭幕人"。在王淑良先生编著的《中国旅游史》中,用了更多的篇幅,阐述着这样一个观点,他认为:"史前的'旅游'就是行路、开创步履。我们的祖先在自然条件的压抑下,在改造环境和创造生活中迈出了坚定的步履,女娲为'补天'而去行路,寻找五色石;有巢氏为使'民悦之'去行路,教民'构木为巢,以避群害';燧人氏为取火而去行路,发明了钻木取火;伏羲为繁衍人类而其行路,'教民嫁娶';神农氏为繁荣农业生产而去行路,开创新生活,因此,

---

① 陈颖,《力的奔放美的热恋——中国古代旅游说数》,旅游教育出版社1990年版,第1页。

史前的'旅游'（即行路）就是人类与自然作斗争，就是开发和改造自然，开创新生活。……传说中的黄帝作为中国旅游文化的播种者和始祖，不仅在于探幽历险开创旅游的实践作用，而且还在于建设旅游的文化作用。也就是说，在探幽历险中他善于学习和探索，建立了华夏民族文化，是名副其实的造物主。"[1]这两位作者的这些叙述，包含着一个观点：人类旅游的最初源头存在于人类诞生之初即原始初民为生存而进行的迁徙之中、劳动之中。这一观点的意义在于，它将似乎是在社会经济发展到一定程度后才广泛兴起的旅游活动的起因，奠定在人类诞生之初为生存和发展，为生活、生产的一切"行路"之中。这实际上是从人类的生产实践中，从人类生存与发展的一般生活中来追溯和理解旅游活动。这样的观点无疑将旅游植根于人类文化创造的发展与进步之中，植根于人性的完善与追求之中。

将旅游活动的产生原因奠定在人类生存与发展相一致的基点上，似乎仍没有回答旅游何为。但是，它开阔的思路给了学术界一个启示，即人类旅游现象的性质就在人类生存与发展的基本性质之中，这无疑地涉及旅游现象的文化人类学意义。以笔者之见，与其说旅游的历史可追溯到人类诞生之初的生产劳动及反映在神话史诗中的民族迁徙中，不如说人类诞生之初的迁徙、狩猎、游牧、漂泊等为生存和发展的文化创造，折射出人类转换生活空间和开拓生活领域的本质。人类与生俱来就有不断拓展生活空间的要求，这是人类存在和发展的历史依据或本质特征，而旅游仅仅只是拓展或转换生活空间在一定时代的表达方式。如果是这样，那么，我们在回答旅游何为时便有了一个收获，那就是：为探索人类文化创造中的旅游和旅游在人类文化创造中的关系，为探索旅游文化的存在开辟出一条坚实的道路。

在进入旅游文化学正文之前，笔者先作一个三段式般的铺垫和引导：在确信历史的真实中窥视人类遥远的历程，进而洞悉文化与旅游的关系；在远古迹近神话的诗史中启示想像的升华；归于先哲在周游世界的寻觅中昭示后人的伟大智慧。

一、迁徙的足迹

回溯人类诞生后所走过的脚步，我们看到，在原始文明的条件下，采猎人过着顺乎自然的生活。他们必须随着季节的变化到不同的地区去采猎维持生计的必不可少的食物，由此，他们是根据牧草季节性的生长规律，追随着野兽生存的

---

[1] 王淑良编著，《中国旅游史·古代部分》，旅游教育出版社1998年版，第13～14页。

节律而漂泊、迁徙。人类是从对植物果实的采集和对动物的狩猎作为主要生活手段进化而来。迁徙中的采集和狩猎这两种活动曾是人类在原始群落期间延续了百万年以上的生存状态。那也就是古猿进化成人类,人类大脑新皮质出现并不断增厚的年代。转换生活空间的迁徙和漂泊与人类的诞生同在,与人类成长、壮大同在。

进入新石器时代以后,在那些雨水充足、河水泛滥和土地肥沃的平原地带,听天由命的被动性的采集活动逐渐发展为依循自然气候节律而进行能动性的农耕劳作。而农耕活动的必要条件和直接后果使人类逐渐开始定居生活。即此,人类揭开了文明史的序幕。相对而言,在那些牧场辽阔、水草丰盈的草原地带,狩猎发展为对动物进行驯养的畜牧活动。由于动物必须追逐水草为生,因此以驯化动物来获取主要生活资料的民族就走上了一条迁徙不居的游牧道路。至此,农耕和游牧作为人类两种文化模式开始分道扬镳。

游牧民族主要分布在地球的荒漠、高原、山地、大草原上。这些地区大多不适宜进行农业生产。在一些适合农业生产而定居的地方,经历了由季度性定居向永久性定居的过程。在美洲墨西哥、秘鲁等地,人们经历了从公元前10000—公元前5000年的游牧生活,到公元前5000—公元前3400年经过原始农业的发展,才逐渐定居下来。而真正形成村落文明则是公元前1500年左右的事。在西亚北伊拉克的萨威·克米、巴勒斯坦约旦河谷的那利哥、小亚南部的沙塔尔·休于等地,公元前9000—公元前7000年左右,已经出现了季度性和永久性的定居点;在南亚的印度河流域的俾路支斯坦,于公元前4000—公元前3500年左右,山麓、河谷等地出现了居民点;而真正形成村落文明则是公元前3500—公元前2500年之间的事情。中国村落文明的形成距今已有6000—7000年历史了。从黄河流域的仰韶文化中,如西安半坡和临潼姜寨等大规模聚落遗址,已可看出当时村落布局和经济生活的状况。丹麦的马格尔莫斯(Maglemosian)文化大约在公元前6000年左右过渡到定居生活。散住在波罗的海沿岸至英法海岸的马格尔莫斯文化先民,他们用火制的石斧建筑房屋,制造独木船、弓箭,一方面从湖泊、沼泽、森林中采集食物;另一方面又以独木船、鱼叉、鱼钩、鱼网为工具,捕鱼捉蟹;同时还不同程度地饲养家畜,种植谷物。在海滨沿岸的居住地不少,虽规模不大,但三五成群错落分布。随着新石器时代的到来,人类先后在美洲、欧洲、西亚、东亚等地区,以动物的驯养、繁殖和植物的种植为标志,开始了一场畜牧业和农业的革命。村落文明的出现正是这次革命的结果。

村落文明是人类由采猎游牧生活走向定居生活所产生的一种文化形态。这种新生活方式和文化模式的产生显示了它自己一系列的特征。这其中最大特征就是定居本身。定居从根本上放弃了以全体成员改换生活空间来获取物质资料的生活方式。在采猎和游牧的时代，人类谈不上什么旅游，因为根本上就在流动、在迁徙。定居以后，人类的生活也从没有停止过拓展或转换生活空间的步伐，他们为开拓疆土而进行民族大迁徙或漂泊；为发掘财富而跨越大洲、长途商贸；为发现新的生存之地和新大陆而远征、拓疆和移民……在人们的无意识中存在着一个永恒的迁徙的也是居无定所的情结。定居只是为从单位面积的土地上获得更多的生活资源；定居只能是人类生活的一种方式。在人类的历史中有了定居的"合理存在"，定居也就成了迁徙或游走的对立面而存在。今天的人类，迁徙和游牧的步履已是十分沉重，漂泊的民族也已逐步融入当地的世居民族，等等转换生活空间的古老方式正在消失其原初的动力。代之而起的，是人类迁居、商贸、各种跨文化的互访交流和旅游等等。今天，定居和广义上的旅游作为人类生活互补的两极而共同构成人类发展与完善的图景。是此，如何定义旅游，旅游起始于何时都不重要，重要的是旅游和定居各自在人类的完善和发展中所处的位置，各自的功能，各自的价值及它们互补结构的合理存在。

二、神话的启示

遍布于世界各地的诺亚方舟或类似诺亚方舟的传说，应是纪念伟大造船业开端的故事。人类制造航船的历史已经有 25 000 年或 30 000 年的历史了，最早的航海者是用木头或吹胀的皮革负载浮在水面而航行。早期在埃及和苏美尔人已经在用树枝编成的小舟上用松树脂塞住树枝间的缝隙，再用皮革包裹起来航行。在建造金字塔以前，红海中就已游弋着船只。在地中海和波斯湾公元前 7000 年左右开始有船只航行。那时的船只大概多数是渔船，但也有商船和海盗船。在巴比伦建立帝国、汉穆拉比执政时，闪米特人以商人和漂泊移居者的形象，出现在整个地中海地区。他们沿地中海东岸修建了一些海港；在西班牙定居，驱逐了伊比利亚族的巴斯克人(Basque)；组织远征军越过直布罗陀海峡，在非洲的北岸建立起了殖民地。

在提出"旅游文化"概念的罗伯特·麦金托什的《旅游学》一书中有一小段话，说在古希腊的一个时期，人们盛行乘坐小船作短程航海；但到了伊阿宋(Jason)和传说中的亚尔古英雄(Argonauts)时期，人们认为旅游要比正常生活更有兴味，于是便修造了大船去远航，寻求金羊毛。

传说中的亚尔古英雄们在准备获取金羊毛的航程前确实造了一艘有史以来最大的、也是最精美轻巧的大船。那是在雅典娜的指导下，希腊最优良的造船者用在海水里不会腐朽的木料造成一艘华丽的大船。它可以容纳 50 名桨手，并以造船者阿尔戈斯的名字命其船为"亚尔古"。这是希腊人行驶在大海上的第一艘大船。船首用多多那的神异橡树上的一块木料造成,这是女神雅典娜的赠品。船的两侧装饰着极富丽的雕刻。这船很轻,英雄们可以将它扛在肩上接连行走12天。

罗伯特·麦金托什将远古时期古希腊英雄为获取金羊毛而远航,看作是旅游文化的第一事件。由是,我们在此追踪亚尔古英雄们的足迹,探寻他们这一不凡的文化创造和远征的业绩。

伊阿宋是伊俄尔科斯王国的合法继承人,但他父亲去世后,叔父珀利阿斯篡夺了王位,他被迫逃往他乡。成年后,他回到了家乡,叔父并没有立即将王位和王杖归还给他,而是给他出了一个难题。叔父说道:"很久以来,佛利克索斯的阴魂总是在我的梦中显现,他要我带给他的灵魂以平静,旅行到科尔喀斯的埃厄忒斯王国去,取来那里的金羊毛。这种寻求的光荣将是你的,当你带着你的荣耀和锦标归来时,你将得到王国和王杖。"这就是为何有取金羊毛这次航行的缘由。看来这是一次包含着阴谋的"寻求光荣"的历险。问题是伊阿宋并没想到这是一次必死无疑的阴谋,似乎全希腊人都没有将这次旅行看作是一次阴谋。因为全世界都认为这金羊毛乃是无价之宝。很久以来希腊也听到了关于金羊毛的传说。许多英雄和王子都希望得到它,所以珀利阿斯用关于这奇异宝物的梦想来鼓励他的侄儿伊阿宋的做法并没有错。伊阿宋也真的非常愿意去。他没有看出叔父的计策是要他死于这次冒险,反而以神圣的诺言答应完成这次探险。这就为这次流传于后世的著名旅行涂抹上一层考验年轻人能力、智慧和表现勇敢精神的荣耀色彩。这是一次出于自愿的旅行,尽管开始出发前曾有过王权的承诺(其结果伊阿宋等亚尔古英雄取回了金羊毛,珀利阿斯并没有兑现继承王位和王杖的诺言),但获取金羊毛毕竟只是荣誉、力量、智慧等希腊人心目中英雄的象征,这次远航也只是建立丰功伟绩的壮举。获取金羊毛的出行只能是一次以旅行本身意义来证明自身价值的事件。

这次旅行有很多悬念,首先目的地科尔喀斯在黑海岸边,至于埃厄忒斯王国在哪里却不知道,路线怎么走也不知道,没人去过那地方;其次,这一走要多少时间也无从计划。所知道的只是一个传说:金羊毛是神祇赫尔墨斯的礼物金公羊死后的皮毛,曾传至战神阿瑞斯手中,战神阿瑞斯将它钉在了树林里,由毒龙看守着。神谕告诉埃厄忒斯国王说:"他的生命全靠他能否保有这金羊毛。"由此说来,获取金羊毛是一个虎口拔牙、与虎谋皮的事情。或许正因为获取金羊毛是一种英雄的历险、一种挑战,才激发起希腊人的热情,激发出他们的智慧。神话中说,船上的50位英雄都是自愿参加这英勇的盛举并通过拈阄认定个人在船上的位置。

　　大船在这50位希腊英雄的驾驶中出发,先后经历了愣诺斯岛、佛律癸亚海岸、比堤尼亚海湾、阿密科斯半岛。最后在比堤尼亚对岸下锚上岸,遇到了英雄阿革诺尔的儿子菲纽斯。年迈的菲纽斯帮助了希腊英雄,给他们说了一个如何到达科尔喀斯的预言。"最初"他说,"你们将去到欧克塞诺斯海峡湾中的撞岩,那是两座陡峻的岩石的岛屿,在大海中没有根基,只是浮在水面上;有时海流将它们聚拢来,有时潮水又将它们分开。假使你们不愿被挤成粉末,你们必须飞快地用力从它们当中驶过,如同鸽子飞过一样。经过那里之后,你们将去到玛里安底尼,那里是地狱的入口,很有名。你们将经过许多别的岛屿、河川、海岸、阿玛宗女人国和前额上流着汗从地里挖掘铁矿的卡吕柏斯人居住的地方。最后你们将到科尔喀斯海岸,宽阔的法纽斯河从那里倾泻入海。你们将看见高耸着的阿厄忒斯王的堡垒,就在那里,不眠的巨龙看守着悬挂在橡树最高枝上的金羊毛。"至此,亚尔古英雄们第一次听到关于如何到达目的地的指导。他们在旅行中获得了知识,增长了见识。

　　神话没有流传下关于这次航行共经历的时间和里程是多少,但从所遇事件和经历推算,似乎和中国唐玄奘西土取经相同,得用年作为计量单位。就旅行所发生的事件来分析,有几点是可以肯定的。

　　一是不同地区的人的流动。伊阿宋回来时带回了妻子美狄亚,还有两名帮助伊阿宋获得成功的年轻人。在50名希腊英雄中,赫剌克勒斯和波吕斐摩斯没有回来,留在了中途所经之地。波吕斐莫斯留居于密西亚人中,并为他们建立了一座城池。此外,在归途中,埃厄忒斯国王派了大舰队追赶已取得了金羊毛并带走了埃厄忒斯国王女儿美狄亚的希腊英雄,一直追到淮阿喀亚人居住的阿尔喀诺俄斯岛。此时伊阿宋已和美狄亚结为合法夫妻,按阿尔喀诺俄斯国王的规定,克尔喀斯人不能将美狄亚要回。阿尔喀诺俄斯国王劝追赶者或者留居在他的国土作为和平的居民,或者乘船离去。因为得不到美狄亚,他们不敢回去见自己的国王。于是,科尔喀斯大舰队所有成员选择了留居在阿尔喀诺俄斯,成为和淮阿喀亚人一起生活的居民。

　　二是各区域物资、物品的交流。这种交流很多,仅凭有明确记载的来看,愣勒斯人接受了女王老保姆的正确建议"用一切方法送给外乡人礼品,这是很对的"。果然在伊阿宋礼节性地拜访女王后,和女王握别,回到海边,妇女们用快车载着许多礼品跟来了。在希腊英雄离开愣勒斯时,除了带走了这些物品外,同时还带走了女王送给伊阿宋的一件华丽的长袍。这件长袍后来又由伊阿宋连同许多礼物一起送给了美狄亚的弟弟阿布绪尔托斯。希腊英雄们离开科尔喀诺俄斯时也赠给那里的人十分丰富的礼物。这样的物资交流正是不同区域的人们不同文化的交流。

在阿尔戈斯向他外祖父埃厄忒斯国王介绍希腊英雄们时说道:"帕拉斯·雅典娜帮助他们建造他们的船,那不同于科尔科斯人所用的船。让我告诉你,我们——你的外孙的船是最可怜的,所以一阵风来,就碎成破片。但这些外乡人的船这么坚固结实,所以能抵抗暴风雨,同时他们自己也不断地摇着桨。"这样的介绍和见识,就如同当今的一次外国产品和工艺展览,无疑是国际间的文化交流与传播。

三是各地区各种人之间的友谊、理解的互助。以伊阿宋率领希腊英雄取金羊毛的故事和唐僧师徒四人西天取经相比,有一点相当鲜明的不同。唐僧师徒历经九九八十一难,西游记强调了拜佛取经的艰难与险阻;古希腊英雄们也遇到了战争、谋杀、疾病、死亡和灾难,但这其中更多的是人与人之间的了解、谅解、交流、缘分、友谊、情感、爱情等带来的欢乐。

愣勒斯岛的妇女们热情地接待了希腊英雄,成了英雄们的情人。行期一天一天的推延,直到留在船上的赫剌克勒斯当面大骂那些只顾寻欢作乐几乎忘了使命的同伴。"你们都是些坏蛋!"他对他们说,"在你们的故乡你们不是有足够的妇人么?难道你们都为了妻室才到这里来的?你们愿意像农人一样耕种愣勒斯的田地么?当然喽!神祇会替我们取得金羊毛放在我们的脚边的!我们各自回乡也许会更好一些。让伊阿宋取了许普西皮勒,在愣勒斯岛繁殖子孙,从此听着别的英雄创立丰功伟绩吧。"

在比堤尼亚海岸,希腊英雄们拯救了年迈的菲纽斯,帮助驱赶走不断折磨他的名为美人鸟的凶恶怪鸟。菲纽斯美美地享受了圣餐并恢复精力后,给漫无头绪的亚尔古英雄们讲了一个预言,指明了获取金羊毛的路线和要诀。

依照菲纽斯的预言,亚尔古英雄们来到了达卡吕柏。在这里,他们意外地遇到了四个衣衫褴褛,看上去好像穷得一无所有的青年。其中的一个向他们走来,说:"不论你们是谁,请帮助沉船的可怜人吧!给我们衣服穿,给我们食物充饥。"伊阿宋帮助了他们,青年们也说出了自己的姓名和出身,"你们一定已经听说过阿塔玛斯的儿子佛里克索斯,他带着金羊毛到科尔喀斯。埃厄忒斯王和他的长公主结了婚。我们便是佛里克索斯的儿子们,我们的父亲不久前刚去世。为遵从他的临死遗嘱,我们必须航行去取他遗留在俄耳科墨诺斯城的宝物"。至此,亚尔古英雄们才真正地接触到了金羊毛的当事人。此后这四个青年给了伊阿宋莫大的帮助。因为取回金羊毛也是他们的事业,埃厄忒斯是他们共同的敌人。

类似上述的理解、互助和友谊传说中还有很多。

四是不同地区的人不同习俗间的交流。阿密科斯柏的波布律西亚人对外乡人有一条苛刻的法律:"没有和他赛过拳的人不许离开他的领土。"希腊英雄只能接受这样的习俗,否则便无法离开那里。年轻的波吕丢刻斯自告奋勇地和波布律西亚国王赛拳,并赢了他。在达卡绿波司希腊英雄们遇到了以开矿为生的阿玛宗人。神话中说:"这里的人民不耕种土地,不栽种果木树,也不在潮润的草地上繁殖牧畜。他们惟一的职业乃是在坚硬的土地上掘出矿石和铁,以此交换食品。"在这里,希腊英雄们还遇到许多别的民族。

　　远航的英雄们最后获得了金羊毛。他们应该获得金羊毛,因为,在古代任何一次成功的远航都将获得"金羊毛"。那不仅是使英雄们成名的荣耀,而且是推动英雄的种族进一步壮大的物质的和精神的力量。

　　伊阿宋率希腊英雄远航获取金羊毛的历险,尽管宏伟、壮阔如史诗一般,但毕竟迹近神话。高尔基曾说:"神话不是无谓的幻想,它的基础是实际的真理,是经过想像的补充并以指导集体的生活行动为使命的真理。"[①]从古希腊亚尔古英雄的远航故事分析中,我们得到了某种有关旅游与文化内在关系的启示。

三、智者的业绩

　　罗伯特·麦金托什的《旅游学》中曾说:"哲学家泰勒斯(Thales)、毕达哥拉斯(Pythagoras)和柏拉图(Plato)都游历过埃及;亚里士多德(Aristotle)在他建立旅游学校之前,曾经访问过小亚细亚。"[②]要辨析旅游与文化的关系莫过于看看这些古希腊大哲学家们的行踪。在欧洲文明的发祥地,古老的希腊、爱琴海、小亚细亚、地中海周边,知识、思想和智慧在旅行和周游之中。正是在旅行中,不同区域里人民创造的知识、思想和智慧才能在传播、交流、碰撞中融合,共同推动着古代哲学的发展和前行。

　　西方哲学起始于古希腊米利都学派的哲学家泰勒斯。他的"水是一切的始基"该是西方哲学史的第一个命题。评价米利都学派的重要性并不是因为它的成就,而是因为它之所以成为整个西方哲学史起点的原因。米利都是一个富庶的商业城市,那里原始的偏见和迷信经由许多城邦国家的相互交往而最先被冲淡。神话和零散的自然科学能诞生出古希腊的哲学精灵的正是由于米利都与巴比伦、埃及等地区相互接触、相互交流的结果。史载米利都和埃及有着重要的关

[①] 参见外国文学教学参考资料编写组,《外国文化教学参考资料第一辑》,福建人民出版社1980年版,第61页。

[②] 〔美〕罗伯特·麦金托什,《旅游学——要素实践基本原理》,上海文化出版社1985年版,第15页。

系,埃及王依靠希腊的雇佣兵而建国,并且专设一些开放城市与希腊做贸易。埃及毫无疑问地影响了希腊。

米利都学派的第一位代表人物泰勒斯曾成功地经商,常年航行于海上,感悟于水、云、雨、海循环而有格言"水是最好的"。泰勒斯曾旅行到埃及,传说埃及国王要他求出一个金字塔的高度。他等太阳照出自己身影的长度与身高相等的时候,就去测量金字塔的影子;这个影子当然就等于金字塔的高度。在我们所读到的许多哲学史著作中,几乎都认为他将埃及几何学知识带回了希腊,并曾根据在陆地上的两点所做的观察去推算船在海上的距离。当时希腊的几何学大体上是凭经验而落后于同一时期的埃及。这一点大致可以确认。由此似可相信泰勒斯曾得之于埃及文化的启发而丰富、发展了古希腊人的演绎式几何学。

米利都盛行伊奥尼亚学风,在其西渐于埃利亚之地后逐渐形成了一个新学派。其早期的著名学者是色诺芬尼。色诺芬尼原是克罗封人,在世的年代约公元前570—公元前475年。在他25岁左右时因避波斯的统治,出走他乡漂流各地,经过了整个青年、中年和壮年时代,直至晚年才留在埃利亚。多年的游学和讲学形成了他的哲学思想。他的思想为本地的巴门尼德所接受,并发扬光大,成一家之言。芝诺继起而宣扬其说,由此便形成历史上的埃利亚派。埃利亚派的思想承继着米利都的哲思和问题。

据记载,毕达哥拉斯也到过埃及。毕达哥拉斯是萨摩岛人,大约鼎盛于公元前523年。有人说他是一个叫姆奈萨尔克的殷实家庭的儿子。在他的时代,萨摩被僭主波吕克拉底所统治。毕达哥拉斯不喜欢这个政府,便离开了萨摩岛。毕达哥拉斯出走埃及,他的大部分知识都是在那里学得的。他最后定居于意大利南部的克罗顿。讲到毕达哥拉斯的哲学自然会涉及古希腊数学,似乎这又涉及希腊与埃及文化交流的问题。英国哲学家伯特兰·罗素在研究西方哲学史古希腊哲学部分中,似乎是在说明一个观点,也是当时的历史事实,无论希腊人在艺术、文学和哲学方面的成就如何,他们在几何学上的成就也是无可疑问的。他们从埃及得到了一些东西,从巴比伦那里也学得一些;而且他们从这些来源所获得的东西,在数学方面主要是粗糙的经验,在天文学方面则是为其非常悠久的观察记录。数学的证明方法,则几乎是完全起源于希腊。看来,文化交流推动着学术繁荣与智慧创建,古今同理。

古希腊著名的智者普罗泰戈拉约公元前500年生于阿布德拉。他曾两次访问雅典,第二次的访问不会迟于公元前432年。"智者"原意差不多就是"教授"。一个智者是一个以向青年传授有用知识为生的人。当时还没有"学校"这类教育的公共设施,所以智者们只教那些自备束脩的人或者由家长出束脩的人。当时的雅典和许多别的城市,政治民主制获得了胜利,但在削减旧贵族世家富人的财富方面却毫无成绩。富人享有教育的机会,有闲暇去游历。他们热衷于论辩,并在其中磨炼了机智。普罗泰戈拉的壮年就是向这类人收费施教,周游于希腊各个城邦。

巴门尼德是意大利南部爱利亚人,其活动鼎盛期约公元前五世纪上半叶。根据柏拉图的记载,苏格拉底在年轻的时候(约公元前450年左右)曾和巴门尼德有过一次会面——当时巴门尼德已经是一个老人,苏格拉底从他那里学到好些东西。从柏拉图所具备的学问与哲学思想中,我们至少可以推断苏格拉底及其学生柏拉图曾受过巴门尼德学说的影响。

原子论的创始者是留基波和德谟克里特两位。他们很难区别开来,因为他们通常总是被人相提并论,而且留基波的某些作品后来还被认为是德谟克里特的作品。留基波活动的鼎盛期约在公元前440年。他来自米利都,继承了与米利都相联系着的科学的理性主义的哲学,他受到了巴门尼德和芝诺很大的影响。德谟克里特是色雷斯的阿布德拉人。他游历过南方与东方的许多国家,获得了不少知识。策勒尔称他"在知识的渊博方面要超过所有的古代的和当代的哲学家,在思维的尖锐性和逻辑正确性方面要超过绝大多数的哲学家"。马克思在将德谟克里特与伊壁鸠鲁相比较的博士论文中说,德谟克里特"不安息地走遍了世界各地",他"努力从埃及的祭司、波斯的迦勒底人和印度的裸体智者那里寻求知识"[1]。

柏拉图生于公元前428年,即伯罗奔尼萨战争的最初年代。当雅典战败时,他还是一个青年,他把失败归咎于民主制。他是苏格拉底的学生,对苏格拉底怀有深厚的敬爱;而苏格拉底是被民主制判处了死刑。柏拉图因老师被判刑而避难海外,游历埃及、意大利和西西里岛等地。回到雅典后,他开办了一所阿卡德米(Academy,学院)。这所学院里开设的主要课程除哲学外还有算术、平面几何、立体几何、天文学及和声学等。

在以后的著名哲学家中,如亚里士多德来到雅典做柏拉图的学生时仅约18岁,他在学院里一直求学近20年,至柏拉图逝世为止。这之后,亚里士多德开始了他的游历和游学。严群先生在他的《分析的批评的希腊哲学史——前苏格拉底部分》一书中这样说道:"大家知道,西洋文化起源于希腊民族。这民族的文化领域却不限于他们的本土——希腊半岛。整个地中海的海岸及其中的岛屿,东自小亚细亚,西自意大利南部,即西西里岛,都是他们文化的势力范围。除希腊

---

[1] 参见马克思,《博士论文》,人民出版社1973年版,第10页。

半岛以外,其余都是他们的殖民地。古代的文化往往发生于近水之民,因为水陆交通比陆地容易,交通便利能使他们与外界接触,多见世面。其次,近海地方,气候变化比较剧烈,其居民多受刺激,因而对自然界易起反应,由惊异而生思想。古代西洋民族,只有希腊人占有这种地理上的优势,所以他们成了西洋文化的鼻祖。

至于希腊文化中主要部分的哲学,却不产生于本土,而产生于殖民地。其创始派的米利都(The School of Miletus)派就是他们在小亚细亚一个殖民地——米利都——上的产品。当时希腊泛海之民多是经商,随处建立殖民地。殖民地之中以米利都为最富庶,因为那是东方的小亚细亚,算是世界繁华之区,希腊商人趋之若鹜,在那里所建的殖民地也比别处兴盛。希腊哲学产生的前夜,正是当时贵族政治的末日。政府对于人民,不分贫富,全用高压手段。于是富者迁徙,贫者流亡,这是因本土政治不良,而逼出殖民的结果。殖民的生活惟有经商,经商的效果,贫者转富,富者更富,生活优裕,利于冥想。这是希腊哲学所以诞生于殖民地,尤其是诞生于商业中心的小亚细亚的缘因。"[1]

从上述最古老智者的游历实践中,我们已无可怀疑地认识到旅游带来文化的交流。司马云杰对此则一言概之,"文化交流是文化发展的重要途径。……文化接触是实现文化突变、产生新文化的重要条件。那么,这里我们可以说,文化交流是文化接触的最密集的渠道。沿着这个渠道,我们可以看出文化发展的轨迹。……在古代,文化流通的渠道是很小的,它只是通过战争、旅行等偶然机会进行着"[2]。

古代有史记载的大迁徙、大流动或大征战比比皆是,如《荷马史诗》所记载的希腊远征军历时十年的特洛伊战争。公元前4—公元前3世纪,随着亚历山大的东征,罗马成为地中海的第一大霸国。中世纪也不是一个恪守家园的时代。公元9世纪以后,西欧有一段时期被称为"北欧海盗时代"。十字军多次东征,为西欧人打开了解东方、联系东方的一条道路,使中世纪的西欧人知道了海外的世界。马可波罗和他的游记在欧洲可谓家喻户晓。俄罗斯民族斗士伊戈尔的东征以及成吉思汗大军的西征所造成的历史事实,成为人类发展史上永不磨灭的一页。由此,在我们的思想中已经能够勾勒出一幅简单的逻辑发展图:跨出家门—旅行、征战、商贸……—文化交流—文化的创新和发展。

人类学家做过一个统计,迄今为止在我们这个星球上生存过的人约有800

---

[1] 严群,《分析的批评的希腊哲学史——前苏格拉底部分》,商务印书馆1981年版,第3—4页。
[2] 司马云杰,《文化社会学》,山东人民出版社1987年版,第363页。

亿,其中90%是采集狩猎者,6%是农业生产者,工业社会的成员只占4%。这就告示我们,这800亿人口的90%以上,都是生活在迁徙状态之中。人类最早的直至最近的常态性生存状态,是伴随生活空间的转换而迁徙走动着。在人类的历史中存在过采猎、游牧而不知家在何处的时代,而从没有过单一的定居时代。从根本上说,地球作为一个整体,无论它是"海上的龟背"、球体、"村庄",还是宇宙中的一艘航船,它都是人类大家庭的完整居住地。严格的区域性定居也就是封闭,封闭就会导致静止、退化乃至毁灭。在人们的内心也是人类的集体无意识中是否存在着一个永恒漂泊的、居无定所的情结?定居生活是否是出于无奈而为之?事实是在历史的发展中,当一部分人已无须游走或迁居,居家生活已一切就绪之时,旅游——或者就是深藏于他们无意识中迁徙、游走情结的必要补充和代偿。这时,旅游肩负起了推动文化交流和创造生活的神圣使命,成为推动发展、拓展生命力必不可少的动力。

[课外阅读书目]

1. 〔美〕罗伯特·麦金托什,《旅游学——要素实践基本原理》中第二章旅游文化,上海文化出版社1985年版。

2. 威斯布,《希腊的神话和传说》中阿尔戈英雄们的故事,楚图南译,人民文学出版社1978年版。

3. 〔英〕伯特兰·罗素,《西方哲学史(上)》,马元德译,商务印书馆1976年版。

第一章 旅游文化学学科和核心理论

旅游文化学[概念链接1-1]，一门尚在构建中的新兴学科。旅游文化作何理解？是旅游过程所涉及的文化现象？是以旅游作为生活方式而创建的文化模式？抑或是旅游主体"人文化成"过程加上旅游目的地文化冲突与涵化过程？是旅游中介体文化？诸如星级宾馆、现代交通和旅行社管理文化？等等设想，似乎都可冠之以"旅游文化"概念。旅游文化，特别是作为一门学科的旅游文化学，应如何凸现出其赖以构成学科的独特性？旅游文化学以何种核心问题为自己研究的对象？当今致力于旅游文化学研究的学者们正试着给出自己的答案。

第一节 旅游文化学的理论构成及学科归属

我国各大院校开设旅游学专业后，旅游文化是一门较早受到关注的课程，它和旅游学概论、旅游经济学、旅游心理学、旅游美学等一起，构成我国各大院校旅游专业的主干课程。我国学者偏重理性的完整性，从旅游是人类一项活动这样的高度来思考。提出：旅游是一项具有双重结构，即经济学外壳和文化学内涵的事业，文化是旅游活动的内涵、实质或目的。这样的观点较易为我国学者接受和认同。在旅游人才的培养教育中，旅游文化的知识和探索不能散见于旅游资源、旅游美学、旅游地理、旅游民俗等课程中。一部突出学科特点、核心理论和学科体系基本成熟的适合旅游专业教学的"旅游文化学"教材，成为该学科当前首要的任务。

一、旅游文化定义及其思考

人类对世界的认识总是在向前发展着，新的实践和生活领域总在向外拓展。到了某一时候，社会生活中某一领域里会出现一些已有学科所无法解决的问题，而这些问题，特别是其中的核心问题不解决就会阻碍社会实践和生活的进一步发展。这时，研究新问题、创建新学科就被提到了议事日程，同时解决新问题也有了其现实存在的客观基础。由此可说，现实社会在生产、生活有了新领域的拓展且有了一定影响后,这个领域里的核心问题却是现有学科理论所无法解决的时候,新学科就必然被提出来。旅游文化学就是这样一门新的学问,抑或也是一门正在探索和成长、成熟着的新学科。

　　几乎所有以旅游文化命名的教材,都给出了关于旅游文化概念的定义或界定,而且思路也比较一致,即从文化概念入手,通过已有对旅游文化概念界定的参考,从旅游过程中主客体遭遇、消费和产生的文化这样的思路框架,给出了自己的定义。谢贵安认为:"旅游文化是人类文化在旅游中的普遍显现。"对旅游文化进行分析,可从三个层面,即旅游的精神层面、旅游的制度层面、旅游文化的物质层面。"从旅游活动的全过程来看,旅游文化又包括旅游主体(旅游者)、旅游中介体(旅游制度和企业)、旅游客体(旅游对象)和旅游社会环境四环节的文化"[①]。从谢贵安的定义中,我们获得一个突出的印象是其旅游主体、中介体、客体的体系结构。这一结构可看作旅游文化学研究早期的一个收获。马波用了整整一章的篇幅阐述文化概念,在引述了中外学者对文化的解说后,给出了自己的定义"旅游文化是旅游者和旅游经营者在旅游消费或旅游经营服务过程中所反映、创造出来的观念形态及其外在表现的总和,是旅游客源的社会文化和旅游接待的社会文化通过旅游者这个特殊媒介相互碰撞作用的过程和结果"[②]。这一定义最有价值的地方首先是其包含着一种思想,即强调了旅游文化是一种交流过程而产生的文化现象。笔者以为,这已涉及旅游文化的核心内容。其次,马波强调的是"消费"和"经营"过程中所创造出的文化。以笔者之见,如果在此中仅仅看到企业文化的层面,那就失去了意义,旅游企业不外乎是服务性企业,有关服务企业的文化又何须旅游文化学来研究?旅游消费和经营构成了旅游生活的一个实质内容,从文化创造的视角来看待旅游生活,那么它的特殊性在于它不是定居地的居家生活所创造出来的目前世界上业已存在的任何一种文化。旅游生活创造出了一种新的文化模式或类型,而且这种文化模式或类型正在世界各地随着旅游的发展而发展着,与后现代社会的文化消费一起同步地发展着。沈祖祥也从解释文化概念入手,然后概述已有的旅游文化定义,最后给出自己的定义:"旅游文化是一种文明所形成的生活方式系统,是旅游者这一旅游主体借助旅游媒介等外部条件,通过对旅游客体的能动的活动,碰撞产生的各种旅游文化现象的总和。"[③]以笔者来看这个定义或许和沈本人的理解不一定相同,在这一

[①] 谢贵安,《旅游文化学》,高等教育出版社 1999 年版,第 13 页。
[②] 马波,《现代旅游文化学》,青岛出版社 1998 年版,第 37 页。
[③] 沈祖祥,《旅游文化概论》,福建人民出版社 1999 年版,第 16 页。

定义下所完成的整部《旅游文化概论》，似乎没有对某一种由文明（这里该理解为与大众旅游时代相关的文明）所形成的"生活方式系统"作专门的论述，笔者对"旅游文化是一种文明所形成的生活方式系统"一说很感兴趣。因为，大众旅游的兴起，决不能仅仅局限于"经济发展到一定阶段"这样简单的层面。由经济而社会，由社会而人类文明阶段。起于20世纪60年代的大众旅游，直接与人类进入后现代休闲时代的文明相关。由此要问：这样的文明将创建怎样的"生活方式"？这自然是旅游文化学的一个大问题。至于由"碰撞产生的各种旅游文化现象"，以笔者之见那是实务和案例层面，是现象。现象的解说用以阐明学问，是对把握学科的核心理念和方法的一个途径。

文化本是人类活动的创造物或物的特性，司马云杰的定义说"文化乃是人类创造的不同形态的特质所构成的复合体"[1]。对这个定义中的"特质"一词司马云杰有个解释，说："定义讲的是人类创造的特质。所谓特质，主要有两个含义：一是指人类创造的最小独立单位。它是独立存在的，含有一定文化意义的单位。又是最小的，不能再分的文化单位。"[2]很清楚，这个定义中的文化是泛指人类生活的创造特质。居家生活所创造的文化，其特质的复合体构成了世界各民族、各地区及各生活领域中相互具有独立存在意义的不同文化形态。那么与居家生活相对的旅游生活，它的生活表现出为居家生活所不能替代、不能包含的特质内容，这种生活内容所创造的文化，一种能独立存在，无论如何都不被居家生活所替代或包含的文化特质那就是旅游文化。这样的旅游文化具体是怎样的呢？要回答这一问题似乎也只有以居家生活作为一个参照，分析出旅游生活真正有价值的赖以成为学科的特质。

旅游与居家最大的不同是外出，到一个非久居地去。由此，外出，即生活空间的转换是旅游造成与居家一切不同的最初的特质。

从文化学视野来思考旅游的这一特质，那么，就必然有这样一层有价值的推导：居家生活创造了人类定居文化，这早已被人类文化学或文化社会学等学科所研究和阐释。旅游的外出生活涉及久居地文化、目的地文化、旅游主体文化身份以及因主体的活动和生活导致这三者相互作用的文化创造，这一文化创造形成了跨文化流动和交往的现实。一种文化的诞生首先有赖于产生这一文化的自然环境的物质基础和条件。外出旅游脱离了久居地，也就必然会创造出另外一种非久居地的文化，这种文化由承载着一定文化身份的主体进入另一文化区域

---

[1] 司马云杰，《文化社会学》，山东人民出版社1987年版，第11页。
[2] 同上。

却不长期居住的跨文化的、间文化的流动的非定居文化。旅游文化的反义词就是定居文化。旅游文化的一切都可从"非定居"这一关键词的文化创造中得到解答。

然而,旅游文化概念的形成并非纯思维的产儿,它还须由社会现实的时代发展特征和人的本质属性来作为旅游文化的理由和基础。

区别动物的根本属性之一是人具有追求个性自由和人性完善的本质特性。人类超越自然、追求自由和完善的本质属性,使人类天生具有"出走"的动机和"超越"的愿望,从而导致了旅游活动的产生。这种出走和超越过程,大致经历了两个阶段:第一阶段是人类对自然的超越。人类有赖于文化创造和社会组织来摆脱自然对人的束缚和压迫,提高生活质量和生存能力,形成文化人格,达到在面对和驾驭自然时相比动物获得更大的自由。这就是人类从采猎到定居生活中为拓展和转换生活空间的出走和超越。这第一个阶段中,人类利用集体智慧和族群文化战胜自然的力量来发展社会,渐离自然的束缚。人类在广泛的出走和超越中强大起来,且逐步走向异化。人不但成为自然的主宰,且成为人类自身和社会潜在的最大的危险。第二阶段,是人类对自然的回归,由于社会组织、制度和社会角色在帮助人类超越自然的同时也以它简单划一的规整束缚了人,给人们带来了心理苦闷、焦虑和紧张,人需要通过无数阶段性、暂时性的回归自然来使人性重新获得舒张和调适,以达到更高层次的自由和完善。这第二阶段是人类通过个体解放与大众的跨文化交流来超越社会无奈和人的兽性羁绊,回归自然。这是一个否定之否定的螺旋上升过程。

从哲学意义上看,旅游行为背后隐含着的人类出走和超越的意志表现为走向完善和自由的冲动,完善和自由的趋向正是人类在自然与社会中达到人性高度的一个过程。社会既是产生这种自由的母体,同时也制约着这种自由的趋向。人类文化就是在这样的矛盾运动中获得发展。无论是人类不甚强大时对自然的超越,还是在掌握毁灭地球和人类能力的现代社会对自然的复归,都是人类追求完善和自由的本质表现。在人类超越自然和重返自然的螺旋式发展过程中,包含着旅游在内的出走和文化交流所肩负着的不可或缺的使命。

人类追求自由和完善自身的本质属性,既体现在从超越到回归的纵向历史过程中,也体现在文化空间的横向跨越上。不同空间的人们由于所处自然环境和社会环境不同,其创造的文化就具有不同类型和特点,形成不同的民族文化和地方风俗文化。相异的文化会通过各种途径进行交流,这种交流正是促进文化发展的一种重要机制。而交流的具体形式之一就是人类对原有文化环境的出走。旅行和旅游是人类社会最普遍和民间最自由的对异质文化的体验、比较和影响。这种文化体验、比较和交流的行为正是人类文化创造性的一种表现,是追求完善、走向自由的一种手段和途径。旅游文化的实质就奠定在这种文化差别的寻求及其所推动的文化交流中。从这一意义上我们可以把旅游称之为"文化空间的跨越"。

至此,笔者可以给旅游文化作一个界定:

旅游文化是奠基于人类追求人性自由、完善人格而要求拓展和转换生活空间的内在冲动,其实质是文化交流与对话的一种方式。它是世界各区域民族文化创造基础上的后现代全球化趋势中大众的、民间的休闲消费文化。

二、以文化交流为核心的体系构成

有了对旅游文化概念明确的界定,就有了对旅游文化学的研究方向。对旅游文化概念的解析可从中疏导出三个命题:

命题1:旅游文化是人类直面的文化交流和对话的一种方式。

命题2:旅游文化是世界各民族文化创造基础上的一种趋同的大众的、民间的休闲消费文化。

命题3:旅游文化是后现代人类完善人格,追求人性自由而要求拓展生活空间的生活创造。

以下对此三命题分别阐述。

命题1:旅游文化是人类直面的文化交流和对话的一种方式。

这一命题中的关键词是文化交流和对话,我们将文化交流和对话加以展开,便直接可看出旅游文化学理论十分鲜明的个性和特征。这种特征就是以文化交流和对话为核心事件而展开的,影响着人类生活和存在方式的社会趋势。由此,旅游文化首先是一个跨文化交流的现实,它所涉及的是客源地的旅游主体与目的地东道主两者的文化存在,以及两者通过旅游这种方式进行的交流。旅游跨文化交流是旅游文化的第一特质。就旅游交流方式自身的特点看,它是面对面的、大众的、民间的在休闲活动中的接触和交往。

以跨文化交流的现实为基础,旅游文化学理论系统就由交流的主体、交流的客体和交流的实施(旅游消费)这样的大结构规定而成。旅游文化是由旅游者在运动中形成的一系列文化事象及其联系构建成的一个大系统,因此,旅游文化学的理论体系便是旅游者久居地,也即是客源地的社会文化环境—旅游主体的文化身份—旅游中介体—旅游目的地客体的社会文化环境—经历了目的地社会文化环境的旅游主体回归久居地等各个环节所构成的连续的旅游过程及完整的社会文化聚合。在旅游主体运动之前,各种文化现象虽然早已存在,但无旅游则无关联,通过旅游主体的位移即生活空间的转换,所涉的各种文化现象便迭相发生,不同的文化现象才构成一种内在的有机联系,形成一种文化系统——旅游跨文化交流系统。

在这个系统中,旅游主体居有重要的地位。旅游主体在跨越文化空间位移过程中,使分散的社会区域得到互动性的联结,形成了旅游关联系统。旅游者的跨文化流动使原本分散的客源地和目的地联结成为超越单一定居地文化的社会交流与对话网,使旅游出发地与目的地、客源国与东道国在经济与文化上联为一体。旅游者既是文化交流的主体,又是一定文化的载体。他们在旅游中主要是去感知、学习异国他乡的文化,同时也把自身的文化和他所感受到的文化,有意无意地传播给了异国他乡的人们,影响了旅游目的地的社会和文化构成。

作为旅游目的地和东道国旅游服务提供者和世居人民,则将自己看作是主人,将旅游者看作是客人。在与客人的交往与直面的交流中获得了异质文化的信息和熏陶。一个区域的开放与旅游者的涌入、旅游经营者的涌入本身就是文化的传播,同时也带来了文化交流、融合或冲突等一系列文化事件。

由于旅游者对文化空间的跨越,亦使旅游文化成为一种移动的文化。旅游团体则形成为一种移动的社会。这种移动性是导致文化交流和对话的基础,也是旅游不同于定居的最根本的特征。这种移动的社会和文化对旅游者个人是一种暂时性的、短暂的,但在后现代全球一体化大背景下,旅途中的世界公民的队伍正日益庞大,以各种方式卷入和参与进旅游的人们、家庭、组织和区域社会越来越多,这种移动性的旅游文化正形成与定居文化相互补充的客观存在。

如上所述,旅游文化学便有了自身理论的逻辑系统:

主体的文化身份;　　　　　(旅游者)

区域的文化生态系统;　　　(旅游目的地)

旅游的跨文化交流。　　　　(旅游媒介、旅游消费事件及影响)

这是一个最粗线条的框架,以示旅游文化学最基本的或核心理论的构成。围绕笔者所给出的旅游文化概念,旅游文化学最基本的核心理论有不可或缺的三个环节:旅游主体的文化身份;旅游目的地的文化生态系统;跨文化交流的事实及影响三者。

本著作以此三环节为框架,构建起旅游文化学的主体内容。此后的第二章阐述旅游者主体文化身份;第三、第四章阐述旅游目的地区域性文化生态系统;第五、第六两章阐述旅游跨文化交流、交往中的诸文化现象及影响。本著作的综论部分正是笔者就命题3:旅游文化是后现代人类完善人格,追求人性自由而要求拓展生活空间的生活创造,所作的启发性阐述。

三、非定居的全球趋同的旅游生活

命题2：旅游文化是世界各民族文化创造基础上的一种趋同的、大众的、民间的休闲消费文化。

对这一命题的理解可以分两个层面，一是世界各民族文化基础上的一种趋同的文化；二是大众的、民间的休闲消费文化。第一层面的展开和阐释展示出旅游文化学的学理特点；第二层面所阐述的则是旅游文化学学科的归属。

从当代社会旅游生活在全世界普遍开展和发展的趋势来看，它与经济全球化趋势以及在哲学、社会学等领域后现代思潮在全球风靡趋势相一致。这就引起我们对旅游文化所造成的文化趋同现象的关注。相对于居家的区域性文化的各自差异性，旅游文化奠定于旅游生活，带有全球趋同的色彩。无论是美国、日本、中国或南非等不同民族、不同国家的旅游者，进入旅游生活都有其相类似的生活，都相对地抛开了原先的文化身份而进入旅游者角色，其面对的是旅途的交通工具、目的地的宾馆，以及景观的精神性休闲与创造。进入同一旅游过程的各地异质文化在这三方面均全球趋同。如果说较为原始的畜力交通工具如北极的狗拉雪橇，印度的大象或威尼斯的游船尚有差异的话，当代的主要交通工具汽车、火车、轮船、飞机等在文化品质上是趋同的。与此相类似，如果说各地乡村民间小住宿点尚有民族特色的差异的话，当代遍布世界各地的高等级 Hotel，其管理与生活都是趋同的。不仅现实的管理与生活趋同，涉及的饭店管理、旅游管理、服务营销与管理等学科与教育都是趋同的。旅游所造成的文化趋同性早在 1995 年的《可持续旅游发展宪章》中已经提到，"旅游具有二重性，一方面旅游能促进社会经济和文化的发展，同时旅游也加剧了环境的损耗和地方特色的消失"[①]。

全球地方特色在旅游中逐渐消失的过程，也就是富有自身特色的旅游文化的创造之时。作为一种文化的创造来考虑，那么旅游文化创造出居家生活所无法创造且不能包容的文化，那是非定居性的不同于已有的客源国或目的地来把握的文化。旅游是一种非地域性的、跨文化性（Tras）的或是间文化性（Inter）（概念链接1-2）的生活与文化创造。当然，这样的文化因旅游目的地、旅游者、旅游客源地形成的旅游关联系统而发生着，其事实也就是全球在旅游跨文化的涵化中推动着社会的演变。多数学者在旅游文化定义中提到了旅游所带来的、造成的一切文化现象的总和。在这一切文化现象的总和中，旅游所造成的世界

[①] 参见迟景才，《改革开放20年旅游经济探索》，广东旅游出版社1998年版，第342页。

文化趋同,类似"世界公民"一族的出现,即成为一个重要课题。

　　循着作者上述给出的旅游文化学基本理论的构成,旅游文化学的学理特点也自然地显示出来。简单地说,在对主体文化身份的阐述中涉及的是文化人类学,抑或还有生态人类学和社会心理学等学科内容;在对区域性文化生态系统阐发中涉及人文地理学、文化社会学(文化人类学)的学科内容;对旅游消费与跨文化交流的阐发中则涉及休闲学理论、跨文化交流学、比较文化学(比较文学的延伸和扩展)等学科内容。旅游文化学的学理特点就体现在支撑这门新学科的最切近的相对成熟的各学科的相关理论中,由它们整合,成就这门新学科的学理源流和理论特色。

四、休闲、游憩与旅游一体的学科

　　旅游文化学是一门孕育于人类后现代社会初露端倪时代的学科。当我们说旅游文化是大众的、民间的休闲消费文化时,即充分凸显出旅游文化学这门学科诞生与发展的时代背景。

　　如果旅游专业在我国各大院校教育体系中归属于经济学科还是管理学科尚可斟酌的话,那么,旅游文化学应该相当明确地归属于休闲学(LeisureStudies),统属于休闲科学(LeisureSience)。自然,旅游文化学是一门充满着中国特色的新学科,休闲学则是一门来自于西方的新学科。两者的有机结合本身就有一个跨文化交流和融合的任务须学者们去完成。

　　西方社会对于休闲的认识由来已久,但真正把休闲放在学术的层面加以考察和研究并形成一定的理论体系是近百年的事。一般认为,美国社会经济学家索斯坦·凡勃伦1899年写成的《有闲阶级论》标志休闲学的开端。现代工业的高度发展,促进了人们闲暇时间的增多,人们在拥有物质财富的同时,开始向往精神生活的满足。1952年瑞典天主教哲学家皮普尔(Josen. Pieper)的《休闲:文化的基础》一书出版。在此书中,皮普尔认为,休闲是人的一种思想和精神的态度,是人沉浸在平和心态中,感受生命的快乐和幸福。休闲也是一种为了使自己沉浸在整个创造过程中的机会和能力,是上帝给予人类的"赠品"。皮普尔对休闲概念的理解和概括,为人们把握休闲学的性质提供了帮助。

　　20世纪80年代末,西方休闲研究或休闲学传入我国,至20世纪末在引进和吸收国外休闲学和整个休闲科学的研究中有了大动作。云南人民出版社于2000年8月推出一套休闲译丛研究,包括《你生命中的休闲》(杰弗瑞·戈比著)、《21世纪的休闲与休闲服务》(杰弗瑞·戈比著)、《人类思想史中的休闲》(托马斯·古德尔、杰弗瑞·戈比著)、《走向自由——休闲社会学新论》(约翰·

凯利著)、《女性休闲：女性主义的视角》(卡拉·亨德森等著)等一系列休闲研究专著。如此地引进和吸收国外休闲研究成果，促进了我国的休闲学和休闲学科的尽快建构与发展。此举确可看作新世纪我国对休闲学理论研究的先声。

西方的休闲学者提出，休闲是人的一种思想和精神态度，它不是外部因素作用的结果，也不是空闲时间所决定，更不是游手好闲的产物。休闲有以下三个特征。

第一，休闲是一种精神状态，意味着人所保持的平和、平静的状态。良好的精神状态是人的全面发展的一个重要条件，在一定意义上说它是推动人的全面发展的基础。人的自身价值的实现体现在多方面，工作奋斗、助人为乐、休闲娱乐，无论是哪些方面都必须有好心情、好的精神状态。精神状态的形成与人的教育、修养、阅历有直接关系，但从根本上说是社会物质、文化生活和社会环境在人们思想上的反映。好的社会环境会给人们提供一个良好的生活环境和休闲空间，营造一种温馨、平和的氛围。就个人而言，精神状态的形成又有很大的差异性，但无论多大差异，人都有一个追求安宁、向往美好的本性，工作过后，都希望能够休闲、放松，以缓解或释放紧张的情绪和疲惫的身心，在休闲中找到人生的乐趣。

第二，休闲是一种为了使自己沉浸在创造过程中的机会和能力。人们常说，会休息才会工作，这是至理名言。休闲，是工作与创造链条上的重要环节。把休闲与工作联系在一起的不是一时的觉悟，而是人们经过痛苦探索的认识。从某种意义上说，社会发展的历史也是通过劳动奋力争取做人权力，争取休闲时光的历史。随着科技的发展和社会进步，人们不是靠延长劳动时间和增加劳动强度来创造更多物质财富，而是靠科学技术在物质生产中的广泛应用。这样，就需要劳动者具有新的知识，掌握新的技术。在休闲中提高文化修养，既调整了劳动者的身心，又为劳动者的再创造进行"充电"。

第三，休闲是人类的基本要求和对生活的享受。好逸是人的本性，逸与劳是矛盾的统一体，有劳才有逸，有逸才有劳，劳逸结合才能有益于人的全面发展。但在人们的传统观念中，往往是贬逸褒劳，把逸作为万恶之源，把劳视为无上光荣。其实，劳并不是目的，而是手段，人们通过劳动创造一种幸福安逸的生活。人的广泛兴趣和对生活的热爱，往往是在逸中产生。社会也是按人们的"逸"愿去发展的；减少劳动时间，减轻劳动强度，不断用现代化的劳动方式去取代繁重的体力劳动，是人类的共同追求。同时，人们在"逸"中也体验到劳动的幸福和创造的光荣，对劳动产生了热爱，从这个意义上说，人们好逸，不仅是为了逸，而是为了更好地劳，勤奋地创造是从逸中积累而来。

从上述三个特征分析,可以说:旅游从其现实表现属休闲之一种;旅游学作为学科应归属于休闲科学范畴。事实上,美国社会学家已把闲暇生活分为能动型、流动型、自我中心型、迷惑型四种。能动型是指那些用于社会性交往、旅行游览、体育运动、娱乐活动等动态性活动。这已然将旅游归属为休闲的一种类型。德国人在六小时工作之外提倡善学、能干、好动、会玩,使闲暇时光充满情趣。

休闲、游憩与旅游(Leisure,Recreation,Tourism)是一组极为相近的概念系列,彼此之间描述的客体对象较为一致,界限因而相对模糊。西方休闲与旅游学界研究人士比较关注 LRT 三者的相互关系和内在联结,试图通过对其内部协调机制的研究推进休闲活动的深化和旅游产业的发展。

在此,我们对 LRT 三者内在的区别作出一些比较分析。

(1) 旅游是人们在异地进行短暂访问等活动形式的总称,异地性、短暂性是基本特征。它总体上可分为观光旅游、商务旅游、休学旅游、科考旅游、宗教旅游等多种类型。

(2) 游憩是人们以放松、愉悦、健身等恢复身心健康为本质特征的户外活动方式。

(3) 休闲是指人类在可自由支配的时间内自由选择的活动方式;是以游荡也即是游手好闲为其基本层次的闲暇活动,游憩本也是目前较为普遍的休闲方式。异地游憩行为是休闲与旅游的内在联结。在旅游范畴中除却可能有的商务、会议等工作性质的活动外,其余活动等同于异地游憩,从而与休闲相一致。

作为将 LRT 包括于一身的休闲科学,尤其是作为中国特色的休闲科学,要发展成为一门新的、独立的学科群或学科系统,就必须客观地确定和把握它的特征。

休闲科学是一个综合性、跨学科的研究领域,休闲科学并不是现有的某一学科的更新,而是一个全新的跨学科间综合性、交叉性的科学。当前,休闲问题研究在西方已形成休闲社会学、休闲哲学、休闲经济学、休闲行为学、休闲心理学、休闲美学、休闲政治学、休闲运动学、休闲宗教学、休闲产业学、休闲技术学等学科,在这些学科、学问基础上,形成了一个系统的学科体系。笔者以为,在这样的学科系列中,包含着旅游文化学。休闲科学直接以现实社会政治经济中的休闲现象、休闲问题为研究对象,以实现"休闲"在社会经济和文化生活中的最大价值为目标,因此,休闲科学不是纯理论科学或基础研究,它只能是一门应用性科学,它以实践确定发展方向,以发现和解决社会中的休闲问题为宗旨,为休闲实践服务,反过来休闲实践又为休闲科学提出任务、指出需要解决的问题、提供经验教训,为丰富和发展休闲科学理论指明方向。所以,休闲科学既是理论与实践的高度统一,也是一门关于如何利用现实充分实现休闲价值的艺术,是现实与艺术的高度统一。

后现代社会的发展本身为LRT三者的结合奠定了基础。旅游代表一种走向世界的新的趋向,是一次不同文化身份的人以整个世界为家的尝试。那些最能去和最有兴趣去旅游的人发现,他们已经把自己看作是世界公民,而不只是某一个区域里或某一文化下的子民。他们也开始对国家与国家之间的不同有了更多的理解。近50年来,遍及大多数"现代"世界的旅游业的迅速增长不仅和旅行价格的降低和大众交流的增多有关。现代生活是以高度发展的城市化、普及的教育、全面的医疗保障、符合经济原则的工作安排、地理上和经济上的流动性,以及民族国家的出现为特征的。由此,在众多休闲选择中,旅游特别适合于把个体与整个现代世界联系在一起。就如休闲已经逐步代替了工作在社会结构中的中心地位一样,"文化"似乎已经逐步从每日的紧张工作中被驱逐出去。现代意识必然地开始关注休闲的、游憩的和娱乐体验中的新奇刺激和文化因素,使之成为工作的必要补充和现代化生活的不可或缺的组成部分。

现代旅游就是一种对生活意义的追求,正如休闲与游憩一样。当然,这种想法尽管是一种理论概括,有它的价值,许多旅游者或许只是想找一个温暖的海滩或是到一个新地方痛快地玩上一场。问题就在于那些原先并不为社会生活所关注或为学科所遗忘的诸如温暖海滩、痛快地玩上一把等本身所包含着的文化属性,在高度发达的工业文明和后现代社会中突现出来。由此,我们只能说这是体现在众多旅游者中,可能首先体现于那些受过较高水平正规教育的旅游者当中所体验到的不曾被人们认识抑或被人们浪费了的情怀。不管旅游是否代表对生活意义的追求,它已经作为一种非常重要的休闲表达形式而存在。每一个迹象都表明它会继续成长壮大,对于形成我们对世界、对时代、对生活乃至更好地理解人类,变得越来越重要。

[阅读材料1-1 美国著名大学旅游学研究和专业归属]

根据2000年《online U. S. News》对全美前50名大学的排名,位列第一至第九的大学分别是普林斯顿(Princeton University)、哈佛(Havard University)、耶鲁(Yale University)、加州理工(California Institute of Technology)、麻省理工(Massachusetts Inst. of Technology)、斯坦福(Stanfold University)、宾州(University of Pennsylvania)、度克(Duke University)、达特茅斯(Dartmouth College),然后是并列第十名的哥伦比亚(Columbia University)、康奈尔

(Cornell University)和芝加哥(University of Chicago)。12所执全球大学教育之牛耳的大学,除加州理工和度克大学暂时没有研究者对旅游现象加以关注外,其余10所大学都不同程度地对旅游现象从不同角度和侧重点进行了研究。从这10所当代最著名的大学开设旅游或与旅游相关课程的情况看,可分两种情况。

一是从属于工商企业管理学科的旅游(酒店)管理专业,其中有康乃尔大学的酒店管理学院。康奈尔大学的酒店管理学院无论从办学规模还是学术水平都堪称世界第一。酒店管理属于和旅游研究有密切关系的专业,当然酒店管理只能是旅游管理的一个方面,就旅游和酒店两者相比有着显著不同的学科内容。

二是所有上述大学从专业设置,系科建设和学术研究全都直接从人文科学研究视角进入旅游研究,这包括康奈尔自然资源系的人类行为研究室侧重于从自然资源(包括旅游资源)管理和政策的角度开展对人类行为的探索研究,提高人们对旅游资源管理中人类行为规律的理解,研究成果包括经验数据、概念框架和理论内涵。从其出版的著作来看,与旅游相关的研究领域包括:可达性与游憩土地利用、游憩渔业资源管理与政策、自然资源教育与解说、游憩项目规划与评价、游憩规划与管理研究、研究方法与技术、旅游营销与经济分析、游憩野生动物资源管理与政策等。康奈尔的人类生态学院的经济学家也对旅游研究加以注意,其中由该学院 W. E. Rosen 教授主持的一项旅游经济影响研究揭示,在美国 Great Smoky Mountains 地区和北卡罗来纳州东部地区重新引进野生狼群可以促进那里的旅游业的发展,每年可以从旅游业中获得1.7亿美元的收入。这样的研究最终的目的是经济的,其进入的学科则是人类学。

其余九所大学的旅游教育情况分别如下。

普林斯顿大学 普林斯顿大学涉及旅游教学和研究的有两方面,一是宗教学系对美国与墨西哥边界地区的宗教遗产作为旅游吸引物的展示及其形象识别进行了研究。该项研究毫无疑问地直接就是文化的内容,归属于历史学和民族学相结合的学科方法。普林斯顿的本科生也开始对旅游研究产生兴趣,特别是在国家公园生态学和生态旅游研究方面。

哈佛大学 哈佛大学人类学系的《社会人类学导论》课程中,已经将旅游现象列为研讨的专题,并侧重于旅游引起的现代文化问题,将旅游理解为一种销售本土文化(selling culture)的方式,涉及的话题包括作为人类社会不可或缺的组织形式的旅游活动;旅游的运作;作为现代宗教朝觐活动的旅游;自由、民主与资本主义作为抽象价值观;原始艺术的商品化;本土性问题;人类本身作为旅游吸引物;愿原始居民(ex-primitives)等。这自然也直接的就是旅游文化的内容。其学科归属社会人类学。

耶鲁大学 耶鲁大学的旅游研究颇具亚洲色彩。在其一系列的东亚研究课程中,由 S. Davis 教授主讲的《亚洲的旅游与文化》针对东亚和东南亚各国旅游业迅速发展及其产生的严重社会问题,进行研究分析,并着重探讨了旅游对当地性别角色、社会阶层和民族特色的影响。耶鲁大学另一个关注的亚洲地区是中东。在其主办的 2000 年 4 月召开的"耶鲁和平促进会"(Yale Accords)中,主旨即是关于中东地区的纷争与和平问题。会议分为 8 个委员会,其中包括经济与贸易、基础设施与旅游两个委员会,这两个委员会对中东地区的旅游发展给予了极大关注并积极鼓励。这同样是旅游文化的内容,涉及的是文化人类学。

麻省理工学院 关涉旅游的内容有两方面,一是使麻省理工学院的学生、未来的科学家们对旅游有所了解,麻省专门在其开设的《全球文化》课程中设立了"旅行/旅游"专题。二是这里的科学家们研究的对象是如何开展太空旅游。在 1999 年 10 月举行的一次麻省理工学院"科技研讨会"上,阿波罗 11 号的宇航员、麻省理工学院 1963 年博士学位获得者 B. Aldrin 向人们展望了太空旅游的前景。他预测随着新一代的可重复使用的太空船的产生,将使人类大规模、低成本的太空旅游成为可能。

斯坦福大学 斯坦福大学的旅游研究主要集中在人类学及英语文学领域。在其开设的《应用人类学与发展研究》课程中,将旅游列为专题之一。曾经担任过斯坦福大学英语系主任的 G. Dekker 博士将"旅游与文学"列为其研究领域之一。该校还设立研究基金供学生赴海外进行生态旅游的研究,例如,受斯坦福圣地亚哥研究中心的资助，K. Master 选择了主要侧重于文化及生态价值观的人类生物学专业，并于1997年10月—1998年3月间对智利的 Pucon 小镇的生态旅游进行了调查研究。斯坦福海外研究专业(OSP)也向师生提供了社会经济研究经费，并有师生申请进行旅游方面的研究。斯坦福商学研究生院的公共管理专业(PMP)在庆祝其专业成立25周年的纪念会上，专门对文化旅游进行了研讨。

宾州大学 在许多大学将旅游视为经济现象、社会现象和环境现象进行学术探讨的同时，语言学家和文学研究者则将旅游活动视为文学创作和语言交流过程中的一个特殊部分加以分析，其中一个主要角度就是地方感的形成，旅游者对地方感的体验，以及它们在文学作品中的反映。一些大学的英语系对此尤为重视，宾州大学英语系的 D. Traister 教授就是其中一位对此怀有浓厚研究兴趣的学者。在其撰写的一份关于1999年举行的宾夕法尼亚州地方感的研讨会的综述中，Traister 分析了地方感与旅游问题。研讨会的名称为"地方感(A Sense of Place)：为宾夕法尼亚地区创造一种整体的文化遗产资源的图像"。宾州大学英语系还积极向各界征集旅游文学方面的研究论文。

达特茅斯学院 该学院的环境研究系从持续发展角度对旅游发展给予极大关注：由该系提出并完成的美国上谷地(Upper Valley)农业可持续发展研究项目中，将农村景观视为一种重要的观光旅游资源。城市居民前往农村地区欣赏上谷地的秀美景色，但却并不消费当地的食品，意味着得到了乡村的美景却对乡村地区没有经济上的支持。旅游对整个边区来讲具有主导地位，但农场属于农业部。而农业部对旅游毫不关心。它们被完全割裂开来。研究发现，1997年 Vermont 从农业旅游中获得22亿美元的收益，使旅游业成为该州第二大产业。但是没有一分钱被直接分配到农民手中，而正是这些农民保有那些令城市居民流连忘返的乡村景观。该校环境研究系的海外研究专业同时对旅游影响关注，例如在其非洲研究方向中，支持学生提出研究申请，前往津巴布韦和南非进行为期1个月的海外研究，其研究侧重于开发与保护的关系，包括旅游、野生动物保护、土著居民在保护中的地位等。达特茅斯学院的人类学系和比较文学系也有学者对旅游怀有研究兴趣，例如人类学系的 C. Kray 教授的研究兴趣包括资本和文化的全球化、旅游和拉丁美洲的社会运动；比较文学系的 G. Gemunden 教授在其简历中将游记文学和旅游列为其研究兴趣之一。

哥伦比亚大学 哥伦比亚大学的旅游研究与中国关系密切。在哥大美中艺术交流中心(The Center for U. S. -China Arts Exchange)的促进下，哥伦比亚大学的学者在福特基金会等机构的资助下，对中国、特别是云南的民族文化旅游研究进行了深入探讨。1990年，为了帮助当地机构增进汉族与少数民族对地方艺术的理解和欣赏,美中艺术交流中心在福特基金会等赞助下,推出了"云南民族文化合作计划"(Joint Plan on Yunnan National Cultures)。这一计划一方面力图保护当地的艺术传统,另一方面努力以创造性方式满足云南省迅速发展旅游事业的需求,这使旅游研究成为该计划中最为重要的领域之一。1999年9月,该中心和云南省在昆明主办了"保护与发展高级研讨会",许多哥大的学者参加了会议并提交了论文,其中多数论及民族地区文化旅游的发展和文化遗产的保护、生态旅游等问题。哥大人类学系对旅游现象同样非常重视,专门开设了一门称为"文化、旅游与发展"的课程,由M. Weisgrau教授主讲。该门课程向学生介绍国际旅游业中文化和经济过程的分析模型,尤为重视对作为接待地的欠发达国家的研究。

哥大人类学与教育学院的J. Hartley-Moore则对瑞士的旅游对家庭、外来者和当地居民的影响进行了分析。此外,哥大的GSAP还开设了一门名为"城市集会:对公共空间的个性化阅读"的课程,由L. Breslin主讲。他以美国纽约和日本东京为案例城市进行研讨,其中涉及了迪斯尼世界、地铁空间、纪念馆、性别的城市、爱情旅馆等问题。在哥大国际与公共事务学院下设的城市研究与政策中心,自1995年以来每年都要举办"领导者及公共政策研讨会"(The David N. Dinkins Leadership and Public Policy Forum),其中1998年的会议主题被确定为"文化与旅游:城市经济发展的工具",主要议题包括文化、旅游与中心城区的再开发;以街区为基础的工程;纽约城的文化与旅游等。

芝加哥大学 芝加哥大学的旅游研究也集中在人类学系。在由M. M. Day主讲的题为《玛雅文化专题研究》的课程中,将旅游人类学内容列为该课程的10个专题之一,称为"玛雅人中的旅游与人类学"。这一专题主要探讨旅游者的进入对玛雅文化的影响。

从上述这些著名大学如何进入旅游研究、如何开设旅游课程以及如何进行旅游专业学科建设中,已很明确地给予我们以启示:旅游文化课程的重要性及旅游文化学应该研究的实际内容。

——辑录改编于吴必虎,美国大学中的旅游研究(旅游学刊2001年第4期)

概念链接1-1

教育部高等教育出版社于1998年1月在重庆召开了"旅游文化学"新教程研讨会。会后高等教育出版社在全国推出了高等院校旅游类专业教材《旅游文化学》,谢贵安先生主编。谢先生在前言中自谦地说:"由于编著者水平有限,书中一定有不少缺点和失误,恳请专家与读者不吝指正。"1998年青岛出版社有马波先生的《现代旅游文化学》出版,其前言中也自谦地说:"初生之物,其形必丑"。20世纪末在旅游文化学学科上已有了可贵的初创。

概念链接 1 – 2

"intercultural"一般翻译为"跨文化",随着跨文化交流学和比较文学及比较文化学研究的深入,有人认为:跨文化,是英文 cuoss-cultural 或 transcultural 的对译,intercultural 应译为"间文化"。Inter 是"两者之间"、"在中间"的意思。国家与国家之间,我们可以译成国际(international)。两国文化之间,可译成文际,正像国家一词简约为国,译成国际那样,那么,将 intercultural 或 interculturel 对译为间文化是可行的,但"间"字要读成去声。《跨文化交流》第七期上,已把哈贝马斯的 interculturalite 一词译成"间性"。这里的"间"字也应读成第四声。这是个汉语构词习惯的问题。有了间文化这个词,许多派生出来的概念,我们就好翻译了,如间文化交流、间文化接近、间文化管理等等。有时候,跨文化和间文化可以混用,不至于造成理解上的错误,有时候则会造成理解上的错误,所以还是区别开来的好。

第二节　旅游文化学的支撑学科

就今天的现实看,旅游主要是人类为拓展生活趣味、激发精神创造力的需要而改换生活的空间场所;旅游跨文化交流的实质是奠定在后现代休闲消费背景下大众的、民间的直面跨文化交往之中。由此而引发的一切文化事象乃是旅游文化学学科的核心问题;而旅游文化学应研究的当是人类当代的旅游生活所触发、导致和创造的文化事件和事业。这其中涉及三个关键词:旅游、文化、交流。

上述三个关键词带出了旅游文化一门学科的研究内涵和外延,也即它的深度、广度及自身的规定性。它们涉及三个相互关联的方面或三门相对成熟的学科:旅游学、文化社会学(文化人类学)和跨文化交流学。这三门学科是奠定旅游文化学的基础学科,也是旅游文化学可以成为一门学科并加以研究的依据。

一、旅游学文化内涵的学科化研究

长期以来无论是教学和著书立说,国内盛行"旅游概论"或"旅游学概论"之说，但其内容相似，旅游所涉诸方面的平面概述，如旅游历史、旅游特点、旅游者、旅游业、旅游客源、旅游影响等构成了旅游概论的内容。从这些客观归纳、介绍、总结、分析和拼合集辑中把握不到旅游学作为一门学科的核心理论和其具有方法论的规律性命题。正如申葆嘉所言："20年来，旅游概论不论在名称上已经有了多少变化，但其内涵未能转化为解释宏观旅游现象的旅游学基础理论，而无法实现作为一门社会科学应有的'学科基础理论'对学科建设和发展以及旅游活动实践的指导功能。"[1]

　　旅游学也是一门新学科，我们同样要询问它解答了现实生活中怎样的问题，且这样的问题尚不曾被现有的学科所解答。申葆嘉先生也有类似的意思：旅游学应回答和解释宏观旅游现象的学科基础理论是怎样的，否则它始终无法实现作为一门社会科学应有的科学基础而对学科建设和发展给以有力推动和理论的支持。当然，学界对作为一门学科的旅游学的探索、研究从没有停止。至1999年由申葆嘉主编的《旅游学原理》出版便是这一领域很有价值的成果。作者以建立旅游学学科为目标，以探索旅游学的学科基础理论为己任，提出了一些令人可信的观点。该书从旅游现象的探索入手，提出"旅游现象的双重结构"即"经济的外壳和文化的内涵"之说。书中说道："旅游现象的双重结构，是指在旅游现象的运行中，旅游者和旅游服务诸行业所处的旅游活动核心结构，呈现经济现象的外壳和文化现象的内涵的双重结构现象。旅游现象运行中出现双重结构现象，是由于旅游者对旅游活动的需要所引起的。"[2]由此说展开，我们可以得出赖以建立旅游学科基础理论的两个基点性命题：一是旅游是综合性社会现象。这是用以研究旅游文化内涵的命题；二是旅游是市场经济发展的产物。这是用以研究旅游经济结构和影响的命题。

　　"旅游是综合性的社会现象"，这是个颇具涵盖面的命题。它给我们研究旅游现象有多方面的启示。首先，它使我们在确认旅游现象的实质时，更倾向于认为是多种社会现象相互作用的综合性产物，而不是单一的实体。所谓综合性，这里不仅指多种关系和现象形式上的并存，更是指它们之间存在的内在的有机联系。由于这种内在联系，使多种现象综合作用所形成的旅游现象具有了其自身的有别于其他现象的特定属性和结构。"综合性"，以其对译英文词汇"integration"更能确切地表达它的含义，并且借此可以确认，旅游活动不是统一的而是分散的现象。这种分散现象之间的内在联系

---

[1] 申葆嘉，《旅游学原理》，学林出版社1999年版，第2页。
[2] 同上书，第96页。

性质,是旅游运行中的供需活动可以在有序状态下进行。在大多分散情况中,旅游者和旅行社常常扮演着维护供需活动有序运行的角色。其次,"旅游是综合性社会现象"这个命题,在结构上向我们提示旅游现象具有潜在的多元化结构形态。

根据笔者给定的主体的文化身份,区域的文化生态系统,旅游的跨文化交流三部分旅游文化学基础理论逻辑系统,笔者认为旅游活动实际促成的是一种文化进入到另一种文化环境中相互交流、相互沟通的事实。是此,旅游文化的研究视野大致可划分为三大部分。

1. 旅游主体文化

旅游文化学要研究主体文化身份的构成;研究旅游主体经历异质文化后的文化活动;研究主体与东道主文化接触后,在何种程度上涵化了接待地的东道主文化;研究旅游对主体文化身份和人性完善的影响等等。

2. 旅游目的地文化

旅游文化学研究的另一个重要课题是旅游活动对接待地文化的影响。20世纪70年代以来,国外就旅游发展对旅游目的地文化影响的研究,相当活跃,并提出了不同的观点。许多观点认为,旅游的发展对接待地文化的演进是有害的。如有学者认为:"旅游者优越的经济财力很快就侵蚀了接待地美感和艺术的文化财富,这种文化财富曾经不受西方影响地长期得到了发展……而现在的旅游活动已经开始去消灭这种文化。"但是也有研究者强调了旅游对文化发展的正面影响,如认为"旅游和文化保护是可以并存而且相互得益的……旅游与文化保护是相互依赖的,……可以从双方有效的密切合作中互相得益"[①]。这一研究课题近几年在国内也已有不少成果,特别是西部及周边少数民族地区的旅游开发,大量国内外游客蜂拥而至一些旅游热点地区,旅游及旅游业对目的地的文化和社会的影响显露明显。所谓影响,其本身只是个中性概念。不同对象,如当地政府、当地社会主流话语、个别学者见识、当地世居百姓、当地的和外来的旅游业业主、媒体报道、上级或外来资助的课题研究者、代表国家利益的政府决议、联合国等国际组织评价、旅游者眼光、感受等等,都会对旅游活动,对目的地文化影响发表意见或看法,见智见仁。这或许是当前一个阶段国内旅游文化界正需关注的重要事实。

3. 旅游跨文化交流

这是旅游活动本身形成的两种或多种文化交流的事实,是旅游文化学研究

---

① 参见申葆嘉,《旅游学原理》,学林出版社1999年版,第217页。

的核心内容之一。

与上述相关的或更为宽广的旅游文化课题，都可被包容在"旅游是综合性的社会现象"基本命题之中。该命题与"旅游是市场经济发展的产物"共同组成旅游学科的两块基石，也即是"旅游现象的双重结构"，"经济的外壳和文化的内涵"。以此而言，旅游文化学是对旅游学内涵的深化和学科化；它对构建旅游学学理不可或缺。从旅游文化学角度看，旅游学无疑是自己的母学科，因旅游学的存在而诞生了旅游文化学，并给了该学科的根本规定性，就如姓氏一般。由此，该学科中的文化问题是旅游文化的而不是其他什么别的文化问题；该学科中的跨文化交流问题，是旅游跨文化交流问题，而不是其他什么跨文化交流问题。失去了旅游学，旅游文化学便失去了生存的基点和生命的方向。自然，旅游学如果没有旅游文化学的充实，会是一种残缺。这样的残缺是一种内涵缺失，致使旅游仅剩下经济外壳，这样的旅游无疑于失去了灵魂的生命。

二、文化社会学对目的地的文化研究

在旅游文化的研究中必然有一个旅游地文化环境的问题。现代人类旅游的足迹已踏遍整个地球表面，且已有向太空发展的兆头。由此有关旅游地文化环境的问题，实际就是一定地理环境中的文化诞生、创造、发展的问题。它涉及人类的生存活动与自然环境的关系问题。这注定了旅游文化学离不开文化社会学的内容。

文化社会学就是研究文化产生、发展特殊规律与社会功能和作用的一门科学。它是社会学的一门分支学科。

前文已提出主体的文化身份、旅游地的文化生态系统和文化交流是旅游文化学最基本的核心理论。以此核心理论来关照，不难发现社会文化学研究所涉及的相当多问题都与主体的文化身份、旅游地的文化生态系统和文化交流等环节相关联。司马云杰认为文化社会学应研究的内容大致有如下方面。

一是文化作为一种人类创造的特质，是一个独立的系统，文化社会学首先应该研究它的起源、积累和突变过程。

二是文化虽然不是无机的自然现象和有机的生物现象，然而它的产生和发展是与一定的自然环境密不可分的。因此，文化社会学应该以生态学的观点研究文化的自然环境与其他变项的关系。

三是任何文化都是在一定的历史发展过程中积累、发展起来的，表现为不同的文化层面，因此，文化社会学应从时间上和空间上来系统地研究文化发展的历史过程。

四是任何文化都是社会的文化,它随着社会的产生而产生,随着社会的发展而发展,因此,文化社会学应从社会系统来研究它的民族性、阶级性及其他群体属性。

五是文化在现代社会中已经发展为一个生产部门,因此研究它的生产、分配、储藏、传递及其应用,已成为文化社会学研究的重要内容。

六是文化可以在社会中到处传播,并且在传播中流动、增殖,因此,研究文化传播的方式和手段是文化社会学应该特别注意的问题。

七是任何文化都必须适合民族的需要,否则就会发生冲突,因此,文化社会学研究文化的冲突、分化、整合、适应,有着特殊重要的意义。

八是文化是不断变迁的,因此,研究文化变迁的动因、规律、周期历来是文化社会学家所注意的。

九是任何社会对文化都有一种价值取向;适应则传播,不适应则抑制。因此,必须以社会学的观点研究文化的控制问题。

十是我们研究文化,最终是为了有利于社会,有利于人生,因此,研究文化与人的社会化、文化与文明、文化与生活方式诸关系,最能说明文化的社会功能,也是社会学家经常注意的课题。

十一是文化社会学研究的问题是多方面的,如民族文化发展趋势问题、世界文化问题等等,都是应该研究的。特别是应用性研究,它涉及文化与经济改革、城乡建设、社会管理、教育事业、科学技术应用以及人的现代化等等,更应大力研究①。

上述第1项研究与主体的文化身份相关;第2—5项研究与旅游地的文化生态系统相关;第6—10项研究与旅游跨文化交流相关。而第11项所提到的民族文化发展趋势问题、世界文化问题等等,则与旅游所造成的世界文化趋同,与造就类似"世界公民"一族相吻合。

应注意的是上述研究的诸多相关、相交叉,并不是旅游文化学与文化社会学的重合;在研究的出发点与归宿点上,特别是在研究方法论上,旅游文化学与文化社会学有所不同。但既然研究的对象相同,研究的方法自然有其可相互借鉴和贯通之处。社会文化学和旅游学一样,都是与旅游文化学直接相关的一门学科。

文化社会学或文化人类学[概念链接1-3]参与旅游现象的研究是当代社会相当晚近的事,但发展迅速,并且取得了一定的成果。寻其踪迹,这一问题较

---

① 参见司马云杰,《文化社会学》,山东人民出版社1987年版,第26页。

早的学者出现于20世纪50年代,例如玛格丽特·米德(Margret Mead),在1956年出版的《旧世界的新生活》(New Lives for Old)一书中,对西方旅游者将固有的生活方式带往发展中国家旅游地的影响作过研究。一般认为社会学和人类学在20世纪70年代于基础和应用两方面都得到了长足的进步,这之后这两门学科参与对旅游现象的研究渐多,较有影响的著作如1977年史密斯(V.L.Smith)出版的《主人与客人:旅游人类学》;沃尔夫(Eric Wolf)在1982年出版的《欧洲和没有历史的人民》(Europe and the people Without History)等。《欧洲和没有历史的人民》一书提供了旅游社会学研究的广阔领域。这之后英国学者J·克里斯托弗·霍洛惟在其《旅游业》一书中用旅游业影响一章专门论述了旅游业对东道国经济、社会和环境的影响;美国学者罗伯特·麦金托什的《旅游学——要素·实践·基本原理》一书中,则专设旅游社会学一章加以论述。

刚开始时社会学家和人类学家对旅游现象的兴趣,主要集中在旅游过程中文化的接触及其影响,提出了一些共性问题,如旅游发展对接待地的影响是祸是福?为什么接待地政府和当地老百姓对旅游不利都有实际的体验,但仍有兴趣发展旅游业?学者们所要知道的是旅游对东道国社会的利益究竟有多大。一些社会学家认为发展旅游活动是可行的;发展旅游可以致富,但也可能带来厄运和失望。

如经济学家J·布赖登(J. Bryden)和格林沃德(D. Greenwood)分别去考察加勒比海地区的旅游对经济发展的影响,以及西班牙巴斯克(Basque)地区文化商品化的消极看法,都代表了早期社会学家对旅游发展的怀疑和观点。但是近期的研究认为这些都是片面的看法。从接待地社会东道主的观点来看,发展旅游有好和坏两个方面,有关这两个方面的记载可以从科恩(Cohen)关于泰国北部高地村落旅游影响的报告中找到。开始时,科恩认为那里发展旅游活动给当地社会带来了坏的影响,但后来,他认为旅游活动的发展并不会给当地社会在近期内造成破坏性的影响。

无论社会学家还是人类学家,在他们对旅游作研究时,都很少考虑到不同学科之间的边界。他们注重于从本学科以及其他学科中吸取有益的东西,都较少去考虑这些理论和方法的来源。显然,只要对研究目的有用,社会学家和人类学家在旅游现象的研究中常常会走到一起去。虽然每一门社会学科都有其自己的观点,但需要时某些研究方法可以被移植、嫁接到其他学科中去。社会学在研究旅游活动和其他文化现象时,总是以比较文化的观点来概括人类文化所有方面的问题。旅游人类学开始时曾借用过社会学研究的一些方法,并将研究重点放在旅游现象中的主客关系上,于是旅游人类学在它学术活动的经历中,与社会学结成了亲密的伙伴关系。

至 20 世纪 90 年代,旅游社会学和旅游人类学的研究,大都偏重于旅游接待地主人和客人人际关系中的文化现象和演变,以及这种文化现象对接待地社会的影响。这方面的代表作有纳什(D. Nash)于 1996 年撰写出版的《旅游人类学》(Anthropologyy of Tourism)和史密斯主编的《主人与客人:旅游人类学》(Hosts and Guests: The Anthrepology of Tourism,修订后发行了第二版)。纳什最新版本的旅游人类学专著,是贾法理(Jafar Jafari)主编的"旅游社会科学丛书"中的一本。书中纳什提出的三个研究旅游现象的论点分别是:旅游现象作为发展或文化涵化的研究,旅游现象作为个人移动的研究,以及旅游现象作为一种上层建筑形式的研究。这三个论点是纳什在书中论述的中心,可以将它们视为迄今为止旅游人类学研究的系统归纳。

除了上述一些研究课题外,文化社会学和文化人类学对旅游现象的研究中有两个相当有意义的课题。一是旅游的跨文化比较研究。自旅游学兴起后,对何谓旅游者的定义十分多样。自 20 世纪 70 年代末,休闲学在西方开展后,一些学者把旅游现象定义为一种休闲活动的方式,而旅游者则是从事这种活动的旅行者。对于这样的看法,纳什认为它足可以成为旅游活动的初步定义。与通常的定义相比,这种看法更符合文化社会学跨文化比较的规范。根据这个初步的定义,可以论证"泛人类旅游过程"(Pan-human Touristic Process)。在这个过程中,与东道国主人接触,最终双方在接触交往中作用于旅游者、主人和其社会文化。这个旅游过程成为"旅游系统"的一部分,并被包容在更大的社会结构中。成熟的文化社会学观点认为,要理解旅游现象需要运用学科的全局观点和方法去考察旅游过程或旅游系统的全貌;任何对旅游活动局部现象的研究,都应该放在对旅游现象全局考虑的观点下进行。由此,跨文化比较研究便成为旅游社会学研究的基本方法。在这个过程中,一个重要的转折是在 20 世纪 80 年代,学者们在研究中从主要关心旅游者和东道国主人之间的接触、交往关系,转向了特别关心这种关系对接待地居民可能造成的影响,以及游客从旅游中所带回的对自己久居地文化产生的影响。尽管后一种影响并没有像东道国社会那样表现得十分明显和剧烈,但它存在着,它缓慢地积累着,并发挥着作用。

旅游社会学研究中另一个重要的课题是关于旅游过程的社会心理学研究。它被称为"神圣游程"(Sacred journey)的研究。这个研究起源于人类学家根内普(Arnold Van Gennep)的工作。1908 年,根内普在其发表的《旅途礼仪》(Bites of Passage)一书中研究了朝圣者在朝圣途中的心理行为、精神状态和人际关系等现象,认为人类社会中存在另外一种基本的宗教行为特征,他称为"旅游礼仪"。随后,李奇(E Leach)把这个观点应用于人类学研究,特纳(V Turner)又将这个观点应用于旅游现象研究,并且在1978年与伊迪丝·特纳(Edith Turner)合著的《基督教文化中的形象与朝圣旅途》(*Image and Pilgrimage in Christian Culture*)一书中提出了"礼仪过程"(Ritual process)的概念,认为人们外出休闲旅游的全部过程可以分为离开常住地进入旅游状态(Separation),越过情绪阈限(Liminality)融入旅游环境,然后返回常住地重新投入日常生活(Reintegration)三个阶段。这三个阶段特纳称之为"游程礼仪"(Transit Rites),在这个游程礼仪中,游客全身心地融入旅游环境,产生一种自发忘我、家庭融和、社会认同的感受,特纳称之为"Communita"(共通性)。此种全身心投入旅游过程的心理行为特征,犹如朝圣者在朝圣旅途中的虔诚心情。社会学家将人们的全部生活过程分为"世俗"的和"神圣"的两部分,称旅游的全过程为"神圣游程"。这种现象,许多学者都已注意到了。

无论是旅游社会学、旅游人类学,还是旅游文化学,其研究到目前为止仅仅还只是一个开始。旅游社会学理论上、应用上的研究在我国已经起步,文化社会学和文化人类学的跨文化全局观点的研究方法正在旅游文化学的研究中得到运用。

三、专注于文化传播的跨文化交流学

跨文化交流这个概念是从英文"Intercultural Communication"翻译过来的,指的是不同文化背景的个人之间的交流、交往,也就是不同文化背景的人之间所发生的相互作用。跨文化交流从其现象来看并不是什么新东西,从古代起就存在,其历史,可以说就是人类本身的历史。作为当代的一个学术概念,跨文化交流最早产生于美国;作为一门学问来研究则始于20世纪60年代;作为一门独立学科的跨文化交流学那是在其后的70年代末形成的。跨文化交流学是传播学的一个分支。传播学是研究人类如何运用符号进行社会信息交流的学科。从传播学界最具有权威性的国际传播协会年会的分组方法来看,传播学大致有八个研究方向或分支。它们是信息系统、大众传播学、政治传播、组织交流、人际交流、跨文化交流、医疗卫生传播、教学交流。跨文化交流学研究的是具有不同文化背景的个人、组织、国家进行信息交流的社会现象。具体地讲,该学科研究的对象是文化与交流的关系,特别是文化对交流所产生的影响。从事跨文化交流学研究的学者们基本上有三个共识:跨文化交流学是传播学的一个扩展(Extension);跨文化交流学作为一个研究领域,其特点在于它注重不同文化的个人、群体间阻碍彼此交流的文化因素;关于人类传播学的主要理论可以为跨文化交流学的研究和实践提供有益的指导或借鉴。跨文化交流作为一门学科诞生

之前,许多文化人类学家、文化社会学家都对类似的问题进行过研究和论述。由此可见这三门学科的亲缘关系。

文化传播和人际交流可分为面对面的交流和不见面交流;旅游跨文化交流自然属面对面交流。跨文化交流是同文化交流的变体,旅游尽管也可能进行同文化的交流,但它毕竟只有以跨文化交流学才能穷尽旅游文化交流的内涵。从跨文化交流学视野来观照旅游文化的交流,其归属为面对面的人际跨文化交流。

由于科学技术的进步压缩了时间与空间、缩小了我们的这个世界,生活在不同文化地区的人们之间的交流变得空前的容易起来——大型喷气客机高速、频繁地来往于国与国之间,大量的国人飞往世界各地,不同肤色、不同文化的外国人也涌入国内。三资企业、跨国公司频频在神州大地上安家落户,中国与世界上绝大部分国家和地区建立了经济、贸易往来关系,国与国之间的相互依赖越来越强。过去只有外交官等少数人才能够享用的国际航班,如今科技人员、商人、学生甚至普通的工人、农民都一样乘坐。"泰国6日游,3 800元","新、马、泰8日游,5 600元",旅行社招揽游客的广告、招牌在中国各大、中城市随处可见,改革开放带来的实惠,使得大批中国人能跨出国门一览异域风光。昔日国外流传一个说法:只要是头戴太阳帽、胸挂照相机、跟在导游小姐后面的队伍,那一定是日本人。这个说法逐渐变得不那么正确了,东南亚的人惊呼:"中国人也来了!"改革开放把国人带入了一个五彩缤纷的世界,也一下子把他们推上了一个跨文化交流的舞台。这样广泛、深刻的对外开放,在中国历史上前所未有,同时也使我们遇上了从未有过的文化摩擦、误读和文化震惊。

人们一经接触,不论他们愿意与否,或者是否意识到,他们的所有行为都在交流某种信息,即他们无时无刻不在接收信息和传出信息。两人见面即使一言不发,其容貌、穿戴打扮、举止表情和行为都在传递信息。许多旅游者在到达旅游地后似乎并没和当地人接触,也没交谈,但文化交流则在主客体之间进行着。在人们生活中"此时无声胜有声"的情形是司空见惯的。可见,人们互相接触,问题不在于人们是否在交流信息,而在于交流了什么信息。在跨文化交流过程中,由于不同的文化对非语言行为的不同解释,往往会产生误解。非语言交际以往多被看作是体态语的代名词,其实它的范围远远超过了单纯的体态语。从人的身体特征到身上穿戴的服饰品,从搽的香水的味道到身体内散发的体气,从声音的高低到房间的摆设、光线、色彩,从时间观念到空间观念,这些都是非语言交际的因素。许多学者都指出过非语言交际的重要性,它是交际过程中不可或缺的要素。日本人的鞠躬、欧美人的拥抱接吻、拉美人的脱帽致意等都表现出各自的文化特征。非语言信息弄得不好就会产生误解,有的时候甚至导致悲剧发生。

有一位在泰国旅游的美国人,不经意坐在寺院里一尊佛像的头上休息,被人拍下照来,结果被驱逐出境。人们在同文化的环境中进行交流时,有信心有能力理解对方传递过来的语言和非言语的信息。然而,在跨文化交流中,若一方不懂对方文化,就没有能力恰当地解释对方传递来的信息,并且可能会导致种种误解;小的误解会使人感到不舒服,大的误解会铸成大错乃至兵戎相见。

不同文化的彼此交流,对一个人的个性和文化属性的发展,对一群体、一国家文化的发展走向都会产生影响。在当今世界跨文化交流信息量加大加快的时代,其影响也在加大加快。在我国历史上,印度佛教传到我国,促使我国古代传统文化发生了重大的转变。因而有的历史学家把佛教传入中原不久的魏晋南北朝时期称为中国文化的转型期。从此,我国文化的方方面面都染上了佛教文化的色彩,佛教文化成为中国传统文化的一部分。跨文化交流对文化发展的影响是客观存在的,其中也是有规律可循的。人们需要认识跨文化交流的规律;只有认识其中的规律,才能在跨文化交流中从必然向自由的迈进。

跨文化交流学研究的基本目的有三个。第一,培养人们对不同的文化持积极理解的态度。文化是有差异的,通过发现对方的不同点,反过来加深对我们自身文化的理解,从而做到客观地把握各自的文化特性。在发现差异的过程中,也要注意不可忽视大量的共同之处。第二,培养跨文化接触时的适应能力。初次与异质文化接触时,往往会受到文化震惊和冲击,从而产生某种不适应。要使交往得以继续下去,必须设法减缓冲击提高适应能力。这是跨文化研究的一项重要内容。第三,培养跨文化交流的技能。随着对外开放的进一步扩大,走出国门或留在国内参与跨文化交流的人越来越多,我们大家都需要学习、掌握与不同文化背景的人打交道的实际技能。在美国,除了在大学里有这方面的课程以外,社会上,如商业界也有许多机构专门负责跨文化交流技能的培训与进修,以适应国际化社会的需要。可以说,正是基于这一点,跨文化交流研究的实践意义要大于理论意义。

与旅游文化学这门新学科相邻又相关的学科是旅游学、文化社会学(文化人类学)和跨文化交流学。它们三足鼎立,共同支撑着旅游文化学。当然,与旅游文化学学理上有关系的学科还很多,如休闲学、比较文学、人文地理学、社会心理学等等。由于旅游文化学是20世纪与21世纪之交诞生的,其时代背景为后现代社会,这注定了这门新学科所带来的鲜明的时代特色,绝不是几门学科简单相加,它有自身理论应用驰骋的领域和学术追求。

概念链接1-3

文化社会学(Culture Sociology)是从西方早期综合社会学中脱颖出来的一

门学科。最早提出"文化社会学"名称的是德国社会学家巴德(Paul Barth)。他在1897年所写的《社会学的历史哲学》一书中提出了要进行"文化时代的社会学"研究。到20世纪初期遂形成了一个德国文化社会学学派。美国的文化社会学是建立在研究原始民族社会文化生活的文化人类学转向研究现代社会生活而形成的学科。

　　文化社会学隶属于社会学,文化人类学(Culture Anthropology)隶属于人类学,从学理来看,它们的相同之处远远超出它们的相异之处。这两门学科关系极为密切,在相当多的基本理论建构中相互参差和包容,如文化的起源、积累、涵化、生产、传播、冲突、变迁等;在阐明文化与自然环境相互关系的文化生态系统内容所涉及的陆地、河流、海洋、村落、城镇,在阐述文化的时间、空间系统的文化层、文化丛、文化圈、文化区、文化类型、文化模式等内容以及文化的社会系统所涉及的群落、民族、世界文化等内容,在这些理论的阐述或运用中很多情况下很难区分文化社会学与文化人类学的界限。作为人类学分支的文化人类学主要研究的是原始民族的社会文化,而文化社会学不仅研究原始民族的社会文化,而且更着重于现代各民族社会文化的研究。这一点是这两门学科在各自历史发展中留下的特点和借以相区别的痕迹。司马云杰在《文化主体论》一书中说:"文化人类学或文化社会学两个名称本质上是一样的,其差异在于前者多从文化情景上说明人性,后者多从社会结构上说明文化对人的价值与功能。"正因为如此,笔者在说到以文化社会学或文化人类学作为旅游文化学相关的支撑学科时并无轻重之分。旅游文化学的产生是文化社会学和文化人类学在旅游领域的延伸和扩展。

[问题与思考]

　　1. 此教材外选读三种旅游文化类著述,分别在300字以内说出它们的主要内容和著述目的。

　　2. 辑录3~5条旅游文化定义,阅读理解它们并写出自己对旅游文化的理解和定义。

　　3. 你认为定居和旅游分别对人的生活起什么作用?思考定居和旅游分别对人性的完善所起的作用。

　　4. 你认为旅游生活和自己久居地生活有哪些区别?旅游生活所营造的文化与久居地文化有哪些区别?

　　5. 请分别阐述 Leisure, Recreation, Tourism(休闲、游憩、旅游)三概念的含义,简单谈谈它们之间的关系。

6. 收集有关休闲学理论研究的文章和著述三至五篇,认真阅读其中的一两篇,给休闲学下个定义。

7. 认真阅读 1-1《美国著名大学旅游学研究和专业归属》,从中归纳出美国著名高校如何研究旅游学和旅游文化,谈谈这对你理解旅游文化有怎样的启示。

8. 你对旅游现象是"经济的外壳和文化的内涵"这样的双重结构有何看法?

9. 辑录旅游学、文化社会学、跨文化交流学和旅游文化学四概念的定义,比较它们的联系和区别。

[课外阅读书目]

1. 谢贵安,《旅游文化学》中第一章绪论,高等教育出版社1999年版。

2. 马波,《现代旅游文化学》中第二章旅游文化与旅游文化学,青岛出版社1998年版。

3. 沈祖祥,《旅游文化概论》中第一章旅游文化理论,福建人民出版社1999年版。

4. 申葆嘉,《旅游学原理》中第三章第四节旅游是综合性社会现象,学林出版社1999年版。

第二章 旅游主体是一定文化的负载者

19世纪末20世纪初,文化人类学家、社会人类学家,以及一些民族学家、民俗学家等对世界各地各不同民族文化进行了实地考察和研究。他们用不同方法对不同民族文化起源、历史沿革、持续发展以及文化心理、性格特征、思维方式、价值模式的研究,证明了人的本质就是人的文化存在,证明了只有人所处的历史、文化、传统才能说明人的本质,否则无法解释生活中始终变化着的人性。

一个世纪后的今天,我们运用文化人类学或文化社会学的研究成果"主体是一定文化的负载者"、"人是文化的产物"等来确认在旅游跨文化交往过程中,旅游者所具有的作用。旅游者,作跨文化空间位移的主体,他不仅是跨文化交流的发动者,而且本身负载着一定的文化。是旅游者在进行着跨文化空间的传播和运作。

第一节 人是文化的产物

旅游主体也就是现实生活中的人,生活在世界各地的人。从文化学的视野来看,一定的主体首先是一定文化的负载者。然后当他,作为旅游主体时,他便成了传播文化的民间使臣。旅游主体负载着一定的已成文化因子,前往相异的文化区域和景观空间中旅行、游览,与当地的接待人员、世居的百姓等接触,将原有文化传播到异地的同时,也深受着异地文化和风俗的影响。当然,旅游者在文化传播的同时,在两种或多种文化的比较和熏陶中,创造出新的审美或文化的成果,提高了自身的文化修养和素质,在实现对真善美的认同中,不断成就、完善着自己的文化人格。

一、人类起源和文化起源同步

人离不开社会和文化,文化也离不开人,人之所以成为人,就在于人是社会的人、文化的人。历代的大思想家们对人都有简洁界定,如"人是制造工具的动物"、"人是符号的动物"。他们的定义虽有不够完备之处,但却都揭示了一个关键问题,即人与动物的重要区别在于人能制造和使用工具,人能掌握文化符号。人与文化分不开,两者相伴而生,相随而长。人类的起源和发展与文化的起源和发展是同步的。从古猿发展到人所运用的第一件工具是人类进化的起点,也是文化进化的起点。

恩格斯在《劳动在从猿到人的转变过程中的作用》中指出:劳动使猿进化为人,劳动创造了人的双手,劳动创造了人。"手不仅是劳动的器官,它还是劳动的产物,只是由于劳动,由于和日新月异的动作相适应,由于这样所引起的肌肉、韧带以及在更长时间内引起的骨骼的特别发展遗传下来,而且由于这些遗传下来的灵巧性以愈来愈新的方式运用于新的愈来愈复杂的动作,人的手才达到这样高度的完善。在这个基础上它才能仿佛凭着魔力似的产生了拉菲尔的绘画、托尔瓦德森的雕刻以及帕格尼尼的音乐"。由于劳动,人的手和足分开,直立行走,使人脑发达起来,使肺和喉得到开放,视野得到扩大,从而有利于人的体质和脑力的发展。由于劳动,人们需要结成群体,于是便产生了社会交往,产生了交流思想和互通信息的必要,从而产生了语言。"首先是劳动,然后是语言和劳动一起,成了两个最主要的推动力"①。语言的产生,进一步促进了大脑的发展和文化的发展。在人类居住的任何一个环境中,人类要想生存,就必须不断地努力调节自己与自然界的关系;同时也要不断地调节和控制自身。这样,人类在长期的发展中不仅引起了自然环境的变化,而且自身的智力也在改造自然环境的过程中得到了进化,并且一步一步走向高级的阶段。自然,这是一个非常复杂的过程,是多方面的运动和各种因素长期交互作用的结果,而劳动则是决定性的因素。正因为劳动使人联系自然并与自然交往,它才发挥其决定性的作用。

我们可以说文化的起源是从人类能够制造工具那一天开始的。人类从能够用劳动创造工具,也就创造了自己的文化。现代考古学证明,人类是在300万年前后开始制造劳动工具和创造自己的文化的。非洲的奥杜威文化和中国的元谋人文化,大致就出现在这个时期。尽管当时的石器文化很粗糙、简单,但它却包含着人类创造的文化因子。这个时期,人类已经能够直立行走,故称直立人。由于有了文化创造,类人猿也就真正从动物界中分化出来变成了"完全形成的人"。从那个时候起,随着人类的智力越来越发达,文化的创造也就越来越丰富、多样,并且越来越服务于更高级的目的。为充饥而制造食物,为御寒而缝纫衣服,为避风雨而盖房屋,为交通而兴舟楫、桥梁之利。所有这些物质文化都是人类在劳动

---

① 《马克思恩格斯选集》第3卷,人民出版社1972年版,第510页、第511页。

中为适应自己的需要而从自然界中创造出来的,是他们认识自然界、改造自然界的结果。在这样的创造工具、改造自然的同时,人造就和拥有了文化的自身。

旅游文化学,它并不专门研究人类生存与自然环境之间的相互关系,但在确认旅游主体负载着一定文化品质时,它必然地涉及定居人类文化个性何以形成的问题。在人类与自然环境的相互关系之中,包含着人口结构、社会组织、技术、环境等重要的构成因素。而且,获取食物的活动与维持人口的活动,是关系到人类生存的最为基本的活动。获取食物的活动和技术等可以总称为生产方式。这种生产方式常常是人口结构、社会组织和文化体系等等的结合点。特别是在直接接受来自自然环境影响的采集、狩猎民族、游牧民族、刀耕火种的农耕民族等自给自足的单纯社会里,很多场合均为生产方式所总括。维持人口的活动,也可以叫做繁殖方式,这不仅是指食物的获取数量,而且还包括对于人口的人为操纵和婚姻规范等社会和文化的影响。因此,在考虑人类的生存机制时,必须考察食物资源的分布、生产方式和繁殖方式。而一定区域的生态环境必然首先是被当地的世居民族利用,并孕育了一定的文化特质和个性特征。这样的案例在人类的文化创造中可谓俯仰可拾。在北美极地,因纽特人在冬季为了猎取海豹,需要凿开很厚的冰层,同时又必须堵住海豹呼吸用的多个通气空洞,由此便形成总共约有 50~100 人的群体协作劳动的规模。它显见了单独一个家族不可能完成冬季狩猎、获取食物的事实。每到冬季,茫茫雪原上往往会出现三五个独立群体的家族群参与共同狩猎的景象。这就表明因纽特人具有因环境而利用环境的有效手段。每逢冬季,多个营帐聚集在一起,形成一定的社会组织;到了夏天,生产活动的生态条件不需要众人合作,人们就以较小的规模分散居住。由此,在游牧过程中,冬季聚居,夏季分散的季节性流动成为一种传统的生产方式和社会生活。与分散和集中这一社会集团的集体化原理相适应,因纽特人的宗教和道德表现方式及其强调程度也在长期的生存发展中诞生、成熟。

问题还不仅仅是说从自然界中诞生,并依赖于自然界进行文化创造,而且还因人知道自己怎样从自然界诞生,知道自己文化创造的历史。人类自从有了文化创造,也就开始意识到自己的历史,也就有了历史意识。当然,人的历史意识的产生和发展是经过漫长的文化创造、积累阶段的。它最初包含在朦胧的神话史中,然后是包含在对氏族、部落祖先和文化英雄的崇拜史中,最后,随着野蛮时期高级阶段自我意识的发展,特别是文明时期的到来,人愈来愈意识到自我在历史上的存在,历史意识也就发展起来。人生活着,并意识到自己的生活和行为在开创着自己的历史,自己就是创造文化的生活和行为。历史意识的发展是人类主体性的一个巨大进步,也是人区别于动物的一个本质特征。即此,任何个人、族群、国家、民族……都有自己的文化和历史,任何人都有独特的,与他人相互区别的标志。这种独特的与他人相互区别的文化与历史,其出发点,首先因其自然环境的独特而相区别。

二、自然环境是影响文化创造的第一变量

文化尽管是被人,被具体的一代又一代的人民创造出来的,但又不能说文化创造的动力来自人的主观。离开了人类创造活动的一定地理环境中的气候、地形、土地、水分、植被、动物群以及矿产、能源等自然条件,离开了人类生存、繁衍的自然生态环境,一切文化创造活动都会失去客观的基础。正是从这一点出发,生态人类学也好,文化人类学也好,都首先把自然环境看作是影响文化产生、发展的第一个重要变量。

马克思认为,在人类文明的早期阶段,对劳动起主要作用的是自然条件,如土壤、河流、森林、金属等,"这一切条件或者可以归结为人自身的本性,他的人种等等,或者可以归结为他的环境的性质"①。当人类作为自然生态环境的生命开始文化创造活动的时候,即使是最粗糙的简单文化,也无不是从天然的存在物的直接加工开始的。

从考古学的发现我们可以看出,当人类在陆地上出现并开始活动的时候,出于人类自身的本性,都是选择最优厚的自然环境作为生存的条件。1959年在东非坦桑尼亚境内的奥杜威峡谷(Olduwai Gorge)发现的人类化石遗址表明,那里在190万年以前曾经是个湖泊。根据非洲当时的自然环境可以推测,在湖泊区域有茂密的树林和灌木丛,有河马、羚羊、斑马、长颈鹿、野猪以及刺猬、野兔、鼠类、龟、蛇等动物出没。奥杜威能人正是在这种生态环境中生活和进行最早期的文化创造。为了生存、延续生命和种族,他们开始创造自己的工具,如砍砸器、篮状器、球形器等,这些石器主要是用附近的熔岩、石英块打制而成的。这些奥杜威文化的创造,皆取之于自然界,并用之于自然界。

1965年我国云南省元谋县那蚌村发现早期直立人化石遗址,这同样表明元谋人生活的自然环境是非常优越的。根据元谋人时代的动植物化石推测,在170万年以前那里气候宜人,山麓、水边生长着针叶林和阔叶林,有犀牛、象、鬣狗、剑齿虎、云南马、爪蹄兽类出没林间。元谋人在这里猎取兽类、摘取果实,并以棍棒挖取植物根茎谋生。他们以天然的石英打制砍砸器、刮削器、尖状器之类的工具。在元谋人化石的地层中,还发现有炭屑。专家认为元谋人当时已经知

---

① 马克思恩格斯,《马克思恩格斯论艺术》第1卷,中国社会科学出版社1982年版,第107页。

道用火①。元谋人文化生动地证明,远古人类的文化创造无不和他们生活的区域环境直接相关。这些最原始的文化可以说是直接与自然契合,无需什么中间变量。这些文化创造主要出于人类生存的本能,即马克思所说的"人自身的本性"。人与自然界的关系是直接依存的;人类的文化创造也是直接借助于自然界的。

到了旧石器晚期,人类学会了建筑住宅,并逐渐转入相对的定居,同时还会制作简单的装饰物,产生了原始的审美观念。这个时候,人们的社会组织、价值观念等才在人与自然之间架起了一座桥梁,成了人类文化创造的中间变量。从此人类开始进入人类文化生态系统的新的较为复杂的阶段。即使如此,自然环境也仍然是人类文化创造的重要变量。

在人类文化创造的自然环境中,河流可以说是人类文化天然的"摇篮"。举世闻名的我国的仰韶文化就是在黄河流域形成的。它虽然因发现于河南渑池县仰韶村而得名,但其分布却遍于黄河中下游。它的遗址有1 000多处,最主要的有陕西省西安半坡、临漳姜寨、宝鸡北首岭、华县元君庙,河南省的陕县庙底沟、安阳后冈、洛阳王湾、浙川下王冈等处。在黄河上游甘、青地区的甘肃临洮马家窑文化,也属于仰韶文化系统。这些遗址都属于新石器时代的文化,约在公元前5000—公元前3000年左右。仰韶文化为什么能在黄河两岸广阔的台地上发展起来?这是和那里肥沃的土壤、有利的地形、适宜的气候、充足的水量以及密集的动植物分布联系在一起的。在黄河河道在陕、甘、晋高原一带,有渭、泾、汾、涞、洛、伊、沁等十多条支流,周围面积达 18 万平方公里。在古代,这里土壤层厚而且肥美,生长着茂密的森林及野生动物。即使到了西周时期,这种自然生态环境仍然保存着。《诗经·车邻》里所云"阪有漆,隰(xi)有栗","阪有桑,隰有杨",以及所谓的"平林"、"中林"等,就是说这些地方生有巨大的森林。林中栖息着野鸡和飞禽,如《诗经·车牵》中的"依依平林,有集维(乔鸟)","瞻彼中林,生生其鹿"(《诗经·桑柔》)可以说描写的就是当时这一地带生机勃勃的景象。古代,黄河中下游地带还布满了湖泊。据《水经注》记载,渭、洛支流有十多个湖泊;太行山以东有四十多个湖泊,长、淮以北,黄河以南有一百四十个湖泊。其中今河南的荥泽、圃田、孟渚,河北南部的大陆泽,山东的巨野、雷夏、菏泽等都是有名的大湖。当时水草丛生,鱼虾遍于湖中,仰韶文化正是在黄河两岸这样得天独厚的自然生态环境中发展起来的。在这样的自然环境中农业和渔猎的经济生活得到发展,村落一类的氏族公社的社会结构也发展起来。当时人类为了从事刀耕火种

---

① 参见贾兰坡,《中国大陆上的远方居民》,天津人民出版社 1978 年版,第 17 页。

的农业生产,创造了石斧、石铲、石刀及石磨一类生产工具;为了从事捕捉野兽、鱼虾等渔猎活动,创造了弓箭、矛以及鱼叉、鱼钩、石网坠等渔猎工具;同时还学会了饲养家畜。在农业生产基础上,他们掌握了简单的纺织技术,制造了陶纺车。而纺织技术所需的骨梭、骨针、骨锥一类文化则是狩猎经济生活的直接派生物。仰韶文化的另一个特征是彩陶制作,盆、碗、盘、杯、瓶、钵、罐、瓮、细泥红陶、灰陶,绘以人面及动植物花纹和几何图形,有的并赋予彩绘,形态生动、逼真,构成了一个独具特征的文化系统。因此,人们又把仰韶文化称之为"彩陶文化"。它说明人们当时不仅已经产生了初级的几何概念和审美观念,而且已掌握了相当可观的烧陶物理、化学知识。由于有了村落氏族公社,房屋的建筑也有了相当可观的规模。西安半坡遗址中的房屋有半地穴式的和地面木架式的两种,造型有圆的、方的。建筑材料是取自周围的泥土、木料、茅草。在这些村落中,已划分出了居住区、烧陶场、墓地等区位,这无疑是当时社会结构的产物。在浙川下王岗仰韶文化中所发现的卜骨,说明当时已经出现了巫术、占卜,而且有迹象表明当时人类已经有了灵魂的观念,有了宗教信仰的萌芽。这些都是人类刚刚从动物界摆脱出来在思想意识上寻求自己与自然界之间的联系所产生的精神文化现象。从仰韶文化的各种特征来看,不论是知识、技术以及物质文化,还是社会组织、制度性文化以及审美观念、巫术信仰等精神文化,可以说都是直接或间接地植根于当地黄河流域自然环境之中的,是当时人类尚不能脱离自然界的文化创造,带有明显的生物生态的特征。

这一点我们从古埃及文化和美索不达米亚文化中也可以看得出来。埃及位于非洲的东北部,南ך撒哈拉大沙漠,北临地中海,尼罗河流贯其间。尼罗河两岸有一大片狭长的沃野,加之地近热带,气候温和,宜于农业生产,特别是河流入海处有一个广阔的三角洲,为古代埃及人的发展创造了条件。古代埃及文化发源于尼罗河两岸。大约在公元前4000年的新石器时代,埃及人就种植谷物、麻类,发明象形文字、草纸(Papyrus)。由于农业生产的需要,他们还发明了历法;为了算出尼罗河泛滥的时期及泛滥后丈量土地的需要,他们创造了天文学、几何学;同时也创造了祭司等级,埃及的国家就是在这样的基础上出现了。当时的国君法老既是政治统治者,又是宗教首领。日神和地神的宗教崇拜正是在这样的环境中产生的。为了墓葬法老,象征着权力的陵墓金字塔出现了。他们能够建筑这样庞大的建筑物,是和当时人口的增加以及能够从事非生产性劳动分不开的。为了使死者制成木乃伊而不朽,医学也发展起来了。所有这些文化都是在尼罗河流域的环境中创造的。

类似的由自然环境影响文化创造的情况在美索不达米亚、印度等地方也同样存在的。在古代西亚两河流域,不仅苏美尔人关于洪水的传说直接来源于河流泛滥,而且当时的度量制度、法典也都与水利灌溉、土地占有密切相关;至于说到城池建筑及城邦国家,它虽然是与当时的生产力相适应的,但是它诚如列宁所说,也是在当时的地理范围内形成的。列宁在《论国家》中说,"当时山河海洋所造成的障碍比现在大得多,所以国家是在狭小得多的地理范围内形成起来的"①。

在古代南亚印度河流域,公元前22—公元前18世纪的摩亨佐·达罗城文化和哈拉巴文化在这里出现。到公元前12—公元前10世纪,印度雅利安部落占据印度河流域以后,在河谷地带利用水利进行灌溉,发展了农业,并向恒河上游发展。正是在这个时期他们建立了第一个王政时代,历史学上称吠陀时代。这种政权组织的出现虽然是征服土著民族的结果,但是水利的布置和管理的需要也是一个重要的原因。马克思主义认为:必须对任何自然力实行社会管理,为了经济的利益把它加以支配,借助人类技术对它进行大规模的掌握。这在工业化发展的历史上更是起着决定性的作用。在人类历史上,不仅一些经验、知识、技术及物质文化的创造源于自然环境,而且许多社会组织及制度性文化也都是由自然环境的需要派生出来的。而河流正是造成这种自然环境的一个重要条件。正如中国、埃及、美索不达米亚、印度等古代文化历史所表现的那样,它们都直接或间接地带有河流文化的特征。

如果说古代我国的仰韶文化、古埃及文化、美索不达米亚文化等都属于"河流文化"的话,那么,古代希腊文化则可谓之"海的文化"。所谓希腊文化,实际上是爱琴文化。它是在爱琴海诸岛及周围沿海陆地上产生和发展起来的。爱琴海位于欧洲东南部,北有巴尔干半岛,东有小亚细亚半岛,西有希腊半岛。海上岛屿星罗棋布,周围陆地曲曲折折净是港湾,特别是南部的克里特岛,位于埃及与希腊半岛之间,土地肥沃,水产丰富。爱琴文化就是在这样的区域环境中发展起来的。大约在公元前8000—公元前6000年,这里已经有了早期彩陶文化。后来,爱琴海地区的居民受安那托利亚、叙利亚、巴勒斯坦、埃及文化的影响,到公元前3000—公元前1000年,爱琴文化已经取得相当高的成就。他们有了文字,学会了航海,学会了炼铜,会制造扁斧、短剑,能建筑宏伟的王宫。希腊半岛南端山脉纵横,港湾曲折,有无数的小平原。公元前2900年左右,北方游牧的希腊人在此定居下来,并且得到了发展。到公元前五世纪经过希腊波斯战争,希腊遂成为爱琴海上的宿主。其后以雅典为中心,发展了极盛一时的希腊文化。它的文

---

① 《列宁选集》第4卷,人民出版社1972年版,第48页。

学、艺术、哲学都成熟于这个时期。由此可见,古代希腊文化乃是在爱琴海文化的基础上发展起来,是海上文化的继承和延续。自然,研究希腊文化的产生、发展的历史是一件极为复杂的事情。但是从文化人类学的观点看,爱琴海周围的自然环境,不能不说是一个重要的条件。不仅爱琴海诸岛及周围沿海陆地的土地、气候为它的居民提供了生存的条件,而且那里的港湾及便利的海上交通条件,也为他们从周围先进居民中吸取知识、技术等提供了机会。可以说,没有爱琴海及爱琴海特殊的自然环境,也就没有古代希腊的灿烂文化。这些文化不仅是从海的环境中产生和发展起来的,而且带有海的性质和特征,如航海技术、海上商业和贸易,甚至连奥林匹斯神系及荷马史诗中的英雄观念的产生,也无不和海上争夺密切联系着。

游览一些古老市镇或总观世界著名大都市,都可见到它们与河流、海洋的紧密关系。可以说每个自然生成的城市几乎都有自己的母亲河或者面向大海。

三、区域性文化特征与民族性格

主体在一定的地理环境下不仅创造出一定的文化,还塑造了一定的民族特性。历史学家冯天瑜曾经从地理环境影响与形成中国文化的角度认真分析了中国文化生成的奥秘。他在《中国古文化的奥秘》一书中论述道:我们不是地理环境决定论者,但考察文化的起源,闭而不提地理环境的某种作用也是不科学的,至少也是不客观的态度。地理环境可分为自然环境、经济环境和社会文化环境。这三种环境各以某种特定的实体为中心,且是由一定地理关系的各种事物的条件和状态所构成。这三种地理环境之间在地域上和结构上又是互相重叠、相互联系的,从而构成统一的整体地理环境。地理环境的这三个因素是相对于人类社会而言的,其中的自然环境既在客观意义上为人类社会提供生存的物质环境条件,又和经济环境、社会文化环境共同构成社会性的外在生存条件。而严格地说来,即使是自然环境,在某种意义上也是人类社会实践改造过的人化的自然环境。所以,任何一个民族,其休养生息的地理环境都是该民族赖以生存和发展的物质基础,还是构成该民族意识和精神的温床。它对聚居、生活在该地理环境条件下的人类和人类社会能够起到一定的决定性作用。当然,大体相似的地理环境,在各不相同的生产力方式或生产力条件下,对人类的影响是不同的。就一般规律发展看,人类与自然界的关系愈密切,人类文化创造愈弱小,所受自然的制约则愈强;人类生产力的提高和生产方式趋向多样化,文化创造强大后,其受自然的制约性愈弱,人们愈可以能动地利用手中的工具改造自然界。这也就是自然界的人化因素愈是增多,自然环境的客观规律愈是为人类所认识,人类走向社会化步伐就越快。而这一切,又都是在地理环境所提供的条件基础上发展而来的。

从中国传统文化赖以产生的独特环境来看,东面是浩瀚连天的大海,它阻隔了早期华夏先民与海外另一世界的沟通;西面是广阔无垠的沙漠戈壁和号称"世界屋脊"的大山,生存条件极端恶劣,交通工具的滞后使早期的中国人极少形成集体性的外向发展意识;北面是高寒草地;而南方又多毒蛇猛兽,恶瘴蔽天。但好在中国内地的大部分处于中纬度地区,这些地区气候温和,光照适度,长江与黄河的季节性汛期又定期给中、下游造成温润的冲积型土地;加之大部分地区下半年雨、热同季,温、湿度和水分条件配合良好,从而为发展耕稼的农业文明和人类生存提供了十分相宜的条件。据考古学和史料记载,至迟在先秦时期,黄河中游和黄土高原虽然没有南方那样大片的原始森林,但也不乏林莽成片,其遮天蔽日之势,也特别适应农作物生长和人类生活。由于水土流失相对不甚严重,土地盐碱化程度不烈,所以,很适宜先民的生存和繁衍。根据文献记载和考古发掘的成果证实,夏、商、周三代的中心地区在今天河南省的中部和北部、山西省南部、陕西省的关中平原、河北省的西南部和山东省的西部。这些地区正是当时自然环境条件最为优越的地区。因此,在这得天独厚的农耕环境中,加之远隔高山、大漠、草原、海洋而与西方文明相疏离,这就十分自然地形成了中国文化的自足性、内敛性和固着性等特征。这也是农业文明带来的直接后果。关于地理环境对人类文明和文化传统的形成作用,马克思的一段话,再明白不过地说明了这一问题,他说:"资本的祖国不是草木繁茂的热带,而是温带,不是土壤的绝对肥力,而是它的差异性和它的自然产品的多样性,形成社会分工的自然基础,并且通过人所处的自然环境的变化,促使他们自己的需要、能力、劳动资料和劳动方式趋于多样化。"①

每个人都有自己的民族,每个人都在一定的民族文化中成长、成熟。这就是每个人的民族文化身份。民族文化身份的形成,是一个民族的全体成员在参与社会共同的物质生产活动和精神生产活动的过程中,形成的一致的思想方式、行为方式和感觉方式。也就是说,形成的相对统一的文化表达方式。这种文化上的统一,是民族的全体成员意识到民族的集体存在,产生的民族意识。文化身份即是民族统一的文化在民族成员身上的具体体现。在此基础上,我们也可说区域文化、地域文化、国别文化身份等等都与民族文化类似,都是人所负载着的具体的文化内涵。

---

① 《马克思恩格斯全集》第 23 卷,人民出版社 1972 年版,第 561 页。

民族性格(Nation Character)是社会性格的一种表现。所谓社会性格是同一种群体中多数成员所共有的心理特质和性格特点。群体包括很广,如家庭、社会、企业、国家机关、阶级和阶层、军队、民族等,不同性别、不同年龄的人们也构成了不同的群体,都会有独特的心理和性格。一个传统大家庭几辈人共居一地,也会有大体相同的个性特征。青年总有年轻人的社会性格,军人有军人的性格特征,中国人有中国人的性格,美国人也有美国人较突出的性格等等。社会性格依附于群体生活,是在群体生活中形成并在多数群体成员那里得到体现的性格特点。社会性格一方面建筑在个人人格的基础上,同时又是多数人共同的人格特点。因此,它是作为一种共同的东西隐藏在个人人格的深处,成为对人格起作用的深层力量。正是这种在多数成员中起作用的深层力量,才把分散的个人人格聚集为一体,形成一种特有的性格。

民族也是一种群体,是居住在一定的地域、过着大体相同的经济生活、有在民族语言基础上形成的共同文化和历史基础的集团。民族性格是社会性格的一种,是一个民族大多数成员共有的反复出现的心理特质和性格特点的总和。民族是由风俗、传统和习惯等共有文化在历史上形成的群体,是历史的产物。因此,民族性格比一般社会性格积淀得更深,是一个民族的深层意识。民族性格又叫国民性。社会学和社会心理学或者文艺理论中的国民性是包括了一国国民的心理和性格的具体概念。中国人的国民性(民族性格)不同于美国人。比如,中国人的乡土观念很强,家乡是养育自己的地方。美国人却没有中国人的家乡观念,他们是流动中的人,乡土观念联系不住不断移动的人群;美国人的"家乡"是指自移民以来就不断移动的长长的旅程上所停留的居住地。

民族性格起作用的范围比人格和一般社会性格要广泛,不论哪个人和哪个群体的成员,身上都深深地潜藏着民族性格(国民性)的印记,谁都逃脱不了。民族性格像有磁力的磁石,按照它固有的磁力方向把全民族的性格吸引成一定的"型"。人们都于无意中规规矩矩地按照这个"型"表现自己。民族性格之所以能够对所有国民起到这种性格定"型"的作用,是因为它的根基是人格和一般的社会性格,并横跨所有国民心底的深层精神。民族越古老,历时越悠久,民族性格就越深沉、含蓄、执著。因此,人们纵然已被它牢固地约束着,却也不觉得有什么约束。

民族性格作为社会心理变化发展的主观条件,对社会心理起着深层背景作用、中介作用和整合作用。

任何社会心理的变化发展,都有一定的背景。社会心理背景有外部背景和内部背景,其外部背景是社会生活条件(或叫社会背景);内部背景是已形成的心态(或叫心理模式,又叫心理背景)。已形成的心态或心理模式像一层层内在布景,现实生活中的社会心理反应都会落在上面。与之吻合,就心安理得;如果不相吻合,则会心理紧张和不安。

人的心理世界像是由一幕幕布景构成,形成深层的内部背景和表层背景。一个人在喜逢久别的朋友之后,心目中会留下与旧友重逢的一个个愉快场面。这种留在心目中的场面和喜悦,构成一种心理背景,在一段时间里起作用,不仅喜形于色,而且也影响他对其他事件的心理反应。一个人的苦恼、悲恸也会成为一种心理背景,影响着他的心理生活。这种即时背景,属于表层背景,是易变的、动态的。内部心理背景由表层到深层,层层深入内心世界。深层内部背景是稳定、不易变化、静态的。民族性作为一种心理模式,是在心理世界深处起作用的东西。由它构成深层的内部背景。深层内部背景就是移入人之内心的文化模式,它有很大的清晰性和惯性,因此,人们对变化着的东西,常常不习惯,或者看不惯,难以适应。这种不习惯正体现出民族性格所起的中介作用。

民族性格对社会心理反应发生中介作用,指人们对变化着的社会生活和文化环境的心理反应,都是在经过民族性格的过滤、筛选和加工之后,才形成反应然后去发展的。民族性格是社会生活客体与社会心理主体之间必经的中介环节。这个中间环节的介入,使人们对有了变化的现实生活的心理反应,总是或多或少地带有民族的性格特点。

民族性格的中介作用,可以从人们对异质文化的心理反应中看得出来。任何一个民族都是从自己固有的、习以为常的文化模式去看另外一个民族的生活方式,但是,又不觉得自己有异民族习性、民族偏见。因此,常常难以理解在另一个民族那里并不难理解的现象。就如给小费这件事来看,中国的公民就不甚理解,也很不习惯,做起来也总是不很到位。文化人类学上有一种说法,即"文化眼镜",就是指文化模式的顽固性和劣根性。"文化眼镜"隔在现实生活与心理反应之间,人们必须透过这幅"眼镜"去看现实。由此,当一个人跨越了文化背景去旅游,即旅游地与自身存在着一定文化距离,在面对这样的异质文化时总会产生一定的惊愕或震惊。

生活在当代社会中的人,很难想像是纯粹的某一种封闭的民族性格的产物。民族性格能把生活中丰富多彩、变化万千的社会心理现象吸引和收敛成一种特有的群体精神。社会心理是自发产生的生活意识;就自发状态而言,它的作用方向是不定的、分散的,但在群体生活中,社会心理能形成一种笼罩群体空间的气氛。社会心理之所以能够成为笼罩全体空间的气氛,是因为它的内部机制是心理互动,而促成心理气氛形成的内部动力,乃是民族性格。这就是民族性格的心理整合作用。从小范围说,我国的一些歌迷、追星族,对外来时尚接受得相当快,这就是民族性格在个别主体内心所起的变化。从大范围看,我国的改革开放实行社会主义市场经济本身正是一场空前规模的社会变革,其对原有的封闭生活方式冲击很大,960万平方公里上的人们的生活方式都开始发生变化。这种变化,旧的观念、旧式思考和旧式行为模式,远远不能适应。但随着经济收入持续上升、市场商品不断繁荣和变新、跨文化交流的普遍。人们为结束长期清一色"革命化"生活而欢欣鼓舞,为一下子到手的物质享受而欣喜若狂,一种未曾有过的解放感笼罩心头。民族性格在变化、发展着。当然,话说回来,这一切似乎都来得那么快,竟使人们还来不及去品味它,也来不及换掉自己身上的旧"装",更新一下内心世界那些旧式规范,而对于自己民族的优秀品质、优秀文化,也没有来得及重新认识、重新评价及认真反思,便仓促地接受了突然闯入生活的某种富有和转型变化。这就会在我们的生活方式变化中带有某些不和谐音符,民族性格还将在更深、更广的范畴内予以整合、变化和发展。

民族性格的深层背景作用、中介作用和整合作用三种社会职能相互联系、相互补充,从不同侧面体现它的作用。从心理过程看,民族性格是社会心理变化发展的一种内部背景;从社会主体与客体之间关系看,它对社会心理的变化发展起中介作用,是两者之间的一种中间环节;从个性发展和群体精神的形成看,民族性格起着各相异文化交锋的整合作用,它像磁石一样,将零散的有益的文化心理吸引到民族性格中来,因而,它是变化的、发展的和不断成态、成流、成势的。这

三种作用从更具体的事项方面,体现出人的文化身份。在旅游中,某些能表现个体身份的特性或许都暂时隐退,短暂的交往中或许难以准确确认个体深层的身份。然而,文化,却无时无刻伴随着个体,如外表的着装特征与语言,或许就携带着某种文化因子;个体的价值观念、精神世界、生活习惯,甚至家族历史等,或多或少,或隐或显会在旅游生活中彰显出个体的文化身份。

第二节 主体的文化身份与文化品味

文化传统的形成有着多种因素,多民族文化传统亦与各自所生成的背景有着千丝万缕的联系。自然环境因素不仅作用于人的存在和生长,还作用于人类社会组织,且对人的心理产生强烈影响。一个群体在某一自然环境中生存了千百年后,将对这个环境产生心理上的适应。科学已经证明,人的心理素质、气质,同自然环境有一定的联系。一般说来,由于人的心理机制要比生理机制更灵活、更易发挥作用,因此,人的心理适应性也就更容易形成。当然,一种心理个性或心理特征的形成是一个过程,需要相当长的时间。所以当人们对某一地区适应之后,就认为它是故乡,时间越长这种感觉越重。而人们生活在本民族区域,生活在自己适应的文化环境中时,可以增强对外界压力的抵抗,这也是导致区域的、民族的文化共同体稳定的原因之一。

一、主体的文化身份与人格个性

文化身份(Cultural Identity)(概念链接 2-1)这个概念,在我国学术界使用年限不长,但对这一概念所涉及的问题则是很熟悉的。当一个人自我介绍说,我是中国人,或我是北京人,我是上海人时,他是以自己的国籍,省籍,市籍,即以自己生存的地域来限定自己,以区别于外国人,外省人或外市人。能使一个人、一个群体、一个民族或一国人和他人、他群体、他民族或他国人区别开来的,不仅是生存的地域,还有很多其他因素。那么,是哪些因素使我们成了中国人而不是美国人、法国人或埃及人呢?这些因素之间的关系如何?文化身份是怎么形成的?文化身份跟民族性格的关系如何?文化身份跟文化认同有什么关系?诸如此类问题,都是文化身份这个课题要研究的。关于文化身份的定义,可以说是众说纷纭。得到大多数人认同的,也比较简单的说法是:一个个人、一个群体、一个民族在与他人、他群体、他民族相比较之下所认识到的自我形象。这是一个对自我肯定的更哲理化的规定。

那么,文化身份的内涵是什么呢?或者说,构成文化身份或构成自我形象的成分是什么呢?对于文化身份的内涵,即构成文化身份的成分,每个民族强调的重点不同。有的民族强调共同语言,有的民族强调宗教信仰,有的民族强调文化认同,有的民族强调族内婚。事实上任何文化成分都可用来当作确认自我身份的标识或特点,以便区别于他民族,以达到自我肯定的目的。民族如此,个人也一样。20世纪80年代初,追求时髦的青年人把太阳眼镜上的商标留着而招摇过市的情景与当今的人体彩绘都可达到与他人相区别,成为自我肯定的一种方式。当然,不同的肯定方式,其效果是不同的。在众多的构成文化身份的成分中,以下五方面是最为普遍和重要的。

1. 价值观念或价值体系

其中包括宗教信仰、伦理原则、世界观和人生观、集体和个人的社会理想等。这是文化身份的核心部分。不了解一个民族、一个群体或一个个人内化了的价值观念,我们就不能理解一个民族、一个群体或一个个人的任何社会行为。在此也就确定了民族性格是文化身份首先的肯定方式。

2. 语言

其中包括书面语和口语,方言和土话,行话和切口,以及表达语言的文字等。语言不仅是交际工具,而且是文化的载体。在身份体系里,语言扮演联络员的角色,其他成分都通过语言起作用。多亏了语言,构成民族灵魂的价值观念才代代相传。多亏了语言,一个民族的成员才互相认同,彼此感到亲切。

3. 家庭体制

其中包括家庭的形成,婚姻关系和家庭内部人与人之间的关系等。对一个民族来说,家庭就像文化身份的三棱镜,凡是文化所具有特征的一切,在家庭生活中都会得到反映。儿童首先在家庭中开始知道自己的身份,尔后性格的发展和成年后性格的定型也是在家庭中进行的。身份的最基本的概念,就是"某某的儿子",人们认同的首先是父母和祖先,因为他们之间有血缘关系。在海外的中国侨民社团常常以姓氏为旗帜,成立宗亲会,号召亲善和互助。法国社会学家埃德加·莫兰说过,国民身份只是家庭身份的扩大,爱国感情是儿童把对家庭的感情扩大到国家上去。

4. 生活方式

这里主要指构成生活的四大要素:衣食住行,即穿着方式,饮食习惯,居住方式和交通方式等。生活方式是文化身份最表面、最显而易见的成分,也是变化的最为迅速的成分。在消费社会里尤其如此。生活方式是个人借以自我表现的手段,让别人知道自己属性的手段。生活方式不仅是表达行为的外在形式,而且也是行为所包含的价值观念的反映。在一个多样化的社会里,生活方式因社会阶层而异。社会地位和经济状况的不同决定生活方式的差异。教育水平和趣味的不同也影响人的生活方式。

5. 精神世界

这里指的是一个民族的历史发展过程中,集体记忆力所储存的种种形象。这些形象,有的是史前遗留下来的民族神话传说;有的是历史上对民族发展做出过贡献的重要人物、民族英雄等等;有的是文艺作品中虚构的人物形象;有的是绘画艺术、造型艺术、建筑艺术、电影、电视艺术等留下的视觉形象;有的是音乐作品,包括声乐和器乐作品、民歌、民乐所留下的听觉形象等等。这种种形象把民族的成员紧紧的凝聚在一起。不管你走到哪里,这些形象都伴随着你,藏在你的脑海中,成为你无形的精神上的依托。

以上述五种成分来分析,在旅游跨文化交流中,与其说人格不如用文化身份概念更能概括旅游主体的文化特征。说主体的人格,主要是从心理学角度概括其心理特质和性格特点的总和,说主体的文化身份,更多的则是从文化社会学或文化人类学的角度包容了民族性格在内的上述五方面内涵。对旅游者来说,其文化身份确认也就是在与他人、他群体、他民族相比较之下所认识到的自我形象的确认。由此,当我们离开久居地前往异国他乡后,也是从这些方面来与异质文化中的"他者"交往;在交往中既确认自身,也规范了交流、互动的实际内容和方式。相比较而言,生活方式、语言、精神世界等则首先在旅游的跨文化交往中显露出来,而这些方面正是民族性格的突出表现。在今天全球范围的旅游跨文化交往中,确认文化身份的特征时,民族性格是一个首先的、突出的和核心的方面。当我们接触到一位异质文化身份的人时或许首先是以他是哪个民族、哪个国度的人来确认他的文化身份的。语言、生活方式、精神世界里的文化特质恰是最直接表达了个体的民族性格。而后,家庭、家族的个性特征、宗教信仰、伦理原则、世界观等价值观念也会在交往中表现出来。

文化身份是一个综合概括力很强的概念,具体在我们确认一个人的文化品味时,还常用人格概念。人格(Personality),作为学科的一个概念,不仅在心理学、社会心理学,也在文化人类学中出现。由此,对人格有不同的研究角度,也有略微不同的概念规定。如从心理学角度,G·W·奥尔波特对人格的论述为"所谓人格,是指决定个体适应环境所独有的心理—生理内在动力系统","是人类个体所以异于他人的内在的特质模式,是一个人身心组织结构和行为与心理的综合"[①]。人类

[①] 参见陈山,《痛苦的智慧——文化学说发展的轨迹》,辽宁人民出版社1997年版,第17页。

学家林顿认为,人格是"个人固有的心理过程以及心理状态的集合体"。"作为心理过程和心理状态的结果的外部行为是不包括在人格这个概念中的"。这两个定义所强调的重点不同,心理学者注重行为动力,文化人类学者注重于整个内在过程特点。但是,两个定义都把心理过程作为人格的内容。美国社会心理学家克里奇(D. Krech)认为"人格是个人所具有的所有特性的总和,又是适应环境的特有机制,因此,它是由环境不断改变着"。我国心理学家孙本文认为,"人格是个人行为特质表现相当统一与固定的组合形式,简单说,亦可谓之个人行为统一的定型"[①]。

从文化环境对个人的影响作用看,人格是个人在社会化过程中成熟起来的思考方式和行为方式的总和。人格特点是与文化类型相一致的。从人格的内涵看,它是个人的心理特质和性格特点的总和。心理特质包括心态特点和心理素质,它受高级意识的支配,是隐藏于内的;性格特点是内在意识的表现特点,属于表现在外的东西。上述这两种提法,是从不同角度对人格的定义。值得注意的是,首先,人格是在社会化过程中心理成熟的结果,因此,人格一旦形成,就比较稳定,像具有一种内部吸引力的核心在左右一个人的言行。其次,人格是内在因素的积累,是在心理过程中反复出现的恒常的东西,因而是规定一个人区别于他人的内在因素。人格的形成比较复杂,遗传因素、童年经验、个人独特的生活经历、个人的认知能力等等都对人格的形成起到程度不同的影响。人格的差异性,造成人格取向的多元化,为了适宜于社会生活和人际沟通,需要对它进行社会文化的塑造,使之形成"文化人格"。文化人格是个人显现出的有益于社会的崇高的个性和品格,是社会文化体系塑造的结果,它在保持个体人格的前提下,进一步融入了所交往的各种社会的文化品质。文化人格以人的个性结构为基础,以人的价值观念和文化素质为灵魂。

旅游者个性的发挥与否,既与民族性格及文化人格对其约束程度相关,更与时代的开放程度相关。时代越进步,个性就越解放,旅游者文化人格就越呈多样化特色。这往往牵扯到文化的民族性与时代性的关系问题。值此文化转型之际,中国有不少人在旅游上呈现开放性格,虽然受到民族原生性格的约束,但时代又给了他们超越传统羁绊的推动力,从而形成次生性的文化人格特征。诸如那些徒步探险、漂流、攀岩、溶洞探险、远足野营、驾车周游,乃至孤舟远航等盛行于西方的旅游项目已渐次在国人中开展起来。旅游者文化人格与民族性格的关系,是个性与共性的关系。民族性格是旅游者所呈现的整个民族的某些性格特

[①] 参见沙莲香,《社会心理学》,中国人民大学出版社1987年版,第66页。

征而言的,而旅游者的文化人格则是对个体旅游者在旅游活动中所表现出来的性格特征而言的。另外,人格、性格等,其实都包含于身份之内,旅游者的文化身份应是一个更宽泛的概念。

二、东西南北中,一方水土养一方人

俗话说,一方水土养一方人;一方人有一方人的品味。这品味或许就是长期因地理环境和文化熏陶而成的个性特点。

北京地处北方内陆,气候条件较为恶劣,春天沙尘弥漫,夏天酷热难耐,冬天寒流滚滚,惟有秋天,天高气爽,比较可爱。据说,老派北京人重礼数,善待人,颇有尊贤礼让之风。此地市民身居京畿之地,首善之区,棋盘式的城市格局宏伟整齐,老北京建筑极尽皇家气派,所以北京人见多识广,既受官文化熏染,又承八旗子弟余风沐浴,常以"官"的眼光居高临下,又以玩世的心态体味人生。居高,故睥睨世界,纵横捭阖,尤其在"地方上"的人面前,盛气凌人;玩世,故油嘴滑舌,善打哈哈,于是侃爷辈出,背上了"京油子"的恶名。

上海人的品味就大不同于北京。上海商业繁华,建设突飞猛进,高楼林立,霓虹闪耀,除香港外可算国内最具现代大都会气派的城市。上海人的公民素质和敬业态度在国内各城市中亦算一流,服务业可见一斑。在公共场合,上海人也总是衣冠整洁、修饰得体。遇到纠纷,至多用争吵的方式来解决,很少大打出手,对此,北方人多有不屑,以为这是上海人屠头的表现。上海人在外地人(外国人除外)面前也颇为自负,但与北京人不同。北京人总把外地人视为下级,斥得理直气壮,骗得正气凛然。上海人则把外地人视为乡下人,即使内心不屑,也很少粗暴对待。相反,如果有外地人遇上麻烦,上海人大多还能援手相助。上海人私交比较理智,做事善于权衡利弊,注意与人保持距离。在这里,你可以找到精神上的知音,却别指望两肋插刀的哥们。所以上海出了不少银行家、商人和学者,却难出诗人和武将。上海女人举止得体,装束淡雅,言谈柔和,很有女人味,但却没有那种为了爱不顾一切的"烈女",上海男人在媒体中常常被丑化为"小男人",其实,他们有鉴赏趣味,懂得尊重女士,体贴妻子,似把西方的绅士遗风中国化了,别有可爱之处。

我们再来看广东人。广东地处华南,其原住民外貌更多地带有马来人种的特点。有人说食在成都,也有人说食在广州,这两种说法都有道理,成都小吃遍地,吃的花样百出,而能够在"吃"方面与成都人相媲美的,非广州莫属。与成都人相比,广州人吃得更"野",从蛇到鼠,从猴到虫,几乎什么都敢吃。这也反映了"南蛮""食蛇民族"的某些野性。正是这种不驯服的野性,使广东人与在正统文化束缚下失去创造力的中原诸省人相比，更显得敢作敢为，血性充沛，尤其是近代以来，因历史和地理的原因，广东屡次得风气之先，成为中国最早开放的地区。从鸦片战争，到戊戌变法，从北伐战争到改革开放，近代以来的许多有深远影响的大事都是由广东人开启的，因此，广东近代以来名人辈出。广东沿海广东人即以海外关系密切自居，所以把外地人一律称为内地人。内地人崇尚官，讲"关系"，会打通各种关节，吃得开，广东人崇尚商，讲本事，关键在个人能否抓得住机会施展才能。广东人不喜欢管别人的闲事，人与人之间关系比较冷漠，但也因为如此，也才很少像内地人那样在人际纷争中浪费时间。从某种意义上说，广州是一个充满机会的城市，却显得拥挤嘈杂，不能算一个适于居住的地方。广州本地女孩大多身材纤细，但容貌却令人难以恭维，如果你在广州街头看到靓女，那大半来自内地。

　　在祖国西部有四川盆地。四川盆地群山环抱，物产丰饶，尤其是成都平原，更有天府之国的美誉。这里多奇才怪杰类人物，他们精明能干而散漫悠闲，既能享受吃喝玩乐，又很喜欢谈玄探幽。与爽直幽默的川人聊天是一桩快事，他们见识独特，有丰富的民间智慧，吹起"壳子"来，趣味横生，荤素皆宜，硬是要得。四川出美女，川妹子聪慧能干，做事麻利，发起嗲来风情万种，勾人魂魄，故民间有"少不入川"之说，以防误入歧途，忘了家中的老娘。川妹子中"嘴巴狡"的"辣妹"，往往"辣"劲十足，尤其在公共场所发生口角，一般人不是对手。四川是中国的人才大省，无论文官武将，川人都有上佳表现。不过，川人偏居一隅，独享其乐，虽藏龙卧虎，但窝在盆地中，如不走出夔门，也只是一些歪才怪才，难有大的作为。重庆人本来就是川人，同其他川人有许多共同点。不过重庆古为巴国，与成都地区的蜀人相比，重庆人又有自己的独特之处。或许是因为多山的缘故，重庆人的性格狡黠而不乏豪放，像闻名的重庆火锅一样，既麻且辣，他们紧跟各种潮流，从穿着打扮到新潮思想，形形色色的时髦玩意儿在这里流行很快。重庆堪称美女之乡，都说重庆街头"三步一个张曼玉，五步一个林青霞"。时髦漂亮的重庆妹子说起话来，不是妩媚多姿，就是嘴快如飞，一般大老爷们没有三下两下是抵挡不了的。与温暾的成都人相比，重庆娃子的"砣子"（拳头）硬，敢打敢骂，更带了巴人的火气和豪气。

　　中国地大物博，各省区都有自己各具个性的人才，这就充分应征了这样一句话，比人是自然的产物更真实的是，人是文化的产物。

[阅读材料2-1　中原文化，忠义厚道]

　　道家鼻祖老子、庄子生于河南，儒家鼻祖孔子、孟子虽生于齐鲁，但其主要活动和思想传播却在中原大地。儒学、道学是孕育中原文化精魂的两大"文化基因"。中原文化、中原民风呈现儒骨道风,忠义为本,厚道古朴。
……

早在殷商末年,纣王暴虐无道。忠臣比干冒死进谏,被纣王挖心处死,忠魂不散,死不瞑目。至今在河南卫辉市尚有比干墓、摘心台遗址,几千年来民间一直传诵着忠臣比干悲壮感人的故事。商朝灭亡后,伯夷、叔齐宁死不降周朝,不食周朝之粟,最后在首阳山绝食而死,为国殉葬,忠烈气节千古传扬。

到了唐朝,河南又出了大忠臣、大文豪、大儒韩愈。他一生因仗义执言、犯颜直谏,多次遭人陷害,曾贬官五次,三次流放岭南。公元819年他极力劝阻唐宪宗迎接佛骨,险些丢掉性命。但他忠心不改,至死不悔,他的一生鲜明地体现了悲剧色彩的"儒家人格"。唐朝"安史之乱"爆发后,叛军东侵江淮,企图切断唐王朝的经济命脉。在朝廷危难之际,真原县(今鹿邑县)县令张巡(河南邓县人)挺身而出,率1 000多人与13万叛军在睢城激战10个月,为唐军反攻平叛赢得宝贵时间。最后城破,张巡被叛军所俘,宁死不屈,英雄就义。他用生命捍卫了国家的经济命脉,使江南百姓免遭兵祸。他死后,当地百姓建庙宇祭祀他。他为国捐躯的忠义壮举,在中原文化的英烈谱中,占有辉煌的一页。

常言说:家贫出孝子,国难识忠臣。岳飞是继张巡之后涌现出来的又一位名震华夏的中原英烈。他自幼接受儒家忠义思想熏陶和爱国教育,立下了"精忠报国"的誓愿,"岳母刺字"的故事传为千古美谈。岳飞为国尽忠,抗金有功,却被朝廷里投降苟安的昏君、奸臣以"莫须有"的罪名害死,留下千年不散的忠魂!岳飞的忠义精神,淋漓尽致地体现在他临终前留下的那首千古传诵的《满江红》词中……

明朝灭亡后,祖籍开封的史可法拥戴南明王朝,誓不降清。他率兵坚守扬州,与清军激战,城破后自杀未遂,被俘后宁死不屈,被清军杀害。扬州百姓慕其忠义死国的气节和壮举,特建衣冠冢以志纪念。……

历史进入20世纪30年代,日寇侵略中国,中华民族面临亡国的危机。不愿做亡国奴的中原儿女,与全国人民一道,本能地继承了岳飞尽忠报国、收复河山的爱国精神和忠贞气节,涌现出一大批像吉鸿昌、杨靖宇、彭雪枫这样为国捐躯、舍生取义的烈士。吉洪昌被称为"现代岳飞",他的人格、命运和岳飞十分相似,折射出中原文化忠烈悲壮的人格形象。在外寇入侵、民族危亡之际,他拒打内战,抗日有功,却被对外妥协的蒋委员长视为眼中钉。他先是被解职,被"逼"出国门,而后又被逮捕。在严刑和高官厚禄利诱面前,他绝不动摇低头,终被蒋委员长秘密杀害——因为无法公开为他定罪。临终前,他也写下了一首气壮山河的绝命诗：恨不抗日死，留作今日羞。国破尚如此，我何惜此头！视死如归，从容就义，何等慷慨悲壮！抗战时期另一位可歌可泣的中原英烈是杨靖宇，他率东北抗日联军，在极其恶劣的环境中抗击装备精良的日寇，弹尽粮绝，绝不投降，最后壮烈殉国。他死后，日军解剖他的尸体，发现他胃中净是树皮草根和棉絮，大为惊叹。他非凡的意志力和气节，连敌人都不得不叹服！

在中原正统文化、忠义精神熏陶下，历史上中原地区忠臣、烈士层出不穷，忠义之魂千年不衰。而且到了近现代，这种传统不仅没有衰落，反而有弘扬光大之势。《河南历代名人辞典》中共收录1911—1949年期间的豫籍名人250人，其中为民主革命、民族解放捐躯的烈士就有171人，占68.4%，这一比例之高，足以证明以上所作的判断。

——辑录陈金川《地缘中国》

三、旅游主体文化人格的塑造

旅游主体文化人格的塑造，是建立在人性发展的基础上的。旅游的发展正体现着主体人性从必然到自由的发展过程。旅游最初的起源是劳作性的旅行，是人类在生活和生产功利目的驱使下所进行的旅行，诸如商旅、游贾、宦游、游学、巡游等。人性在此时表现为生活的必然。当人类的物质生活条件得到发展，人性发展需要更为广阔的空间时，旅游也开始逐步摆脱物质的羁绊，容纳更多文化的和审美的内容。如果说劳作性旅行尚带有人类的被动适应性生存的话，那么审美性和休闲性旅游则是人们主动开拓生活乃至生命力再创造的活动。人一旦从与自然界的原始统一性中分离出来，成为人之后，他就逐步摆脱与自然原始统一时形成的被动适应的特征。他会去开掘出自己主动适应的能力，并通过开拓、创造，在现存的文化环境条件中，为自己的生存获取更为丰富的物质财富，尤其是发展精神生活，使自己活得欢快、浪漫而多彩，活得更有意义。主体的艺术化生存和自由的实现是人类本性追求的理想目标，是人本质的规定。旅游从古往今来的劳作性旅行向文化的审美性旅游发展，表明旅游主体从求生意志向求胜意志的超越。求胜意志使旅游主体追求高层次的文化审美享受和精神满足，并在此活动中不断完善旅游者的文化人格。

旅游者文化人格是旅游者在旅游活动中，以个体人格为基础，融合异国他乡的异质文化品格后形成的一种扩展而多元整合的旅游性格特征。旅游是一种高尚的文化活动，具有塑造旅游者文化人格的功用。旅游主体文化人格的最高标准是理想人格，旅游者理想的旅游人格是可望而不可即的，但作为一个灯塔照亮旅游者人格追求航程的，最先是浪漫主义大师庄子对旅游主体理想人格的憧憬和描画。他将旅游主体自由意志的发挥推至极致,并提出了理想的旅游主体人格——"至人"、"神人"、"圣人"。与道家关于旅游主体的理想人格的出世倾向不同,儒家对主体的理想人格的追求是塑造道德完善的仁智之士。旅游者把山水之游当作陶冶心性的途径,当成最终达到圣人境界的途径。当然,旅游主体的理想人格毕竟只是一种理想,这种人格的建立必须通过旅游者漫长的一次次的旅游,将旅游作为修身养性的生活,不断地塑造自己的心性来实现。旅游主体的人格塑造,包括求真、向善和审美诸方面,这些都可以在或艰辛跋涉或自由浪漫的旅游活动中得到陶铸,旅游可以塑造人类求真的人格。出于不断探索的欲望,人类永远将目光投向远方,他们怀着强烈的好奇心,把每一次旅行都当成对神秘世界进行了解的过程。废墟上方的明月,残碑旁的落花,引导人们的目光穿越遗忘之丘,追溯祖先文明的进程;茅檐低舍、小桥流水,使人们的思绪沉浸于永恒的安详,重温先民们恬淡质朴的生活。

　　旅游是人类跨文化交往中的学习。爱琴海几千年的哀怨传说、埃及金字塔陵玄奥的咒语、富士山樱花的灿烂与乞力马扎罗山下的狮群,历史之趣、自然之谜,旅游使人类获得异质的文化、增长见识,增加人生的体悟。旅游还可以塑造人类的审美人格。人类通过旅游,不仅可以获得美的享受和畅神的愉悦,还可获得超越本我的崇高感。当人们漫步异域他乡,不管是喧嚣的城市还是幽僻的乡村,一样的阳光,一样的天空,却能让人拥有一份不一样的情怀。旅游更可以塑造人的道德人格。旅游净化并充实了人类一己的、幽闭的心灵,有助于形成自由、远大而高尚的理想。通过艰辛的或欢畅的旅程,可以使人们重新珍惜一些东西,一些平日看来习以为常、甚至理所当然的东西。只有背着沉重的行囊跋涉在不期而遇的风雨中,才知道冬日围炉的温馨;只有饥肠辘辘啃着干硬的面包,才会想起家常便饭的香甜;只有面对困难孑然无助时,才知道亲情的可贵。此时此刻,一个会心的微笑,一声友善的问候,都会使人油然而生感激之情。今天,旅游所蕴含的文化禀赋正反映了当代旅游活动和观念由物质本位向人性本位的逐渐但是深刻的转移。这也是旅游文化总体上的发展和成熟的必然趋势。随着这种转移,当代的和未来的旅游活动将会越来越多地关注一些昔日不曾或较少为人们所关注的目的地,即那些也许是普通的、平凡的,异国他乡人的日常的生活场景。然而,正是在这种对过往的自然和人文的生活充分关怀和细腻体察中,那些曾是人类由此而出、经历过的也是被极度浪费了的境遇才又重新充满了现实的情怀和切肤的温暖。让历史回归于当今生命的存在与交往的需要,让世界哪怕是曾经的苦难重现人类一体的童真情怀而具有了文化的意蕴和审美的回味,让旅游文化成为真正意义上具有历史穿透力的生命的体验,融入生存哲学的冥想。

只有这样,旅游,作为文化的历险才能从休闲的一种方式上升为生命存在的方式;而此时,生命存在的方式才能真正进入完善、完美的境界。

[阅读材料2-2 为旅游的生活]

为什么总是一个人跑出去呢?开始我还试图回答,后来只是冲人友好地一笑作罢。BIG PACK、VAUDE 或是随便什么背包、挎包,只有当包上肩的刹那,人才会明白关于出行是一种逃避抑或一种追寻的争论毫无意义,惟一重要的是,你已经在路上!默念着"让逝去者重临,让将熄者再燃"的咒语踏在路上,便恍恍惚惚见青春与梦想的背影。那时的人仿佛是醉的,而醒时躲在小屋里看着堆在床角的睡袋、帐篷,便很有些"醉里挑灯看剑"的味道。

人们习惯说旅行使生活更加丰富多彩,而我却渐觉生活着似乎就是为了出行。其间内藏的人生态度差别我寻思不清,只顾按捺内心的激动,站在"中国战区"的"作战图"前,誓将赤旗插遍神州。

旁边那幅蜡染出自张家界金鞭溪畔土家妹子之手。布上少女头像在土布深蓝的底衬上发出略微泛黄的白光。她的柔美恬静,不由人想起沈从文先生笔下的湘西,她也叫肖肖或是二三吧,而美丽,总是愁人的。布旁挂着牛骨柄、包银鞘的匕首,是三年前我和一位已经在两年前离开我的朋友一起从内蒙带回的。用它扎过泡子里的鱼,从还没熟透的烤羊腿上削下一大片焦黄喷香的肉,在草海深处,用它试着砍断两根飘飞的发丝。偶尔我会把它摘下,让锋利显露,刀背上的血槽深刻而坚决,提醒我一刀怎能不两断。消愁的酒与断水的刀是每个男儿梦中的拥有吗?而每个行走的人,都永远醒着、痛着。

莫高窟的拓片我买了几张,选择这幅从天而降、裙带飘飞的飞天贴在高处,好像她手中的花瓣已经撒下来。落得床上、桌上、椅上、翻开的书页上都是。似乎随之又飘下了鸣沙山细细的飞砂,柔细得让人拂之不忍。下面是一串黎族银饰。山寨里的姑娘身着筒裙,叮叮当当地跑到我的面前。海南岛应该是最不缺少阳光的地方,而银饰的反光会让美丽更加夺目吧?她们晶莹得像亚龙湾的一捧海水,而接着一捧那样的海水,又像是捧着一块活动的玉,捧着一颗易感的心。

陶土烧的啸马头和漆画屏风是陕晋文化之旅带回来的。地下的西安地上的山西看了个够,归来后对北京的古迹迅速失去了兴趣,秦汉古风、泱泱唐韵,明清便很算不上历史了。遥思先贤,近看周遭,令人心生莫名感叹。

轻轻摇动转经筒,无边花毯之上如洗的天空、小女孩拍照时害羞而又兴奋的眼神。让我小心坐稳的拖拉机手、说我长得像老外的年轻喇嘛重都转回眼前,还有那个打开车窗,对着雨中旷野纵情哼唱的藏族汉子。他转过脸,摸摸我的连绑带挂的背包问这是什么,我则借来他的刀把玩。"男儿何不带吴钩,收取关山五十州",当时我并未意识到这幕场景对于我的启示意味,只是在后来,在牧歌声远处,我于熙攘地奈何时想到他带刀纵马于国土的边疆,而我则背着包行走在人群中间、城市边缘。正是借此,我成为一个男儿,并在心底拒绝了同志、男孩或先生的称谓。

——辑录刘阳"为了旅行的生活"(《旅游》1999年第12期)

概念链接 2-1

文化身份(Cultural Identity)是我国学术界自20世纪90年代从西方引进的一个概念。1993年出版的《中国文化与世界》第一辑里,有加拿大学者张裕禾的"民族文化·民族文化身份"一文。标题中的"文化身份"一词尚用一注,说明Culturalidentity一词国内通常译为"文化特性"。张裕禾先生曾撰文有一解释,说:"因为Identity(身份)跟Property(属性,特性)、Characteristic(特性,特征)、Particularity(特征,特点)不是一回事。身份能包括特性、特征、特点,反之则不行。特性、特征、特点都是身份的具体表现,但不能代替身份。身份这个概念是在更高层次上的抽象和概括。这个概念在西方人文科学和社会科学中已经使用了几十年,使用范围十分广泛,几乎涉及所有的人文学科和社会学科,而且派生出一系列概念,如身份体系、身份构件、身份重建、身份危机、身份战略、身份冲突等等。如果译成特性,就是用一个下属概念代替总体概念,从而造成概念上的混乱,以至上面列举的词组就没法对译了。"

文化身份概念的确立,在西方学术界有一个过程。

从根本上说,自从地球上的人类以家庭、氏族、部落、城邦、王国、帝国或共和国为单位,群居在一起的时候起,便有了个人的或群体的文化身份,文化身份问题就存在了。19世纪,随着欧洲殖民主义者的步伐,欧洲的人类学家、民族学家、社会学家开始对殖民地的所谓"落后"民族进行研究,以便给制定殖民政策的政治家们提供政策建议。他们在研究他民族文化的过程中,发现了一个民族内部文化的统一与文化身份的存在,以及不同民族之间文化身份的差异。20世纪上半叶,儿童心理学和社会心理学的发展,弗洛伊德精神分析学的传播,使得个人文化身份的形成和发展得到了理论上的支撑和实践上的证明。其实,大部分欧洲的人类学家和社会学家继续研究处于西方现代文明外围的民族,而美国的人类学家和社会学家则把注意力转向美国社会自身,开始研究美国人民在行为上的共同特征,各族裔群体文化身份的差异和冲突,少数族裔身份转化的问题,以及美国社会的主流文化如何同化少数族裔文化的问题。二次大战之后,随民族独立运动的兴起,捍卫和重建民族文化身份成了反对殖民主义和消除经济殖民主义影响的一面旗帜。从此,文化身份问题便和政治问题、经济问题结下了不解之缘。正是在这种背景下,第三世界的精英们,以及巴斯克、瓦隆、北爱尔兰、魁北克等等第二世界地区的知识分子,才大书特书,大谈特谈他们文化身份的特殊性,研究它们的民族个性和集体意识。20 世纪 80 年代以后,由于国际形势的变化,欧美等西方国家对文化身份的研究向纵深发展,从民族身份的研究转向地区身份、职业身份、宗教身份的研究,把文化身份的研究深入到日本战后的经济奇迹和亚洲四小龙经济腾飞的领域,也把文化身份的研究跟巴尔干国家、中东国家的战争联系起来。特别值得一提的是,近二十年来,文化身份的研究从理论走向实践,去解决包括旅游在内的不同文化相遇所产生的间文化问题,解决大企业和跨国公司中,间文化管理的问题等。

[问题与思考]

1. 请举出 3 例人的文化创造与当地自然环境有直接关系的事象。
2. 请问你是什么地方人?你认为该地方人的文化品味怎样?
3. 你对"人是文化的产物"这个命题如何理解?
4. 去过少数民族地区(或海外)旅游吗?谈谈这个地方人的民族性格与自己的民族性格有什么不同?
5. 什么叫文化身份?一个人的文化身份包括哪些内涵?根据这些内涵说一说你自己的文化身份。
6. 请你设想不外出旅游和经常外出旅游两种情况,谈谈它们对一个人的文化人格会产生怎样的不同影响。
7. 读了《为了旅游的生活》后,谈谈你对旅游怎样理解?
8. 在《为了旅游的生活》中,从旅游者所拥有的纪念品和照片等来看,他去了很多地方,你认为这样的经历对他文化人格的形成有哪些作用?

[课外阅读书目]

1. 马云杰,《文化社会学》中第八章文化自然生态——文化的生态系统,山东人民出版社 1987 年版。
2. 陈金川,《地缘中国》,档案出版社 1998 年版。
3. 易中天,《读城记》,上海文艺出版社 2000 年版。
4. 沙莲香,《社会心理学》中第二章第四节文化传统和民族性格,中国人民大学出版社 1987 年版。

第三章 旅游地生态文化系统：
村落与市镇

　　自人类诞生，动物性的本能觅食转变为通过劳动的人类经济活动。尽管这种经济活动仍以自然为基础生产出财富，但它不同于之前的觅食活动。我们说，任何经济活动都离不开特定的地理环境；地理环境是人类经济活动的背景和基础。然地理环境对不同经济活动存在程度不同的影响。经济活动层次越低越容易受到自然环境特别是自然条件与资源的制约，但高层次的经济活动也永远摆脱不了自然环境千丝万缕的影响。无论消耗的物质材料或多或少，物质始终是基础。经济活动层次越高越明显受到人文环境尤其是经济技术因素的影响，但低层次的经济活动同样也受人文环境的影响，只不过影响甚小。地理环境相同的地区不一定有相同的经济活动，因为除了自然环境、经济活动自身所要求的经济技术合理性等以外，人文环境也是影响经济活动分布的重要因素。人是文化的动物，人在文化创造活动中，一方面由于生存的需要带有一种亲自然的倾向；另一方面，文化创造又为人带来了新的环境，使人具有一种文化的适应性。

　　在人类发展的历史长河中，以聚居地形式和层次分类，可明显地区分出村落、城市和居于两者之间的市镇。这三种聚居地以各自鲜明的文化特色并存于世。此后两章从旅游文化的角度，逐一分析它们的生态文化系统。

第一节　农耕经济为基础的村落文化

　　农业曾是人类古老的物质生产部门和早期的经济活动。大约在公元前200万年—公元前1万年，人类以采猎为生，从公元前1万年起，全球气候逐渐变暖，人类社会由旧石器时代向新石器时代过渡，农耕经济开始出现。与农耕经济形式相适应的人类的聚居形式是村落。村落文化正是人类由游牧、采集、狩猎生活走向定居生活所产生的一种文化形态。这种文化的产生、发展，不仅表现着人类生活方式的变化，而且显示了它自己一系列的特征。

一、村落文化的起源

村落聚居地是从人类旧石器时代、母系氏族家族集合住所演变而来。恩格斯说:"蒙昧时代是以采集现成的天然产物为主的时期;人类的制造品主要是用作这种采集的辅助工具。野蛮时代是学会经营畜牧业和农业的时期,是学会靠人类的活动来增加天然产物生产的方法的时期。"[1]根据恩格斯的论断,我们可以说村落文化的出现和形成,应该是人类从蒙昧时代的高级阶段到野蛮时代所发生的事情,即是从中石器时代到新石器时代所发生的原始农耕和畜牧业革命开始的。人类历史上的三次社会大分工成为村落发展的核心动力。

在农业与畜牧业的分工中,农业被分离出来。这样,在耕地附近便产生了以农业为主的固定村落。6 000年以前我国的西安半坡村氏族公社就是大型固定的农业村落。村落由居住区、制陶场和墓葬区三部分构成。丹麦的马格尔莫斯(Maglemosian)文化也是这样。在公元前6 000年左右,散住在波罗的海沿岸至英法海岸的马格尔莫斯居民,他们用火制的石斧建筑房屋,制造独木舟、弓箭,一方面从湖泊、沼泽、森林中获得食物,另一方面又以独木舟、鱼叉、鱼钩、鱼网为工具,捕鱼捉蟹。同时还不同程度地饲养家畜,种植谷物。因此,沿海滨建立了许多这样的居住地。虽然住处范围不大,但三五错落成群。随着野蛮时代的到来,人类先后在美洲、欧洲、西亚、东亚等地区,以动物的驯养、繁殖和农作物的种植为标志,开始了一次畜牧业和农业的革命。村落文化的形成正是这次革命的结果。

自然,村落文化的形成经历了由季度性定居向永久性定居的过程。这个过程正反映了人类从游牧狩猎生活到畜牧、农业生活的转变。实际的生产和生活的需要把一些氏族团体或部落集团在一定季节里聚拢到一个共同的生活环境中来,形成一系列的营地。远在新石器文化尚未广泛形成农业村庄或城镇的时候,人类在游牧、采集和狩猎过程中已经懂得如何为后来这些村庄、城镇选择有利的地点了。例如那些流水终年不断的清泉,坚实的高地,交通便利而又有河流或沼泽,濒临江口的河湾,有丰富的动植物资源之地等等——这些因素在许多地区的过渡性石器经济中,都成了重要条件。

我们关注影响人类定居地选择的因素。人类定居地的选择同时也是人类对农业社会居住地的要求。这些选择的依据和条件表明,自然环境符合农耕文明的生产和生活的要求。人类本身在一定的自然环境中生存,自然环境从物质和

---

[1] 《马克思恩格斯选集》第4卷,人民出版社1972年版,第23页。

精神两方面影响着人类。在定居地的选择中,人类必然是从物质和精神两方面来考察自然环境的。

从自然环境的物质因素来考察,影响人们选择定居地的因素主要有三。

一是具备宜于农耕的土地。有了土地就有了基础,失去了土地就失去了立身之本。

在选定了可耕种的土地之后,人们就会在所耕种的土地附近寻找居住地。从住家到耕种的土地之间距离称为耕作半径,耕作半径决定着农民居住地的选择与其耕种的土地之间的关系。在以传统耕作方式生产的农业社会里,耕作半径越小,就越是有利于增加劳动强度和劳动时间。问题在于宜于耕种的大片土地与村寨位置两者功能不同,其选择的标准不同。可耕土地的标准在土质、易开垦、易耕种及雨水等天气条件,居住村寨的选择则要看风水。两者间是否能吻合,耕作半径就成为定居地与村落居住地关系取舍间的一个尺度。今天当我们到一些古老村落去旅游,也可通过耕作半径来评价一个定居地好和劣的指数。广大江南平原地带,这个矛盾不明显,耕作半径很小。山区则不然,为了耕种一块土地甚至要翻山越岭。

二是除土地以外的其他自然环境条件,如水源、能源、地形、气候等自然要素。这其中水源是非常重要的。水是生命的保证,每个定居地必须要有足够的水源保证。在人类历史发展中的大河文明及母亲河之说,都充分说明水源对定居地的重要性。此外,山区的溪、泉、井等水源也是定居地选择的有利条件。中国风水学说所要求依山傍水,实际上解决了水源的问题。今天我们所看到一些古代文明的废墟地,很多情况下就是因为水源的枯竭而导致的。物质因素中包括能源保证,没有能源同样也没有生命。传统农业社会中能源消耗量不大,但却万不能少。农业文明的能源物质主要是森林植物、矿物燃料、风力、水力等。从新石器开始的人类定居与农耕文明,数千及上万年以来,已破坏了一个又一个原始优越的生态区域。今天的有一些村寨周围几近不毛之地,但并不能否认它当初被选作定居地时的优越生态环境。地形是另一个要素。地势高低、地面坡度、地基牢固程度均是具体选择时的考虑要素,特别是战争频繁(有些定居地可能就在战争过程中被选中)、地势低洼、山地起伏的地方,地形就成为关键因素。到山区少数民族特别是那些曾长途迁徙的民族聚居地旅游,可知他们的祖先当初选择此聚居地的原因。而一些介绍民族历史和文化的小册子往往也会介绍聚居地优越的自然环境和条件。气候对于农耕社会来说,可以耕作的地方,通常也适宜人类生存。惟有气候异常、水旱灾害不断的地区,一般人口相对稀少。总之,人们总是选择那些可以通过文化创造,能避免或减少灾害损失的地方定居;出于无奈,只能在干旱、寒冷、炎热气候区居住的人们,在选择适宜地点和建造特殊房屋时,就非常用心。例如在阿拉斯加,爱斯基摩人的圆顶小屋能有效地保存热量并能抗狂风等自然力;干旱地区游牧民族的帐篷,北欧寒冷多雪地区的歌特式建筑,美国龙卷风地带的半穴居房屋,适合热带雨林气候的干栏式建筑,中东为克服高温住房的顶板都建得很高,南太平洋住家的设计充分利用常有的微风等等都是因地制宜,为适应环境、气候特点而建造。

在村落文化的形成中,人口的分布主要聚集在肥沃的江河流域的河谷、平原、三角洲,或群山环抱的盆地,或沿海岸的海湾地带。虽然这种定居的选择仍然体现着人与自然的亲和力,但它较之巢居洞宿第一次表现出了人类对于自然环境的支配。这时,人类守着已被耕种过的熟土,土地中的物产尽管仍体现出自然产物,但并非完全由自然生产所提供。人类利用自然规律,通过劳动以及由此产生的整个村落文化,获得了一代又一代人延续和发展所需的物质资料。这就是说,从这个时候开始,人类就不再仅仅是适应自然环境去生存,而是利用自然条件创造自己的文化环境。自然是财富和整个社会的发展之母,而创造文化的劳动则是财富和社会发展之父。

三是环境产生的人类精神作用。人类学家们注意到,人类在选择定居点时似乎并非只看重作物收获维系生存的物质因素。在万物有灵的神话时代,在某种似乎是图腾圣灵显现的地方,某种认为死后可以进入福祉的地方,会特别引起古人的注意。这些地方或许在被确认作为固定居住地之前,先被族人选中作为每年聚会的地点。古人定期返回这些地点进行一些神圣活动。所以,这些地点是先具备神灵性的磁体功能,尔后才具备经济的容器功能的。这些神圣的吸引力同生产的物质收获一样,都是让人最终决定为永久性居住的基本标准之一,或许也是一个村落乃至一个乡镇、一个城市发展活力的一种内在因素。在古人心目中,当一个地方被选中成为墓地,特别是重要人物如体力强大有影响力的祖先的墓地后,它的吸引力或许会与日俱增。先祖的墓地所在,也像圣灵一般成为人类选择永久定居地的精神理由。人类的精神因素关系到某一种似乎是更有价值、更有意义的生活,它表明人类在定居地选择开始的时代就已经意识到人的过去和未来,已经觉察到并开始忧惧性生育之谜、死亡之谜,想知道死亡以后是个什么境界。在此把图腾的、巫术的、堪舆的、灵感的、信仰的、理想的等等都统称之为精神作用。也即是和物质的通过逻辑关系明白的作用相对而言。这种精神作用随着村落定居的逐步进化成形,和农业社会的发育繁荣,其内容也日益丰富起来,乃至先祖的坟茔、宗族的祠堂、名人的故居、礼拜的建筑等等,都会成为居住地的理由(即不愿迁居的理由)和赖以炫耀的家乡的荣光。这和一个地区的物产共同构成为人类聚居地的最原始依据,而且它们是同村寨、乡镇和城市本身的人气、经济基础密不可分的。直至今日,某种难以言说的精神性因素仍然起作用。英国南部索尔斯伯利平原上的巨石圈是个神秘的地方,研究者和旅游者络绎不绝。近年来,每到12月后英国各地的人们聚居到此,入夜后点着蜡烛朝觐巨石圈,至圣诞夜最盛。中国社科院叶舒宪研究员2001年12月正在英国,赶往那里并随即访谈。这是怎样的一种吸引力?不能十分确认,但不外乎是精神作用使然。所以,人类最早的礼仪性汇聚地点,即各方人口朝觐的目标,成为村落发展最初的胚胎。这类地点除具备各种优良的自然条件外,还具有一些精神的或超自然的感召力,一种比普通生活过程更高超、更恒久、更有普遍意义的吸引力,因此它们能把许多家族或氏族团体的人群吸引过来。有些纪念性的人类活动纵然有其阶段性、短暂性,然而承载这些活动的物质构成,不论是旧石器时代的大山洞、玛雅人的礼仪中心高大的金字塔,抑或是现代社会的圣地,都会从世代习传中形成较为经久的人类居住选择地。这种环境产生的精神作用在今天的人类定居地仍通过各种方式流传着,成为民间信仰文化的、精神文化的或爱国主义教育基地的重要方面。由此它们也往往成为旅游资源的利用因素。这不仅是明确的宗教朝觐旅游,就是一般的观光性游览,也会自然而然的趋向于一些古老的圣地、历史文化遗产之地、名人名胜之地等等。观光与瞻仰也并无绝对的界限。

当然,一定的自然环境仍然是村落文化创造的重要变量。虽然同是村落文化,人类在不同的自然环境中所创造的文化具有不同的特质,自然环境对村落建设的影响十分显著。这种居住文化特质在现代村落中也同样可以看得出来。例如因各地降水量的大小影响到房屋的建筑形式。一般情况,降雨多的地区,屋顶坡度大,以利泄水。在干旱地区,采用小坡度屋顶建筑,并利用屋顶曝晒粮食。再如建筑材料的选择也完全与各地区的自然环境直接相关。山区建筑往往依山就势,傍山而筑,高矮参差,错落有致,形成立体建筑景观。房屋多就地取材,用石料砌墙,建筑门楼,甚至用板岩铺设屋顶。形成颇具特色的石头寨。植被影响到村落建筑材料的选取,草原地区主要用草(小叶樟)做房屋顶铺盖材料。林区时兴用树木捆扎,建造叫做"马架子"的建筑。云南西双版纳地区人们多用竹木作为建筑材料,由此,傣家竹楼成为云南民族风情旅游的重要景观。北方黄土高原地区多建窑洞。等等这些房屋都是利用不同自然资源建成的,显示出了不同的文化特质。在原始村落文化中,许多文化特质的出现都是和自然环境中的物质资源条件密切相关的,它们都从自然资源条件中找到了最终建造房屋的理由。

在村落文化的形成过程中,自然环境已不是惟一的决定性因素,更为有意义的条件是人类所创造的文化环境。一些被创造出来的文化环境,它们不是消极地存在着,而是积极地影响着人类的生存活动,形成人类生存的文化环境。人类创造出一种文化环境,要适应它就要进行新的文化创造。因此,文化环境本身构成了文化创造的重要变量。特别是一些根基性的物质文化的创造更是这样,它常常构成人类活动的物质基础,推动着整个文化的发展。

二、村落聚居地的一般特征

无论在什么地方,远古村庄都是由一些家庭结成的小群体,由 6~60 户组成,每户都有自家的炉灶,自己的家神,自家的神物,以及自家的坟墓,坟墓就在户内或在某处公共墓地内。这些人家讲着同一种语言,到同一株大树或峭岩的庇荫下集会,沿同一条小路外出放牧牲畜,每家每户从事同样的劳动,过着同样的生活。那时若有分工,也是极其初步的分工,主要依据年龄及体力状况来分工;任何人都能从自己邻人的面孔中看到自己的形象。这些远古村庄的物质结构,绝大多数已随历史岁月与自然地貌融合为一,惟有那些陶石碎片或贝壳证实着它曾经存在。随着新石器时代农业的常规方式越来越有成就,这些常规形式也就日趋巩固。到新石器时代晚期,农耕定居所需的文化创造似乎都已齐备,诸如区分食用植物和不可食或有毒植物,诸如发现扦插、播种以及杂交和选种的秘密,诸如选定那些温良易驯的动物来作人类的帮手等等试验,如果说还没有完全结束,也已接近尾声了。这种文化一旦巩固之后,模仿、重复、容纳等等,就成为它的关键因素。新石器经济无疑是经过几千年的发展才达到自身繁荣的。典型的传统村寨聚落地的特征就奠定在那个时代居住地选择和发展的基础上。下面,从规模、功能、形态和分布等方面来分析农村聚落的特征。

1. 规模

农村聚落地的规模大小不同,这跟人口数量和密度,开发历史的长短,社会地位的高低,经济发达程度等有关。所有的农村聚落数量和规模形成了一个金字塔结构,最底层是数量巨大而规模很小的农村聚落,每个聚落地人数从几十人到几百人不等;向上则规模扩大,从几百人到近千人的聚落,但这样的村落数量少;再向上,人口规模越来越大,而聚落数量越来越少;居于上层的是规模最大的聚落。在中国和一些古老文明的国家,曾经出现过几十万人口的聚落。应该说,规模较大的聚落已经是市镇或城市,与一般的农村聚落有功能上的区别。

2. 功能

大多数农村聚落的功能比较简单,其最突出和最重要的功能就是居住。稍大一点的聚落,会出现集市贸易,开始是不定期的集市,而后发展成定期集市贸易,进一步则在若干主要聚落形成定期的商贸交易。伴随着市场发展的是出现手工业。以后则是出现行政管理中心、文化中心。聚落规模越大,功能则越多。聚落内部,出现了地域功能区的划分。由于受封建等级制度的约束,功能区之间往往界限分明。

3. 分布

农村聚落的分布总体上看比较分散,数量庞大而规模较小的村落,分散分布在各地。聚落的密度与人口密度成正比。在生活条件较好,人口密度较大的地区,聚落的数量、规模与密度都超过其他地区。而在一些偏僻山区,聚落规模很小,分布很散。

进一步来看,不同的自然环境和区域的经营特征,还决定着不同地区村落的不同功能与特色。如农业村落以从事农耕作业为主,兼营动植物饲养和其他农副业。这样的村落多分布于平原与河谷、三角洲地带。牧业村落原包括固定的、半固定的、流动的三种村落类型。随着生产力水平的提高,牧业村落转变为以固定村落为主。与农业村落相比较,牧业村落活动半径较大,规模小而分散。渔业村落包括内河、湖和沿海渔业村落两种类型。现在的渔业村落以淡水养殖和沿海滩涂养殖为主,渔村的居民点布局包括水上和陆地两部分,但以陆地居民点为主。以林果业生产为主的村落以生产各种水果、经济林为主要经济活动。这类村庄多位于海拔相对较低的山地和丘陵地带,村落布局受自然环境严格限制而呈现村落布局景观。

4. 形态

农村聚落形态与周围环境密切相关,沿河沿路成线形,在平原内陆地区多成块状。

无论是哪种功能和特色的村落,我们可以说,整个村落文化是以农耕经济的出现为主要特征的。农耕经济以农作物的种植为基本特征,如美洲的马铃薯、倭瓜、玉米,东亚的小麦、大米,西亚的小麦、大麦等,都是在农耕经济出现后发展起来的。农耕经济不仅给人类带来了丰富的食物,而且它较之渔猎生活更加有规律。这种农耕文化可以说是原始劳动力与土地结合的中介,即人与自然的契合的中间变量。

农作物的种植给村落文化发展奠定了经济基础,带动了农村规范文化的发展。例如村落中的邻里关系、家族制度、社会组织等都是在农业经济基础上形成的。是人类的定居生活给血缘家族关系的维持创造了条件。随着农业经济的发展及剩余产品的出现,产生了私有制,于是,土地不再由血缘团体共管,而属于国王或诸侯了。这个时候的耕农,不论是农奴,还是佃农,已不再是土地的共管者,村落中的血缘关系也不再是维持和联系人口的主要形式了,其规范文化也就不再服从于血缘关系而变成了土地私有制的直接产物。随着农业生产的发展,村落的社会组织形式及生产劳动制度愈来愈复杂,愈来愈多样。

村落中人们的风俗、道德、宗教等观念文化,主要受农耕经济的影响而产生并保存。在古代原始村落中,人们基本上是按"日出而作,日入而息"的生产方式形成自己的生活习惯,各种季节性风俗活动,大多和农业生产密切联系着。由于当时的农业生产对于自然环境中的土地,河流、雨量、气候有着很大的依赖性,因此,当人类还不能支配自然界这些因素的时候,对于土地、河流、大山、日月天神一类的宗教崇拜就出现了。司马迁在《史记》中所载的西门豹治邺,人们对于河神的崇拜和恐惧就是这样。在我国少数民族地区,至今还保留着某些对土地神、河神、山神、石神的信仰事象,也说明这种情况。这些村落中的宗教观念形态的文化,既是以农业生产为基础的,又是人与自然物质交换过程中各种变量关系交互作用的结果。

农业社会中除了农作物种植外,山林水泽的利用、家畜的饲养、手工业的发展等,都是村落文化生态不可缺少的相关变量。山林水泽的利用,大大增加了村落物质财富。家畜的饲养,不仅给农业生产带来了动力,如牛拉、马拉的耕犁、车辆等,而且也是促使农村社会分工的重要条件。手工业的发展,如木工、铁工、织工、陶工等,对促进农村商品交换及社会组织、社会关系的扩大都曾起过重大的作用。只有在这些生态因素交互作用、交互影响,才能构成村落文化完整的系统。当然,各地的村落文化除农业文明带来的共性外,均有自己独特地理位置与历史发展所造就的特殊个性。近年来,浙西、皖南一带及云贵川等一些边远少数民族聚居地的农村聚落得以开发,成为旅游者向往的热点目的地。那里确是体验村落文化的理想之地。同时,游历这些不同区域里的村落还可体验到农耕文明共性中各自地理、民族、历史的个性风貌。

三、村落文化举例:徽州与黔东南

地处皖、浙、赣三省交界的徽州之地开发很早,汉末三国时,孙吴政权重兵入境,打开徽州门户。唐大历四年起徽州即为府治。自此,天慼地促的地理环境成了接纳北方土族躲避战乱的栖息之地。话说"徽之为郡在山岭川谷崎岖之中",黄山、白岳盘桓于境内,新安江水系蜿蜒于山谷盆地之间。这里的先民生活在一个山高水险、天然封闭的环境里。同时也成了文人仕宦纵情山水、寄身林泉的理想之所。徽州四面环山,徽州盆地只有100平方公里。由于多年没有战乱,人口繁衍相当稠密,"力耕所出,不足以供,往往仰给四方"。这就刺激了手工业和商业的发展。明清数百年间,随着徽商的崛起,一时间徽商财雄势大,操纵了长江中下游的金融。商人致富后即回乡修祠堂,建园第,营建住宅、书院、牌坊。为了强固宗法制,甚至全面规划一族人聚居的村镇。这里乡村星列棋布,凡五里十里,遥望粉墙矗矗,鸳瓦鳞鳞,椽楔峥嵘,鸱吻耸拔,宛如世外桃源。

物换星移,世事变迁。宋、元两代的古建筑,目前在徽州能看见的只是少数寺、桥、塔、书院遗址。作为先民居住的祖庐,最古老的是明代中叶,至明末的旧宅还为数不少,尚存的大量是清代及民国老宅。从这些明清住宅中可以看出各个时期的文化烙印,可以了解古村落的孕育、发展过程。

徽州古民居集中的村落,以同姓居民为主。方志载:"千丁之家,不动一坏;千丁之族,未尝散处;千载谱系,丝毫不紊;主仆之严,数十世不改"。从分析徽州家族的族谱入手,可得出一个结论,即徽州大多数村落均为南迁避乱者所建。这说明徽州古村落尚在胚胎阶段就将血缘和地域连在一起。这是徽州古村落在雏形期就具有的基本特征。

随着徽州社会的变化,从今天来看,其村落的形态可分为三种:防御型村落、田园型村落、寄生型村落,这也可以看作是徽州村落发展的三个阶段。

1. 防御型村落

晋至南宋的八百余年,经历了动荡不安的漫长岁月。三次大规模南徙及无数次小范围的境内的人口迁徙,都在这期间。防御性村落的突出特点是呈封建庄园式的聚族集居,同姓同族选择山谷隘口、易守难攻的地方,几十户密集型构屋居住,户与户之间都有高墙、深巷相连,巷道上建券门,如同城池、门朔的建筑方式,类似防御性很强的军事堡垒。古村落大多背山面水,山与水构成天然阶梯式屏障。这样的村落在徽州至今还是常见的。

2. 田园型村落

南宋经元到明初这三百多年,是徽州社会经济、文化由开发、稳步发展到逐渐繁荣的时期,村落形态向田园型过渡。由于自然地理环境逐步得到治理,人们由单一的面水而居发展到逐水而居,逆溪水寻至山阳僻地,夹溪筑屋,街贯巷连。村落景观与自然景观融为一体。在一些集居的大姓村落四周,出现了一些佃农建的小姓散居居民点。他们为大姓的佃农终生躬耕。这些客姓居民在村外旷野搭棚居住,俗称"棚民"。傍水的地方还有一些"船民",沿新安江、率水、横江、间江流域"舟居",从事撑船、背纤的苦活,终年在新安江的主、支流上漂泊,过着浮家浮宅的水上生活。渔樵耕读,安居乐业。共同构成了田园牧歌情调的田园式村落景观。

3. 寄生型村落

从明中叶开始一直到清乾隆年间，徽州经济、文化出现畸形繁荣的鼎盛时期。此间大约三四百年，一直到民国初年才逐渐式微。这一时期的村落已由田园型变为商贾豪富聚居和文人名士隐居的寄生型村落。明中叶以后，徽商经济迅速勃起，处于执江南财政之牛耳的显赫地位。商人中有"藏钮至百万"者。这些衣锦还乡的富商大贾，不惜万金置宅陵、建园林、兴嗣堂。住宅越建越气派，雕刻越来越精细。荒陋的山村成了浮靡的市井。到明末清初，徽人已大部分从农业中分离，商人成了徽民的主体。由于居民结构的改变，大大改变了村落的性质。生产型已变为消费型。原先那种自给自足的村落形态已经消失，代之而起的是典型的寄生型村落。家家户户雕梁画栋，满室楹联、字画。花园宅院里假山、鱼池、晨夕风露、阶柳庭花，极尽奢华。甚至还有一些豪宫在宅院里辟烟馆、赌厅，终日沉浸在声色犬马之中。延至清末民初，随着徽商一蹶不振，徽州村落景观建设也随之停滞并逐渐衰败。现在尚存的古村落，大部分是徽州晚期村落，故处处表现出寄生型村落的特征。

这些徽州古村落中，特别是一些典型的古村落，那种防御观念、田园风味与奢华气息会不同程度地同时感染着每一位旅游者。徽州的西递村，它像是被现代社会遗忘了的旧梦，现代的阳光似乎还没有照耀在它青灰的屋瓦上，在都市的喧哗之外，它抱残守缺，向我们呈现了一种朴素的民间生活。西递村在黟县，是目前保存最完整的徽派建筑群。从远处望去，西递村是一片线条简洁的黑瓦铺成的屋顶和高大的白墙，黑白相间，错落有致。它的特点就是高墙深院，一方面为防御盗贼，一方面为饱受颠沛流离之苦的迁徙家族寻得心里的安全。西递民居多设计成"回"字形，四周是回廊，中间是天井，雨水从四面屋顶流入天井，俗称"四水归堂"，据说形象地反映了徽商"肥水不流外人田"的心态。

迈入老屋里面就会发现，这些老屋的内部繁复精致与外部的简洁纯粹形成鲜明对照，徽派建筑中著名的三雕：木雕、砖雕、石雕在这里体现得淋漓尽致。西递的许多老屋门楣回廊都有砖雕、木雕，内容有"孔融让梨"、"卧冰求鲤"等传说故事。就像西递这样一座对外界相对隔绝的村落有着丰富的内涵一样，老屋内部精美繁复的装饰是老屋主人内心世界的反映，当他们对外界采取防御和拒绝姿态的时候，便把更多的情感转向内心，转向这给他们遮风挡雨，给他们温暖和睦，让他们有根基安全感的老屋。

同是黟县的北岸村有一座廊桥，桥的一端上书"谦庵旧址"，一端写"乡贤里"，侧面则写着"西流婉秀"四个字，清澈的溪流从桥下缓缓流过，廊桥的长廊上设有窗户，窗形各不相同，桥廊内设有条椅，供远道而来者休息。美丽的廊桥横卧在碧溪之上,就像一座横跨在时光之河上的屋宇。在徽州的许多村庄里有各式不同的廊桥,如许村高阳桥,呈村、唐模村的廊桥,它们是一个个东方的"廊桥遗梦"——一个遗留在过去时光河流中的梦。

在徽州有许多风格独特的村庄,宏村也有自己的特色,它是一个按牛的内脏布局的村庄。从村外引入的河水穿墙入院弯弯曲曲进入每家每户,被喻为"牛肠",村边的四座桥为"牛腿",村中的月塘为"牛胃",南湖为"牛肚",这里完全是一个"大地"艺术的杰作。宏村西南武坪村的祠堂因成为张艺谋的电影《菊豆》中的"杨家梁坊"而蜚声海外。西递、宏村于2000年11月成为联合国世界文化遗产,这也是世界上第一次把民居列入世界文化遗产名录。

走进徽州的古村落,有一种建筑特别耀眼,那就是牌坊。在这些牌坊中最著名的是棠樾的牌坊群。棠樾村又名慈孝里,南宋时鲍氏由歙县西门迁入棠樾逐步发展成聚居村落,鲍氏读书出仕,赴外埠经商的人很多,遂逐步修建起了一组牌坊群。石牌坊群位于棠樾村东北部,共有七座牌坊纵向跨甬道而立,还建有一座骢步亭。七座牌坊中有尚书坊、孝子坊、节孝坊、乐善好施坊等,各不相同,七座牌坊犹如一条长廊,人步行其下,必得抬头仰视。早上晨雾初霁,阳光照耀时,牌坊群华丽高贵;黄昏时落日熔金,凝重深沉,气势夺人。牌坊群的两侧是荷塘,夏季荷花盛开,风吹荷叶轻盈飘逸,与凝重的牌坊群构成一幅独特的风景。

中国人有句成语叫光宗耀祖,以家族和血缘建立的徽州村庄以传统的儒家文化为其根基。在徽商奔波于大江南北之时,其家乡读书的风气则十分浓厚。徽州历代入仕和出名的人很多,著名的有胡适、黄宾虹、陶行知等。许多从老屋里读书出去做了大官的,衣锦还乡时都要在家乡立一座标榜荣耀的牌坊。棠樾石牌坊群正是在这样的时代背景下建成的。

古徽州的民间生活和民俗文化绝不仅仅是这样一些内容,历史的深厚积淀和民间文化的丰富还有待于我们去进一步认识和了解。那里还有许多美丽的村庄,绩溪、岩寺、潜口、西溪南、屯西、秀阳、休宁、南屏……它们静静地坐落在徽州的山水之间,静静地坐落在民间,它们不是展品,不是刻意的雕琢,它们是在生活中凝结起来的生活家园。

说徽州的古村落有着迁徙防御、水乡田园和商贾奢华的特点,而地处贵州东南的苗族、侗族村寨则又有着完全不同的特色。联合国教科文世界乡土文化组织曾确定全球10个"回归自然,返璞归真"圣地,其中有两个在中国,黔东南是其中之一。

黔东南苗族侗族自治州是一块绮丽多彩的土地。它位于云贵高原东南边缘苗岭山脉向湘桂丘陵盆地的过渡地段,东邻湖南,南接广西,西与省内黔南布依族苗族自治州接壤,北与省内遵义市、铜仁地区相连。这里世居着苗、侗、汉、布依、壮、土家、水、瑶等二十多个民族,其中苗、侗族人口占61%。这里是全国苗族、侗族人口聚居最多的地方。迷人的风情、古老的文化、绮丽的山水,构成了黔东南丰富的旅游资源。

侗族作家潘年英曾这样说:"'当你疲惫,你回故乡'。一位诗人曾赠我这样的诗句。诗中所言的'故乡',指的是我的黔东南老家。那儿是我们的家乡故土,是我们生命的衣胞之地。那儿的一山一水,一草一木,都无不体现出大自然神奇的造化和这一特定地域的钟灵毓秀。黔东南一是首诗,它优美而抒情。黔东南是一支歌,它古老而优雅。黔东南是人类保存得最古老的歌谣,是我们疲惫心灵最后的家园。"①

生活在这里的各族人民,不仅用自己的智慧和劳动开发了这块神秘的土地,而且创造了独特的民族文化和生活习俗。全自治州每年有民族节日135个。这些民族节日,覆盖面之大、参与人数之多、种类之全、历史之悠久、内涵之丰厚,均为贵州之最、中国之最。每逢节日,人们盛着重彩密绣的花衣,披戴各式各样的银饰,唱着山歌、飞歌、情歌、大歌;跳芦笙舞、铜鼓舞、木鼓舞、板凳舞;吹芦笙、跳牛腿舞;踩歌堂、演古戏、抢花炮;斗牛、斗鸡、赛马、赛龙舟……争奇斗艳,异彩纷呈,叫人眼花缭乱。这些节日集中展现了民族风俗、民族歌舞、民间工艺,是天然的民间艺术的大舞台,是制度化了的民族民间艺术节,也是民族文化的博览会。再加上拦路酒、拦寨酒、拦门酒等别具风格的接待礼仪和古朴典雅的苗家吊脚楼、侗家鼓楼、风雨桥所构成的独特的外部环境,身在其中,处处令人心醉神迷。难怪有人形象地将这些节日比喻为"一部活的民族艺术大词典"。在这里众多的民族村寨中,近年来旅游开发卓有成效的不少。下面可特别讲一讲的是郎德和西江两座村寨。

郎德寨是镶嵌在贵州雷山县东区旅游线上的一颗明珠,十几年有计划的开发,使这个苗岭山寨形成了一个完整的民族村寨旅游体系。郎德寨包括上、下两个寨子,作为民族村寨博物馆的上郎德寨树木葱茏,吊脚楼依山而筑,清澈的望丰河绕寨脚而过,数十架古老的竹筒水车日夜吱呀唱个不停。

客人接近寨门,苗家便以苗歌和米酒恭迎远客,一边唱敬酒歌,一边劝拦路酒。这拦路酒的设置从三五道至十余道不等,在一系列的"阻拦"劝酒声中显示出苗家的深情厚谊。最后到了寨门口挂着一对牛角酒杯的小楼下,身着民族盛装的姑娘或身穿古装的寨老还要双手捧上牛角酒,此时此刻客人万不可用手接

---

① 参见《旅游天地》1998年第5期扉页。

牛角，否则主人一松手，一牛角酒便须由客人饮完。酒在当地民俗文化中占有极为重要的地位，除了恭迎远客的迎客酒外，还有进门酒、出门酒、交杯酒、姐妹酒、送客酒、婚礼酒、认亲酒、新娃娃酒、取名酒、产妇出门酒、建房酒、立门酒、踩铜鼓酒、打口嘴酒、断气酒、赎魂酒、祭保爷酒、祭祖先酒、栽花竹酒、砍板凳酒、保家坛酒、祭桥酒、扫寨酒、祭牛角酒、敬耕牛酒等等，郎德的酒文化无处不在，丰富多彩，自成系统。

　　进得寨门，客人被簇拥到铜鼓坪。鹅卵石镶嵌成的场子如同一个巨大的铜鼓面，坪子中央立有牛角样木架，下挂铜鼓。表演时，一人手持鼓槌，横击鼓面，竖敲鼓身，另有一人则拿着饭甑样大小的木桶在鼓内不停移动，以调节鼓声。这时身着苗装、佩戴银饰的人们围着牛角样木架转圈，踩着鼓点跳起"踩铜鼓"舞蹈。这种源于远古祭祖活动的舞蹈过去只在阴历六月吃新节、十月过苗年、十二年一次盛大祭祖时才跳，现在已成了经常性的保留节目。跳到兴起，苗家便装少女也会在莽笛、芦笙声中加入欢快的队伍，更有父母双全或有妻子儿女的"全福人"捧着大酒碗顺次向舞蹈者敬酒，一时间，酒歌和器乐越发高亢激昂起来。

　　上郎德苗寨的民居是颇具特色的干栏式吊脚楼，上下三层，依山势而上。底层进深极浅，往往只关猪牛和安石磨。住人的中层外廊装有称作"美人靠"或"吴王靠"的曲木栏杆，苗语称之为"豆安息"，这是苗族民居的典型标志。因为苗族敬服水牛的力大神勇，故堂屋大门连楹上安有一对木制水牛角，以看门守家。此外，在房内板壁上，常常贴有用白纸剪出的太阳、月亮、小山神图样，那是求吉祥保平安的"保爷"。许多人家门楣上还挂有白纸、刺根、树枝等物什，这是请巫师念咒语调解纠纷"打口嘴"留下的。

　　上郎德寨中的路面全部用石条铺成"人"字形，石条路上建有四十多座小桥。这些小桥或木砌或石垒。木桥以杉木为最佳，苗家人以为求吉利，所以砍伐那些砍后还能再生的杉木。当地民俗认为人是从另外一个世界通过桥来到人间的，因此这些桥不仅是交通设施，更是神灵之物，逢年过节，遭遇不幸，还得用祭品祭奠。每年二月初二是祭桥节，这一天全寨人都要举行仪式祭祀老桥和架设新桥。值得一提的是望丰河上的风雨桥，这座始建于清代的桥曾被苗族英雄杨大六用来抗御清兵，故又称"御清桥"、"杨大六桥"。此桥后毁于山洪，重修后的桥宽约10米，长达40余米，长廊外装有九个"美人靠"，同时可供百余人休息。乡亲们也常在朝阳中或夕阳下漫步桥上，享受这份悠闲。

　　牛和鱼是与郎德寨息息相关的两种动物，敬牛是与祭祖同样隆重的民族节日。阴历四月初八是苗族的大节日，这一节日又被称作"牛王节"。据说这一天是太子下凡做牛的日子；因此耕牛要休息一天，有的还要举办"祭牛王"活动，当地亦有牛战胜虎成大哥的传说。因为牛在民俗文化中是如此的重要,以至于在蜡染、挑花、织锦等民族工艺服饰上到处都可见牛的形象。鱼也有着不可忽略的地位,郎德寨中各式各样的鱼型器具比比皆是,木匠的墨斗、开关拉手、扁担头、绣花帽、木梳等都做成鱼的造型。吃新节等重大节日中,鱼更是唱主角的主要菜系。

在当地信仰崇拜中,最为独特的是石崇拜。在寨门及风雨桥头,都建有小吊脚楼,内中各自安放有大小各一块石头,这是当地的"岩菩萨"。另在祖先灵位下的地板上也放有几块石头,当地称之为"岩爹"、"岩妈"。苗家普遍崇拜火塘,崇拜锅庄石,认为锅庄是祖先的化身。上郎德寨内还兴祭火神,也称"扫火星"。上郎德这座"民族村寨博物馆",十多年来共接待了50余万中外游客和各学科的学者、专家。

黔东南西江不但是雷山县一个美丽的苗家山寨,而且曾一度是最大的、最知名的苗寨。如今这里是聚居着千余户苗族人家的大寨,那些依山而筑的苗家木楼鳞次栉比,布局严谨,颇为壮观。

祭祖是黔东南苗族最隆重、最盛大的传统活动之一,而12年一次的吃鼓藏,作为黔东南苗族特有的节日更是声名远播。关于吃鼓藏,在许多文献中名称记载用字不同,是苗语谐音。不同写法,各有理解,其强调的意义各有所别。一写为"吃牯脏",其强调的是所吃的是牯牛及其食物特点。而"吃鼓藏"突出的则是以藏鼓为社的意义。它引申出苗族血亲组织"鼓社"集体活动的意思。这一习俗的来源,一说是古时候,苗族人民常造反,反抗统治者。至三国时,诸葛亮为削弱和磨灭苗族人的造反精神,遂提倡斗牛、跳铜鼓、吹芦笙、吃牯脏等群众性娱乐活动,久而久之这些活动便成为苗族盛大节日。二是流传民间的《牯脏歌》中说,吃牯脏最早起源于榕江的两位老人。他们杀牯牛,大请乡里乡亲,引起了周围数乡、数县苗家的兴趣。于是相邀前往榕江观摩。他们回到本寨后,号召群众,开展了吃牯脏的活动。两位老人死后,他们的灵魂仍惦记着吃牯脏,于是后人每隔一个对年,即12年就吃一次牯脏。其有忌讳,凡牛、蛇、龙三个年份不可举行此节。

西江苗寨是在虎年吃鼓藏。据当地传说,西江苗家先祖是虎年来到西江的。经过12年的艰辛劳作,终于在虎年获得了丰收,为了纪念先辈、庆贺丰收,西江苗家从此在每个虎年秋收之后吃鼓藏。西江的吃鼓藏和别处不一样,别处是杀牛,而西江是杀猪。吃鼓藏的第一天中午开始,远近客人带着礼物从四面八方向西江赶来,沿路燃放鞭炮,到下午三四点前后达到高潮。一时间鞭炮声不断,山鸣谷应,硝烟遮天蔽日。晚上客人安顿下来,主客双方吃饭喝酒猜拳唱歌,尽情欢乐,直至半夜才推举出杀猪的人动手杀猪。此地杀猪的方法也非同一般,猪杀死后,其毛不能用开水烫,而要用稻草烧。吃鼓藏最重要的时刻是敬祖宗。从杀猪到敬祖宗这段时间,人们禁忌颇多,讲的是"鼓藏话",比如吃饱了不能直讲,要说"满仓满库",如此这般直到次日清晨方才解"禁"。吃鼓藏第三天,主人家便要打糯米粑、杀鸡宴请客人,吃过饭的客人则陆续告别。25天之后,客人又要赶回来参加跳芦笙、跳铜鼓。芦笙场中立着的木架子上挂着铜鼓。负责安排吃鼓藏各项事务的"鼓藏头"及案老们先敲鼓,然后"鼓藏头"的女儿及寨上姑娘们先入场,别的寨子的姑娘们也跟着加入,她们踩着后生们吹起的芦笙节奏,或左或右,欢快舞蹈。人们一圈又一圈地围着铜鼓跳动,西江苗寨顿时沸腾起来。在欢乐的人群中,载歌载舞的苗族姑娘身上的银饰闪光耀眼。

  在吃鼓藏跳芦笙舞时,还穿插有讨花带的活动。当跳芦笙舞跳到第七天时,后生小伙们便要吹奏一种特定的芦笙曲,向姑娘们讨花带。因讨花带有表露爱慕之意,实际是苗族乡亲示爱的一种方式,故须是未婚男子向不是本村的未婚女子讨要。当然这仅仅是传统的谈婚论嫁的一个规定,至于目标如何确定,可有平日里的接触,但吃鼓藏这一周里的表现和接触至关重要,因为这是表白,是挑明恋爱关系的时候。所以这又是吃鼓藏的高潮。讨得花带,皆大欢喜,在欢歌笑语中,热闹的吃鼓藏便宣告结束。

  在现代村落中,虽然自然环境是文化发展的一个重要变量,但是由于几千年来村落文化的延续,人们进行自然环境选择的可能性已经很小,大多数人都在祖祖辈辈居住的村里生存并进行文化创造。在这种情况下,农村文化的发展与科学、技术、交通等条件直接相关。农业科学、技术的发展,土壤的改良、化肥与农药的使用等,给农作物生长和产量的大幅度提高以极大刺激,使农村能够养活愈来愈多的人口,同时由于农村医疗、卫生事业的发展,人口死亡率大大降低,因此整个农村的人口较之过去有了巨大的增长。人口多了,住宅、房屋建筑也不断增大。现在我国北方一些过去200人以下的小村庄已发展成500～1 000人的大村庄。大村庄又分离出来一些小村庄,即"子母村",许多村庄又连成一片,发展成为一个村落群。这无疑和人口的增长密切相关,和农村经济的发展分不开。村办工业的发展,大大改变了过去村落居住的结构。人口多了,村落大了,社会组织及一些规范文化也相应地发展起来。人们的风俗、习惯以及血缘宗族观念也随之发生了很大变化。特别是交通工具的发展,大大改变了人们近村、邻村结婚的习惯。这不仅使农村血缘关系有很大的改变,而且也使他们的社会关系发展起来。农民既从事农、林、牧、副、渔业生产,又从事工业生产及商品交换,从而使村落的社会结构愈来愈复杂,文化也愈来愈多样。工商业的发展对村落建设起

到十分重要的加速作用。工商业不仅可以对当地资源进行深度加工,提高资源转化效率,而且可以吸收大批的劳动力,促进农业剩余劳动力的转化,从而提高农村经济的整体水平和农民的实际收入水平。由此,转换剩余劳动力,发展非农产业,非农产业地域集中,建设小城镇,实现乡村城镇化,这是具有中国特色的农村聚落及农村经济发展的道路。

中国的也是世界的城市化发展,使农耕文明的原生态的古老村落越来越少。城市生活使人们渐渐地忘却了淳厚的乡土气息。然而,当我们整个身心都融入都市的喧闹和五光十色的时尚之风时,在我们心底的一个角落里,人类数千年农耕文明的烙印,还留存着一丝淡淡的印痕。它或许就像潘年英的作品中所说,当白日的繁华已过,疲惫的心灵躺倒在幽暗的小屋时,在那生命的衣胞之地,些许会传来人类文化母体的呼唤。由此而决定,我该回故乡了,回去看看那老屋、那瓦檐上当风抖动的茅草,看看老街,那已磨得溜光的街石还在吗?儿时曾光着屁股洗过澡的清水塘还在吗?那坐在深巷尽头的老人家,为我们守着这份古老家业的老前辈,让我在心里喊他(她)一声:"爷爷……奶奶……"

第二节　文化、文化丛和文化区域

在我们走进某个村寨,沉浸在乡土气息很浓的氛围之中,发现眼前的农具、农产品、农田、民居、家具、食品……明显不同于城市所见,也有些不同于其他农村地区所见。这时我们会问:如何区别文化创造与非文化创造?它们的界限在哪里?文化的定义是什么?如何认识一组有关联的文化事象?如何把握一个地区的文化特征?……一些基本的概念和范畴,如果不能明晰的辨识,将会阻碍我们进一步观赏、感受那里丰富多样的文化,同时也会阻碍我们进一步走进旅游文化学。

一、文化与文化创造

文化,无疑是最基本的也是最主要的概念之一。作为旅游文化学,我们吸取文化社会学已概括的一个简洁明了又不失为专业性的定义:"文化乃是人类创造的不同形态的特质所构成的复合体。"[①]这个定义中包含着三个关键词。

一是"人类创造"。文化不是天生地造的,类似星星(不包括人造卫星)、月亮、蓝天、白云、太阳黑子、大地、荒山、岩石、河流(不包括人造湖和运河)、飞鸟、游鱼等等,这些自然界没有经过人类劳动改造过的都不是文化。这个词规定了文化和非文化的最后界限,分辨了文化和非文化间最终区别。一切非人类创造的生物、物理现象等都是自在之物,自然生成之物,而不是人类劳动创造的。不是人类创造的都不是文化。只有当自然存在物经过人的加工、改造、创造,化为社会的对象、化为人的对象的时候,我们才称之为文化现象。无论我们走到一个多么陌生的环境,用此概念作为界限,就很容易区分文化和非文化事物的界限。山上自生自灭的野果不是文化,果园里人工栽培的水果便是文化创造。大山中自行流淌的泉水,不包含任何文化创造,我们带着的瓶装矿泉水便含有文化因素了。当代社会,人类改造自然的能力已是强大无比,文化创造已深入到一切人类居住的区域,自然之物已经少有。由此,进一步深入思考,在旅游中,我们如何保护野生动植物和野生环境,不随意破坏和留下污染?

二是"特质"。所谓特质,主要有两个含义。第一,指人类创造物的最小独立单位。它是独立存在的含有一定文化意义的单位,又是最小的、不能再分的文化单位。例如驯养的马是一种特质,是独立存在的最小单位。如果再把马分割为马腿、马蹄子、马头、马尾巴,它就不是独立存在的文化了。自然,所谓小,也是相对的,不是绝对的;所谓不能再分,也是从它的独立意义上讲的,分了就不再是这种文化了。例如水车是一种独立存在的文化特质。如果把水车拆了,它还可以分为大车轮、引水渠、中轴、水碾等,这些虽然也是文化,但它已不是水车这一特

---

① 司马云杰,《文化社会学》,山东人民出版社1987年版,第11页。

质的文化了,而变成另外的文化单位或文化要素。这就是特质的第一个含义。第二,特质是指人类创造物的新的内容和独特形式。这并不是说人类活动的任何社会的、政治的、经济的内容和形式都有独特的文化,只有当它们以独特的形式表现新的内容的时候,即构成一种新的特质的时候,才可称之为有特质的文化。"村落"是一种文化,因为它表示着农耕经济形态下人类聚居的社会形态。菩萨崇拜的佛教制度、祖先崇拜的宗法制度,也是文化,因为它表示着封建社会特殊的社会文化制度。这一点用物质文化更能说明问题。例如水稻生产是一种文化,因为它是人类所创造的一种特质。但是,如果这种特质的生产一年复一年并无改良,生产只是在产量上的增加,那么百年前的一颗粮食和今天的一千吨粮食没有什么不同,它都是同一种特质的文化。只有当水稻的品种或耕作的方法等有所改进,与先前水稻生产有所不同的时候,如单季稻与双季稻品种改良了,它们作为新的特质,才能被视为文化的创造。这时虽然还是水稻,但文化特性和文化含量却增加了、丰富了。我们观察人类活动的内容和形式,看它是否构成特质,再决定它是否为一种文化现象。

文化定义中讲"不同形态的特质",其所谓形态主要是指文化存在的形式和状态,它们是物质形态的或精神形态的,而不是对历史上形成的不同区域、民族或国家的文化共同体的类型化作界定。任何文化都不可能离开一定的表现形态而存在。那么,一般而言,文化存在分为哪几种形态呢?

从人类在认识、改造、适应和控制自然界的过程中所取得的成果看,它表现为自然科学、技术、知识等智能文化以及由此创造出来的工具、房屋、器皿、机械等物质文化。这两类文化是人类生存的基础,为人类生活提供了最基本的条件,我们可以叫做第一类文化。从人类在物质文化和智能文化创造的过程中,认识、改造、适应、控制社会环境所取得的成果,它表现为社会组织、制度、政治和法律形式,以及风俗、习惯、伦理、道德、语言、教育等规范文化和宗教、信仰、审美意识、文学、艺术等精神文化。人类发展史领域里所产生的规范文化和精神文化,我们可以叫做第二类文化,它们是人类生存的样式和自我完善的方式。

由此,我们一共可将文化的存在分为以下四种形态:

智能文化:科学、技术、知识;

物质文化:房屋、器皿、机械;

规范文化:社会组织、制度、政治、法律形式、伦理、道德、风俗、习惯、语言、教育;

精神文化:宗教、信仰、审美意识、文学、艺术等。

三是"复合体"。特质是文化的最小的独立单位。但是人类的文化很少是以一种单一的特质存在的,往往是由许多特质构成的复合体。例如马车是由马与车复合而成,衣服是由不同颜色、质地的布与一定的制作形式、方法复合而成,其它像房屋、饮食以及各种各样的家具、日用品,无不是复合体。最简单的复合体包含着两种以上的文化特质,而复杂的复合体则是由多至无法记数的文化特质组成的系列。例如苗族文化、佛教文化等,每一种文化都是由各种特质系列构成的复合整体。因此,文化是一个整体性的概念,它包含着各种特质相互关联的全部总和。

这三个关键词也是认识和把握文化的三个环节。有了对文化概念的明晰把握,运用这一文化概念,旅游者无论是走在乡村中或其他旅游目的地游览观赏,它可成为感悟诸种文化魅力的一个尺度。当然,这一概念也是一个过滤器,成为区域经济开发中认识和识别传统文化资源的一个有用工具。

二、文化层与文化丛体

文化层概念来自德国考古学家海因里希·施莱曼对古希腊荷马诗史中伊洛特城的挖掘(概念链接3-1),差不多在一个地点,施莱曼一层又一层地挖掘下去,共挖出九个古代城市,在最下一层即第九个城市中,终于辨认出了荷马史诗所描写的古代伊洛特城!施莱曼的发现向人们揭示了文化在历史的发展上是存在着不同层次的,每一个层次都反映着不同时期各种文化要素所连接起来的平面分布特征。这种文化历史层面就叫文化层。

人类的文化由简单到复杂,由单质到复杂,不断地向前发展。愈是远古的文化层,其文化特质愈简单、粗糙,愈是离现代较近的文化层,其文化特质就愈复杂、精细。如果我们把人类的文化史比作一个逐级建造的殿堂,会发现人类文化的创造愈是高层愈奇特,愈来愈精妙。在最底层是极粗糙、极简单的石刀、石斧一类的尖削器,所有这些工具都是用燧石做成的,它表明了人类文化发展的极低阶段。再上一层,你就会发现人类的文化创造精巧得多,设计也合理得多。那些石制的手斧,骨制的箭头、缝针等等,虽然还没磨光,但它较之最低文化层已经有了进步。就这样,你一步一步地拾级而登,一层一层地观看,达到人类文化殿堂最高层的时候,就不能不为人类文化的光辉夺目的创造由衷地赞美、折服。这就是我们的祖先走过的历程。有些文化今天看来是那么的简单、容易,然而对当时的人们来说,这些文化创造绝不是简单的易事。每一个文化层都曾经历了它的英雄诗史般的创造,都曾威风凛凛地开创过一个时代。

人类在一定的生态环境中进行有特质的文化创造。随着时代和生态环境的变化,人类为了适应环境就要进行新的文化特质创造,旧的文化中有些文化特质被保留下来,成了新文化的组成部分,有些文化特质则被覆盖于地下,成为历史的沉积。人类一代一代地进行文化创造,不断地改变其内容和形式;文化一代一代地被积累、淘汰、滞留、沉淀,形成了一个一个的层面。这些层面虽然已经过去了,但它却反映着人类文化创造的历史和文明进步的过程。因此,研究文化层对于我们认识人类的发展过程有着积极的意义。

文化层是我们认识和了解古代的及传统文化的一个重要的工具性概念。我们所追溯的历史,时代越远史料就越少。因此,从考古发现和挖掘的文物资料中研究文化的起源和发展,就显得尤为重要。文化层概念有助于我们比较、研究、鉴别各个民族文化嗣续的系谱。由于文化层的形成极为复杂,我们在认识和了解文化层的嗣续、分歧时,应详细地了解古代文化生态环境中的地理、地质遗迹、河流、山脉等自然条件的演变;其他像历史上土地开拓、物产特征、民族迁移、商业及贸易往来、交通状况、征战痕迹以及地名的变更等,也都应该仔细地考察、分析、研究、比较,然后才能较为准确地推断出文化层的时间跨度及其演变过程,并根据尽可能多的资料来刻画出它的分布及其特征。

文化层好似人类文化发展的阶梯。如果我们从最低的文化层拾阶而上就会发现,每攀登一个文化层,它的文化特质就愈来愈多,愈来愈繁茂,郁郁葱葱,像一个个丛体。这就是文化丛。文化丛是在一定时间、空间产生和发展起来的一组功能上相互整合的文化特质丛体,它也是研究文化特质的一个单位。在人类历史上,一种文化特质产生出来了,伴之而来的会产生许多相近的文化特质。例如一些部落或民族最初学会了驯马,随着马文化的出现,然后就会形成一组以马的功能为特质的文化丛,养马发展了马棚、马房、马槽、马栅;骑马发展了马鞍、马镫、马缰绳、马嚼子、马鞭;用马运输发展了马车、马套、马辕。除此之外,其他像马竿、马枪、马刀、马号等文化特质,甚至像马工、养马术等等也都围绕着马文化发展起来了,这就是所谓的马文化丛。其他像农业文化丛、畜牧业文化丛等也是这样形成的。文化丛是各种文化特质持续发展、相互整合的结果。它往往形成一个文化特质交错的体系。文化丛作为文化特质持续发展、联络、整合的一个单位,可以帮助我们观察、研究、分析各种文化形态的形成及其发展。

文化丛表示着人类依据一定的自然生态环境的一种创造能力。笔者曾到过贵州的一个石头村寨,深为山区人的石器创造能力赞不绝口,墙是石头砌的,房是石瓦棚的,路是石块铺的,其他像石桌子、石凳子、石碾子、石磨、石杵、石槽、石板,几乎无处不是石。我们在南方乡村,人们的竹器创造能力也令人咋舌。人们的衣食住行无不与竹子有关。头戴斗笠,身披竹布,住的是竹楼,吃的是竹笋;走路拄的是竹杖,上山抬的是滑竿,下河撑的是竹筏子。至于人们用的东西,竹制品就更多了,竹篓、竹筒、竹凳、竹椅、竹床、竹席、竹篮子、竹盒、屏风、门帘、扇子、长萧、短笛……无不是用竹子做成的。人们生活的环境中到处是竹子,自然也就创造出了许许多多竹子的器皿。无论是石文化丛,还是竹文化丛,都是人们在其身处的生态环境中创造出来的,显示了人与自然的契合。

正因为文化丛表现为人与自然的契合,所以我们才可以通过文化丛的了解来把握人类文化史上不同区域环境中的文化特质,并通过比较、分析,从中看出各种文化之间的区别与联系。例如分布于黄河中下游的仰韶文化和分布在黄河上游甘、青地区的马家窑文化,可以说是以原始农业和彩陶为特征的两个文化丛。我们从陶器的盆、钵、壶、瓮、盂、豆、碗、杯的彩绘纹饰特征上,可以看出这两个文化丛同属一个文化系统。从两个文化丛的发掘过程来看,甘肃马家窑文化层又迭压在中原仰韶文化层之上,根据碳14测定,中原仰韶文化的年代约在公元前五千年至三千年,马家窑文化的年代约在公元前三千年到两千年。这说明马家窑文化丛是仰韶文化丛沿黄河向上发展的结果,两个文化丛既有区别又有密切的联系。

文化丛并不是一些文化特质或文化要素机械地堆积或毫无联系的任意分布,它常常是围绕一种中心文化内聚起来的。例如水稻文化丛是土地耕种文化内聚起来的,马文化丛是牲畜饲养文化内聚起来的。不仅物质文化丛是这样,精神文化丛也是这样。我国辉煌的敦煌艺术丛,就是围绕着宗教活动内聚起来的。最初佛门弟子路经大漠深处的鸣沙山,面对着这遥远、神秘、幽静的地方,也许出于过分的虔诚而眼前呈现出佛图灵光的幻觉。于是他们在这里挖窟凿洞,尊佛念经,吸引了一批批佛门弟子聚集在这里不断开拓。从366—1368年(即从十六国时期至元代),经过一千年的凝聚、积淀,终于发展成了斑斓、绚丽、多彩的神秘艺术迷宫。敦煌石窟的一切神话、故事、传说以及壁画、彩塑艺术,都是内聚在宗教观念之下的,其内在的统一性和整体上的一致性都是出于宗教功能的需要,是这种功能需要不断整合的结果。

文化丛从某种意义上可以看作是一个功能上相互整合的文化特质群,即文化群。我们观察人类社会中大大小小的文化丛,实际上是不同形态的文化群。大的有工业文化群、农业文化群、城市文化群、乡村文化群;小的有服装群、食品群、建筑群,在精神文化上还有作家群、艺术风格群等。每一个文化群由许多文化特质组成,并且在功能上有着内在的统一性和整体上的一致性。因此,文化丛的理论不仅可以认识古代文化复合体,更可以了解现代文化的集合。受此启发,我们就可以把文化丛的理论推及旅游开发、旅游管理和旅游者游览观赏等多个层面,以发挥旅游文化学的多种作用和价值。

三、文化圈与文化区域

文化圈是一个与文化丛相关的概念。如果有一定地带的类似的文化丛相连接,其主要的文化特质内容相似或者基本相同。文化社会学称这种地理上的文化相关联的现象为文化圈。

人类总是在一定的空间范围、场合生活的,采集、耕种、制作、创造,这就自然而然地产生了一个地域性的范围。文化圈实际可以看作是人类生活环境、生活样式的共同场合、地带、区域。生活环境、生活样式都是人创造的,是一定的种族、民族或一定区域的民众创造的。因此,文化圈的形成又表示着一个历史的过程,表示着人与环境的交互作用的持续过程。圈有大小,大则种族、民族、国家、东西半球以及各种文化地带;小则城邦、村落、家族以及各种民族聚居区、风俗区等。凡人类共同的生活环境所形成的社会的、语言的、风俗的、道德的、宗教的等共同的文化特质,皆可称之为文化圈。

文化圈像文化丛一样,它首先显示了人类依据一定生态环境所进行的独一无二的文化创造的法则、秩序。如果说文化丛更强调的是一组相关的文化事象,一个相关的事象群,那么文化圈则强调的是由文化丛、文化群的广泛分布所形成的文化地带、文化区域。文化圈一方面反映着更多更广泛的人类群体对文化创造的共同参与过程;另一方面它也显示了各种文化特质在功能上更大的整合;文化圈愈大,所整合的文化特质愈多,层次愈高。例如印度有许多邦,每一个邦在宗教、风俗等方面都有很大差异和多样性,因此,每一个邦都可以看作是一个小的文化圈。这种"邦文化圈"是印度不同的种族(民族)文化特质及其在历史发展过程中功能整合的结果。但是如果我们把印度文化看成是一个文化圈,它就比各邦文化圈整合的范围大,层次也高。当我们说东方文化圈的时候,它就不仅包括印度文化及其各邦文化,也包括中国文化、日本文化、朝鲜文化以及东南亚各国文化;它是这些国家或民族文化的更大范围、更高层次的整合,反映了这些文化的共同特征。同样,我们常说的儒家文化圈,也是一个层次较高,范围较广,整合了儒家文化发源地及其流布区域的共同特征的一个概念。

由于文化圈在时间和空间上包含有较广阔的地带可以做深广的研究,因此我们通过它可以观察人类文化的全貌。美国威斯勒在1923年出版的《人类与文化》一书中,曾将人类在地球上生存的环境及文化的存在划分为中央地带、杜突拉地带(TundraZone)和林莽地带三部分。他认为人类的文明及文化繁荣都发源于连亘两半球的中央地带。这个地带从非洲北部经过南欧东亚一直到美洲的墨西哥、秘鲁,产生了埃及、美索不达米亚、希腊、罗马、印度、中国、墨西哥、秘鲁等古代文化和文明地带。所谓杜突拉地带,指横亘在中央地带的北部地带,它从南俄杜突拉至草原、平地、森林地带,包括北欧、俄罗斯、西伯利亚、蒙古、加拿大、美洲东部等地,它较之中央地带虽然发迹较晚一些,但它发展很快,具有相当高的文化成就。所谓林莽地带,主要是指横亘在中央地带南部的高温低湿地带,它包括亚洲南部、非洲及热带诸岛地区,这里文化或文明处于低级阶段和落后状态。威斯勒对于人类文化的分布所进行的一系列描绘尽管未必精当,但他的文化分布图却给我们勾勒了一幅人类文化生态的全图情景,使我们可以看到人类文化发展的全貌。

世界上一切民族都有自己的历史,都有自己的遭遇。由于自然界的变化及人类社会的各种原始的生存斗争和现实的自我发展的需要,民族的迁徙是经常发生的,人们从一个环境到另一个环境,也就带来了文化的移动。因此,了解人类的文化圈可以看出各民族文化历史上的联系,即各民族文化不间断地发展的连续体,可看作是有独立性、自主性及稳定性的文化整体,由此,从它的各种特征上去获得一种时间的深度并复原出历史上各民族文化的相互联系。

人类文化的发展是一个历史的连续过程,它从古代延续下来,一直发展到现代,原则上没有间断过、停歇过。所谓文化层,不过是现实的文化丛、文化圈在历史上的积淀、凝结。文化圈不过说明文化层的秩序。当文化圈随着时间的推移而沉积、重叠的时候,也就形成了文化层。虽然文化圈与文化层在时间上是分开的,但它们本身却有相似性,也显示着一个历史的连续性。因此,通过对文化圈的了解,可以了解历史上文化层的分布、移动及时间顺序以及复原意义。出苏州城往西约十公里,有一小镇名为木渎。这里四山环抱,风物清嘉,小镇与苏州同龄,迄今已有2 500多年历史。相传春秋末年,吴王夫差为美女西施在挺拔秀逸的灵岩山顶造馆,"三年聚材,五年乃成"。当时运输以水路为主,大批木材源源而至,堵塞了这一带的河流港渎,"积木塞渎",木渎由此得名。木渎之名另有一说:春秋时吴王阖闾败楚之后,大兴宫室,得越王勾践进贡之木,筑高台于姑苏山。此项工程耗资巨大,"三年聚材,五年乃成"。木材积压在此地达三年之久,沟渎完全堵塞,谓之"木塞于渎",木渎由此得名。这里既有山川林石之美,又有深巷古宅之幽,文物古迹遍布全镇,而胥江和香溪贯穿整个古镇区,造就了"小桥流水人家"的江南水镇格局。胥江,春秋时伍子胥率兵开凿,全长约230公里,堪称我国历史上第一条人工运河。香溪,则因西施常在此洗妆沐浴使满河生香而名。两水在镇中交汇,呈Y型分布,沿河的山塘、下塘、西街、中市街等木渎老街,仿佛笼上了一袭历史的轻纱,显得幽雅而神秘。两岸的民宅或临街,或枕河,粉墙黛瓦呈带状排布。这里的绿树人家,过着恬静、悠闲的日子。那绿阴环抱的老屋旧宅,就像一颗散溢着浓郁人文气息的珍珠,由那傍桥临水的长长石街串连着,蕴积成一幅幅意境典雅的历史图画。木渎,这由农业文明发育成长起来的市镇,与迈入现代化发展的苏州近在咫尺,却明显地呈现出不同的文化圈事象,构成了现实存在的两个文化层。如将木渎、苏州与之并不遥远的上海三者相比,那么,更可看出,所谓文化层,不过是现实的文化圈的积淀、凝结,文化圈不过说明了文化层的秩序罢了。

文化层是文化圈在历史上的沉积,为了认识文化圈在现实中的空间结构及其分类现象,我们还可引入"文化区"这一概念。

文化区或文化区域虽然是一个文化的空间分类概念,但它并非与时间无关。文化区也是人类不同文化历史连续发展的结果,尽管在社会学史上它常常被一些社会学家、人类学家、民族学家用来研究文化的空间分类。仅从空间分布上研究文化区,不从时间上探讨文化区的形成和发展,要想对它的空间分布做出确切的说明是很困难的。那么什么是文化区呢?它具有什么样的性质和特征?简单讲,文化区是指有着类似文化特质的区域,可以从以下三个方面作归纳。

第一,文化区是文化特质的区域分类。我们知道,人类依据不同的生态环境所创造的文化特质是不同的。例如,平原上的人们不仅创造了土地耕种、五谷栽培、车辆、房屋等,而且创造了与之相适的观念,如土地崇拜、庆丰收的节日风俗,以及风水、望族、君子之泽等。人们为土地而生存,为土地而进行文化创造,所以一切文化都带有土地的特质。而水乡的文化则不同。人们结网而渔,楼船而居,水里来,水里往,观风察水,撑篙扬帆,呼喊对歌,一切文化都与水密切相关,表现水上文化的特质。这些不同特质的区域分布就是文化区的特征。由此看来,文化区是与行政区不同的。行政区只是一个行政管理的区域单位,而文化区则是不同文化特质的空间载体。前者是人为地划分的,后者则是在一定地理环境中形成的,有些行政区由于依山傍河而划分,加之长久的历史形成的界线,所以它本身就具有文化区的性质。如我国山东省的齐鲁文化,四川省的巴蜀文化等,皆都有行政区兼文化区的性质。但是有些行政区则不具有文化区的性质。例如我国的江苏省虽然是一个独立的行政区,然而它在文化上却以长江为界,划分为不同的文化区域。长江以南的扬州、苏州、常州、镇江一带,地近上海,其物产以丝绸纺织、手工艺为主,其语言、风俗、习惯、服饰等,则与浙江仙霞岭以北的钱塘江一带的文化近似。长江以北至徐州一带地近山东省,其语言、风俗、习惯、服饰等文化特质与齐鲁文化相近。由此可见,江苏省虽然是一个独立的行政区,而其文化则有苏南和苏北之别,并不能构成一个统一的文化区。

第二,文化区还是一个历史的概念,区域文化具有稳定的特征。最初,人类依据不同的生态环境创造了各种文化特质,这些文化特质有的不适合人们的需要被淘汰了,有的则被一代一代传递、积累、保留了下来。一般地说,凡被传递、保留下来的文化特质,都是比较适合人们生活需要的,具有一定的生命力。而且这些文化一旦被保留下来,作为一种历史的文化遗产具有相对的稳定性。就世界范围来讲,无论是东方文化区,还是西方文化区,从古到今都保留着它们各自不同的民族性格。就东方文化区的中华文化区来讲,历史上虽然多次经过异族入侵和外来文化的影响,如东汉以后的佛教,但中华作为一个文化区仍然保留着它自己固有的文化特征。我国国内的各个文化区也是这样,齐鲁文化区、吴越文化区、三晋文化区、楚文化区、巴蜀文化区、燕赵文化区等等,远在春秋战国时期就出现了。虽然在几千年的历史发展中有所变化,但它们至今仍然保留着历史上文化区的特征。由于文化区具有这种稳定性的特征,所以它与现在所划分的一般经济协作区、经济特区以及新兴建设的各种商业区、共同市场等等是不同的。前者是一种历史的文化区位,后者只是一种经济实体的管理单位。因此,我们了解文化区的时候,自然要和这些经济管理单位区别开来。

第三,文化区作为一种历史形成的文化环境,其居民的心理、性格、行为都带有区域文化的特征。人们长期生活在一个文化区域的环境中,共享同一种文化,自然要接受区域文化的教化,其居民的心理、性格、行为也必然带有区域文化的特征。司马迁在《史记·货殖列传》中曾对我国历史上不同文化区人们的风俗、习性有各方面的描绘。例如他说关中丰镐一带,民有"先王之遗风,好稼穑,殖五谷",中山一带地薄人众,"丈夫相聚游戏,悲歌慷慨","女子则鼓鸣瑟,跕屣,游眉贵富";又说邯郸之地人多"微重而矜节";燕赵之区民多"雕捍少虑";齐俗"宽缓阔达","足智,好议论";邹鲁俗"好儒,备于礼","地小人众,俭啬,畏罪远邪";其他像西楚之民的剽轻易怒,南楚之民的好辞、巧说、少信等,也都有生动的描述(《史记》卷129)。司马迁的描述、记载虽然未必准确,但他能够从不同文化区域的特殊的文化特征出发,描绘出各区域人们的基本心理、性格、行为特征,对我们认识文化区域的文化个性和特征无疑是宝贵的启示。

我们论述文化区的这些个性和特征,并不是说它是一个僵死的、静止的概念。任何文化区作为一种文化共同体都是不断发展、变化的:随着经济基础的发展和社会生活的不断进步,一些旧的文化区消失了,一些新的文化区出现了,这是经常发生的。即使旧的文化区仍然存在、维持下来了,它的文化特质也是不断变化的,也有一个不断淘汰、更新的过程。文化区在整个社会经济发展的过程中,自身也在不断自我组织、自我实现,这正是它有时代特征的地方。特别是现在,现代化经济的发展以及文化的传播和交流,不仅打破了传统文化区域封闭性的体系,而且正在形成和造就与传统文化区域性质和面貌完全不同的新的文化区域。例如,现在埃及的开罗新、旧两个城市文化区就是这样。开罗原是一个古老的城市,有悠久的文化历史。但是随着城市现代化,开罗呈现为两个文化中心。一个中心是中世纪的开罗,它位于市中心的狭长地带。另一个是现代化的开罗,它位于尼罗河两岸。两个开罗城区文化个性和特征完全不同。在旧开罗,南边10英里左右是大大小小的金字塔,市内建造着星罗棋布的迷人的清真寺,一般民居房屋也是古老的建筑。它很低,木制的格窗、镶嵌的大门,雅致而富有古老民族的美。虽然有现代化的交通工具,但四轮或两轮马车依然存在,甚至还有骆驼和毛驴缓步街头。白天,人们从事传统的手工民间生产;晚上,人们群集在小巷之中,有时买上一杯咖啡,饮着聊天,有时点上水烟袋,悠闲地听人讲天方夜谭,自古于今延续着无数个一千零一夜的故事。星期天人们则去做礼拜,听阿訇讲《可兰经》。总之,这里的一切生活方式中的风俗、礼俗文化都遵守着伊斯兰教的古老传统。新的开罗则截然不同。这里到处是现代化的高层建筑,公寓、楼厅,富丽堂皇,有地中海风格的,也有法国巴黎风格的,它显然受欧洲建筑风格的影响,即使漂亮的小别墅,也筑起高高的围墙。交通工具也是现代化的电车、汽车,还有一驶而过的摩托车。这里居住的大多是商人、企业家、银行家及受过高等教育的人们。他们拥有自己的公寓、别墅、小汽车及电视机、录音机等;男人西装革履,妇女有时还穿巴黎流行的超短裙,过着灯红酒绿的夜生活。总之,新的开罗完全抛弃穆斯林的传统文化,追求的是一种新的西方文化和生活方式。开罗两个文化区的形成和对比,有力地向我们说明,随着现代化社会经济的发展,传统的文化区正在经历着一个深刻的变迁过程。类似开罗的情况在印度首都德里和新德里以及世界许多城市都存在。因此,我们在认识和了解文化区的特征时,既要感悟传统的文化区域特征,又要认真分析新文化区的形成、发展和变化。

文化圈特别是文化区概念在旅游文化学中是个既有理论意义又有实践意义的课题。不同区域的文化特质不仅造就了人们特殊的习性,而且一定程度上决定着人们的价值取向。反之,区域文化特征的存在对人们的心理、性格、行为有着深刻的影响。旅游作为跨文化交往的一种方式正是旅游者从一定的文化区域前往另一个异质的文化区域。世界各地各种不同文化区域的存在正是构成旅游驱动力的一个重要原因。反之,旅游作为固有特质的一种文化现象,其跨文化交往和交流又成为世界文化趋同的一种力量。

概念链接3-1

德国的海因里希·施莱曼既是一位非凡的考古学家,又是一位对文化发展作出卓越贡献的科学家。还在施莱曼是个孩子的时候,他的父亲就经常给他讲荷马史诗《伊利亚特》中的故事。有一次父亲送给他一本《世界史图解》,里面有一幅伊尼亚斯背着父亲、抱着儿子从特洛伊大火中逃出来的情景地图画。小施莱曼看着那巨大的城墙和雄伟的悉安门,问父亲:"特洛伊城是这样吗?"父亲告诉他是这样的,不过现在特洛伊城已经消失了,谁也不知道它在哪里。施莱曼却说:"我长大以后要亲自去找到特洛伊城和国王留下的珍宝!"父亲哈哈大笑,而施莱曼却看着那图画思索着荷马笔下的古战场的情景。这件事发生在1832年,当时施莱曼只有七岁。施莱曼具有坚强的信念。他丝毫不怀疑荷马在《伊利亚特》中所描写的古代希腊所具有的高度文化。无论阿迦门农盾牌上的三头蛇的形象、当时的战车、武器、生活用具,还是阿基琉斯、帕特罗克鲁斯、赫克托尔、伊尼亚斯等英雄人物的故事,他都认为是不容置疑的历史事实。甚至最细微的情节描写,他也认为是真实的。施莱曼带着如醉如痴的怀古幽思。1869年他同一位希腊姑娘索非亚结了婚。他想像索非亚就像史诗中的海伦一样美丽。施莱曼带着一片赤诚的信念,按照荷马的叙述和描写,以他经商致富的经历和干劲开始了寻找伊洛特城的遗址。《伊利亚特》中所描写滴泉水,阿基琉斯追逐赫克托尔的路线,阿齐亚人参加战争乘坐的舰船停泊的地点,凡史诗中提供的一切情景、细节,施莱曼都不放过。他不断地测量,考察,收集证据,有时还按照史诗中的描写重演一遍。施莱曼是个训练有素的考古学者,经过细致又富于想像的寻查,终于推断出了伊洛特城遗址的位置。他从1870年开始用重金雇用工人发掘,到1873年终于沿着荷马的叙述寻找到了一座埋葬在地下的古代繁荣城市。然而这座城市并不是古希腊伊洛特城,因为他的遗物比古代希腊文化要发达得多。施莱曼沿着这个城市挖下去,不断地寻找,像剥葱头一样一层一层地剥下去,发现每一层都有那个历史时期的居民聚居城市。一代一代的人在这里生活、居住、死去了;一座一座的城市在这里兴起,又毁灭了。文化在这里经历了沧桑,一次又一次活人在死人的废墟上建立新的城市。施莱曼这样一层又一层地挖掘,挖出许多古代城市,先是七个,后来又挖出两个。在这荟萃的古代城市中,施莱曼在最下一层——第九个城市中,终于辨认出了荷马史诗所描写的古代伊洛特城!

知识界轰动了!施莱曼胜利了!然而施莱曼的发现说明什么呢!自然,这并不指他在伊洛特城发掘中所获得的价值连城的文物财富,也不是指他的挖掘工作所展现的古代希腊文化的秘密。施莱曼的发现向人们揭示了:文化在历史的发展上是存在着不同层次的,每一个层次都反映着不同时期有各种文化要素所连接起来的平面分布特征。这种文化历史层面就称为文化层。

第三节 市镇起源与繁荣的商贸文化

在人类历史上,在村落聚居地形成之时,人口更大量集中的聚居地也慢慢地发展起来。从考古中发现,埃及新石器时代的巴达里文化层中,已有居民聚集而住的"城市"中心。到公元前3500年左右铜器出现的涅伽达文化时代,定居在尼罗河两岸的居民出于治理水利灌溉工程的需要,已经形成了几个公社结合体的城邦。涅伽达城可能是埃及最早的城市。在西亚两河流域,远在苏美尔时期,就出现了大小不等的城邦。其中卡法伊城就是当时的宗教圣地和政治中心,经过几次改建,到苏美尔王朝后期它的神庙面积达8 000多平方米。在爱琴海,新石器时代就有了城堡或城邦。到了青铜器时代,城邦就更多了,特别是克里特岛。荷马史诗《伊利亚特》说克里特有百城之称,足见当时该地城邦之多了。这种居民聚居地,如城邦、城堡等社会组织形式与村落不同,它们是不同血缘关系的人聚居在一起。这为居民成员的身份构成以及发展成为市镇或城市,提供了条件。市镇或城市与村落一个重要的不同特征就是居民的混居,来自天南地北,完全没有血缘关系的人们生活在同一个区域,成为邻居。

一、商业、手工业兴市

从社会发展上说,市镇的出现是社会分工发展的结果。人类一共经历了三次社会大分工。第一次农业与畜牧业分工,出现了以从事种植业为主的农业村落文化。第二次社会大分工是手工业从农业中分离出来,出现了专门从事手工业制作和生产的人群。手工业开始作为独立的部门出现后,商品交换的范围扩大了,财富也迅速增加起来,专门依赖手工业生产和交换而生活的人群,脱离了农业生产,其生活习惯和从事农业劳作的人有所不同。而且,有人开始凭借对生产资料的占有获得财富,不用去从事任何生产劳作。他们对生活开始有特殊的要求,如住比较华贵的房屋,行走方便的道路和并不遥远的市场等。当这些从事手工业劳作和不从事劳作的人聚集在一起时,作为村落的对立面,市镇或城市的雏形开始出现。恩格斯说:"在野蛮时代高级阶段,农业和手工业之间发生了进一步的分工,从而产生了直接为了交换的、日益增加的一部分劳动产品的生产,这就使单个生产者之间的交换变成了社会的迫切需要。文明时代巩固并加强了所有这些在它以前发生的各次分工,特别是通过加剧城市和乡村的对立而使之巩固和加强,此外它又加上了一个第三次的,它所特有的,有决定意义的重要分工:它创造了一个不从事生产而只从事交换的阶级——商人。"①第三次社会大分工出现的商人阶层是城市中的典型居民。在愈来愈活跃的商品交换的刺激下,城镇开始逐渐形成,商品生产和商品交换不仅得到充分的发展,而且还促进了铸币的出现。商人和手工业者拥有铸币,不仅可以购买到本地生产的商品,而且还可以消费到商人从远处贩来的各式各样的物品。

最早期的城市型聚居地里,农业、手工业和商业的分工界线并不分明,社会分工并不是非常彻底的。古希腊时期的城市是当时世界范围内比较发达的城市,城中还有许多耕地、菜园和果园。亚洲的一些古代城市也能看到城乡不分的现象,因为这些城市都是建立在农业基础之上,城里有菜地、果园甚至庄稼也都是正常的事情。但是,在城市经济形态中起主导作用的已不是农业,而是手工业、商业和高利贷。

从经济学的视野分析,一种新的社会经济因素的介入,不仅会使物质的生产有所增加,而且会导致一场全面的变革,导致一次新的组合,从而使原有实体的性质发生变化。在人类文明发展的早期,社会第三次大分工,商业作为独立的经济因素从农业和手工业中分离出来,经商成为社会中一部分人的生活、生存方式,商业是成长于农业与手工业社会后的一种新的经济因素。随着经商活动的发展,在一些人口相对集中的村落,出现了规模大小不等、以产品交换为中心的场所——集市。集市的特点是有固定的交换地点和交换时间,但没有形成固定的店铺、货栈及服务设施。各种集市在我国北方称"巢",在南方称"墟"、"场"、"会"、"集"等。此外,还有一年一次或几次的庙会、香会、骡马大会等大型集市。集市的发展促进了市镇的形成。在位置适中、交通方便、规模较大的集市上,人们为交易者的方便,开设了酒馆、客栈等服务设施。商人逐渐在集市内外定居经营,集市逐渐演变为具有一定人口规模的居民点——集镇。集镇的出现标志着乡村经济出现了商品经济的萌芽,为城镇的形成奠定了基础。久而久之,在经常进行商品交易的市场周围,就有了一些固定的居民点,这个市场也就成了一个镇或城市的中心。

商务印书馆1993年出版的《辞源》对"城市"一词的解释是:人口密集、工商业发达的地方。英国朗文出版社出版的《当代高级英语辞典》对城市这个词的解释是:一个由大群房屋和建筑物组成的供人们居住和工作的地方,通常还有一个娱乐和商业活动的中心,其规模和重要性都要大于一个集镇;在英国通常还要有一个大教堂(a large group of houses and other buildings where people live

---

① 《马克思恩格斯选集》第4卷,人民出版社1972年版,第161~162页。

and work,usu. having a center of entertainment and business activity. It is usu. larger and more important than a town, and in Britain it usu. has a CATHERDAL)。无论是《辞源》,还是《当代高级英语辞典》,对城市一词的解释都含有商业活动与市场的意思。《周易·系辞》中有"日中为市,召天下之民,聚今天下货物,各易而退,各得其所"之说,这证明市场对居民的集聚有着关键的作用。尽管市场并不是所有早期城市发展的惟一功能和原因,但商品的交易和市场是超出村落聚居地的最突出和最鲜明的一个功能。由此,镇和城市从文化创造的角度看,以市场交易为核心的商业文化是镇和城市不同于村落文化最突出和最鲜明的文化特色。当然,作为城市的发展,又远远超出商贸这一功能。

中国古代城市的发展达到了一个相当的高度。在数千年封建经济和文化的发展过程中,中国的城市在数量上和种类上都超过了世界上的任何一个国家。我国古时把与乡村对立的城市类型的聚居地称为"邑"、"邦"、"郡"、"都"、"镇"等。它们和国家的产生联系在一起。根据封地的多少及地位的尊卑,邑有大小之分。"邦"、"郡"、"都"皆从"邑",古制则有不同的划分。凡有先王之宗庙者,才可曰都。周朝的都,方圆500里,是当时最大的邑。所以现在有人把面积大、人口多的城市叫都市。我们这里讲的城市概念,是与村落相对而言的,凡是比村落大的社会、经济、文化及人口居住中心,功能相对齐全的不论大、中、小,皆谓之城市。那么城和镇有怎样的区别?它们的界限如何划分?"镇"的概念在我国由来已久,只是意义随着历史的更替而有所不同。古代在边关险要之地设"镇",以驻兵成守。《新唐书·兵志》:"唐初,兵之戍守者,大曰军,小曰守捉,曰城,曰镇。"宋初,为了加强中央集权、罢镇使、镇将,将其权归于知县。宋代以后镇是指县以下的小商业城市,这个概念一直沿袭至今。由此可说,镇也是城市,只不过镇是属县政权管辖下的小城,小邑而已。具体来说,我国现行的设镇标准规定2万人以下的乡,如果乡政府所在地非农业人口超过2 000人的乡可以建镇。总人口在2万人以上的乡,乡政府所在地非农业人口占乡总人口的10%以上的乡也可以撤乡建镇。县政府所在地均应为设镇的建制。政治、经济地位重要的少数民族地区、边远山区和工矿区、旅游区、边境口岸等地,非农人口密度不足2 000人也可设镇。由此,对古代非村落居民密集地可用市镇一词以概括之。一个村落聚居地何以能发展成为一个镇,也就是商贸活动何以在此会发展起来,其不可忽视的重要条件是水陆交通和人口的迁徙与流动。

二、开放带动了移民

市镇文化的形成以商贸为核心,由此与商贸经济相关的生产、消费、聚居,以及交通、信息等变量因素均相协调地发展起来。所有这些常态的变量都将依托于一个基本的事实，那就是人口迁移和流动。人口的频繁迁徙、流动与便利的交通相协调成为市镇繁荣发展的两个根本条件。我国历史上江南市镇的发展就是这样。在先秦时期，江南地区地广人稀，是吴国和越国文化形成和发展的地方。从吴越文化形成过程来看，它们既不完全是从当地居民中自然发展起来的，也不完全是由中原大规模南迁形成的。而是由中原南下与当地居民的融合而发展起来的。因此，这样创建起来的吴越文化便是在原有文化传统基础上吸收、融合其他文化而形成的文化。事实上，吴越文化首先是吸收了中原文化的直接传播与渗透；同时，在吴国、越国对外扩张与开辟疆域中，又吸收了被征服地区的文化。因此以融合性、发展性为特征的吴越文化，加速了长江下游地区早期文化的发展，对历史上中国南北文化交流与融合起到了积极的促进作用。

自晋朝的永嘉之乱、唐朝的安史之乱和宋朝的靖康之难，造成我国人口三次大规模向南方迁移的浪潮后，我国文化开始南移。东晋偏安江南时期，许多知识分子流入南方，并带去了生产技术和知识，对发展江南经济起了很大作用。加之江南优厚的自然条件，很快就使江南经济、文化超过了北方。正是在晋朝永嘉之乱后的百余年间，随着江南经济的繁荣，城镇也在此基础上发展起来。至宋代，当时的杭州、苏州、扬州、荆州等城市已经非常发达。东晋时的都城建康（今南京）已发展成为"贡使商旅，方舟万计"的商业中心。南宋时的都城临安（今杭州）有39万户，124万人口。柳永的词云："东南形胜，三吴都会，钱塘自古繁华。烟柳画桥，风帘翠幕，参差十万人家。"就是当时杭州的写照。扬州唐时已是春风十里，至宋时"万商落日船交尾，一市春风酒并炉"。江南城市的扩大固然是经济发展的结果，但是如果不是三次移民浪潮，恐怕它的发展也不会如此迅速。自宋室政权南迁之后，江南成为全国的经济重心，许多乡村人口增多，上升为城镇。到了明代，城镇的数量又有很大的增长。如明代苏州府所属有37个镇，到了清代就增加到了67个镇，而到20世纪80年代初，仅苏州一地区就有269个镇了。在这种大文化背景下，江南历代人才辈出，尤以明清为最，进士、举人不胜枚举，鸿儒巨子层出不穷，而丰富的文化内涵亦沉淀在江南市镇每一个细微的地方。

近世城镇社会的主要特征是其开放性及由大量移民组成的移民社会。近世江南地区是指应天（江宁）、苏州、松江、常州、镇江、杭州、嘉兴、湖州、太仓等州府。这一区域城镇的流动人口，即指不具备当地户籍的各类人口，他们或从外地流入江南，或在江南各州、府、县之间流动。万历《明会典》卷19《户口》中统计了南直隶五府，即应天、苏州、松江、常州、镇江于洪武二十六年（1393）、弘治四年（1491）和万历六年（1578）的人口，除常州府于万历六年人口较前增长外，其他四府皆为下降。江南素称土饶物丰,人口繁多,统计中何以会下降?谢肇浙《五杂俎》中的金陵"街道宽广,虽九轨可容,民居日密……奕世承平,户口数倍"。徐光启根据亲身考察,在《农政全书》中指出,苏州"生人之率,大抵三十年而加一倍"。官方统计与文人记载两相印证,相距甚远。其重要原因就是大量流动人口,官府无法将其统计在册。明代杭、嘉、湖三府有着大量流动人口,使得官方户口统计中出现了令人啼笑皆非的结论。杭州府从洪武元年(1368)到嘉靖元年(1522),户数增加而人口则下降。嘉靖元年(1522),杭州府每户不及2人。嘉、湖二府从洪武初年(1368)到嘉靖四十年(1561),同样出现户增而口减的现象,且平均每户不及3人。显然有大量不见于史册的流动人口。清代江南仍存在大量流动人口。乾隆元年(1736)《浙江通志》各县都有"别省寄居人丁"的统计数字,表明流动人口仍大量存在。

明清江南流动人口具有两大特点,即量多类杂。流动人口量大,无法确切统计其总数,但可从文人记载中窥其一斑。明末吴应箕亲历南京后曰:"京师为五方所聚,要皆贸易迁移之民及在监游学之士而已,而移家者固未数数也。"苏州及其周边县市,聚集众多流动人口。乾隆《吴县志》载:"吴为东南一大都会,当四达之冲,闽商洋贾,燕齐楚秦百货之所聚,则杂处周围者,半行旅也。"清代,在杭州的异地人颇多,官府建立"栖流所","如有异乡人患病无家可归者,报到所中,设有房间、床铺、医药,调治痊好,给钱二百文,出所自便,死则殓葬均备"。流动人口类杂,有客商、小手工业工人,还有无业游民、戏班杂耍各色人等。客商是最为显著的流动人口。万历年间杭州人张瀚道记曰:"南京三服之官,内给尚方衣履,天下南北商贾争赴。"杭州"桑麻遍野,茧丝绵帛之所出,四方咸取给焉。虽秦、晋、燕、周大贾,不远数千里而求罗绮缯币者,必走浙之东也。"康熙年间,嘉兴府淄院镇为丝绸业专业市镇,"万家烟火,民多织作绸绢为生,为都省商贾往来之会"。苏州府盛泽镇是著名的丝绸业市镇,乾隆《吴江县志》曰:"迄今居民百倍于昔,绫绸之聚亦且十倍,四方大贾挥金至者无虚日。"湖州府南浔镇以湖丝著称:"各直省客商云集留贩,里人贾货他方,四时往来不绝。"①

这也正说明人是市镇发展最重要的变量。因为人是文化承载和创造的主体,又是文化创造的最积极、最活跃的力量,所以城市的兴盛和衰退,无不和人的移居密切相关。同时,人又是文化的适应者,一旦受某种文化影响,他又会适应这种文化的影响并在新的条件下去发展某种文化。从此可见,一个城市文化的形成和发展,虽是各种因素交互作用的结果,但不可无人的活动因素。

---

① 参见王瑞成,《在乡村和城市之间》中近代城镇社会及其特征,四川大学出版社2001年版。

三、河运促进了商贸

水源是市镇文化发展不可缺少的变量。我国古代市镇建筑大都傍于江河湖泊。如长安的曲江,洛阳的天渊池,开封的龙池,南京的长江和玄武湖,济南的大明湖,北京的三湖和两河(永定河和白河)都是如此。最典型的是武汉三镇。武汉位于长江、汉水之滨,又有东湖。这不仅给它提供了水源,而且水路交通极为发达,素有"九省通渠"之称。武昌、汉口、汉阳三个城市所以能够发展,除其他条件,丰富的水源及以此所提供的水利交通条件,不能不说是一个重要的原因。我国的城镇分布所以集中于长江、黄河及其大小支流的两岸,都和城市发展的水利需要有直接关系。有些城镇直接是随着运河的开凿逐步发展起来的。例如我国北运河段的天津、通州、临清,江南运河段的镇江、苏州、杭州,它们的发展完全受运河开凿的影响。运河一方面带来了灌溉之利,使农业得到发展,另一方面又促进了商品交换的发展,从而使市镇成为商业的中心。

河运—商品经济—城镇兴建和繁荣之间构成了同步运动,今以我国著名的京杭大运河沿岸商埠临清为例,看一看它是如何成为市镇发展条件的。

明清之际,京杭大运河已成为贯通中国南北的交通大动脉。运河转口贸易城镇是以运河为条件发展起来的,"南有苏杭,北有临张",这是当年人们对京杭大运河沿岸四处著名商埠的表述。其中的"临"就是今山东临清。临清,位于山东省西部,京杭大运河岸边,因"地居神京之臂,势扼九省之喉",伴随着运河漕运的繁盛而迅速发展起来,尤以发达的商业和手工业著称于世。其商业中的绝大部分属于外来商品的输入和转销贸易。经由临清转运销售的商品以棉布、棉花、绸缎、粮食及南方货物为大宗,从其流向看带有明显的南北商品交流的特色。

当时临清是中国北方最大的纺织品交易中心,布匹年销售量至少在百万匹以上。明代南方丝织品的北销,多以临清为中转地,如直隶河间府市场上的丝织品来自临清的为数不少。辽东、山陕布商都曾活跃于临清市场,他们从临清购买江南的纺织品,运回北边贩卖。河南及山东的乡间商贩也到临清采买布帛,运回销售。棉花是从北方向南方贩运的主要商品之一。临清的棉花种植,在明代已十分普遍,并开始沿运河向南方贩运,外地商人在临清大量购买棉花,因而清代后期,临清城里出现了从事棉花业的"同城花店"等。

临清是中国北方最大的粮食流通中心之一,中央政府在临清建粮仓,储粮米,并设立派出机构——户部督储分司管理储粮事宜。粮食是临清市场的又一大宗商品,其来源有四:南路而来,主要产自济宁、汉上、台儿庄一带,每年不下数百万石,沿汉河北上;西路而来,主要为河南所产,每年亦不下数百万石,自卫河东运；北路而来，产自沈阳、辽阳、天津，每年约数万石，自天津潮流而至。其他为临清本地所产，为数亦不少。乾隆年间，临清城内粮食市场共有六七处，经营粮食的店铺多达百余家，年交易量达五六百万石至千万石。这些粮食很大一部分是经临清转销外地。直隶、山东、河南三省丰歉调剂是一个流向，而南船回带豆类是临清市场粮食的又一流向。江南的闽浙诸省豆制品加工业颇为发达，他们所需原料很大一部分来自北方，政府也明文规定，回空漕船可以免税带回黄豆等物，所以直隶、山东等地豆类以运河而南销者数量很大。

商船从南方运来南方杂货，主要有铁锅、瓷器、纸张、茶叶以及江米、红白糖、竹制品等。

临清市场上的铁锅有多种，其品种有广锅、无锡锅和西路铁锅，其中西路铁锅及其他铁器、铁钉、犁伴、火盆、车船等货物大部分转运外地，高唐、河间一带所用的山陕铁器就有不少是由临清转运而至。此外，宣府、大同、辽东诸市所用的铁釜及其他铁器，也有不少是由临清采买，或经由临清转运的，以至临清城内有著名的锅市。瓷器主要来自江西景德镇，每年进货多者十万，少亦不下四万，经销瓷器的店铺，明代曾多达20家，清代亦有10余家。纸张来自福建、江西，品种很多，店铺多时也有20余家。纸张转销直隶大部分地区。茶叶来自安徽、福建等地，经营茶叶的大小店铺数十家。其集中于卫河西岸，以山西商人经营茶转运贸易为主。临清还是当时全国最大的贡砖烧制中心。每年，中央政府于临清征购城砖百万，用于京城皇家宫阙陵寝的修建，并设立了工部营缮分司专门管理贡砖烧制及运输。明初至清末500余年间，临清贡砖以其击之声若钢铁，不碱不蚀，断之无孔的质量，源源不断输入京城，获得了极高的声誉①。

数百年滔滔运河水，流出了临清经济的繁盛，也流出了临清文化的发达，建筑文化、民间文化、饮食文化皆名冠四方。而今，游客漫步临清，处处可见运河文化的遗痕。临清运河钞关，作为中国钞关的典型代表，为研究中国运河城市发展史、明清两代政治经济状况、中国税务史提供了极其宝贵的实物资料。临清舍利宝塔与北京通州燃灯塔、江苏镇江文峰塔、浙江杭州六和塔并称"运河四塔"。作为临清的标志和象征，它历经近400年风雨，仍傲立在运河岸边。临清清真寺为中国著名清真寺之一，其风格体现为中国古典与阿拉伯建筑艺术的融合，是中国建筑艺术的瑰宝。鳌头矶位于临清城内元代运河与明代运河的结合处，是一组结构精巧、古朴典雅的楼阁式建筑，为历代文人墨客凭栏眺望运河景色、赋诗抒怀之所。以上几处文物古迹均为全国重点文物保护单位，作为运河文化的典型

---

① 参见王瑞成，《在乡村和城市之间》中运河城镇发展与社会聚居，四川大学出版社2001年版。

遗存和重要载体而名闻遐迩。中国古典名著《金瓶梅》,是以明代临清为主要故事背景地来写作的。书中所写诸多地名,如运河钞关、土山、晏公庙、狮子街、临清闸等,遗迹犹存,向人们诉说着逝去的岁月。

华夏之地多河,特别是长江以南的江南地区,更是河网水乡之地。尤其是上海市、江苏省南部、浙江省北部以及安徽省、江西省沿长江南岸的广大地带,即所谓江南之地,土地肥沃,气候温和,雨量充沛,水网密集。在7 000多年前这里就有人类居住繁衍,创造了良渚文化和河姆渡文化,留下了许多珍贵的遗物、遗址。进入农耕文明社会以后,江南地区逐渐成为中国最富庶的地区,南北朝时"一郡丰收,可供数郡食用",隋唐乃至更早便成为当时的主要农业生产区域。宋代,农业生产的发展更为显著。宋代时更有"苏湖熟,天下足"之谚。农家在耕种同时还兼业养蚕和纺织。由于蚕桑和棉作的经营比稻作经营收益多许多,南宋以后,这里成为全国经济发展水平最高的地区。明代政府又鼓励和强制性地规定农民要种植桑麻、织布缫丝,江南地区逐渐地改变了以粮食为主的传统农业结构。植桑养蚕,种棉栽麻,不仅为手工业提供了原料,而且使纺织业成为普遍的家庭副业。就这样,丝绸和棉布的生产和交易市场也随之大量兴起,许多乡镇成为这些手工原料和产品的集散地。明代以后江南地区的棉作经济与蚕桑经济,包括与之配套的家庭手工业,以及其他经济作物栽培与加工的商品化经营,日益明显地压倒了传统的耕作经济,使得江南水乡的经济结构进入了崭新的以商品生产与市场流通为显著特点的商业经济。这为江南水乡市镇的大量涌现提供了坚实的物质基础。

四、繁华商贸誉满九州

江南水乡市镇在13世纪以后,成为中国经济最活跃的地区之一。其在经济封闭的封建体制中出现的自由灵活的市镇网络和经济体系,对中国近代经济的发展产生了积极的影响,同时也对江南水乡城镇的建设和文化发展奠定了基础。江南市镇是商品经济的产物。镇的生活围绕着"市",因而古镇的建筑类型染上了浓厚商业特色。前店后坊(宅)、上宅下店是江南市镇很突出的一种建筑形式,由店铺的密集而形成的长长的商业街,繁荣了市镇的经济。延及庙、寺等宗教场所前的广场,往往作为定期举行庙会的场所。以四乡农副业为依托,镇中与之配套的家庭手工业和加工业亦十分发达,镇上的居民大多是商人、作坊主和手工业者。镇上繁荣的贸易市场吸引了各地商人来此地开设各种会馆。适应商人、手工业市民的生活,市镇相应出现了为"市"服务的娱乐社交场所——戏台、茶馆等。

商品经济是江南水乡市镇兴起和发展的主要原因,这些乡镇依赖于四乡的农副业生产,并形成其专业生产和销售,市镇间的分工协作、互相竞争、互相依存,形成了一个市场经济网络体系。市镇凭借优越的河湖运输方便,以集中经营、转运某种或几种商品为职能,所以许多市镇成为某类产品的特色专业市场。如南浔、乌镇、菱湖、震泽等地,有丝业市镇;盛泽、双林、濮院、三江等地,有绸业市镇;罗店、七宝、朱家角等地,有棉布业市镇;光福、太湖等地有刺绣业市镇;善琏等地,有制笔业市镇;桐乡、石门等地,有榨油业市镇;千家窑、陈墓等地,有砖瓦窑业市镇;西塘、安昌等地,有酿酒业市镇;东山、西山等地,有花果业市镇;枫桥、平望、同里、新市等地,有粮食业市镇;周庄等地,有竹木水产业。

江南水乡的街,一般只有四五米宽,街道两侧商店一家紧挨着一家,每个店铺少则一间,多则三四间。沿街的许多商店,常常与店主的住房相连,若是平房,就做成前店后宅的布局;如是楼房,则是下店上宅的格式。这些店宅,往往又带有库房和小作坊,布置紧凑。沿街的店面,大部分是开敞式的。只有药材店、金银饰品店和当铺为封闭式。沿街开敞的店面,都是用早晚装卸的木排门板。早晨开店时,卸去门板,柜台就沿街而立,尽量靠近街上的顾客。沿街的店楼一般通排开窗,木裙板,有的做花栏杆,落地花格窗,用吴王靠作栏杆,很是丰富。

湖州一带,地近太湖,土沃桑茂,家家养蚕,户户缫丝,所产之丝称湖丝。湖丝中以辑里丝尤为著名,集中出产于南浔镇西南七里的辑里村。由于该地水质特佳,所缫之丝有"水重丝韧"的特点。自明代万历时起,南浔革新缫丝技术,丝质明显提高,其丝织成的丝织品可谓美不胜收。明以来,湖丝成为各地客商采购的紧俏商品,辑里丝还被指定为皇帝龙袍的用料。到了清代,据说康熙和乾隆两皇帝身上的龙袍也是用辑里丝做的。道光二十四年(1844)英国女王维多利亚诞辰庆典,清廷以辑里丝为礼品,大受英国人的赞赏。1915 年在巴拿马国际博览会上,辑里丝与贵州茅台酒同获金奖,于是南浔丝绸便驰誉全球了。

自清代道光、咸丰以后,南浔蚕丝业更趋繁荣,农户中以蚕桑为正业,平均占收入的七成,农作物反不被重视,每年禾稻只收一熟,丰年时米饭自足,荒年时就不够吃。所以在南浔四乡,凡可栽桑树处,包括河边、屋前都栽桑,所谓"尺寸之堤,必树之桑","穷乡僻壤,无地不桑"正是当时的写照。南浔的农家养蚕收茧后,多在家中缫丝,技术精湛,故民间有"缫丝莫精于南浔人"之谚。

每当新丝上市,南浔镇上"商贾辐辏,而苏杭两织造皆在此收焉"。蚕丝原来以辑里村一带为最好,以后处处皆佳,南浔丝都号称辑里丝了。五口通商以后(1842),洋商集聚上海,湖丝成了出口的大宗物品。当时湖州各地丝行几乎全为南浔人所包办,湖丝之出口,也以南浔镇为集散地。温丰著的《南浔丝市行》中描述当时南浔丝出口的盛况说:

> 一日贸易数万金,市人谁不利熏心,
> 但教炙手即可热,街头巷口共追寻。
> 茶棚酒肆纷纷话,纷纷尽是买与卖,
> 小贾收买交大贾,大贾载入申江界。
> 申江鬼国正通商,繁华富面压苏杭,
> 番舶来银百万计,中国商人皆若狂。

南浔镇上的巨富,几乎全是由丝行起家的。时人有"湖州整个城,不及南浔半个镇"的夸张比喻。蚕农日夜采桑育蚕,卖丝仅得温饱,而丝商财至数万、数百万的钮户财东,民谚南浔有"四象、八牯牛、七十二只狗"之说。将拥资五百万银元以上者称"象",拥资百万银元以上者称"牛",拥资十万银元以上者称"墩狗",这是对富商大小的形象比喻。

镇上丝行林立,各地客商纷至沓来,为此而设立南浔商会、丝业公所及会所等行商组织,以便于接待来客,洽谈贸易,商议事务,照顾同乡。这些商业机构为显示其经济实力,往往建造得豪华气派,位置也选择在交通便利、招人显眼之处。

南洋商会　在镇南街张王庙桥埭,民国十五年(1926)建成,前后两进,前院有百年广玉兰,现为镇政府所在地。

丝业公所　同治四年(1865)丝商庄祖绶等禀请藩司批准设立,以收解捐税,是维护丝商利益的机构。

宁绍会馆　在北栅外下坝,嘉庆时建,咸丰时毁,同治五年置建。光绪十六年(1890)复建。

新安会馆　在南栅寓园旁,道光十一年(1831)建,咸丰时毁,同治四年(1865)重建。

金陵会馆　在南栅广胜桥东北,光绪十一年(1885)建。

闽公所福建公馆　在南栅陈家墩。

在蚕丝业发展的全盛时代,南浔镇上丝行及镇民较为富庶,民间生活颇为安逸,衣必丝绸,食必鱼虾,远近不及。打麻将、吸烟、听书、看戏,优游闲散、崇尚奢靡、铺张浪费成为当时的风尚。这是否也是商业文化所必然附属的亚文化现象?

[问题和思考]

1. 去过村寨吗?请注意它的水源地和水流特征,并口述介绍。
2. 注意过农村的精神文化现象吗?试分析某一种精神文化现象与农耕经

济的关系。

3. 是否有在农村过民俗节日的经历？请描述你亲身经历的某农村节日的特点。

4. 从教材中介绍的徽州村落与黔东南村寨有哪些不同？它们都属农业生产为基础的村落文化范畴，为什么会有这样的不同？

5. 根据文化存在的四种形态，从村落聚居地中各举3~5例具有鲜明农耕文明特质的文化事象。

6. 以自己切身感受列举农业（或林业、渔业、畜牧业）文明时代的一个文化丛体。

7. 你以为中华大地上大致可划分哪些文化区域？能否简单说说每个区域大致的地理位置和文化特征？

8. 市镇是怎样形成的？它的主导经济形态是什么？它与村落有什么不同？

9. 为什么说人口流动和交通的便利对镇的形成和发展起着关键作用？

10. 去过某个市镇吗？请将你的感受作一番描述（最好围绕其基本经济运作来构思）。

[课外阅读书目]

1. 陈慧琳，《人文地理学》中第四章人类活动的中心——聚落，科学出版社2001年版。

2. 赫维人，《新人文地理学》中第三章地理位置选择论，中国社会科学出版社2002年版。

3. 司马云杰，《文化社会学》中第九章文化历史层面，山东人民出版社1987年版。

4. 王瑞成，《在乡村和城市之间》中第四章市镇化时期人的城市化，四川大学出版社2001年版。

案例思考1　江南古镇，碧波中的一叶

江南水乡，以水育民，以水兴市，以水建镇，以水名世，水乡的水与江南人民的生活休戚相关，更是千百年来古镇得以生存与发展的命脉。世代辛劳创造的水乡优美的人文生态环境，不仅成为江南人民世代的文化创造，也体现了华夏民族的生存智慧，今天，它已成为全人类的文化遗产。

一、石桥廊棚水中游

古镇里往往河道纵横，顺应原来的地理环境，再经过人工整理开挖，这里的水道一般比较平直，也极有规律。许多古镇形成了一条河一条街，前街后河，街河相间，纵横相织而成"十"字、"井"字河街格局。古镇上的河，两岸都砌有整齐的石栏驳岸，在石驳上盖房。江南气候温润，春夏多雨，河网就成了排泄雨水的通道。千百年来，这里常降大雨，而从未被水淹没过。1992年、1998年两次江南大水，周庄、同里等古镇区都未进水，而镇外却汪洋一片，古镇人理水的本领真令人叹服。水乡镇内，水街相依，水港和街巷是江南水乡市镇整个空间系统的骨架，是人们组织生活、交通的主要脉络。水港既是水上交通大道，是市镇与四邻农村、城市联系的纽带，是货物运输的主要通道，也是人们日常生活中洗衣、洗菜、洗物、聚集、交流的场所。水路与陆路决定舟行与步行两种交通方式互不干扰，而这两种交通方式的交汇点便是桥梁与河埠以及因之而产生的桥头广场与河埠广场。这些节点往往因地处水陆交叉处，是货物集散交易的地方，因而往往也是人们活动密度最高的地方，成为水乡城镇中最为活跃的场所。

水乡河多，因而桥也多，桥是构成水乡独特魅力的重要因素。白居易吟苏州诗中就有"红栏三百六十桥"之句；甪直镇区面积虽然只有一平方公里，桥梁却有四十座，同里则有古桥四十九座。

水乡的桥，千姿百态，桥是水乡古镇水陆交通的纽带。在江南平坦的地平线上,桥身拱背隆起,环洞圆润,打破田野村镇的单调和平直,将远山近水烘托得那样调和,把水面和陆地紧相连接。桥桥相望,桥桥相连,"粉墙风动竹,水巷小桥通"。在水乡城镇里,因桥成路,因桥成市,桥使江南水乡的风貌更为丰富。

  桥的第一功能是保持陆路交通的连续性,方便生产和生活,是水陆的立体交叉。根据桥下河道有无通航的要求,而出现了桥洞净空的变化,有拱桥、平桥、折桥几种。拱桥的圆孔也有一孔、二孔、三孔的不同,孔最多就是苏州的宝带桥。而圆拱环孔,也有半圆孔、小半圆孔、大半圆孔之别,角直的鸡鹅桥做成一个整圆,在水面上只是一半,还有一半在水下,这种全圆孔使整座桥在结构上更坚固了。由于是水陆的交叉,桥境及其周围就成为水乡城镇最活跃的场所。南来北往的车船聚集,以桥为中心,集散货物形成各种类型的商业街。如周庄的富安桥,桥的四角均建有桥楼,开有店铺、茶馆,是全镇的中心。

  水上荡舟是游水乡古镇不可缺的项目。小船伊呀着穿过一个个桥洞,犹如观看一部镜头推拉着的风光片。临河人家几乎家家都有石河埠和系船的缆石,有的河埠旁还缩进一方空间供人摆放洗过的衣物。许多缆石雕刻精细,图案复杂,似乎要极力显示主人的不同身价。朱家角石河埠构造和缆石图案的花样特别多,体现出水文化的讲究。

  朱家角的老街间河道纵横曲折多汊,从 20 多座不同的古桥上望去,看到的是多样的水乡景致。建于明代的放生桥是江南最大的五孔石拱桥,气势宏伟,构造匀称,桥上龙门石镌有 8 条蟠龙,而桥板石缝里竟长出 8 棵石榴树,桥下宽阔的漕港河舟楫往来,一直通向水天相接处。现如今它成了朱家角的标志性建筑。朱家角也因放生桥,于纤细之中透露出几分豪气。桥边有亭,曰放生亭。亭边聚集了不少善男信女,都买了小鱼小虾欲放生。卖放生鱼虾的当地人很多,每人脚边几盆,价格自然不菲,因其不在物质,而在精神。我们不知道这些可怜的小东西是否被捉放了几次,如果是放又捉的,那实在是精神也全无了。站在放生桥上,可一览古镇全貌。桥两边参差的民居将河道束窄得仅容两条小船擦帮而过,这家的竹竿可以搁到对河的窗户。在戚家桥上南望,狭窄的河流分成两道,缓缓流经两串拱桥。从漕河街走上廊桥,凭栏看一会游客在水上鱼市挑鱼选蟹,下桥穿过一条窄窄的棚弄,又回到了店铺林立的北大街。与放生桥同样古老的泰安桥半圆石拱,高而陡,桥栏浮雕"飞云石",据说是赏月绝佳处。导游说"到了角里不看桥,等于没到朱家角"。

  在同里古镇中心,三河交汇处,东、西、南各有一桥,分别名太平桥、吉利桥、长庆桥。由于取名喻意吉祥,自古以来,这三座桥一直受到古镇人的偏爱。每逢婚嫁喜事,迎娶新娘的花轿,都要敲锣打鼓,簇拥着过此三桥,每过一桥,要撒下许多喜钱喜糖喜果,引得镇上孩童雀跃欢呼。同里的老人凡逢六十六岁生日,午餐吃毕长寿面,就由儿孙们相陪,也要去走"三桥",以求得太平、吉利和长寿。走三桥的习俗何时形成难以考证,但三桥在同里人的心中,象征着吉祥和幸福。随着时代进步,走三桥被赋予了新的口彩:

走过太平桥,一年四季身体好。
走过吉利桥,生意兴隆步步高。
走过长庆桥,青春长驻永不老。

到同里古镇旅游,导游们也要引导游客去走三桥。

水乡桥的命名也颇有特色,如有桥在市场、行会近旁,或就是这些商业行会建造的,即以行业命名,如苏州城里就有鱼行桥、果子行桥。观前街前的醋坊桥是因宋代曾在这里开设官办的醋坊,荐行桥是卖草席的地方。还有许多以花木命名的桥,如桃花桥、采莲桥、折桂桥等,在这些桥边,有桃树、荷叶、桂花……增添了不少桥的美景,有的桥名寓有教益。汉代朱买臣少年时贫苦,居苏州时曾以瓜充饥,下河洗瓜,不慎落瓜逐流而去,未能果腹。他中了状元后造桥命名落瓜桥,寄富贵不忘贫贱之意。湖州双林镇有桥名曰虹桥,桥旁立有碑刻,记载了发生在明弘治年间之事,话说有乡人严素阉经此桥,拾有遗金二百两,这是失者变卖家产,为营救入狱的父亲的钱财,后验还之,其父被释后雪冤,乡人建亭曰还金亭,桥也为之改称,这是一段颂扬拾金不昧的佳话。

水乡的石桥造型优美、古人在建桥时,将工艺和文学、书法相结合,往往在桥上刻有楹联,记述史实,描绘景色,借景抒情,意趣盎然。如乌镇西栅通济桥的桥联是"寒树烟中,尽乌成六朝旧地;夕阳帆外,是吴兴几点远山"。浮澜桥有联曰"地接青龙云集成万家井邑,波迎白马星驰来百业舟航"。有的桥联极富诗情画意,如乌镇的翠桥"一渠翠染诗人袖,终古波清客子心"(朝西),"浦上花香追履去,寺前塔影送船来"(朝东)。有的描绘乡野景色,如荐馨桥的"水隔一溪依依人影,塘开三里济济行踪"(朝南),"碧水半湾流野渡,翠波一曲抱祠堂"(朝北)。

这些古桥本身就是一幅幅的美景、一首首的诗,你到古镇去要静静地赏,细细地读,其中的回味,是那样的深长!

甪直古镇上最老的桥是在中市北端的和桥(又称中美桥),建于宋代,桥面和桥墩都留有紫红色有气孔的武康石,这是宋代开采的石头。桥栏杆上雕琢的花饰粗犷简洁,具有明代初年的特色。建于镇最东处的正阳桥(东大桥)高大雄伟,拱高十二米,宽十米,桥长五十八米,是甪直最大的一座古桥。建于明代万历年间。它每天首先迎接旭日东升,因此得名。这里也是甪里八景之一,名"长虹漾月"。在天气晴朗的夜晚,月色皎洁,清风徐来,河水泛起粼粼的波光,古桥像一弯长虹静卧在宽阔的水面上,像一条江底蛟龙,卫护着古镇的安详。《甪里志》有诗云:"涟漪漾长虹,疑伏江底龙。一轮皎月澈,吐纳碧波中。"

甪直镇周围河道,四乡入口处原来均筑有水栅,据《甪里志》载:"里中共有九栅","置水栅以备寇盗并收税也,实有裨益。"这正如陆地上筑城墙,设城门一样。水栅选址择小水接大水紧要处,桥洞两侧钉桩木三至四层。中作水门,用木、竹作栅门,可以开启关闭,以通船只进出。江南水乡全靠船运作交通,河道一堵,交通顿失。对古镇安全防范来说,水栅是重要防御设施。抗战时,日本军队来犯,甪直水栅关闭又在河道中拦以铁链木桩,船不得通行,日军未能入镇,古镇免受兵燹之灾。

水乡以水构景,成为水乡文化丛,除水道、桥、水栅、河埠,此外还有沿岸蜿蜒的廊棚成为水乡独特景观。几乎所有水乡古镇都有沿河廊棚,只是西塘的廊棚最特别、最壮观。

到了西塘必然会被宽阔的市河和两岸的景色所吸引,特别是在高耸的拱背桥上眺望,那沿河绵长的一袭长廊,灰瓦蜿蜒,屋檐下的廊柱,在河岸上一根根有节奏地排列着。映漾着清亮的河水,把人们的目光一直引申到尽处,你会发出一声惊叹"好长的廊啊!"长廊中有几处供人休憩的亭廊,或是台廊,打破了线条的单调;老人们围坐着啜茶、谈天,呈现出一派清闲与惬意。对岸一簇簇高翘的马头墙,一家家临河踏级入水的水埠头,和这边平直的廊棚形成绝妙的对比,一虚一实、一高一低、一黑一白。一条河把它们联系又分隔,水是流动的,小船在游弋,静的和动的,轻的和重的,一切都显得那样和谐。当你闲步在长廊里,一式的木构架,砖铺地面,显得那样纯朴。依着河沿,看着河里的倒影水波,听着船娘的吟唱,你会找一处靠栏坐下,享受这难得的净化心灵的天地。

二、粉墙黛瓦居家人

要真正探求江南民居的韵味,就得到苏州、无锡、杭州、绍兴这些江南老城去寻找,或许就直接到老城周围的小镇,如周庄、同里、甪直、南浔、塘栖等等地方,因为在这些小镇里还保留着许多古老的街道、老屋。如果你下车踏上古镇的路面时已近傍晚,那晚霞笼罩下的静谧的百年老屋会轻轻拨动你的心弦,使你忘却都市的喧嚣,回到心中久远的老家。这时你会发现这些老屋蕴含着一种与都市民居截然不同的神韵——阴柔而灵动,充分代表了江南水乡民居的特质。

江南水乡民居在单体上以木构一、二层厅堂式的住宅为多,为适应江南的气候特点,住宅布局多穿堂、天井、院落。构造为瓦顶、空斗墙、观音兜山脊或马头墙,形成了高低错落、粉墙黛瓦、庭院深邃的建筑群体风貌。水乡多河的环境出现了水巷、小桥、驳岸、踏渡、码头、石板路、水墙门、过街楼等等富有水乡特色的建筑小品,组成了一整套的水乡居住环境。

由于江南水乡一直是全国文化最为发达的地区之一,人才荟萃,因而水乡城镇的许多住户是诗书传家。又由于物产富庶、工商繁盛,这些城镇历来是官宦退隐、富户别墅、学士散居之地。那些有文化素养的人当然是精心营造房舍,而一些富绅商贾也附庸风雅,聘请饱学之士筹划,所以在许多水乡古镇中留下了不少精美的院宅。其次,这些水乡民居大都营建于封建社会,封建伦理、儒学传统、风水习俗都直接影响着这些民居的经营布局、房舍安排等。如厅堂的主次,前后的序位,主客的区分,主仆的隔离,男女的差别等在设计上都有独到的手法,这是江南水乡民居的人文因素在意识形态上的反映。

根据民居的规模,可分为大宅、中宅、小宅三类:

大宅大都是富商、官宦的宅第,纵向称进,横向称落,大宅多则九进,少则四进,多到七落,少则一落不等。如周庄的沈厅为七进。有的大宅与园林巧妙结合,既创造了居住建筑的产物——私家园林,又增添了民居本身的吸引力。如同里镇的退思园就是非常精致的园林。

大宅在平面布局上,通常都有严格的轴线,正门朝南或朝东,宅院规矩方正,进落有序。

五进大宅,依次由门厅(沿街有的带店或带楼)、轿厅(停放轿子)、正厅(接待主要宾客,举行婚丧礼仪)、内厅(会见亲戚好友、家庭议事)、女厅(也称上房,常用为居住用房)组成,主体建筑以厢房或院墙围合组成院落。边落一般不独立开门,常由花厅(会见常客、举行宴会等)、书房、花园、内宅、厨房等组成。宅的入口沿街或沿河,便于人员的出入和物品运送。两落之间,往往设背弄,这样既分开了主仆的交通路线,又大大增强了内宅的私密性,并有利于隔声、防火、防盗。

以苏州现存的惟一私家园林残粒园来看,它是非常典型的江浙四合院的样式,整个建筑群分东、西、中三路。中路沿中轴线安排主要的建筑,依次为门厅、轿厅、大厅、女厅、客厅、后楼等前后共六进院落,厅与厅之间由不大的天井相接。仆人住在门厅,临街兼开裁缝铺等以补贴家用。轿厅为轿夫休息和停放轿子的地方。大厅没有太多的用处,多作为休闲纳凉及招待一些不紧要客人的场所。最有趣的是女厅,如果有女眷来访,是不能往后请入正堂的,只能在女厅小坐。女厅后面才是主人正式接客的所在,也是整个院落的精华部分。再往后便是主人居住的后楼。东路类似于北方四合院中的跨院,布置有船厅(因其狭长似船得名)和一些辅助用房。西路就是赫赫有名的残粒园,园子虽小,但古树参天,假山叠沓,水面曲折,依亭而望,顿发幽思。这么典型优美的院落在江浙以外的其他地方是不多见的,可在苏州仅这种四五进的大户宅院 50 年代以前就有一千多座,其中二百七十多座都是带私家花园。

中宅从形式上看与大宅相仿,不同的是中宅进数较少,一般少于四进,且一般无边落,内部空间的组合没有大宅那么考究,但相比之下较为灵活。中等收入家庭多属此宅。

小宅是一般平民的住宅,规模较小,多为一到两进,有的沿街,有的沿河,平面布局较为随意,为水乡城镇特有的小巷和水巷景观。小宅占地小,无严格的轴线,面宽多在一到三间,形式自由,因地制宜,空间利用合理但私密性较差。普通小宅沿河沿街处常有营业性质,临河都开有门,有踏渡水埠一直通到水面。

除了整体布局外,一些建筑构件或小品也充分体现出江南民居特色。天井,是民居中用以采光、通风的特征构件,在一般的三合院中,其深度与高度相当,宽度有多种,如主屋三开间,则以明间面阔为准。或五开间较大的,则以明间或次间面阔为准。在大宅中,天井大都是长方形,并且将两楔的进深减小,或用廊代替厢房,天井成横长方形,东西长度大,通风较好,而且夏季可以减少太阳的照射。常设前、后天井以利通风,后天井一般进深较小,植有落叶乔木以利遮阳。

砖雕门楼,这是做在前后进腰门上的,是纯粹装饰性的特征构件,明代的门楼较为简朴,清代雕花较为繁琐,这些门楼上都题有圆额。

墙,水乡民居以木结构为主,因而墙具有重要的防火功能,一般山墙皆高出屋面,做成梯阶式或平头高墙,称"封火墙"或"女儿墙"。墙可分实砌和空斗两种,或下为实上为空的混合式。墙基常用条石,石灰粉刷。当用作装饰性墙面时,就用清水磨砖贴面,既简朴又表现出主人的殷实。

地面,院宅内露天的地面(如天井)用石板条铺、块铺、裂纹石块或鹅卵石铺砌,也有用砖铺。室内地面都用砖。江南多雨,地下水位浅,室内易潮湿,一般先用石灰夯实,其上铺砂,砂上铺砖,以避潮气,居室的房内则用木地板。

屋顶铺青瓦,整个坡屋顶成向内微曲的屋面,有利于屋面排水。屋脊的做法花样很多,普通小型民居只用瓦竖砌;两头做简单纹饰。大、中型民居的主要厅堂脊头有做成龙、鸡等花饰。

普通山墙为硬山式不出屋顶,厅堂等重要建筑的山墙用出屋顶的屏风墙,随着房屋进深的大小,有一山、三山和五山屏风墙的不同。

众多这样的江南小宅院组成了一个个江南小镇,形式活泼,造型清秀。装饰精美的小宅院与小桥流水的自然环境构成了如诗如画的江南人间胜景。在江南的水乡一带,这样的小镇可以举上一串儿,像周庄、南浔、同里……每一个古镇就像一幅明清时流传下来的朦胧水墨画,向世人讲述着一个古老而悠长的故事。

三、水乡明珠永留存

江南第一水乡——周庄

周庄古名贞丰里,在里北一公里的太史淀处发现了五六千年前古代人类聚居的遗址。据古籍记载这一地区在春秋时(公元前六世纪)是吴王少子摇的封地,古称"摇城"。以后这里一直是农业、渔业的地区。宋代在这里设庄经农的周迪郎,捐田庄在白蚬江畔建全福寺,百姓感其恩德,口称其地为"周庄"。这就是古镇名之由来。周庄镇上的澄虚道院内留有巨大覆盆状青石柱础。镇中的富安桥上也有拱形武康石桥栏板,均是宋代的遗物,足以佐证周庄在宋代时就是人丁繁盛的市镇。

元代中叶(12世纪)江南富豪沈万三之父沈祐由湖州南浔徙居周庄,沈万三经商而富,遂使这里出现繁荣景象,形成了南北市河两岸以富安楼为中心的集镇。当时仍名贞丰里。至明代,市镇向西发展,遂成大镇,清康熙初(1662)正式改为"周庄镇",此时人口增加到三千,这一人口数量一直保持至今,古镇面积0.4平方公里。

古镇四面环水,北有宽阔的急水港、白蚬湖,南面的南湖与淀山湖相连。南北市河、后港河、东漾河、中市河四条井字形河道构成古镇的腹地,沿河两侧顺延成八条长街。粉墙黛瓦、花窗排门的房屋依水而筑。明清和民国初年的建筑仍保存良好的占一半以上,其中有近百座古宅院及六十余个砖雕门楼。悠久的历史文化孕育了江南水乡人家。周庄镇历史上曾出进士、举人二十余人,西晋文学家、大司马乐曹掾、张季鹰,唐代文学家著名诗人刘禹锡、陆龟蒙都曾先后寓居和游钓于周庄南湖。周庄是清末民初青年革命文学组织"南社"的发祥地,至今还保留当时"南社"三十余名社员的住宅,其中著名的有叶楚伧、王大觉、费公直等人的旧居,以及他们和柳亚子等人饮酒吟诗的迷楼。

周庄在江南水乡古镇中,较早得到保护和进行合理的旅游开发,她优美的水乡风光最先为人们知晓,许多报刊媒体誉称为江南第一水乡,实不为过。周庄在明清时代是苏州附近著名的大米、水产品和竹木的交易市场。每到收获季节,回乡的农户谷船,齐集周庄,这时是镇上最热闹的日子,农民卖掉了谷子,就在镇上采买些物品,喝茶小憩,吃饭聊天。小小的周庄镇也有一些奢侈的消费,据古镇上的老人回忆,20世纪50年代,在短短的一段街上就有专售妇女化妆用品的胭脂店四家,还有两家银匠店。沿街的商店很多是常住的镇户,像中市街福洪桥东的戴宅有三个门面分别是布店、五金店和中药店。镇上的店铺大多为个体经营，店堂里只有简朴的柜台、货架，有的兼带有手工作坊，店堂内就是工场。这些众多的小商店中有古镇的老字号，它们是传世老店，与居民保持着相当亲密的关系。现在古镇店面大多已成了餐馆和专门出售旅游纪念品的小店了，老瓶装了新酒，依旧令人陶醉流连。

古老街市又得以繁盛，游人们从中仍可领略古老街市空间格局、建筑形态和水乡古镇商市的风韵。走进周庄古镇，踏在清爽坚实的石板路上，两旁店铺林立，游人穿行如梭，呈现出一派热闹景象。现在周庄的街市主要是南北市河两旁的南北街与城隍埭和南河两旁的中市街。河街紧挨着，商店背河为街，尽得近水之便，街道不宽，不过三四米，最窄一段只有两米多。临街店面两层楼居多，街道上空还有过街楼。感觉特别拥塞。但开敞的店面、琳琅满目的货物，香味诱人的食品，笑脸相迎的店主，充满了小镇温馨的乡情。

古风遗韵的市镇——朱家角

早在五六千年前，朱家角地区就是上海先民生息渔耕之地。1700年前，朱家角已形成村落集市，在宋、元时形成了集镇。随着漕港河水运的发展，古代商业日盛，到明朝正式建镇名珠街阁（又称角里）。清朝时，北大街三里长街，商铺千家，布业号称"衣被天下"，米市价格影响苏南米价，油菜籽日进百万多斤。从社会经济发展史的角度来看，朱家角在明清时已出现了以大宗贸易为特点的资本主义萌芽，到清末时有商铺846家，钱庄40多家，银行4家。朱家角在上海郊区最早建立发电厂、自来水厂。

古市镇居住幽静，出门便是繁华，既能享受商业文明带来的生活便利，又兼备情趣多样化的环境，所以吸引了许多著名的文人学士来此居住。在旅游规划中要保持古市镇的特色，就应该保留古街中既有闹市又有幽静的居住区，使游人在古街中徜徉能领略不同的风情。朱家角对古街功能定位和传统商铺设置，进行了全面规划。九条古街中，有的可以开店，可开什么店也进行引导和控制。以宗教寺庙为主的漕河街只准限量开宗教用品店。东井街、西井街一律不准开店，保持古民居的幽雅。西井街沿井亭港而建，沿河都是石板路、水埠头、杨柳树，两边清一色民居，清一色粉墙黛瓦，错落有致，看过去舒畅整齐。游船在港中悠荡，数名游客在河边石条凳上观赏风景，幽静闲适。为了凸现北大街的明清商业风貌，还将逐步恢复部分米行、油店、布店、客栈、银楼、当铺等古店面貌。但每一处的恢复，都将以清代《珠里小志》为依据，仔细考量，方案不成熟，宁可让它保持现状。

从居民家半敞的门隙中望进去，几乎都是院落深深，层层递进。街尽头是上海目前保存最完整的江南园林式宅邸——课植园。课植园取意耕读，园中建筑中西合璧，建筑装饰处处显示主人的阔绰和官气，其中那幢望月楼用了当时最昂贵的"洋灰"建造。

正因为规划得法，朱家角在江南水乡古镇中名声鹊起，受到越来越多中外游客的青睐，游客从2001年的40万人次增长到2002年的95万。尤其APEC会议期间，贵宾夫人们游览朱家角后，对上海水乡古文化赞叹不已，各种媒体一张扬，短短三个月，游客直线飚升到55万人次。

朱家角近期将重点整合推出八大游览景观，突出"古"和"水"：以放生桥为主的"古桥放生"；以课植园为主的"古园探幽"；以北大街为主的"古镇漫步"；以王昶纪念馆为主的"古址觅迹"；以柳亚子别墅为主的"古屋静思"；以漕港河及其支流组合的"古舟荡漾"；及大淀湖度假区为主的"古楼枕涛"，使来镇旅游者有奇可猎、有古可寻、有幽可探、有物可买、有点可玩。

水乡明珠——同里

同里位于江苏吴江东北，距苏州市区仅20公里，离上海虹桥机场80公里，古镇区一平方公里，人口八千余人。

镇区周围五湖环抱，东临同里湖，西接庞山湖，南临叶泽湖、南星湖，北枕九里湖，碧澄的湖水为同里围出了一方天地。同里镇像一朵漂浮在绿波上的睡莲。镇内水面占全镇总面积五分之一，有十五条河流把古镇分割成许多小岛，四十九座桥梁又把古镇连成一体。镇内街巷透应，河道纵横，家家临水，户户通舟，小桥流水人家，具有独特的水乡风貌。有人写诗曰"水乡同里五湖色，南北东西处处桥。水泊扁舟通万里，市区来往但轻摇"。同里物产丰富，米业在历史上享有盛名，与无锡北塘、江都仙女庙和上海南市并称"江南四大米市"，经加工后的大米誉称"苏同白"，畅销上海各地。

同里优美的环境，便利的交通和丰富的物产成为士绅豪富退隐闲居，休憩颐养终老之地。据1952年时调查，当时镇上居民百分之七八十均属地主、富农成分。因此镇上多深宅大院，多精良民居，镇志记载从公元1271—1911年先后建筑成宅园38处，寺、观、祠、宇47座，数百户士绅府第都有一定规模，全镇现存有耕乐堂、三谢堂、明优堂、承恩堂、侍御第、王鹤门楼等明代建筑十余处。清代建筑较完整的有退思园、崇本堂、嘉荫堂、务本堂、慎修堂、庆善堂、任氏宗祠、庞氏宗祠、陈去病故居等数十处。

这些宅院住户都傍水而居，以河为骨架，依水成街，傍水故园，河内通舟，河沿走人，一座座的桥一个个的河埠，沿河垂柳，绿枝拂水，巷里深邃，幽静宜人，屋瓦连绵，白墙花窗，没有高楼巨厦，没有汽车吼叫，河里小舟咿呀，吴语酥甜给人一派安谧、闲情的水乡柔情。

同里湖畔开阔的水面,夜晚月色皎洁,罗星洲上古刹的晚课钟声悠扬,又是一片清静的心境。

以庙兴市——甪直

甪直古镇地处苏州市境之内,北靠吴沿江,南临澄湖,东邻昆山,与上海市相距50公里,素有"五湖之厅"(澄湖、万千湖、金鸡湖、独墅湖、阳澄湖),"六泽之中"(吴淞江、清水江、南塘江、界埔江、东塘江、大直江)之称。早在新石器时代,这里就有人居住生息。吴越时,吴王阖闾在此建离宫,以备停息。现镇南吴宫相传即当时离宫之一。据《甫里志》载:"阖闾浦,即阖闾离宫地,在甫里西面,一名合塘,为苏淞水路之要津。"吴王阖闾之子夫差也在甫里塘北岸(现镇之西郊)筑梧桐园。

甪直镇以前称甫里,也叫沿江甫里村。后来发展成甫里和六直两个部分,界浦以东称六直,因为东连大直、小直、直上泾等,南北可通六处而得名。清代始改称甪直。甪直这个名称显然是从六直谐音而来。也有人说:"甪"字正好六笔,字形又似镇上三横三直的河流走向,而流经镇北的吴淞江正好成了头上的一撇,这个解释也很有意思。

南北朝时,甫里是一个繁华的市镇,它的兴盛全归于重要的寺庙保圣寺。保圣寺原名保圣教寺,创建于梁天监二年(503)。梁武帝笃信佛教,保圣教寺就是"南朝四百八十寺"之一。后来到唐会昌五年(845)武宗崇道灭佛,保圣寺就遭废弃,北宋大中祥符六年(1013)再次重建。后经历代主持和尚努力,寺院不断扩大,最盛时殿宇有五千多间,僧众千人,范围达半个镇。元末寺又逐渐衰落,明代诗人高启商《过保圣寺》曰:"乱石不知僧已去,几堆黄叶寺门开。"明代成化二十三年(1487)有过一番振兴,当时四面厢间房舍,规模时称江南四大寺院之一,堪与杭州灵隐寺媲美。到清咸丰十年(1860),太平军与甪直地方团练有场恶战,兵燹所及,寺庙大部被毁。到了20世纪20年代年久失修的大殿梁断顶塌,以致殿内罗汉泥塑受损,在蔡元培等人的奔走呼号下才得以置修保存至今。保圣寺、莲花墩及海藏园等是吟诗作画,文人相聚的好去处。晚唐诗人陆龟蒙、皮日休、罗隐长期居住甪直,留下了陆氏的斗鸭池、清风亭和甫里先生(即陆龟蒙)的衣冠墓等名胜古迹。其他著名的有倪云林、赵孟頫、文徵明、沈周、归有光、董其昌等人的胜迹。这种文化兴盛发达的传统,一直延续到近代。

甪直镇以庙兴市,到20世纪50年代是苏州近郊一个大市镇,镇上由于陆路运输的不便,工业不发达,而商业、手工业和医务事业特别发达。当时甪直镇上中西药店(医室)有43家,药店里聘请著名的医师坐堂就诊。听老人们说以前甪甪直镇上名医很多，中医、内、妇、外科一应俱全，疑难杂症，俱可诊治。相传"昆山一城不如甪直一镇"。四乡农民摇船把病人送到镇上来诊治。当时全镇居住人口约一万，大小店铺有627家，其中茶馆36家，面饭馆23家，理发店23家，绸缎衣着，鞋帽百货，鲜鱼肉类，南北杂货，糖果糕点，瓜果蔬菜，家具盆桶，茶室照相，样样俱全，店名乃至建筑仿苏州城内为多，此外还有四百余小商贩，走街串巷，煞是热闹。

甪直镇在清末创立甫里书院。民国初年建立甫里小学，许多著名学者曾在此任教，如叶圣陶、王伯祥、董士尧、严良才、朱韫石等人，培育了不少优秀人才，有旅美物理学家戴振择、旅美医学家殷绥如及殷之书、朱育莲等知名专家。

文风蔚然——乌镇

乌镇古名乌墩，因其地较周围隆起如墩。乌镇此名最早见于唐代，吴越时曾因陈兵于此，称乌戍。所以称"乌"，是古人因此地土质色深，黛而肥沃，遂以乌名之。另有传说，唐宪宗元和年间（806—820）浙江刺史立琦背叛朝廷称王，朝廷命乌赞将军率兵讨伐，在追敌至今乌镇市河时，中敌人埋伏，被敌军射死，人敬其保护古镇，浴血牺牲的精神，建乌将军庙祀之，镇遂以将军之姓命名。

乌镇位于两省（江苏、浙江）三府（嘉兴、湖州、苏州）七县（嘉兴、嘉善、吴兴、吴江、吴县、湖州、桐乡）之间，地势险要，春秋时吴、越两国在此经常争战。唐朝至清朝时，都有农民起义军在此激战。由于地处多县交界处，治安环境也较为复杂，所以明、清两代，在乌镇特别设立浙直分署和江浙分署，管理两省的事宜，以一个小镇设立一个相当于府署的官署，配备一个知府大员，在历史上倒也少见。镇上有多处明清建筑和古代遗迹。为纪念唐代乌将军而建的乌将军庙虽早已坍圮，但当年人们植于将军墓上的古银杏树尚存，虽已有千年树龄，却仍然枝繁叶茂，见证着古镇的历史。镇上尚有"昭明太子读书处"。昭明太子萧统、南朝梁时著名的文学家。他主持编写的《文选》在中国文学史上有重大影响。公元五百年，梁武帝的儿子萧统被立为昭明太子后，聘著名文人沈约为师。沈约先父墓地在乌镇，每年清明都要回乡祭扫。梁武帝便命太子随老师同往，一方面可继续学习，另一方面也表示对老师的尊重，于是就在乌镇专门建起了学馆，留下了昭明书室遗迹。虽然常熟、南京等地都有其读书处，乌镇的读书处却独具特色。由于年代久远，现学馆早已只剩遗迹。明万历年间湖州同知佥廷训在旧址建起一座石牌坊，上刻《六朝遗胜》和《梁昭明太子同沈尚书读书处》横额，石坊至今尚存。今人览此，可以深深体会到古人尊师重教的风气。

水乡古镇的文化所以兴盛发达，是与它们所具有的悠久历史文化传统分不开的。这里自古崇尚文学，多诗礼之家。自宋代以来，人才辈出，仅明清两代就有进士29人,举人77人,镇上有宋状元坊,明登科坊等。中国现代著名作家茅盾,就用生花妙笔,描绘过乌镇——他所钟爱的故乡。

吴根越角——西塘

西塘在浙江嘉善县境内。相传春秋时期,伍子胥出兵于此,开凿河塘以兴水利称伍子塘,并称胥塘,"胥"、"西"音相近,后遂称西塘。元陶宗仪《辍耕录》云:"秀之斜塘,有故宋大姓居焉,家富饶,田连阡陌。"明代建市镇。明正德年称西塘镇,明万历中曾称斜塘镇,以后复称西塘至今。全境面积约一平方公里,镇上人口有一万三千余人,存有明清建筑群二十五万平方米。

古镇依河而建,主要的十字河道成为全镇的骨架,南北向陇里塘,长0.83公里,最宽处约二十余米,东西向的西塘港长1.2公里,宽十余米,其他河道都交汇于这两条主河。有乌泾塘、六斜塘、烧香港、显仁港、来凤港、十里港、杨秀泾等,形成河网纵横的水乡市镇。

古镇位于江苏、浙江、上海三角腹地,有吴根越角之称,与苏州紧邻,离上海仅八十公里,车行一小时之距。最近几年由于古镇风貌保存良好,水乡景色又具特色,吸引了不少四方来此旅游的人们。虽然江南故里已有著名的周庄、同里、朱家角,但到了西塘人们却又陶醉在她那宽阔舒畅的水面,徜徉在绵长的廊棚下觉得分外的安详。河岸上堆积着层层叠叠的酒坛告诉人们这里是善酿加饭酒的故乡,家家户户门前屋后摆满了杜鹃花盆,展示着西塘人的雅趣和内秀。石皮弄、种福堂是典型的江南小巷和厅堂,更有居民自己开办的民间博物馆,由你去慢慢欣赏。八珍糕、粉蒸肉是江南特色小吃,由你去细细品尝。西塘古镇许多老街巷老房子还保持着原来的风貌,有些虽破旧但显得很纯朴。是江南古镇中的后起之秀,是一块尚未雕琢的璞玉。

——辑录改编阮仪三《江南六镇》等

[**问题和作业**]

从人类发展的历史看,市镇不同于村落聚居地最大的主导性文化是什么?古镇如何展现这一主导性文化的多侧面创造?在后现代社会初露端倪之时人们为何兴起古镇游览的兴趣?

[**要求**]

1. 尽可能结合教材所陈述的观点分析;
2. 最好能是自己切身游览的市镇为中心;
3. 3 000字以上,打印稿,两周内完成。

第四章 城市文化与城市精神

在乡村、市镇和城市三种聚居地中,人口最集中、文化创造最丰富、积累最雄厚的是城市;信息最密集、功能最齐全的也是城市。无可怀疑,当前和未来,城市是人类聚居地发展的方向。城市化正是我国和世界许多国家持续不息的社会发展趋势。

第一节 城市的文化生态系统和早期城市

从文化生态学的观点看,城市作为一个群落中心,首先是人口的发展。一个城市要想存在和发展,就必须具备众多人口赖以存在和发展的生产、居住、消费三个要素。为此,城市发展就要处理好人与自然、人与人、人与社会三方面的关系。这些关系交错发展往往形成一个城市的文化生态系统。

一、自然生态与人文生态

城市生态系统的中心是人口集居最密集的城区,市政、商业、金融、贸易以及文化、教育、卫生等大都集中在这里。一个城市的自然文化生态系统以围绕市中心为核心分为三个圈,第一圈是鸡鸭、蔬菜、肉类等副食品供应地。这些食品都是人们每天所必需的,自然离市中心不能远了。在肩挑手提、交通工具不发达的时代,一般三五里地,即便有了车马,也大都不过10~15华里。过去城市周围的"三里屯"、"五里店"、"八里铺"都是这样形成的。这里既是小的商业贸易中心,又是中心城区的食品供应地。第二圈是谷物、粮食供应地区。谷物、粮食生产需要农田,而且这类作物比较好储藏,一般离市中心较远些,30里、50里或者更远一些地方都可能。它一般是随着城市人口的增加不断扩大的。这些为城市提供粮食的地区往往需靠山、傍河或临湖,要有丰富的水源、能源等,有时延伸到更远的第三圈。城市生态的第三圈主要是山林、河流、湖泊地带。它既是谷物、粮食区的保护区,又是市中心木材、石头、矿物的供给地。一般说来,它离城市中心更远些,近则几十里,远则一二百里。

从城市文化发展的交通、运输技术变量看,一般地说,以步行为主的交通时代,城市的范围半径不超过10华里。因为从城外到市中心走十里路程,人们往返一次需要两三个小时,而且运输东西要靠肩担手提,路程再远了在一个工作日内就很难往返了。我国古代的洛阳就是这样。晋朝陆机在《洛阳记》中说:"洛阳城周公所制,东西十里,南北十三里。"那时的城市交通主要靠步行,城市自然不能发展很大。到了以车马为交通工具的时代,城市的规模虽然有所扩大,但一般说来它的半径也不超过30华里。车马较之步行虽然方便,但到市里去办事,30里的路程往返加上办事也需要一天,再远了也是很难胜任的。洛阳发展到南北朝时期,才"东西二十里,南北十五里,户十万九千余"。长安是汉朝最大的城市,城的方圆才63里,经纬12里,经过唐代扩建,它方圆达70多里。

城市规模只有到了现代化的交通、运输工具出现以后,如汽车、电车、火车等,才迅速地扩大。如美国华盛顿1846年面积只有67平方英里,合173平方公里,现在已经发展到15 000多平方英里,合38 700多平方公里(包括弗吉利亚洲和马里兰州的一部分),1970年人口达750万余。日本东京(历史上的江户)1640年建成时街道长才300町(1公里=9.167町),现在它已从京滨扩展到京阪神地区,到市中心有50公里,居住2 000万人口。我国的北京,过去的内城东西宽只有6.5公里,南北长只有5.5公里;外城东西长约8公里,南北约4公里。但是到1970年,北京已经拥有17 800平方公里,760万人口了。1980年北京的整个面积达24 600平方公里,人口则近1 000万,这些现代化大城市的发展,固然与现代工业、商业的发展密不可分,但交通运输工具的现代化不能不是一个重要条件。它不仅为工商业的发展提供了交通运输工具,重要的是它作为现代化信息工具,把城市众多的人口及其相互关系联系在一起,使之能够成为一个有机结构的整体而不断地运转。否则,现代城市规模如此之大是不堪设想的。

在此,我们以旧时的北京来看看一个城市的自然文化生态系统。

北京位于华夏之地的东部偏北方,北枕燕山山脉,西有西山、军都山做天然屏障,北京的西部、北部和东北三面环山,越过山地,北部和蒙古高原相连,西部与黄土高原紧邻,东隔山海关与东北三省相接,通向东北平原。由于山脉交接、断裂的缘故,形成了不少关卡隘口,如东北部的古北口,西北部的南口镇,西部的青向口等,这些关口历史上是连接蒙古高原、东北平原和黄淮中下游地区的重要通道,是汉、蒙古、满等各族人民南来北往的必经之道。北京的东南是伸向渤海的坦荡平原,距渤海直线距离约150公里。永定河、潮白河流灌其间,披山带河,土地肥沃,资源丰富。北京的南面是著名的华北平原,为中国三大平原之一。负山带海,龙盘虎踞,南控江淮,北连大漠是北京地理位置的特点,从军事角度讲这样的地势"北御胡兵,南制三江"进可以攻,退可以守,这也是构成千年文明古都的一个重要因素。自从春秋战国时代燕国都于蓟,经过秦汉隋唐的发展,特别是金、元、明、清皆建都于北京,使这个城市逐渐成了我国政治、经济、文化的中心。北京的文化生态结构是很讲究的。它以故宫的殿、堂、楼、阁、亭、榭、廊、轩为轴心,向四方辐射。皇城区是内府官员的住宅,东交民巷与西交民巷一带是衙署行政区,北城一带为王府居住地,东四牌楼与西四牌楼是两个城区的主要市场,如东四的猪市大街、小羊市、多福巷(豆腐巷)、骡马市、西四的马市大街、缸瓦市、羊市大街、羊肉胡同、粉子胡同等,都是著名的专业市场。正阳门以南是手工业和商业区,东有打磨厂、肉市街、鲜鱼口、果子市等,西有珠宝市、钱市胡同、煤市街、粮食店等。

北京的建筑结构及设施构建在极为有利的自然生态环境中。以故宫为中心,前有金水河、永定河,后有北海、什刹海、积水潭。以护城河为外围建立了鼓楼、牌坊、五坛、八庙、胡同、四合院为体系的城市结构,行政公署及工商区也是按照这种结构分布。北京元代(1270)已有40万人口;明朝年间(1578)人口达70万;延至清代末(1910)发展到76万人。这么多人口,加上宫廷及庞大的官僚机构,没有广阔的城市郊区作为生活和生产资料的基地,它是无法存在和发展的。因此,金、元、明、清以来,都在北京周围建立了范围很大的"京畿"地区。元、明两代的京畿地区有三万多平方公里,比现在的北京总面积还要大一倍。北至长城,南及保定,东伸之渤海。如京东的通州是明代漕运粮食的重镇,宝坻是金代的盐仓,南边大兴县的采育镇是明代家禽生产基地,旧称"鹅鸭城"。可以说围绕北京,整个京畿地区由府、州、县、镇、村构成了一个城市文化生态的体系,表现出了中心城市与周围区域生态上的一致性。它不仅反映出了人与自然、人与人之间关系的整体性,也显示了整个城市社会文化各种因素之间的有机联系。

[阅读材料4-1　北京的门,又多又大又雄奇]

打开北京地图,你的第一印象,也许就是北京的门多,尽管这些门大多徒有"虚名"(门被拆掉了)。然而,实体虽不在,英名却永存,——北京中心区域的主干道,几乎大多都是以这些门(加上东西内外的方位)来命名的。所以有人说,到了北京,要找地方,先要找门。如果你知道自己在哪座门周围,要找的地方又在哪座门附近,那么,你就怎么也不会迷路。

事实上,不少的中国人,都首先是通过北京的门,尤其是两座特别有名的门——天安门和大前门认识北京的。"我爱北京天安门,天安门上太阳升",是几乎每个新中国人都耳熟能详的歌曲;而那些从未到过北京的人,也至少在香烟盒

上见识过大前门。如果说,天安门是新中国的象征,那么,大前门便是老北京的门面。1984年,侯仁之教授在为一本重要的瑞典学者著作的中译本所作的序中,还这样激动地回忆起半个世纪前他第一次见到大前门(正阳门)时的心情:"当我在暮色苍茫中随着人群走出车站时,巍峨的正阳门城楼和浑厚的城墙蓦然出现在我眼前。一瞬之间,我好像忽然感受到一种历史的真实。从这时起,一粒饱含生机的种子就埋在了我的心田之中。"

这是极为真实而又极为深刻的感受。只有那些对于中国历史和中国文化特别敏感的人,才会有这样的感受,也才会深刻地意识到,北京的城门对于北京这座城市和它所代表的文化,有着什么样的意义。

有了这种感受,你才能进入北京,也才能读懂北京。

因为北京是城,而且是真正的城。

明清时代的北京城,是由里外三层的"城"构成的"城之城"。

这个"城之城"的里圈,是通常称为"紫禁城"的"宫城",城墙周长六里,开有四门,那是午门、神武门、东华门、西华门。中间一圈是"皇城",城墙周长十八里,也开有四门,即天安门、地安门、东安门、西安门。它的外围是"京城",分内外两城。内城城墙周长四十六里,开有九门。正中即正阳门,最为高大雄伟;它的东西两面是崇文门和宣武门,又叫"景门"(光明昌盛之门)和"死门"(枯竭不祥之门)。北面二门是德胜门和安定门,又叫"修门"(高尚之门)和"生门"(丰裕之门)。东边二门是东直门和朝阳门,又叫"商门"(交易之门)和"杜门"(休憩之门)。西边二门是西直门和阜成门,又叫"开门"和"惊门",前者意味着"晓谕之门",后者的用名据说是因为附近居民常被皇帝诏令惊扰之故。这九门,就是严格意义上的京师之门。所以清代的"首都卫戍司令",便叫"九门提督";而九门当中最南端的正阳门,便是"京城"内城的正门、前门。它的南面,是北京城的门户地带,拥有最大的交通中心和商业中心,也是帝王禁苑与平民市井之间巨大的中间环节,因此老百姓们把它叫做"大前门"。

其实,真正的"前门"说起来应该是永定门。它是京城外城的正门。1553年修建的外城,原来是环绕内城的,后因经费不足,只修了南城一方,结果整个京城就变成了一个"凸"字形。京城外城周长二十八里,开有七门,南端正中为永定门,左右两边为左安门、右安门,东西两边则是广渠门、广安门,东北和西北角与内城相接处,又开有两门,即东便门和西便门。"外七内九皇城四",如果再加上围绕外城的护城河和城外岭上的长城,北京城可真是"门开八面,固若金汤"了。

——辑录易中天《读城记》

二、西方早期城市的历史观察

外国的城市,从历史经济发展的角度,可分为东方城市和西方城市。西方城市中又有和与资本主义从萌芽、诞生到发展紧密相连的欧洲城市。欧洲的资本主义诞生于城市,工业化是在城市及城市周围完成的;城市的发展又推动了新的物质文明和社会文化的进一步拓展。下面作一下简单概述。

1. 古希腊与古罗马的城市

在公元前8世纪到以后的几百年间,是古希腊最强盛的时期。商品生产的剩余,手工业的发达,对外贸易的开展,以及文化艺术的繁荣,都刺激了城市的发展。此外,古希腊的先哲们以其极致的智慧和人愧不如的探索精神,在提出一个个思想深邃的哲学命题的同时,也对城市和城市的模式作出了大胆的构想。例如,亚里士多德在其《政治篇》一书中就探讨了城邦的社会、人口、家庭、伦理、贸易诸问题,柏拉图的名著《理想国》实际上是对人类理想城市的一种设计和大胆构想。这些先哲在哲学著作中的城市论述,实际上是世界上最早的城市理论思想。

古雅典在公元前5世纪曾达到全盛时期,已有各种类型的建筑,如元老院、议事厅、剧场、俱乐部、画廊、旅店、商场、作坊、体育场。那时的雅典在居住方面已有公民平等的原则,居民居住的街坊呈方格网状,贫富居民混居在同一街区。即使是很有钱的富户,其住宅外观与贫者住屋也无大异,只是用地大小和住宅质量的区别。雅典的城市建设充分显现了希腊式的民主,以及对平民的关爱。雅典最出色的建筑群是卫城,这里是当时宗教的圣地和公共活动的场所,也是古希腊鼎盛时期的英雄纪念碑。

古罗马是欧洲早期城市发展的另一高峰时期。在今天的意大利首都罗马,我们仍然能够看到罗马共和国时期和罗马帝国时期建造的大量的建筑遗址:元老院、神圣大道、凯旋门、纪功柱,还有那极负盛名的圆形大竞技场(斗兽场)。古罗马斗兽场是世界八大名胜之一,也是古罗马的象征。那是罗马帝国时期的皇帝维斯西安为纪念征服耶路撒冷的胜利,于公元72年命令强迫8万犹太俘虏动工修建,历时数十年,其建筑规模之大,气势之恢弘,令今日建筑学家感叹不已。这座斗兽场的高度相当于现代楼房的19层高,可容纳5万名观众,在没有任何运输和起重设备的2 000年前,古罗马能出现如此辉煌的建筑,足以证明城市是多么的重要了。

2. 中世纪的地中海城市

古希腊和古罗马之后,是城市发展的相对沉寂时期。中世纪的欧洲,占统治地位的是以农业为主的日耳曼人,他们的生产方式不需要城市。封建世袭的领地制度和庄园经济成为中世纪欧洲的主要特征。在欧洲大平原中,由法国至俄罗斯,地形统一在大片台地平原上,大河由南向北平行流动,切割深处成为河谷,这每每成为中古时期各国的边界,广大的台地平原是良好农田,成为欧洲粮食主要产区。地面较干旱地区,不利于农业,则形成林区、牧区,利于牧畜业。这种地理环境使中古时代封建国家,在分封小国时,即每在广大农村地区的小山岗上,建立要塞,方便管理四周的农民。要塞也是分封建立地方政权保护王城的战略要地。

这种小要塞出现于9世纪中叶,这就是最初的城堡。当危机来临,领主们就在这些建筑的周围组织防御。最初的城堡很简陋,有的还用木料建造的。到了11和12世纪,商业再度活跃,钱币重新开始流通。在欧洲大地上到处激起生活的新潮。领主是居住地农民和手工工匠的绝对主人,同时他将自己的法律强加给所有进入他领地的人们。无论是谁,只要经过他的领地,就必须交纳领地税,这给领主带来大笔钱财。变得富有以后,领主就着手建造更为坚固、能抵御更强进攻者的石头城堡。这才是货真价实的堡垒,壕沟越来越深,城墙更厚,主堡更高。这些巍巍建筑向世人显示它们主人的无比强大。这些城堡成了重要的要塞,连续筑有两三道围墙,可以抵御一切进攻,有的城堡围墙的厚度达4米,并间隔一定距离设置了塔楼。这些小国的都城里,一般都建有面积不大的坚固建筑,中间有一小广场,四周由多层楼房包绕。这里除驻军外,亦在战时为灾民逃难之所。当农牧业兴旺时期,也成为教堂、市集、村落的中心地点。城堡以保卫作用为主,也是向城市方向发展的一种聚落形式。

在漫长的几个世纪里,城堡历经磨难,有些被焚毁,有些被拆除,更有甚者被夷为平地,然而它们并没有完全消失。尽管它们的作用发生了变化,许多城堡在经过一个又一个世纪顽强地生存下来,现已成为人类的共同遗产。它们不仅使历史学家们、尤其使那些研究建筑史和艺术史的历史学家们产生兴趣,而且也引起了来自全世界无数旅游者的极大好奇心。如今在欧洲各国,法国、德国、英国、瑞士以及西班牙、意大利等,城堡星罗棋布。如法国下莱茵省的上科尼斯堡城堡,康塔尔省的阿勒兹城堡,奥弗涅省的科特勒农城堡,阿里埃日省的弗瓦城堡,奥德省的佩勒拜杜斯城堡,多姆山省的洛赛城堡,旺代省的蒂福日城堡;意大利瓦莱达奥斯塔区的腓尼斯城堡、蒙特城堡;葡萄牙的布拉冈查城堡、圣乌勒律支城堡;卢森堡的维安登城堡;苏格兰的贝里克城堡、基尔春城堡;西班牙的佩尼亚兰城堡;昆卡的贝蒙特城堡;奥地利的杜恩斯坦城堡;英国的哈斯丁城堡;比利时的根特城堡;德国的居滕费尔斯城堡等等。旅行中,你会时不时地发现它们一个一个的身影。有时我们只能看到一些废墟。当天空灰暗时,它们的模样阴森恐怖;而在阳光明媚时,又使人觉得安全可靠,它们耸立在那边,仿佛在保卫山谷里的人们。还有一些城堡建造在平原上的由人工堆成的土丘上。还有一些傍河而建,处在人们进出的自然要道旁。当你目睹历经了几个世纪、现在是杂草丛生、满目疮痍的古堡遗迹时,会产生一种在别处不易感受到的强烈神秘感:从前的人们就生活在这样的地方?

西欧城市的再度兴起首先发端于意大利,然后扩展到尼德兰、法国和德意志莱茵河流域。城市在意大利首先兴旺起来,其原因在于地中海贸易的繁荣。10世纪左右,在后来成为强国的英国、法国及德国的土地上,贵族是社会的中坚力量,城市对他们并不重要,土地就是一切,商业只要能满足贵族对奢侈品的需求即可,不必再有大的发展。因此,中世纪的西欧,居民的居住是十分分散的。贵族住在狭小的城堡里,农民散在广袤的乡村里,手工业者也难以固定地长期聚集在一起,城市的发展缓慢或停滞。但是,在意大利的沿地中海地区,社会经济却是另外一番景象。威尼斯是个几乎没有农业土地的城市,需要完全依赖贸易来维持,地中海海上活跃的贸易,滋养着成批的匠人和商人,以及聚集于城市的各种阶层。

比利时著名经济史学家亨利·皮朗对这一时期的欧洲经济地理是这样评价的:"欧洲大陆不久(11世纪初——引注)就感到了边界上两个巨大的商业运动的压力,一个在西地中海与亚得里亚海,另一个在波罗的海与北海。商业适应着人类追求冒险与喜爱谋利的本性,因此在本质上是具有传染性的,而且,商业具有渗透的本质,能强加在受它剥削的人的身上。"①地中海的经济地位的凸显,是因为这一地区贸易商业的发展,沟通了欧洲大陆与亚洲的联系,同时也得益于一批城市的中心集散作用,商业贸易的发展,又促使这些城市进一步繁荣。

当时意大利最出色的城市是威尼斯。威尼斯是一座水城,这已成为该城市千百年来的美丽形象。但11世纪及以后几百年中的威尼斯,人们对水城的称赞并不是因为它的美丽,而是它的极为便利的水上通道,构筑了城市的贸易和通商的地位。几条大河在威尼斯城中弯曲穿越,形成了以舟代车的发达的水上交通。城市沿河两岸布满了码头、仓库和客栈,还有众多的富商府邸。早在11世纪,威尼斯就建造了拜占庭式的圣马可教堂,后来又修建了著名的总督府,以及独立的钟塔和辉煌的公爵宫,逐步形成了举世闻名的圣马可广场。这座广场长175.7米,宽57米,在欧洲古老的城市中,算是一个比较大的广场,至今仍是全欧洲最有名的城市广场之一。波拿巴·拿破仑曾统治过威尼斯,建造了巴黎凯旋门的这位将军皇帝也称圣马可广场为世界上最美丽的广场。这座美丽的城市广场不仅以其漂亮的建筑给后人留下了丰富的遗产,而且在政治制度方面对当时的威尼斯之强盛也贡献良多。

从11世纪开始,其后的500年间,威尼斯人口最多的时候为10万多人,大约相当于中国北宋时的一座小城。就是这座按中国人当时的眼光来看,只能算一座小城的威尼斯,却达到了它的发展鼎盛期。威尼斯共和国是当时欧洲最强大的国家,其势力范围延及克里特岛、君士坦丁堡和塞浦路斯岛。借海上贸易的便利,并经过几次十字军东征,威尼斯成了沟通东方与西方的贸易中心,构筑了一个强大的海上商业王国。威尼斯人曾经攻占过君士坦丁堡,占据这座东方大城八分之三的面积,又把面积大于自己几倍的克里特岛列为自己的殖民地。11世纪到15世纪,威尼斯的海军不仅是地中海水域最强大的,而且也是世界上屈指可数的一支强大的海上力量。更为重要的是,在威尼斯,出现了欧洲最早的资本主义萌芽,并逐渐引发了资本主义生产方式作为制度的出现。

比威尼斯稍晚一些崛起的是又一座意大利城市佛罗伦萨。佛罗伦萨也是欧洲最早的城市共和国之一,规模比威尼斯小些,到13世纪末的时候,人口只有4.5万人。但到14世纪时,佛罗伦萨已是欧洲最著名的手工业、商业、金融和文化中心,其中以毛纺业最为发达,年产毛布8万匹,雇佣劳工达3万人,成为世界上最大的工业中心。当时的佛罗伦萨从英国和法兰德斯(比利时、法国和荷兰的

---

① 参见徐康宁,《文明与繁荣——中外城市经济发展环境比较研究》,东南大学出版社2003年版,第19页。

一部分)进口毛织品,经加工染色后再卖出,后来则直接进口羊毛,自纺自织。佛罗伦萨的商业繁荣和工业发达,与其后来成为欧洲文艺复兴的发源地不无关系。在佛罗伦萨的历史中,梅迪奇家族有着重要的影响。梅迪奇家族靠经商获取大笔财富,成了佛罗伦萨的统治者。梅迪奇家族凭借巨额的金钱财富,开始创立学校和艺术团体,资助文化艺术事业,许多富商纷纷仿效,佛罗伦萨掀起恢复对希腊哲学以及罗马古典文化的兴趣。15世纪,佛罗伦萨达到文艺复兴的顶峰并成为这个时期的中心。由于印刷术在当时已经普及,发端于佛罗伦萨的文艺复兴终于席卷了整个欧洲。

文艺复兴给欧洲的城市发展带来了新的机遇。文艺复兴时期的城市,无论是佛罗伦萨、威尼斯,还是米兰、罗马等,中世纪城市宗教束缚被冲破,教堂及其他宗教性建筑退居次要地位,大型的世俗性建筑成批出现,体现人文精神的建筑和街道构成了城市的主要景象。这些世俗性建筑有大型的城市广场、联排式的多层住房(公寓的前身)、图书馆、博物馆、城市园林等,显现了优越的城市环境。文艺复兴时期和巴洛克时期罗马的城市园林,有喷泉溪流,雕像玩石,美不胜收,当时建筑的几十所名园给后人留下了极为宝贵的人文财富。

[阅读材料4-2 城堡山,中世纪的布达佩斯]

城堡山是匈牙利首都布达佩斯最早的旧城,建于中世纪,我曾多次去过那里。每次身临其境,内心都涌动着一种难以名状的激情。他就像一座巨大的博物馆,展示了布达佩斯城市发展的历史和匈牙利民族的过去。

历尽沧桑的旧城 城堡山的地势险要,它坐落在多瑙河岸边的一座海拔167米的山冈上。选择这样的地方建城,显然是当年出于战争防御的需要。这座狭长的古城长1 500米,最宽处不超过500米。城四周顺着山坡高墙壁垒,只设有三个城门可以通行。这样的地势易守难攻。

来自乌拉尔山的马杂尔族人经过几百年的游牧迁徙,终于在公元896年定居在匈牙利这块土地上。最初的王宫本来建在布达佩斯以北险峻的维舍格拉德的高山顶上。鞑靼人入侵之乱结束以后,国王贝拉四世于1247年决定在城堡山修建城堡,先后用了几十年时间才使这座城市初具规模,这就是最早的布达佩斯。

14—15世纪是城堡山的全盛时期。这个当时被称之为布达的山城成为全国政治、经济和文化的中心,其工商业之发达和艺术之繁荣曾饮誉全欧。1541年土耳其人侵入匈牙利,首都布达落入奥斯曼帝国之手,在外族人铁蹄之下达145年。在此期间,城堡山年久失修并屡遭火灾、地震和战乱之患。匈牙利独立后,于18—19世纪重修城堡山,被毁的王宫改建为巴洛克式建筑。此时的布达城区已大大地扩展,除城堡山外,在山下多瑙河右岸的其他许多地方也建起街区。1873年布达与多瑙河左岸的佩斯两城合并,成为统一的布达佩斯,这时的城堡山仅成为首都的一个角落。

19世纪末和20世纪初,城堡山作为历史古城得到很好的修葺。可惜在二战期间,它再度受到严重损坏,王宫和很大一部分民宅被炸成一片瓦砾。1945年开始重建,几十年来从未停顿。目前除规模宏大的王宫尚未完全修复外,城堡山的其他部分基本上再现了一百多年前的原貌。

诗画般的街景 城堡山全城共有4条平行的主要街道,若干横向的胡同和夹道又将各主要街道相互贯通。每隔不远,街角上就有一个或大或小的广场,这是当年居民自由交易的场所。这样的街道布局反映了欧洲中世纪城市的特点。路旁的住宅多为两层楼,乍看,每幢房的外观好像都一样,但仔细分辨又各不相同。它们的屋檐、楼顶、窗户的造型各异,临街的墙壁以杏黄、粉红、葱绿等色彩粉刷出不同的图案。有些窗户十分讲究:有木雕的,也有铁制的,顶部隆起部分饰有漂亮的图案。各家住宅的大门也很别致,它们通常都是圆拱形,门内有宽阔的门廊,据说是当年为了便于马车出入。那些橡木门上都雕满花纹,平时总是关得严严的,为门内的深宅大院平添几分神秘感。街旁的路灯也依然保持过去的风貌:每根灯柱顶的方形铁灯,夜晚发出昏暗的光。路面还是用小块方石铺成,使人看了不禁联想起当年贵族的华丽马车从上面辚辚而过的情景。

在西城门附近,矗立着一栋石基座的五层大楼,那高耸的尖顶显得格外壮观。它是当年的市政大厅,即布达城最高行政长官的府邸。可以想像,在几百年的岁月里这里曾经戒备森严、冠盖云集、好不风光。只是今天已经事过境迁,楼前广场空空荡荡,往日的一切盛况都成了过眼烟云,只有不远处的军事历史博物馆还在默默地陪伴着它。这个博物馆原来是个大兵营,现在展示匈牙利在历史上拥有过的各种兵器,其中还可看到几门中国清朝的铜炮,想来这该是参加八国联军的奥匈帝国军队掠回的"战利品"。

在那些主要街道上,开设着不少商店、餐馆、酒馆、客栈等。有些店铺门前悬挂的仍是铁制招牌,还保持着几百年前的习俗。这里的商店和摊贩大多出售具有匈牙利民族特点的商品,如绣花服装、木制酒壶、木雕工艺品、皮货、绣品、钢刀和各种玩具等。

城堡山的餐饮业更有特点,它以古风吸引着无数游客。临街拐角处的一家名为"黑乌鸦"的小饭馆,据说已有数百年的历史。店里墙壁上挂着兽头、鹿角,点的是蜡烛、油灯,顾客使用的是粗木桌椅和粗瓷杯盘,侍者的服饰古朴,神态谦恭。这样的用餐环境使人恍若置身于数世纪之前。店内经营的全是传统菜肴，如鹅肝、鱼汤、白菜肉卷、焖牛肉等，色香味均为上乘。在这里还能饮到保存数十年的上好葡萄酒。这家饭馆的老板说，城堡山餐饮业的经营门道就在于尽量保持民族风格，使人发思古之幽情，这样才能顾客盈门。

马加什教堂与渔人堡 城堡山最有名的景点是马加什教堂（圣马利亚教堂），它已有700年的历史。这座哥特式的高大建筑物精美绝伦，简直是件艺术珍品。教堂的墙壁、墙角的造型多变，看上去十分协调、雅致。教堂的拱顶尤为壮观，皆由彩色玻璃镶嵌而成，拼成美丽的图案，在阳光下熠熠发光。教堂两侧高耸若干尖塔楼，其中最高的一个呈圆柱形。它下半部分的四周布有五层尖拱顶的长窗，往上宛如一段经过镂雕的象牙塔，再往上陡然变细，好像插在那里的一把利剑直指青天。

这座教堂建于1255—1269年，在以后的一个世纪当中不断得以完善。1470年，匈牙利太平盛世时代的著名国王马加什下令将自己的王徽悬挂在这个教堂的南门上，马加什教堂便由此而得名。在几个世纪当中，这个教堂内举行过各种隆重的庆典，包括国王加冕、国王举行婚礼和王室庆贺军队出征、凯旋等。土耳其人占领时期，它曾被变成清真寺，布达城光复后又被恢复为天主教堂。它现在的外观是在1874—1896年那次修缮后固定下来的，当时全国许多杰出的艺术家参与了这次规模宏大的修缮工程。

如今每天都有无数的国内外旅游者到马加什教堂参观。走进教堂六七米

长的大厅,立刻会有一种威严肃穆之感,这可能正是它的设计者们刻意追求的效果。大厅的右侧展示着与这座教堂有关的各种文物,其中有宗教艺术珍品、笃信天主教的王室成员们用过的物品、国王加冕时使用过的旗帜等。教堂里盛事繁多,身穿教袍的神父每天多次主持宗教仪式。每逢这时,教堂内钟声大作,香烟缭绕的大厅里黑压压地挤满善男信女,他们在低沉的管风琴声和神父嗓音洪亮的布道声中虔诚地在胸前画着十字。

马加什教堂紧靠城堡山的另一处名胜——白色的渔人堡。这是本世纪初在原中世纪城墙的根基上建造的一段一百多米长的白石墙。墙内沿阶梯拾级而上,城顶上相当宽敞,两侧筑有半人高的护墙。城上每隔不远修有一座烽火台似的圆塔楼,楼顶尖尖的,好似一顶顶白色的斗笠。

站在渔人堡的城上眺望,多瑙河从脚下静静地流过,对岸的国会大厦、沿河各种建筑物、河上的座座铁桥、郁郁葱葱的玛尔吉特岛和远处的群山尽收眼底,使人心境豁然开朗。难怪人们公认,渔人堡为城堡的景观增色不少。

——辑录凤菁,城堡山,"中世纪的布达佩斯"(《中国旅游》2000年第3期)

第二节 城市形象的改造与观赏

城市,人们无法一眼看透的人类文化创造综合体,也是一个有着多种学科研究的综合对象,它既是建筑学、地理学、规划学、景观学和经济学等研究的对象,也是历史学、美学、生态学、文化学、人口学等多学科研究的对象,今天它又成为旅游学研究的对象。不同的学科对城市都有自己的解释和认识观,城市作为一个客观实体,在不同学科学者的眼中起的作用不同,其认识属性有差异,形象也相异。如城市学专家刘易斯·芒福德说:"城市是地理的网织工艺品,是经济组织制度的过程,是社会行为的剧场,集中统一体的美的象征。一方面,它是一般家庭经济活动物质基础,另一方面,它又是重大行为和表现人类高度文化的戏剧舞台。城市培育艺术的同时,它本身就是艺术。与创造剧场的同时,本身就是剧场一样。"[①]他对城市的感受中既有学者的理性,又有个人的感受所理解的城市形象。

---

① 参见张鸿雁,《城市形象与城市文化资本论——中外城市形象比较的社会学研究》,东南大学出版社2002年版,第36页。

一、旧城与新区,城市形象的评价

现代城市文化生态系统的结构较之古代城市更为复杂。从时空二维观察,一般城市都有旧城和新城之分。旧城都比较小,房屋陈旧、道路狭窄,设备也差,没有停车场,或许也没有大学、儿童游乐场所等现代化设施。但商业比较发达,商业街、寺庙、园林等集中在旧城。随着现代工业的发展及人口的增加,许多大城市都在旧城市郊建立起了工业区、文化区,并在远郊建立起了卫星城市。近20年来我国城市几乎无不经历着一场旧城改造的变化,变化中又无不遭遇到如何对待旧城及古建筑的问题。然而,这并非只是我国,这是一个世界性问题。对于古建筑保护的意义,人们经历了一段曲折的认识过程。

现代建筑的兴起是以反对复古主义和形式主义思潮为契机的。在反对因袭传统的思潮中,也存在某些历史虚无倾向,它完全否定对旧城和历史文化保护的必要性。例如20世纪初意大利文艺和建筑领域曾一度出现过一种"未来主义思潮"。《未来主义者宣言》声言:"我们抛弃这异乡人的古代威尼斯,这行骗的古董商的市场,这吸引全世界势利者与低能儿的磁极,这无数行旅和恋人的沉陷之床,这珍宝镶饰的江湖女怪云集之地方!我们要根治这堕落腐朽之邦,愈合那历史的可悲创伤。……以坍塌的,患麻风病般的宫殿的废墟,尽速地填掉那些秽臭的小河沟,烧掉那些摇晃笨蛋们的平底船!……让挺拔的几何形金属巨桥和浓烟升腾如发丝缭绕的大工厂出现于天空,把那些老建筑凋萎不堪的线条从各个角落清除涤荡!但愿这灿烂神奇的电光时代将最后把威尼斯从它那珠光宝气的房间的朦胧月光之中解放。"①

显而易见,上述观点是一种极端的历史虚无主义,它完全否定历史的延续性和前代文化成果的可继承性。20世纪上半叶人们对这一问题一直是认识不足的,以致在国际现代建筑协会(CLLM)1933年通过的《雅典宪章》中,对于当时意大利建筑师提出的历史遗产的保护提案,只是作为一个附注,而未引入正文。这说明,当时有关保护古建筑和历史遗产的问题还不能为大多数建筑师所接受。

美国在第二次世界大战之后,开始提出被列为保护建筑的标准,包括以下几方面。

其一,建筑艺术品。即有特色和创造性构思的建筑,它们可以发挥丰富环境景观的效果。

其二,奇特的,非一般的建筑。即在社会上有一定历史地位的某一风格或时

---

① 参见张钦哲,"美国古建筑及古城特色保护述略",载《建筑师》1984年12月。

代的代表作。

其三,在建筑发展史上作为一个环节出现的建筑作品。失去了它会使建筑发展过程中断。

其四,某些不完美的单体建筑,随着时间和某种机缘而结合成为杰出的整体。

其五,代表技术发展进程的建筑实例。由于它的存在可以使周围环境具有一种时间上的连续感。

其六,反映已经消失了的某种生活方式的建筑。它因而具有了地域文化或社会学意义。

其七,与伟大人物或重大历史事件相关联的建筑。它是作为一种历史的见证而存在,使人们对于历史获得一种直观的感受①。

二战后,欧美一些国家在城市建设中曾经拆除过一些街道的古老建筑,建起毫无特色的所谓国际风格的建筑,这种街区建设的结果是给人一种灰溜溜的千篇一律的感觉。相比之下,旧城反而显得温馨而丰富多彩。《大英百科全书》把这种状况称作城市设计的一种失败。由此唤起了人们对古建筑和历史文化遗产的重视和保护。20世纪60年代尊重历史文化遗产已经蔚然成风。70年代初联邦德国颁布了《文物保护法》及《城市建设促进法》,对于古城和文化建筑的保护成为城市规划的重要内容。规划时将文物建筑价值和保护范围分为三类:其一,文物建筑保护区,对文物本身实行绝对保护;其二,文物建筑环境整体保护区,保护其周围的环境风貌;其三,对旧城范围的保护,这就要在建设和发展中处理好新与旧的协调关系。

在古城保护方面,德国的做法具有典型意义。累根斯堡是一座具有两千多年历史的古城,旧城区主要形成于12—13世纪,当时商业和手工业已很发达。此时连同多瑙河上的岛屿一起被作为古城保护区。城内75%总数为1 600栋的古建筑被列为保护对象。对房屋内部设施加以现代化,在改善城市交通和公用设施时,均严格保持了建筑外部的原有风貌,既使旧城更好地发挥居住、工作、商业和文化活动的多种功能,又使城市具有了更大的活力。其他大城市如巴伐利亚首府慕尼黑等旧城区也是文物保护区。慕尼黑玛丽恩广场上,圣母教堂和哥特式市政厅整修如初,市内交通被引入地下。中心区主要街道均为步行街。新建的高层建筑一律在远离旧城中心区的外部边际上。

在德国,对于重点文物建筑及其环境的保护,遍及每个城市。如建于13世

---

① 参见张钦哲,"美国古建筑及古城特色保护述略",载《建筑师》1984年12月。

纪的科隆大教堂是著名的双尖顶哥特式教堂,高157米。从莱茵河远远望去,教堂的尖顶直插云霄。在科隆大教堂的一侧,修建了罗马—日耳曼博物馆,其高度和体量明显地处于从属地位,不喧宾夺主,起到烘托这一历史建筑的作用。周围建筑都注意到从莱茵河一路走来的视觉欣赏导向,在景观上服从教堂的主体地位。

在对古建筑的改造和利用方面,巴黎卢浮宫入口的改建是一个成功的范例。这项改建工程是由华裔著名建筑大师贝聿铭受法国总统委托承担的。为了适应当代博物馆功能的扩大,贝聿铭将扩建部分置于地下,由宽敞的前厅与入口相连接。入口处采用了玻璃金字塔,它与卢浮宫原有古典风格建筑形成鲜明对比。这种对比赋予卢浮宫一个象征性的中心,使入口处令人注目。这一金字塔入口与协和广场上的古埃及方尖碑遥相呼应,同时又毫不损害卢浮宫原貌的整体形象。从玻璃金字塔入口走进,是两层平台的前厅,由此可以直接进入博物馆各个展区,另外还扩建了影剧院、图书馆、商店和餐厅等。

我国香港地区虽然是人口密度极高、寸土寸金的国际化港口大都市,但对历史建筑的保护十分重视并取得有益的经验。其一,有特殊意义的历史建筑物,其外部造型尽量保持不变。如位于皇后广场的高等法院,是1903年开工兴建的,1912年开始启用。它在香港的政治生活中占有重要地位,现已作为立法局办公处。也就是说,把保护和使用有机地结合起来,既保持它的历史风貌和文化意义,又适应现代生活的实际需要而调整其用途。其二,对于非拆不可的重要历史建筑,可就地设置纪念牌匾。如著名历史人物的居所、重要历史事件的遗址以及历史建筑物的遗址等,它可以使人们对于这一场所的变迁保持一种历史的记忆。其三,对于不能保留全部建筑的,可以保留局部,如1919年落成的尖沙咀火车总站大楼和钟楼,过去一直是香港城市风貌的重要标志。1975年大楼被拆除,但却保留了钟楼,作为现实生活与历史风貌之间的一种联系。其四,对于有保留和纪念价值的建筑构件,要拆除,须另觅异地加以重建。如上述火车站大楼拆除以后,由大楼的门廊拆下来的六根花岗石柱,将其设置在尖沙咀东部的街头公园内,它既像个建筑物,又像是雕塑,其典雅端庄的造型别有情趣,引人遐想。其五,对于某些有历史意义的建筑物可经修缮和适当改建辟为博物馆,供参观游览。如1846年建成的旧三军司令官邸,是香港现存最早的西式建筑。1983年改建为香港艺术馆的茶具文物馆[①]。

在历史文物的保护方面,建筑界提出了防止"建设性破坏"的现象,这种现

---

① 参见张复合,"香港历史建筑的保护",载《世界建筑》1986年第3期。

象表现在以下几方面。

首先,错误的修缮方式。古建筑是历史的见证物,其历史的、艺术的和科学的价值会与时俱增,对它们的修缮必须在造型形式、结构特点、应用材料和工艺处理上保持原有特性,以保持其历史面貌。这种修缮是起"延年益寿"作用的,不是要使它"返老还童",因此应是"整旧如旧"或"如初",而不是"整旧如新"。只有在了解古建筑艺术和传统的基础上,按原建筑的权衡、比例、格局来制订修复方案,而不能随心所欲地加以翻新。改变原有风貌的翻新便是一种建设性的破坏。

其次,在建筑中有些地方将有保留价值的古建筑无情地拆除,而又随心所欲地大盖假古董。古建筑是历史的记录和形象展示,它铭刻了社会变迁和历史发展的痕迹,而现代仿古建筑却失去了这种文化内涵,现代人的建筑物应该采用现代建筑材料和技术,符合时代需要并反映现代人的审美风格。

再次,对环境的破坏。文物建筑的存在需要有相应的环境气氛,脱离了与整体环境的关联,建筑的景观就失去了相应的审美价值。即使在古建筑附近盖新建筑时,也应采取现代风格。环境的协调并不在建筑风格的统一上,而是在建筑基调、体量关系和建筑高度等的控制上。

在旧城改造的过程中塑造新的城市形象,人们肯定会想到城市景观与城市环境的建设。景观与环境确是城市形象建设的主要内容之一,也就是说,城市形象建设必然包括各种基础设施建设的合理化、科学化、美观化和艺术化。一个基础设施现代化和城市形象美观的城市,可以创造一个良好的旅游环境,对旅游者有吸引力。城市形象所构成的城市环境体系影响旅游的情况在俄罗斯、印度、新加坡等许多国家都有经验教训,中国的香港、上海、广州、深圳和台北等城市也得到证实。那些不注重城市形象构件的城市在吸引游客和整体发展中相对处于弱势。

二、生态与通达,城市形象的感悟

从旅游文化学者的视野来分析,评价一个城市形象首先可从以下两方面着手。

1. 生态环境的改善是城市形象构建的核心

良好城市形象建设,往往体现在城市的生态建设上。城市作为人类的聚居地是与乡村相对立的,从村落到镇,再发展到城市、大都市,人类的聚居地与自然越来越远。现代大都市的居民几乎完全被人类的文化创造所包围。在此,我们再次强调这样一个观点,即经济活动层次越低越容易受到自然环境特别是自然条件与资源的制约,反之,经济活动层次越高越明显地受到人文环境尤其是经济技术因素的影响。今天的人们享受着人类一代代累积起的丰厚的物质财富的同时,似也有一丝远离自然的遗憾。人们被摩天大楼所包围,心底里偶尔会冒出遥望蓝色天际的云朵或变幻无穷的彩霞的冲动。被电脑、电视占据得太多,偶尔也会在心底渴望仰望星空的梦幻时光。且不说古雅的田园牧歌,就是一方无尘的绿茵草坪,一片蕴藏生机的春泥,也成为都市人生存环境中弥足珍贵的诗意点缀。正是在这个意义上,人们只要有那么一点自由支配的时间和财力,就会迅速摆脱一切就绪的久居环境,去找寻原生态的、未被现代文明触动过的水、空气和动植物世界。去找寻自农耕文明结束后久违了的做自然之人的感觉,去重温脚踏大地头顶蓝天自立于天地间的自信和真实的自我。正是在这样的文化背景下,全世界范围的城市都正朝着生态城市的方向去努力,使城市更适合人居,更适合人的生存,如园林化城市与城市园林景观的建设、城市森林和森林城市的建设、城市水环境的建设、光环境艺术的建设等。这些建设本身会改善城市空气质量、环境质量、水质量,体现以人与自然和谐为本的新理念。

  城市和环境的协调发展以及生态城市建设思想的提出,从 20 世纪中期迄今,已有半个多世纪。环境建设与可持续发展已成为全球共同关注的中心话题,维护城市生态平衡,绿化城市、促进城市和自然更加谐和,已成为各国大中小城市的共同行动目标。特别是 20 世纪 80 年代后,可持续发展战略已为绝大多数国家政府所采纳,城市包括乡村的生态化建设已成为政府行为和居民自觉行动的统一过程,其大量的制度创新和发展经验也值得我们关注和吸纳。有关生态城市的建设也有了更大的推进。生态城市(Ecopolis 或 Ecoville)这个概念是苏联城市生态学家 O. Yanitsky 于 1981 年提出来的一种理想城市模式。生态城市旨在建设一种理想的人类栖境。其中,技术和自然充分融合,人的创造力和生产力得到最大限度的发挥,而居民的身心健康和环境质量得到最大限度的保护。换句话说,就是按生态学原理建立起来的一类社会、经济、自然协调发展,物质、能量、信息高效利用,生态良性循环的人类聚居地。生态城的"生态",包括人与自然环境的协调关系以及人与社会环境的协调关系两层含义;生态城的"城"指的是一个自组织、自调节的共生系统,是自然-城市-人形成的共生共荣的有机整体。生态城市,人类理想的家园。

  近年来,城市生态景观设计作为城市规划的延伸,作为建筑设计与城区规划的重要环节,受到了普遍的重视。这一工作无疑对于提高城市环境质量,改善城市景观从而提高人的生活质量具有重要意义。城市生态景观设计是以人为主体的,是从人的生理、心理和行为规律出发,进行空间布局和形体塑造,以发挥城市功能和环境效益为目标。城市生态美便是城市生态景观设计的首要审美追求。

在城市景观的塑造中,它会给人提供直观的环境体验和对生活境界的启迪。

城市的生态景观建设表现在以下几方面。

其一,城市的形成和发展是与其自身的环境条件息息相关的,它是自然环境与人工环境相互结合的产物。在这里,人工环境的创造是建立在自然环境的基础之上,它不仅受大自然的制约,而且是与大自然相关联的。在城市建设中,要实现人与自然的和谐,就要尊重自然,充分认识并合理地开发自然环境和自然资源。一个城市的地貌、气候条件、植被特征等反映了这一城市所处自然环境的性质,它们都是城市建设的客观物质基础和依据。气候条件如温度、湿度、光照、降水、风力等,都直接影响着建筑物的形态特性和城市的布局,而地形地貌则与建筑形式相关联。自然特性与人工特性之间有机结合,才能进一步趋利避害,形成良好的人工生态系统并展现出人与自然的生命活力。由此,城市的生态景观,生态美首先存在于人工环境与自然环境协调统一之中。

其二,空气和水是人类生存的基本条件,清新的空气和洁净的水源不仅是人类取得健康的生命要素,也是人们获得环境美感的媒介和条件。大气污染造成空气的混浊使城市笼罩在烟尘和雾霭之中,能见度大大下降。这不仅危害人的健康还会造成酸雨使植被枯萎、林木腐烂、腐蚀建筑和城市设施。水体污染不仅破坏水生态系统的平衡,而且直接危及整个生物圈。要保持空气的清新和水体的洁净便需要从保护环境下手。在进一步改善城市生态环境方面,植树造林、扩大绿地则是最根本的举措。把森林引入城市,在城市开阔地带建立林带和绿地,不仅可以净化空气、调节气候,从根本上改善城市环境质量,而且为城市提供绿色景观。城市绿地和河湖水域是人与自然界保持接触的"窗口",它把自然景色引入城市生活中,使人感受到生命的活力和清新的气息。植物花卉以它们特有的色彩和质感成为城市景观的导引和衬景,与建筑物和构筑物一起形成刚柔相济的风景画面。蓝天、碧水和绿树成阴是城市生态景观的第一要素。

其三,生态景观是自然与人文的有机综合,它使城市景观富有勃勃生机,从而造成具有审美意境的环境氛围。在这里,各种景观要素都是作为整体中的一部分介入到城市景观中,各种要素之间的关系和它对整体景观的影响是第一位的,而个体的特性必须服从并服务于整体的景观要求。城市空间的组织像一首交响乐,它既是多种管弦乐器的合奏,又有统一的主旋律,才能谱成和谐而动听的乐章。城市中的任何一个景点或建筑都是在空间序列中展现出来的,脱离了整体环境的背景就失去了它的形象感染力。而生态美正是环境生态活力的直观显现。生态景观可使城市环境洋溢着生命活力,使人与自然息息相通,由此而形成一种环境氛围和意境。由此可说,生态美存在于环境的整体感受里,它充盈和弥漫在城市的各种构成要素的集合体中。

自1980年代以来,我国的不少城市已提出要建设生态城市的设想,并积极采取步骤加以实施。如长沙提出要建设生态经济市、江西提出要建设生态经济区、云南要建绿色经济省、贵阳提出要建设森林城市。1999年国家环保总局批准了海南、吉林两省生态省建设大纲后,正式由国家批准的生态省建设试点还包括黑龙江、浙江、福建等几个省,近年来,上海、大连、株洲、天津、哈尔滨、扬州、常州、常熟、成都、贵阳、昆明、张家港、秦皇岛、唐山、琼山、厦门、威海等市纷纷提出建设生态城市,一场前所未有的生态省、生态城市热正席卷21世纪初的中国,形成一道独特的壮观景象。所有这些无不表明,生态城市建设已发展成为当今中国城市发展的主流,并在一步步向城市居民走来。

2. 流畅通达的交通环境是大城市的重点形象建设

交通环境的改善可促进城市进入信息流、物流、人流和资金流的高级化阶段,使人们的出行更为方便,整体的社会流通更快捷,进而在人们的出行、沟通、互动、交往方式及消费方式方面创造良好的条件并形成新的结构性变迁。如人际交往半径增大,就业区间扩大,交往中花费在交通中的时间减少,人们居住的选择更灵活,市郊的生态住宅区改变着人们的居住质量。交通的发展使消费行为发生前所未有的变化,促进了新型商业业态的出现与发展,大卖场和一站式购物,使休闲与购物体现为文化行为的双重性和同一性。

城市道路不仅是连接不同场所的线性单元,也是城市景观的视线走廊。它可以将不同的景点和背景组成景观的序列,呈现在人们的面前。交通设施、立交桥、交通岛、高架路、休闲街、文化广场和越江大桥等等,其造型和色彩直接成为城市景观的构成要素。因此,道路设施设计既要方便交通,又要从景观角度顾及环境的整个审美效应。交通设施既组成了城市景观,同时也改变着城市形象。

城市的交通环境,特别是交通枢纽,应该从立体空间及时间的四维向度来考虑。使空中、地面和地下的交通线相互连接,保持运输的连贯性和节奏感。过去城市规划中往往怕铁路分割城市,希望铁路车站离市中心远些。随着铁路机车的现代化和立交设施的处理,它对市区的干扰已经基本解决。铁路总站设在市中心区,可以缩短旅客集散的距离,节约交通时间。德国莱茵河畔的法兰克福是国际航空港,从机场到火车总站有地铁相通,地铁与城市快车的铁轨是共用的,火车总站即设在市中心。人们乘飞机抵达后,不出机场就可在候机大厅地下乘地铁到火车总站。这样,空中交通与地上、地下的轨道交通全部联通一气了。

运动中的交通工具和行人是城市街景的动态要素,形成景观中静与动相互交织的画面。从行进的车中看街景时具有一种累积效果,快速的运动加速了周围空间层次的联系和节奏。原来的城市轮廓线是由建筑物构成的,交通的引入改变了这种轮廓的感受,使交通流成为城市边沿轮廓的新标志。

建筑的布局是道路的基础,它形成了城市道路两侧的实际空间状态。同时,道路是又制约建筑布局的一个因素,包括街道的性质、走向、地形、街道的现状和历史背景,地段的特定功能要求以及市政设施等状况。人们对道路空间的观察,往往是在行进中边走边看的,这是一种动视点的观察,首先看到的是轮廓线和大效果。因此,从整体效果来塑造建筑空间形象成为第一位的选择。在动视点的观察中,自然而然地会将后看到的景物与先看到的景物加以对比,由此使建筑物之间产生对比效应。同济大学教授沈福煦曾对此有体验,他说:"高速观景是现代旅游的一种方式,或叫兜风。这'风'应理解为风光,如果是这种景致,应当用大范围、粗线条形象,大块面积,大块色彩,轮廓简练,方为上品。如果能设大距离的步移景异,则产生动感,妙趣横生。"①这是对高速行进中观景的要求。与此相反,步行空间中的景观体现出静态的韵律和缓慢的节奏。人行道、步行街区和广场为人们提供了漫步、浏览和驻足的条件,成为城市观光的重要内容。在步行空间中,街道两侧房屋的高度与街道空间的宽度也有一定的对比关系。当高度与宽度之比在1∶2左右时就会感觉封闭,达到1∶3时空间感觉便显得阔绰。在步行街区,行人可似随心所欲地观赏景物,视点移动是任意的并根据需要而随意停止。景物尺度及轮廓应具有适合于步行者视觉感受的特点。

三、城市景观与空间序列的美

城市空间,从广义上说是指由城市内部的建筑物、构筑物、道路、绿地等组合而成的所有空间,包括室内与室外、地上和地下相结合的整体。但是,从狭义上说是指由各种界面所围合的、为居民户外生活服务的各种公共空间,它们是构成城市生活的重要场所。城市空间的物质构成要素包括建筑物、构筑物、道路、广场绿地以及水面等。这仅仅是从景观观赏的角度,也是从旅游者感受的视场空间的角度来规范城市的空间性存在。沈福煦说:"所谓景观空间,指的是人所存在的空间,旨在为人的欣赏景观、审美而言的空间。这种空间的视觉构成,无疑与视场空间一样;而从景观空间来说,则应当理解为由天空、山、水、树、石、建筑、地面及道路等等所构成,包揽起来,即全景空间(Whole Space)。这种空间,由于其目的在于观赏,因此它的构成方式就带有许多特殊性。"②从这一空间形式来

---

① 沈福煦,《景观园林新论》中第二章景观园林与文化,中国建筑工业出版社1995年版,第112页。
② 同上书,第97页。

分析，就可将城市空间分为实体性与虚拟性两类空间，实体与虚空间可以给人不同的视觉心理感觉。常言道，"虚实互补，有无相生"。也就是说，实体是以周围虚空间的存在为媒介才为人所感知的。实体通过它的存在，对周围的虚空间会产生出两种不同的心理作用力。一种是向外扩张的辐射力；另一种是向内凝聚的吸引力。一个实体的存在，对周围的空间产生一种凝聚的作用，把人的目光吸引到它身上，使它成为注意的中心。同时，这一实体又以自身的特性影响空间的性质。这种影响力的大小与实体的高度和体量成正比。一个大型建筑物或大型雕塑，往往成为周围空间场所感知的支配性因素，而周围适当的次要物体构件、虚拟性空间则成为必不可少的互补、相生性的存在。

城市空间，按照领域的性质，可以分成限制性的公共空间，如公园、植物园、体育中心、收费停车场和居住区内的公共庭院，以及无限制性的公共空间，如街道和广场等。各种城市空间往往是由不同的需要而产生，例如相邻建筑物之间要有维持日照的间距和防火的距离，不同交通方式要提供相应的道路空间。草坪、广场、花池绿地则是具有生态功能和审美功能的富有情感意义的体验空间。不同形式的空间会引发人不同的心理反应和审美感受，从而表现出这些空间具有的性格特征。例如，由道路或绿地、灌木丛等围合的空间，由于界定度小而具有开敞性，可以使人产生开朗、舒心和不受拘束的感觉。由高墙或楼面围合的庭院，由于界定度大则给人一种压抑或约束的感觉。在高墙之下的夹道对人具有一种驱动性，这是由于压迫感所产生的推动力。同样，当人们走上河面的小桥或通道时，也会获得一种驱动感，这是使人产生前进行为的流动空间。然而，当空间形体比较规整，不具有明显的方向感，由于没有带方向性的运动刺激，如广场就给人一种安宁和稳定的感觉。这便是一种静态空间，它可以提供人们逗留或稍事休息。湖泊或河流等城市的水面，可以映出周围景物的倒影，使城市景观富于变幻，具有活跃感，它扩大了人的尺度感的空间。由植被和水面等柔性材料界定的空间，给人以温和舒适的感觉；由岩石、水泥和金属等硬质材料界定的空间，则给人以冷峻、安全和力量感。街心花园或河边绿地，可用宜人的尺度形成富有亲切感的空间，使人在这里形成明晰的视觉交往，形成轻快而自如的环境气氛；岸边幽静处的双人座椅，可为恋人或亲人提供富有亲密感的空间，体验人间的亲情和温暖。

城市的空间是由众多的空间单元组合而成的系统，其中形成不同层次的空间序列。序列的构成体现了空间的连续性和贯通性。人们在穿行和观览某一空间序列时，会经历由多元要素所构成一定的时间跨度，其中包括有不同功能、秩序、空间的连续以及时间的历程，由此而造成时相的变化。例如一条街道作为一个空间序列,就包含了居住、购物、娱乐、工作等多种功能要素,建筑就是这些功能的载体。这些不同建筑物的组合总是按照一定规律性形成的一种秩序感,它们具有空间的通达性,人们在穿越街道时要花费一定的时间,从而产生时间流程的变化。良好的空间序列必然具有流动性、意义蕴涵和节奏感。流动性是一种强化了的连续性,具有空间的引力,它可以产生对人的行为的驱动或吸引。意义蕴涵体现在空间能满足人的体验的性质,它可以为人提供一定的环境主题,从而加强人对于空间序列的理解和印象。节奏感反映了空间序列构成的不同区段特征和组合关系。在众多空间序列的结构组合中,观赏者可以简洁的聚焦于点和线的组合。点是广场、场所,线是路径、通道、轴线,任何美的空间序列结构,往往就在于场所与路径这样点与线的交响之中。

广场作为城市的客厅,成为人流集散的枢纽和群众性文化活动与交往的场所。广场依据其功能类型的不同,景观特征也会相异。交通集散广场,如剧院、展览馆前的广场,要处理好人流与车流的交通交错。火车站、码头等站前广场是城市的门户和人口散集地,应该给人留下代表整个城市特征的景观印象和交通便利。纪念性广场和游乐性广场则应提高其艺术品位和内涵。通过喷泉、雕塑、花坛绿地和休息座椅等的装点,可以使广场亲切宜人,成为展示城市生活的舞台。由于广场空间的视野开阔,形象丰富,它会给人留下深刻的印象。因此,没有广场的城市是不健全的城市,它使空间体系缺乏高潮和序列感。

与城市广场空间相连的往往是雕塑、草坪、喷泉等组成的建筑小品。城市雕塑与小品对于提高城市环境的文化气氛和艺术情调具有重要作用。在欧洲各地的城市中,几乎每条大街或广场都有雕塑。其中不仅有传统的青铜或花岗岩具象雕塑,也有动态的和抽象的雕塑。人们把雕塑作为整体环境的一部分来创作,从而取得与环境的呼应和配合。城市雕塑与小品不仅在于一种形象的观赏,更重要的是为整个环境创造出一种艺术意境和氛围。

许多城市由于形成了一条或数条空间主轴线,而使城市构图的特色鲜明,重点突出,例如,北京是以紫禁城为中心形成了南北主轴线,钟鼓楼、景山、天安门、正阳门、前门箭楼等都位于这条轴线上。它们以其独特的形式、位置和高度,建立了一种空间的秩序感,对周围环境产生强大的辐射力。其他街道则呈棋盘形和环形而展开。巴黎是以塞纳河为轴线而展开的,特别是从香榭丽舍大街到德方斯新区,新老凯旋门遥相呼应,这是与塞纳河相平行的主轴线。另外也有穿越塞纳河的次轴线。塞纳河则以开阔的视线走廊,成为浏览巴黎景色的重要线索。贯穿城市的河道总以空间的开阔为人提供了特殊的视觉走廊和气流通道,成为城市景观中无障碍视线的重要资源,它为城市展示自然美和情趣提供了机会。

轴线也成为游人在短时间内把握一个城市景观空间的线索。

城市形象的塑造形成新景观体系，使城市更美，更具有文化内涵，这样，市民会把城市当做自己的社区，把城市当做自己的家园，对城市产生心理归宿感。然而，一个美的理想城市形象塑造有一个过程。在21世纪的今天，城市建设和城市生活都日趋现代化，绝大多数城市都建成了一个高度人工化的环境，土地、水体、大气、植被都已被人改造得面目全非；市区大部分土地都被覆盖了一层水泥、沥青的石透水层，原有的天然水系被埋在地下的给排水管网所取代，原有的自然地形变成了道路与两侧楼群形成的"高山"与"狭谷"。随着城市人口的迅速膨胀和机动车的增多，普遍出现了空间拥挤、交通阻塞、空气污染、噪声污染、热岛现象……更有甚者，伴随着信息时代的来临，城市居民遭受着前所未有的信息超荷的困扰，纷至沓来的大量信息远远超过了人脑的承受能力。生活在高速运转的现代城市中的人，要在频繁的人际交往中一天扮演多种角色；在下级面前扮演上级，在上级面前扮演下级，在债权债务往来中，不断的角色转换，迫使人们学会川剧的绝活——转身就变脸。环境恶化，信息超荷，角色扮演共同构成了现代城市生活对人的压抑与胁迫，就在这个全盘人工化的过程中，人把自己也关进了现代化城市这一与自然倒行逆施的生活环境，城市差不多是一个关人的"人圈"。人长期被关在"人圈"里，就造成了心理上的扭曲和异化，于是城市犯罪率上升，赌博、娼妓、吸毒、酗酒迅速挤进因信息超荷、角色扮演等过度刺激形成的社会病灶。

现代城市病最终导致了现代围城现象的出现——"隔在城外的人想挤进城里，围在城里的人想冲出城外"；农村的剩余劳动力想进城发财致富，城市居民想走出"人圈"回归自然放松身心，摆脱闹市喧嚣与超负荷压力。

首先走出围城的是城里的富有者，争相迁入乡村别墅。一般工薪阶层则只能通过节假日旅游走出围城到乡村去，到郊野去，去寻求一阵清风，一片阳光，一重蔚蓝的天空，一时旷野的宁静，放松身心去爬山，游水，去草地上打滚，去与天地交谈，去与大地众生对话，一切都旨在把内心郁积的怨气吐个干净，把烦心的事抛到脑后，从而使心理上得到减压，使角色人又恢复成自然人。因此旅游，特别是双休日和节日长假旅游已成为现代城市居民居家生活必不可少的补充的代偿。

第三节　城市的个性和文化特色

城市形象是城市文化的集中表现，具有特殊的城市形象并在大众心目中产生好感的城市，往往成为世人向往的地方。这些城市是引导文化时尚创新潮流的先导区。城市一旦形成了独有的知名度、美誉度,城市形象要素就会转化为动力机制,进而促进城市经济、社会、文化和环境的可持续发展。世界上形象良好、文化活力强的城市,无不具有特定的文化构成特色和良好的城市形象概念。如巴黎——"世界服装之都"和"世界浪漫之都";维也纳——"世界音乐之乡";东京——"东西文化的交汇城市";伦敦——"充满选择机会的城市";罗马——"古典文化集萃的城市";香港——"世界最自由和最安全的城市"等等。1998年,广州《新周刊》,曾做了一个"中国城市魅力排行榜"的专题策划,对国内一些主要城市作了非常个性化也非常漫画化的描述,如说北京是中国最大气的城市,上海是最奢华的城市,大连是最男性化的城市,杭州是最女性化的城市,武汉是最市民化的城市,拉萨是最神秘的城市,广州是最说不清的城市,深圳是最有欲望的城市,而南京则被冠之以"最伤感的城市"。这种城市整体形象的概括,无论准确与否,首先是为城市文化创造了一种魅力,使城市形象概念要素成为城市形象的表意符号,代表着人们一些理性的理解和感性的认知。通过这些表意符号,人们会进一步深入对城市的了解和把握。

一、感悟城市的文化个性和特色

说城市的个性或城市品位与城市形象既不相同,又有某种联系。说一个城市的形象,自然是指其物质性的建筑构造与组合结构。说一个城市的个性品位,那就是多种城市文化特质的综合,它的坐落方位、地理环境、历史沿革、人口结构、文化背景等等的综合体味。当你刚走进一个城市,就会获得一种扑面而来的文化感受:哈尔滨的俄罗斯风情,杭州的江南风韵,上海的海派时尚,北京的古朴之风,南京的民国建筑及包头的草原文化……每一个陌生的城市,都有一种使人不熟悉的感受,都有一种让你是"局外人的感觉"。千差万别的城市文化,无不是以一种特有的文化符号叩击着人们的心扉,并表现为某种形象留在人们的心中。这些形象表现,往往可以通过一种或几种主要的要素传达给旅游者。或是最高大的建筑,或是最奇异的建筑,或是灯光下的某种特殊街景,或是从未见到过的全新雕塑,或是听说过的某些著名景观,或是在书本上看到的某种城市文化等等。不同的城市就有不同的个性,不同城市的人也就有不同生活方式和文化性格。比如北京人的大气,上海人精明,杭州人闲适,成都人洒脱,武汉人直爽,厦门人温情等等。那么如何来品味一个城市的个性和文化特色呢?大致可从以下几点入手。

1. 内外特征的把握

城市个性是城市的生命表现和城市形象的灵魂。一点特色都没有的城市,很难在形象竞争的年代得以生存。可以说,彰显城市个性既是城市形象设计和建设的核心思想和最高指导原则,同时也是旅游者把握城市个性的入门和钥匙。城市形象的凸显是一个过程,是城市的自然条件、历史沿革、人口构成、社会变迁和文化创造等方面长期积累的过程。在城市形象塑造的任何阶段和任何方面,都可说是当时人们为当时的社会生活所创造的事件的累积和凝聚。这样的累积和凝聚会在今天的城市行为识别系统和视觉识别系统中表达出来。城市个性是一个城市在形象方面有别于其他城市的高度概括的本质特征,是城市自身诸种特征在某一方面的聚焦和凸现。这种特征往往是通过文化折射出来的。城市特征可以是历史的、自然的、也可以是经济的、政治的或民族的,主要可体现在内外两个方面。

  首先是直观的外部特征。一个城市的外部特征从多方面体现出来,从一个城市特有的环境空间个性看,其所处的地理位置,自然条件不同,就构成了不同城市的环境空间特征。比如说重庆,地处长江与嘉陵江交汇处,房屋依山而建,建筑形式以吊脚楼为主形成气势宏伟的山城。再如苏州市,城中河道交错,房屋沿河修建,形成白墙青瓦,小桥流水人家式的建筑特征。一个城市人文创造的物质存在也是其外部特征,这主要是建筑风格、城市规划、广场街道、花园绿地、商场物品、文化实施等等方面。如巴黎一直被公认为是世界文化艺术的璀璨之地。她曾吸引着世界各国的旅游者走向巴黎,到过巴黎的人无不为之感叹——文化的殿堂,人类文化艺术的宝库。巴黎有 3 115 座古典建筑遗留至今并受到很好的保护,相比之下世界上有几个城市能与之比肩。大家熟知的卢浮宫、爱丽舍宫、凡尔赛宫不仅是文化艺术的保存地,更重要的是人类文化艺术精华的创新地。在文学艺术领域,不仅有雨果、莫奈、巴尔扎克等文化名人留下的文化产品,还有他们给后代保留下的物质与精神财富:如名人的纪念地、巴黎圣母院、玛德兰大教堂等等,使人们直观巴黎文化的神圣之光。再比如,人们感悟南京的文化特性,往往和六朝古都相联系,这是因为作为历史古都,历史上名人要人居于南京者不可胜数,因此也使名宅、名院、名巷尚可在城市中寻觅。人们熟知的"朱雀桥边野草花,乌衣巷口夕阳斜",这"乌衣巷"几乎成为家喻户晓的名巷,游人在游夫子庙时即可走进今日的乌衣巷。唐宋元明清都在虎踞龙盘之地留下高宅名屋,能够完整地保存下来的屈指可数了。近代以后,西式花园式住宅在南京大量建造,特别是国民政府 1927 年在南京定都后,于 1929 年制定了《首都计划》,把北京西路、山西路和颐和路一带划为高级住宅区,从 19 世纪 20—40 年代末,这一地区先后建造了约 1 700 座花园式住宅,总面积为 69 万平方米,平均每户达 400 平方米,成为南京城市的一大景观。千姿百态的花园式楼房,成为南京人传统城市生活方式的心理模式的集中体现。曾传有故事说,20世纪70年代末期上山下乡的知识青年返城后的重要生活内容之一就是与自己的恋人晚间到颐和路一带散步,从心里来领略阔别多年的城市生活。似乎只有在这些已成为南京城市重要特征的别墅群中,才能找到南京富有个性化生活方式的影子。应该说花园式的住宅建筑形式,在南京城市内分布比较广,原来别墅的主人多为国民党政府的达官要人,因此,多数花园式住宅往往都缩居于深深的巷子里面。有的已经成了背门谈花,难寻觅踪影了,也有的仍然风韵犹存。这些文化遗存构成一个城市的文化资本,成为跨越历史与时代的精神主题。

其次是城市的内在特征,这主要由当地的实体形态构成,包括政治、经济、文化、科技、军事等需要联想和数字、文字等综合表述才能明了的特征。社会经济活动是城市最核心的活动内容,也是反映一个城市社会发展的个性。城市的发展过程本身承载着时代的烙印,如当今高新技术及其产业的发展,就能反应时代特征和成为城市个性的要素,这些内容在城市的建筑、商业、生活、风貌等一系列外部特征中有所反映,但如果没有一连串必要的数字加以说明,就很难准确把握,也就无法明了其特征。经济是这样,政治、文化、科技、军事或其他方面也是这样。说香港是最具活力的城市,除了游览香港景点、参加那里的节日活动外,还需要进一步通过文字和数字获得对香港内在实力的理性认识。20世纪80年代,香港政府曾开展过"活力运动",活力也是创造经济长期繁荣的魅力所在。香港的经济自由度名列世界第一,人均外汇储备名列世界第二,贸易量仅次于欧盟、美国、日本,名列世界第四,人均年收入早已跨过2万美元的全球富裕线,而香港不过是面积一千多平方公里,人口六百万的"弹丸之地"。如果没有自身的活力,怎么创造得出这样的奇迹?香港曾经受过日本帝国主义的侵略和占领,1973年,香港股市曾大泻,金融业房地产一片淡风,有人便预言香港面临沉船之虞灭顶之灾,20世纪90年代末的东南亚金融风暴也对香港形成强大冲击。但是香港顶过来了。除因为有祖国大陆作坚强后盾外,也因为香港这个城市充满了活力。显然,也正因有了这种活力,东方之珠的风采,才会浪漫依旧。事实上香港就是一个生龙活虎的城市。每天都有几十万人走进香港,也有几十万人走出香港。香港把来自东西南北,四面八方,黄白黑棕肤色不同,贵贱贤愚身份不等的人吞进又吐出,留下成功的送走失败的。但无论成功失败与否,他们都给香港注入了活力。于是小龙腾飞明珠璀璨,于是百业兴旺万象更新。外部特征一时间较容易把握,而内部特征就需要旅游者在事先、旅游中和旅游结束后做一定的案头工作和分析归纳的思考。

要真正全面解读一个城市并不是一件易事,即便是从外部、内部两方面入手,在有限的时间内或许也只能是了解一个大概。当然,做一个有条理的大概了解将为今后进一步从细分析打下基础。一个城市无论是外部特征还是内部特征,都可从城市的历史文脉和地域、民族特色的追踪两点分析,将大概的了解条理化。

2. 城市延续的历史文脉

城市之所以形成,是历史延续的产物,不同时代的文化遗产在一个城市内共生共存。城市形象的形成同样是历史延续的产物。在特定的时期内,城市个性就是从历史的步伐中逐步凸显也逐步更新。由此,一个旅游者要了解一个城市个性首先要把握它历史文脉的延续的特征。城市历史反映了城市的个性、特征以及它所具有的独特的艺术魅力。除了参观、游览有形的文物古迹外,更重要的是要对那些无形的、心传口授的、融化于市民日常生活中的传统把握,这是城市文化内涵。笔者2002年国庆期间游览了浙江临海小城,戚继光曾在那里筑长城抗击倭寇从海上的入侵。今江南长城修复,供游览观赏。在古长城的最高处观景楼,当地群众艺术馆组织了一台地方戏剧表演。戏文我们听不懂,单从演员、道具、舞台布景、乐队等可看出这是发展已相当成熟的一种地方戏剧,据介绍说这叫"南戏"。再听一位年过半百的女演员,也是这台演出的主要演员的介绍才得知,这剧种在台州、临海曾相当普及,自20世纪70年代后才慢慢冷落,目前正规剧团已是没有,年轻的接班人也没有。当天的演出是为庆祝国庆,一些老班子的人自动汇集,给大家登长城、游览临海助兴。江南长城固然是临海城的重要特征,然濒临灭绝的"南戏"似乎也是品味醇厚的临海文脉的切入点。古迹的生存必然有它的人文生态环境,如将古迹看作一片树叶,脱离了原来的枝干单独地搁置在不相干的品类之中,这片树叶必将枯萎。只有将有形的物质的古迹连同它生长的人文、精神土壤一起保存,才能够真正使历史文化换发新的光彩,才能够使新的建设融入丰富的传统文化和悠久的历史,从而使历史文化名城真正成为人类的瑰宝。城市是历史文化的记录、积累和延续,每个城市都有自己的历史传统,这是在长期发展进程中逐步形成和积淀下来的。在规划江南古镇、开发旅游中有这样一个小镇,即周庄北面十八公里的陈墓镇。陈墓是因宋高宗赵构南迁时一位陈姓妃子病死于此,就地葬于此处而得名。这就是该镇的起源和历史。古镇外围湖荡宽阔,风光秀丽,镇内河溪萦回,古桥玲珑,其开发前途比周庄还要好,大有文章可做。可是当时的镇领导一味要发展工业,并认为这个"墓"字晦气,外商忌讳不来投资,于是改名为锦溪。名可改,如果不顾事实硬要割断历史,那只能是毁灭了一个镇的生机。这个镇的领导便是带着这样心理,连镇名带环境被他们一股脑儿地无情抛弃了。到后来,看到周围一些古镇发展旅游,保护了古镇又富裕起来,想重新规划。古镇已然破膛开肚,只能拆迁停工一些工厂,作些修补,开辟风景旅游用地。可是镇政府却不按规划实施,将湖边一大块绿地盖起房子,意图发展房地产,谁知却没有市场。无奈之下,后任领导再来重新规划。当初陈墓是一只羽毛丰满的老母鸡,被一次一次地把鸡毛给拔光了,如今又要它生蛋,实已是回天乏力。割断历史文脉,对一个人来说,便无以确认他是谁。对一个城市,割断了历史的文脉同样将无可确认。生活在一个没有文化根基的土地上,人心也会像浮萍一样漂浮。

3. 地域与民族特色的追踪

在漫长的历史发展中,人类根据不同的地域特征塑造出不同的地域文化。这是人类对自然环境适应、改造和利用的结果。地域文化在城市的形成与发展过程中起到了决定性作用。他们在城市规划布局、建筑形象、城市景观和社会风气等方面得到了充分的展示。城市历史文化、民族传统、宗教影响等所反映出的城市个性。从旅游资源的视角来划分,我国大致可划分为东北的林海雪原、中原的古都文化、华东的山水园林、华中的名山峡谷、华南的热带风光、西南的奇山异水和风土人情、西北的丝路大漠、内蒙古的草原风情、青藏高原的雪域冰峰和台港澳热带亚热带风情等区域。每个区域都相对有自己的区域特色或民族特色。如东北有独特的北国冰雪风光,寒温带自然奇景极昼极光等而成为疗养避暑胜地。那里有灿烂的满族历史文物和萨满教民族风情,聚居着满族、蒙古族、朝鲜族、鄂伦春族、达斡尔族、赫哲族等少数民族。冰雪文化构成这里第一位的地域特色,滑雪、溜冰等冰上运动和冬季狩猎可是这里的传统项目,得天独厚。全国著名吉林市雪淞、树挂,哈尔滨的冰灯、冰雕,也只能在这些北国城市中才有。川南滇西北山地、云贵高原和广西丘陵盆地构成了西南的奇山异水,这里又有其独特之处,从自然环境看是我国典型的岩溶地貌分布区,区内石林、峰林、峰丛、孤峰、天生桥、溶洞、瀑布等,堪称世界上岩溶地貌发育最典型、最完美的自然博物馆,故有喀斯特公园之称。这里聚居着傣族、苗族、彝族等三十多个少数民族,即便是在昆明、贵阳等大城市,也常有隆重的民族节日、民族服饰、民族工艺品、民族饮食等,昆明海埂民族村、贵阳红枫湖民族度假村等便是这里突出的特色之一。地处华南片区的泉州又有它独特的风情与特征。从地理位置看,泉州有山,清源山、桃花山和紫帽山;有水,晋江、洛阳江;有海,即泉州湾。从泉州湾起锚扬帆,北可上福州、马祖,南可下金门、厦门,直航可抵祖国的宝岛台湾,当然也可以走向更辽阔的疆域和更遥远的彼岸。泉州是兼山川湖海而有之,是极为罕见的"山水海滨城市"。泉州文化的魅力,不在或主要不在皇城宫阙、楼阁园林、雄关险道、民族风情,而在于海上交通,它是"海上丝绸之路"的也是郑和下西洋的起点;在于世界宗教的云集,它既是儒学昌明的"海滨邹鲁",又是梵音不绝的"泉南佛国"和真言流布的"东方麦加",是波斯摩尼教在全世界传播的终点站和消亡地。从历史上看,这片土地曾经是古越族人民渔猎耕作、繁衍生息的家乡。自西晋以降,衣冠南渡,中原文化三次大规模南移,北方士人纷至沓来,耕读为本,诗书传家。番邦胡人也来了,远涉重洋的各国商旅,也在这里系缆挽舟,小心地叩开泉州的大门,登上他们向往已久的神秘国土。他们带来了自己的商品,自己的希望,也带来了自己的信仰。泉州则以恢弘的气度和博大的胸襟,一视同仁地兼收并蓄。世界各大宗教都在泉州安营扎寨,建寺庙,传教义,收信徒,而且居然都成了气候。这就是泉州因独特的地域区位所承载着文化构成。

任何一个有过一定生活经历的人,来到一个新的陌生城市,都不能不感受到第一次走进一个新城市所带给你的文化气息——每一个城市都能够以其特有的文化内涵或个性的形象,带给你抹不去的印象。每一个人对新的城市都会有一种新的反差感受——环境氛围和视场环境效应,并在自己记忆的"定势"中寻找相同或相似,以期找到这个城市的特点、本质和新鲜感的要素来源,特别是能够清晰地感受到这个城市与自己生活过的城市之间的差异。在生活中每一个人都能够说出与他人不一样的城市印象和城市感受。

二、北京、香港、巴黎和纽约的文化特色与精神品位

中国和外国的许多著名城市经过长期的建设和发展,形成了丰富的属于自己的城市文化,并在此基础上构成一个完整的城市文化环境,对于城市的经济发展和社会进步起到重要的促进作用。从某种意义上讲,一些著名城市的文化环境也成了城市竞争力的重要组成部分。

1. 北京:千年文明古都的力量

北京是中国最具有文化震撼力的城市,在世界上也是一个著名的千年文明古都。从元朝开始,北京就是全国的政治中心,在当时也是最大的商业都市。元朝初年,大都城(北京旧称)建成,那已是规模十分宏伟的一座城市。城外廓长30公里,呈长方形,南城墙在今东西长安街南侧,北城墙在今德胜门、安定门外2.5公里处,全城面积50平方公里,人口约110万,有"燕都百万家"、"京师人烟百万"的记载。皇城宫殿位于风景优美、湖泊错落的城市中心区。城市布局井然有序,以南北干道为主道,次要街道或垂直于主干道,或平行排列,形成整齐的街坊。这种十分工整、科学的城市布局曾给当时的意大利旅行家马可·波罗留下了极其深刻的印象。

北京的独特地理与历史的背景,造就了北京城市文化的一个基本特征:宏大与悠久,一切都透着皇家的恢弘与气度。北京的建筑往往都特别宏大,街道也特别宽阔。北京的天坛占地4 000亩,由内外两重围墙环绕,可能是世界上最大的祭坛建筑。北京紫禁城占地72万平方米,屋宇9 000多间,大小宫殿70多座,可能也是世界上最大的皇宫。北京颐和园是中国现有也可能是世界现存的规模最大的皇家林苑,园内佛香阁是全国现存最高的古阁。颐和园长廊还有世界上最长的长廊,达728米。这些都是历史上的建筑。北京天安门广场是20世纪的建筑,可以称得上是世界上最大的城市广场。北京的城市文化以历史人文见长,不论是宫阙、庙坛,还是园林、寺塔,或是居所、陵寝等文化古迹,北京在世界上都是一流的城市。所以,北京申办2008年奥运会时,打出"人文奥运"的宣传口号,取得了独特的效果。

除了拥有众多的历史文化古迹和人文资源外,作为当代的全国政治中心和文化中心,北京的城市文化已包容更多的要素。

发达的教育体系是北京拥有的最丰富的文化资源之一。北京是全国教育事业最发达的城市,尤其是高等教育的完备性和水准,是国内任何一个城市都无法与之比肩的。其拥有的著名大学是全国各城市中最多的,尤其是北京大学和清华大学这两座全国最负盛名的大学,仅凭这一个因素便使国内其他高等院校比

较集中的城市,如上海、南京、西安等难以逾越。中国著名的大学可有几十所,若给这几十所大学加以排序的话,北大和清华自然为"第一方阵",复旦大学、南京大学、浙江大学等6～8所学校为"第二方阵",剩下的其他著名大学(约15～18所)被列为"第三方阵"。除北大和清华外,北京还有众多的名牌大学,这是吸引国际上大型跨国公司,尤其是高科技企业选择北京作为投资地的一个重要因素。

北京也是全中国媒体产业和媒体市场最为发达的城市。尽管上海是中国最大的工商业城市,媒体业也相当发达,但和北京相比,还有明显的差距。北京拥有全国最多的新闻媒体机构,最有影响的新闻媒体大部分都在北京,产业化程度最高或市场功能最显著的媒体一般也都在北京。据统计,目前已进入中国的177家海外新闻机构中,有167家在北京办公。正因为北京的媒体业发达,媒体机构的办公区域已经与北京市的城市规划特别是CBD(中央商务区)的规划和建设紧密地联系在一起了。北京宣武区正在规划建设一条国际传媒大道,集中海内外的著名传媒机构,以提升本地区的知名度,进一步增强文化含量和商业气氛,因为这里集中了新华通讯社、《光明日报》、《经济日报》、《中国商报》等著名的媒体,实际上这些媒体也是所在城区提升竞争优势的一笔宝贵资源。

北京还是全国最艺术化的城市。由于首都的独特效应,中国的第一艺术中心城市毫无疑问是北京。全国各类艺术精英,无论是从事高雅艺术的,还是从事通俗艺术的,乃至画家、作家、作曲家、曲艺家,要想在艺术领域里寻求更大的成就,提高个人的声望,都要到北京去发展。北京还是国际文化交流的最大场所和市场,国际上的电影商、演出商、出版商、展览商如果要打开巨大的中国市场,首先则要打开北京的市场,并通过北京的市场运作来缩短与全国市场的距离。所以,著名的世界三大男高音演唱会选在了北京,而且是借故宫作为演出场地,可谓是将文化进行商业化操作的极致,也创下了世界露天演出票价的记录。几本在国际上畅销的书籍,通过精明的出版商在北京的先期运作(主要是在中央电视台和其他大媒体上的策划包装),书的中译本很快就在全国市场上流行起来。

这就是北京:古老而又鲜活,博大而又精深,高远而又亲切,迷人而又难解。他是单纯的,单纯得你一眼就能认出那是北京。他又是多彩的,丰富得你永远无法一言以蔽之。而无论久远深厚的历史也好,生机勃发的现实也好,豪雄浩荡的王气也好,淳厚平和的民风也好,当你走进北京,或许会惊异于现代都会的日新月异。有人说,三个月不到北京,就会不认得它了。你也可能会流连于千年古城的雄厚幽远。有人说,即便在北京住上一辈子,也读不完他的历史遗迹。你可能会沉醉于文化名邑的清雅醇厚。也有人说,只要在北京的高等学府各住上一个月,就等于上了一次大学。当然,你也可能会迷恋于民俗舞台的色彩斑斓。有人说,北京整个的就是一个民俗博物馆。所有这些,都会对每一个初进北京的人产生神奇的魅力,使之心旌摇动,甚至痴迷,不知所以。北京就是这样一座城市,独特的城市文化是这座城市的最大资源,也是决定其旅游竞争力的最大要素之一。北京城市文化的丰富性、悠久性及其在某些方面的权威性,是吸引海内外旅游流向的一个重要条件。

2. 香港:商业文化中的都市

香港是一个充满活力的工商业城市,与伦敦、纽约、东京一样,是世界上四大国际金融中心之一,按人GDP指标衡量,香港的发展水平早已超过了英国。香港的商业环境在世界上一直为人称道,多次被评为国际最佳经营商城之一。在世界经济论坛每年公布的国家竞争力排序中,香港作为独立的一个经济体,排在第二名的位置。

香港又是一个经常被人批评的城市,最大的批评称这座城市是"文化沙漠",这种说法已经延续了多年。香港人对这种批评最不能接受,自认为也是一座文化繁荣的城市。一时间,香港是不是"文化沙漠"争论了许久。

香港的确有自己的城市文化,而且这种城市文化不同于任何一座城市的文化,是一种典型的都市型文化,其繁荣程度相当可观。

让人最能感受香港都市文化的是这座城市报刊业的发达和繁荣。香港每天印行报纸(即日报)的有50家,其中中文报纸38家,英文报纸12家。50家报纸中,有31家以报道香港和世界新闻为主,有4家集中报道财经新闻,其余的则是娱乐报道。一个630万人口的城市,每天有50家报纸出版发行,这还不算隔天出版或一周出版一次的报纸,其中几份大的报纸日发行量达50万份以上,平均每千人拥有报纸380份,香港的人均报纸数是世界上最高的。有12家英文报纸每天同时发行,这在亚洲不以英文为母语的城市中是绝无仅有的。英文报纸数超过了东京和汉城。

香港的期刊更多。据统计,香港现有期刊617家,其中中文期刊346家,英文期刊154家,中英文并用和其他文字的期刊15家。绝大部分期刊是面向市场的商业性期刊,完全靠自身运作维持办刊经费。期刊有周刊,如《经济导报》、《壹周刊》;有月刊,如《明报月刊》、《信报财经月刊》;有季刊,如《恒生经济季刊》、《香港中华总商会会刊》等;还有半月刊、季刊、半年刊、年刊等。香港还是不少国际期刊和报纸的业务基地,例如,著名的《远东经济评论》、《亚洲周刊》(英文)和《亚洲华尔街日报》都把总部设在香港。

香港的报纸期刊,多数具有浓郁的商业味道,不少报纸杂志的品位,以报道街谈巷议和花边新闻以及稀奇古怪之事为主。但是,香港也有一些比较严肃认真的大报与杂志,并不以取悦于市民的低级阅读趣味为导向。它们能在非常商业化的环境下生存和发展下来,确实不易。例如,香港的商业财经报刊异常发达,主要是适应这个国际工商大都市的需要,内容贴近市场,印刷装帧精美,这些报刊的题材、标题和所写内容符合都市人士的阅读习惯,即使是在电视、Internet 这些非纸质传媒异常发达的今天,也始终有自己稳定的读者群。例如,《信报》于 1973 年创刊,为香港首家财经专业性报纸,每天都有社论和财经时评,发行量在 5 万份左右,在香港工商界有相当的影响。其办报定位、内容取舍、文字风格独树一帜,对大陆新创刊的几家财经报纸实际上起到了一种示范的作用。

香港是亚洲地区一个重要的电影制作中心。1996 年,也就是香港回归前的一年,港产的影片和录影带共有 657 部,这个数字超过了中国内地全年生产的影片数。一个只有 630 多万人口的城市,一年生产的影片数量竟比 12 亿人口的大国还要多,不能不称之为奇迹了。由于本地影片产量众多,再加上香港基本上能够在第一时间引进国际上的影片(主要是美国、欧洲和日本的电影),所以,到电影院看电影是香港人的一大文化消费方式。香港的电影院多达 180 家,每年的电影观众约 2 800 万人次,这个数字也大大超过了上海。

有关香港文化的话题,有一个专题及相关数据足以让"香港是文化沙漠"的说法难以成立,那就是香港的教育基础和教育体系。香港有从幼儿园到大学的完善的教育体系,很早就实行九年制义务教育。香港约有 120 万名学生在全日制学校读书,约占香港人口的两成。香港学生在读完中三(初中三年级)后,大多数学生会继续升读两年制的高中课程,读完后可以参加第一次公开考试,即香港中学会考。香港中学会考后,继续升学的学生升读两年制的中六课程,修满后便参加香港高级程度会考。高级程度会考后,合格者便由大学录取修读三年制的学士学位课程,不读大学者可以修读两年或三年制职业课程,修业期满可获得相应证书或文凭。

香港原有香港大学和香港中文大学两所大学,其中香港大学创立于 1911 年,是香港历史最悠久的大学。香港中文大学成立于 1963 年,由新亚学院、崇基学院、联合学院以及后来创立的逸夫学院所组成。由于香港是一个经济高度发达的地区,对高级专门人才的需求越来越多,政府也有足够的财力兴办和资助高等教育。同时也为了增加这座商业性城市的文化内涵,所以自 20 世纪 70 年代起致力于兴办新的大学,资助私立学院,最终使香港有了 8 所正规的大学。香港的一些大学在亚洲乃至国际上已达到较高的水准,如香港大学和香港中文大学很早就是亚洲的名牌大学,学术排名一直在亚洲前 10 位。香港科技大学虽然只有十多年的历史,但由于学校用重金吸引海外的学术精英来校任教,使这所年青的大学发展迅速。据一项调查显示,香港科技大学经济系的国际学术排名第37位,超过了国内任何一所大学经济系在国际学术方面的排名。

香港就是这么一座城市,既有非常商业化的演出、电影、报纸、杂志;还有香港赛马会这样的文化团体,大众文化在香港城市文化中占了主流;同时又有良好的教育体系,有学术水准一流的大学。另外,香港也有高雅文化的一面:有香港芭蕾舞团、香港科学馆、香港管弦乐团、香港舞蹈团、香港历史博物馆、香港考古学会等。

香港城市的主要功能决定了这座城市的文化是以大众文化为主,更加适应城市的商业、贸易和金融活动的运行,文化创新和艺术竞争不是这座城市文化的主要任务。商业上的巨大成功,可以使这座城市的市民得到良好的教育,受到基本文化的熏陶,以及利用相应的文化设施如香港的图书馆、博物馆、艺术中心等,保证了较高素质劳动力的供给和高级人才的充足。市民为了获得良好的教育和一定的高雅文化,香港的大众文化及其商业功能也有相应的贡献。

3. 巴黎:奢华的城市文化

世界上最有文化感的城市主要集中在欧洲,在欧洲,最有文化感的城市当属巴黎。巴黎是法国的首都,位于北部巴黎盆地的中央,城市中间有塞纳河穿过。巴黎并不像罗马、威尼斯那样的城市,有非常悠久的都市历史,但近300年历史的巴黎却充满了令世界瞩目的事件,涌现出一批又一批世界级的名人。1789年法国资产阶级革命首先爆发于巴黎,使法国走上了发达资本主义的道路。1871年的巴黎公社又使巴黎成为19世纪无产阶级政治运动的中心。巴黎出过的名人和文化大师数不胜数:莫里哀、雨果、巴尔扎克、大仲马、小仲马、左拉、莫奈、罗丹等,这一长串的名人名单中,每一个人都足以使一个城市知名昌盛。巴黎出过太多的名人,同时有更多的名人涌向巴黎,许多名人一直在巴黎生活到最后一息,英国前王妃戴安娜也是在巴黎遇车祸身亡的。在她遇难不久,一座戴安娜纪念碑在她遇难的地方立起,每天都有来自巴黎、法国和全世界各地的人到这里献花凭吊,怀念这位民间爱戴的美人王妃,巴黎因此又多了一个旅游景点。

巴黎是名人辈出的地方,时尚总是名人引导的,所以巴黎又是全世界最负盛名的时尚之都。人们称巴黎为花都,是因为巴黎盛产美丽如花的时装、饰品、香水,还有各种各样的奢侈品,以及销售这些时尚之物的漂亮豪华的商店。巴黎是世界第一时装之都,有时装店2 300多家,每年推出新式时装3 000多种,价格从数千法郎到上万法郎。由于时装业发达,研究和发布"流行色"成了巴黎的独特城市文化现象。巴黎有专门的国际流行色研究机构,研究国际流行色的发展趋势,并对外发布信息,在国际时装界很有权威影响。巴黎的时装产业是这座城市最有声望的产业,为支持这个产业的发展,法国政府在卢浮宫专门新辟一层楼设立了一个时装博物馆。

巴黎不仅是出名人、艺术家的地方,不仅是著名的花都,也是科技教育十分发达的城市。作为知识和文化集中的城市,巴黎在这方面集中度之高,也是世界上其他国家特别是经济发达国家中不多见的。法国大学众多,在校大学生数占了全法国的三分之一强,有高等教育文凭的人也占了全法国的三分之一。研究人员的数量集中度则更高,巴黎的科学技术和社会科学的研究人员占了全法国的一半以上。法国的城市文化中还有许许多多值得称道的地方。如多得数不清的历史名胜、著名建筑:卢浮宫、凡尔赛宫、枫丹白露、协和广场、三月广场、爱丽舍宫、波旁宫、圣母院、凯旋门、艾菲尔铁塔,这些世界级的建筑名胜都在巴黎。巴黎的街道特别漂亮,街道两旁有漂亮的商店、咖啡店、酒吧、花店,构成独特的街景文化。巴黎也是世界上花草最多的城市,拥有数以万计的花圃,使这座城市鲜花不断、草木葱葱。

名贵、美丽、优雅、闲适是巴黎城市文化的基本特征。这样一种城市文化吸引了全世界的注意,吸引全世界的艺术家、文化经纪人、商人和艺术崇拜者及旅游者来到巴黎,使巴黎成为一个名副其实的世界文化中心,也是世界经济中心。

巴黎文化的丰富性和独特的城市文化,使许多国际机构把其总部或分支机构设在这里,使众多的国际学术机构、活动推广机构和社团组织在这里设常驻机构,巴黎又成了世界的信息中心。联合国教科文组织的总部设在巴黎,世界上著名的国际性学术团体在巴黎都有常设机构,世界各大银行在巴黎都有分支机构,巴黎举办的各种展览会、博览会、文化周、艺术节在国际上都有很大的影响。巴黎还是世界上游客最多的城市,堪称第一大旅游城市。吸引全世界旅游者到巴黎来有各种各样的原因:探访过去数百年间形成的历史名胜,追寻最时尚的服装和流行文化,跟踪某个电影名人或艺术大师,欣赏大巴黎的美丽景色,或就是为了坐在香榭丽舍大道上的露天咖啡馆,一边品着法式咖啡,一边看着街上的人流,所有这一切都是巴黎的文化引起的。巴黎今天已是世界级的大都市,也是国际经济中心和国际文化中心。对于巴黎而言,经济中心和文化中心的功能互为条件,互为因果,但如果要进一步准确地说:应该主要是巴黎文化的繁荣造就了巴黎经济的繁荣,而不是相反。

4. 纽约:无所不包的城市文化

纽约是美国最大的城市,也是世界上最大的城市之一。纽约有几种地理概念。第一是纽约的市区,这个范围主要在曼哈顿区,人们通常对繁华纽约的理解也是这一区域。著名的帝国大厦、中央公园、华尔街、百老汇,以及在"9·11"事件中被飞机撞毁的世界贸易中心双子楼,都在曼哈顿区。曼哈顿是一个狭长的岛屿,长约21公里,最宽处为4公里,曼哈顿的西面是哈得逊河,东面是东河,与长岛相望,东河与哈得逊河交汇在曼哈顿的南部,形成纽约湾。这里是世界上最优良的天然港湾。第二是大纽约市,除了曼哈顿区外,还有布鲁克林区、布朗克斯区、皇后(昆斯)区和斯塔腾岛。所以,纽约实际上是由5个区构成。第三是纽约大都市区。纽约西面隔河相望的泽西城,已经属于新泽西城,与纽约州并列,但由于与纽约连成一片,人们习惯上称之为西纽约,再加上附近的一些城市和城镇,与大纽约构成了纽约的大都市区,面积在5 000平方公里以上。大纽约(含5个区)的人口为730万,而纽约大都市区的人口在1 500万左右。

纽约是世界上最大的工商业城市和最大的经济中心,这一基本特征也决定了纽约城市文化的特征:商业性、多样性和包容性。

由于是一座最商业化的城市,纽约文化的特征首先凝固在最能体现商业特征的载体:一幢又一幢的摩天大楼,而且每座大楼几乎都有一个商业的故事。通用汽车公司的主人与克莱斯勒公司的老板之间的比阔斗富与商业竞争,留下了至今仍是游客游览观光去处的两幢摩天大楼:纽约帝国大厦和克莱斯勒大厦。世界上最大的银行——花旗银行的总部也设在纽约,也是一座摩天大楼。花旗银行大厦建于1978年,建筑风格十分特别,顶部45度的弯曲使它成为纽约数百幢摩天大楼中的一个记号,也成了纽约商业大楼的杰出景观,所以许多有关纽约的航拍照片和图像中总有它的镜头。这座大楼的中厅和商店总是挤满了人,因为每天在午餐时间都有免费音乐会,私人的商业建筑实际上成为公共建筑。曼哈顿著名的商业大楼还有洛克菲勒中心、IBM大楼、赫斯特杂志大楼、沃尔沃斯大厦等。联邦储备银行是美国的中央银行,纽约并不是美国的首都,但联邦储备银行大厦却设在纽约。那里似乎也成了纽约文化的一部分,在它的地下室里储存着十几万吨的黄金,并供游人参观。

美国是一个移民的社会,纽约更是一座移民的城市。英国人、德国人、法国人、意大利人、爱尔兰人、波兰人,还有墨西哥人、菲律宾人、中国人,100多年来从世界各地来到纽约,寻求自己的梦想,或是躲避家乡的迫害。不同民族的人来到纽约,带来了本民族的文化。一方面,这些少数民族的文化已经逐步融入美国的主流文化;另一方面,由于纽约的包容性,少数民族的许多文化因此又保留了下来,得到发展,使纽约城市的文化更加多样丰富。纽约有专门的意大利人、犹太人、波兰人、墨西哥人、华人的文化区域,尽管这些区域已经演变成某种民族文化的象征,但由于保留了这种外来的文化,从而确保了纽约城市文化维持着多样性。小意大利是曼哈顿的一个区域,它是纽约的一个非常美丽的街区,也是曼哈顿最安全的街区之一,尽管这里实际居住的意大利人已逐渐减少,但是,一旦家族有重要的事情(意大利人的家族色彩也是一种文化),如婚礼、洗礼和葬礼时,住在四处的意大利人还是会回到这个街区。平时,这里的著名餐馆、咖啡店、糕饼店充满了意大利的情调,把这个街区实际上变成了一座意大利文化博物馆。

纽约城市文化的真正意义在于她的广博性。无论是城市文化研究者,还是旅游观光者,如果想找到某个有关知识和文化的答案,在纽约几乎都能找到。纽约的博物馆是世界上最多的。著名的大都会艺术博物馆位于曼哈顿的上西区,是最能体现纽约文化广博的地方之一。博物馆占地4个街区,珍藏的艺术品数量仅次于卢浮宫。关于这个博物馆珍藏品之丰富,一份宣传册是这样介绍的:本博物馆共有18个部门,共保存200万件艺术品,如果要把每件艺术品都参观一遍的话,要花上一生的时间,然后再用另一个一生去领悟这些艺术品在时空上的意义:这些艺术品涉及史前到当代,前后共5000年,地理范围包括远东、中国、埃及、希腊、罗马、非洲、大洋洲、欧洲、伊斯兰世界和美国。当然,这座博物馆也是一个多世纪来美国作为一个商业帝国抢劫文明遗产的一个结果。纽约还有美国自然历史博物馆、美国印第安人博物馆、现代艺术博物馆、纽约城市博物馆以及数不清的大大小小的公共的和私人的博物馆。纽约的书店之多、之大显示了某种城市文化的含义,著名的斯特兰德书店位于曼哈顿的百老汇,这里拥有200万种图书,书架连在一起长达15公里,书店里还有一些名著的珍本和绝版本出售,售价可能在一辆汽车的价格之上。

纽约可以说是世界上资讯最发达的城市,这里聚集了全美国最著名的通讯社、广播电视公司和出版机构。纽约共有300多家通讯社和广播电视公司,出版印刷企业有21 000多家,集中了全美国1/6的印刷能力,全美有1/3的出版物出自纽约。加上著名的华尔街和百老汇,纽约是世界上生产知识产品最多的城市。百老汇的演出市场,一年能为纽约增加60亿美元的产值,纽约银行业和金融市场创造的产值就更加可观,每天有数千亿美元的财富在纽约流转、结算、交易。同时,纽约还保持了相当高的工业生产集中度。纽约在工业部门的就业人口占到美国全国工业部门就业人口的8%,这是一个相当高的比例。美国的工业结构呈现高度的集中化,尤其以服装业、皮毛业、印刷业为主。在曼哈顿一个不大的区域里,准确地说是在28街到30街之间和第6大道到第8大道之间(曼哈顿的街道划分十分严谨规范:东西向为街,由南到北以数字命名;南北向为道,由东到西也是以数字命名),就是在这块不大的街区里生产的皮毛服饰,却占到全美国的10%。美国时装生产的1/3也是集中在纽约。凭借丰富的城市文化,纽约作为世界第一资讯中心,决定了该城市经济和城市产业无所不包的基本特性。

[问题与思考]

1. 城市的文化建设从功能上看,它比市镇有哪些扩展?
2. 从"北京的门,又多又大又雄奇"这篇阅读材料中分析,封建时代中国城市有一个怎样突出的功能?
3. 欧洲有些城市由中世纪城堡发展而来,这突出了早期城市具备的什么功能?你能否再阅读其他游记或以实地旅游为例给予补充说明?
4. 威尼斯、佛罗伦萨等城市因贸易而兴盛,请比较中国相类似的城市,它们有何相同之处?
5. 就你自己居住的城市,简单分析其起源和发展,及重要历史古迹的价值。
6. 在旧城改造中为什么要保留古建筑和旧城风貌?从人类文化创造和发展的角度谈谈你的见解。
7. 什么叫"建设性破坏"?对古建筑的恢复为什么要"整旧如旧"或"如初",而不是"整旧如新"?在你旅游过的(或居住的)城市中对古建筑保护得好和不好的情况各举一例,并给予简单说明。
8. 为什么说生态环境的改善是城市形象构建的核心?在你旅游过的(或居住的)城市中举生态环境改善较好的案例,并作简单分析。
9. 交通设施从哪些方面影响城市形象?请举你旅游过的(或居住的)城市交通情况加以说明。
10. 什么叫城市空间?你认为什么样的城市空间是美的?请举你旅游过的(或居住的)城市空间案例加以说明。
11. 什么叫生态城市,你为自己居住的城市建设成为生态城市承担怎样的责任?
12. 你如何认识一个城市的文化特色?你能否用最简短的语言概括自己居住的(或旅游过的)城市的文化特色?
13. 寻找一些典型的建筑物或其他物质存在来描述自己曾旅游过或熟悉的城市的外部特性。
14. 如何认识一个城市的内部特征?试对曾旅游过或熟悉的城市作一内部特征的概述。
15. 根据教材的介绍,说说北京和香港的文化个性有什么不同。
16. 从你了解的情况,谈谈巴黎与纽约的文化个性有哪些不同。

[课外阅读书目]

1. 加斯东·迪歇·絮箫,《欧洲的城堡》,郝海雁译,浙江教育出版社 1999 年版。
2. 沈福煦,《景观园林新论》中第二章景观园林与文化,中国建筑工业出版社 1995 年版。
3. 张鸿雁,《城市形象与城市文化资本论——中外城市形象比较的社会学研究》中的城市视觉系统构建——城市文化资本开发与创新,东南大学出版社 2002 年版。
4. 徐康宁,《文明与繁荣——中外城市经济发展环境比较研究三》中中外若干城市文化环境比较,东南大学出版社 2003 年版。

案例思考 2　中国民居与北京四合院

从各地不断的考古发现表明,至新石器时代,华夏先民的民居营造活动已初具规模。当时在如今的临漳姜寨,宝鸡北首岭,西安半坡,洛阳王湾等地都曾有大规模的民居出现。那时的房屋地面以上部分甚少,多为半地穴式,房屋的结构有木骨草泥墙或简单的梁柱绑扎式构架,屋顶多为茅草或草泥。建筑形式非常简单,谈不上厅堂、院落,但总体布局合理有序,颇能说明我们的祖先自远古起就能运用其丰富的想像和智慧来建设自己的家园。

一、我国各地民居择英

各地民居明显的差异不仅仅是由于地理气候条件,地方材料和传统的构造技术方法的不同,而且还受到社会、种族、文化、经济及宗教因素对建筑形式的影响。譬如,由于我国是多民族国家,各民族的文化历史传统和生活习惯不同,所以各族民居在平面及空间处理、构造方法和艺术风格上表现出多种形式。这种种不同的民居作为各地特有的人文景观,体现了各地不同的民俗风情,这也是我们去各地游览的直接感受。

这里我们选择几款颇具特色的民族民居作简单的观赏性介绍。

1. 游牧民族的蒙古包

蒙古包是草原上一种呈圆形尖顶的天穹式住屋,其构建材料有编壁、椽子、门框、圆顶、围毡、衬毡、毛绳等。编壁蒙古语称"哈纳",是用若干根细木棍互相交叉,用毛绳或皮绳连接成的活动围子。木棍之间有一定间隔,可以拉开收合,蒙古包的大小,就是由所用的哈纳数量多少决定的。一般中等规模的蒙古包,多是由5~6块哈纳围成,最小的4块哈纳,大的有8、9、10、12块哈纳。12块哈纳的蒙古包,过去只有王爷和大喇嘛才有资格居住。椽子蒙古语称"乌尼",长约2米,一端为圆形,另一端修成方形,整条涂上红漆。一座蒙古包约需乌尼60根。包门由门框、里门扇、外门扇三部分组成,高约1.2米,宽约0.8米,门扇多以红、黄两色彩绘,绘有浓郁民族特色的图案。圆顶蒙古语称"套脑",是蒙古包的顶窗,为一锅状漆红木架。围毡、衬毡、套毡多为素色毛毡,只是套毡装饰有蓝色或红色的"十"字图案。毛绳用于捆扎绑勒,长达数十米,用马尾、马鬃、驼毛等编织而成。

牧民游牧来到新的草场,选好地址后,先在选定的地址中心位置安放炉灶垫板,然后在适当地方安立包门。包门立好后,从包门两侧展开哈纳,用绳索绑牢勒紧,并反复调整,使成圆形。勒绑的上下两根绳索一头系在左门框上,另一头绕哈纳系在右门框上。之后,让个子较高的人双手高举圆顶套脑,站立于哈纳圈围的圆心,众人则以门框两角为起点安插乌尼杆子,乌尼杆子方形的一头插入套脑底边圆形榫眼,另一头架在哈纳上并用毛绳系牢,使套脑与哈纳连接,构成蒙古包的骨架。接下来是内挂衬毡,外围围毡,上覆套毡,并用毛绳绑紧系牢,这样,一座精巧美观的蒙古包就搭成了。

六块哈纳围成的中等规模的蒙古包,从外形上看其体量并不很大,但是包内使用面积却不很小。生活在蒙古包里的牧民,习惯将蒙古包内部平面划分为前、后、左、右、中和左前、右前、左后、右后等九个方位。正对"套脑"的中位为火位,置有供煮食、取暖的火炉;火炉的烟筒从套脑伸出包外。以火位为中心,火位前面的正前方,为供人们进出的包门,包门一般多朝南而设。包门两侧,左前方为置放马鞍、奶桶的地方,右前方安置有案桌、橱柜等,是炊事的地方。火位的左、右、后和左后、右后五侧,沿哈纳整齐地摆放着绘有民族特色花纹图案的木柜木箱。木柜木箱前面,铺上厚厚的毛毯和地毯,这是家庭成员室内活动的中心,也是夜晚就寝的地方。蒙古族习惯以右为贵,以上为尊,因此,蒙古包内正对火位的一方为尊位,是男性长辈坐卧的铺位,也是招待宾朋好友的地方;尊位右侧,是男性成员的铺位;尊位左例,为女性成员坐卧之处。有了对这些基本情况的了解,当你走进蒙古包就可随乡入俗,体验游牧文化了。

2. 西北山地的碉楼

岷江上游茂汉、波川、黑水、理县一带的羌族碉楼,多建在高山或半坡台地上,故称山寨。过去,因民族之间和民族内部氏族间经常发生冤家械斗,所以山寨选址多在地势险要难攻易守的地方。寨址一经选定,以后人口增殖、兄弟分夔，增建新房，均在老寨范围之内见缝插针，因地制宜，顺势建盖。因此，古老山寨碉房栉比鳞次，房舍拥挤不堪，寨内巷道狭窄，两侧墙垣对峙，若从远处望去，宛如欧洲古堡。初入山寨巷道，酷似进入迷宫，若无寨人领路，必定辗转难出。

羌族群众建盖碉楼，不画图，不用线，砌墙全凭眼看。碉楼四周墙体，皆用片石砌成。片石就地取材，山坡岩下河边，随地可以撬取，大小方圆不拘。砌墙时，石片上下相压，内外交搭，中垫泥浆，随意叠砌，大小长短，各得其宜，外显层次，整齐有序。碉楼基础，视地基情况设埋，深浅各有差异。为了稳定墙身，相对加厚墙脚，并从基础开始，直接砌叠墙身，使墙基和墙身连成一体。往上逐渐收分，下部收分较多，上部收分较少，保持墙身外收内平。室内多用梁柱承重。梁的一端，嵌在墙身，另外一端，架在柱上。梁柱之间，皆垫替木，当地羌族群众称之为"拐扒子"。梁柱结合方式有两种，一种是梁与替木同一方向，左右二梁架在替木上，两梁接头正对柱心；另一种是梁与替木相垂直，左右二梁互相交错横置于替木之上，梁头伸出替木两侧。为了防止梁柱衔头移动，特在柱头、替木和梁木接触之处加做木榫，以免互相之间滑动移位。碉楼顶层即为屋面。屋面的建造是在承重的木梁上放上直径约 0.1 米的檩子，檩子之间的距离约 0.2 米，再在檩子上密放柴花子，柴花子上铺油竹竿或黄刺，黄刺层上再铺黄土并夯实打平，夯实后的黄土层厚约 0.4 米，然后局边再砌高约 0.6 米的女儿墙，女儿墙顶盖上约 0.05 米厚的石板，黄土夯实的屋面坡向女儿墙，女儿墙根用石槽或木槽伸出墙外以利排水。这样处理的屋面，既能隔热、保温，又能防雨、防雹、防鼠、防蛇（鼠、蛇怕黄刺）。

羌族碉楼，多为三层，底层围畜，中层住人，顶层为屋面，亦为多功能的"房背"，为便于防卫，底层通常只开一门，以供进出。房门大多朝向南方或者北方，忌讳朝东开设。羌族群众认为，大门不朝东开设，可以避免与太阳相斗；朝南或者朝北，可以求得大吉大利。四周墙体，均不开窗，只在接近楼层之处开有数个气孔。气孔内低外高，向上倾斜，内小外大，略可透光。室内根据楼层分间情况，用片石砌分间承重墙，将底层内室划分为若干小间，各间均有门洞相通，便于牲畜出入。底层墙角设有独木楼梯，直通中层主室。中层楼面全用板铺，这里是住宅的中心所在，是家庭成员日常起居的地方。围绕主室，布置有卧室、贮藏室等。主室以及卧室、贮藏室等的房门，都忌讳正对着大门，他们认为，鬼走路时只会直走而不会拐弯，万一不慎让鬼趁机进入碉楼，它也因不会拐弯而进入不了房间，也就无法作祟于人。主室面积较大，一般均在 30～50 平方米左右，楼层净高达 4～5 米。主室后墙，设有雕刻精细的神龛，上供"天地君亲师"牌位。神龛正对面、主室的中央，设有锅庄（即火塘）。锅庄周围，不仅是家庭成员炊事、用餐、休息、议事、待客等活动中心,也是节日喜庆时人们喝酒、跳锅庄的空间场所。主室外墙开窗较少,窗口较小,为了增加主室光线,亦为了排除锅庄火烟,主室顶部(即顶层屋面)多开有1~2个边长0.4米的正方形天窗。天窗平时敞开,雨天盖上石板。碉楼顶层,后面部分局部升起一排敞廊,当地羌族群众称之为"罩楼",从中层上顶层的楼梯口就设在罩楼内。罩楼除去设梯口以外,其余敞间多用作贮藏粮食和堆放杂物。罩楼前面的楼顶"平地",当地羌族群众称为"房背"。从人居住层经垂直交通的独木梯到罩楼再到"房背"这一由室内到室外、由封闭到开敞、由昏暗到明朗的过渡,使人感到豁然开朗,视野广阔,感受到人与自然的融合,给人以无穷的享受,因此,这面积不太大但别有天地的房背,便成为老人休闲散步、儿童游戏玩耍的地方,以及脱晒粮食、家庭编织、捻线刺绣等家务劳动的重要场所,成为一块不受外人干扰的用途很广的复合空间,是室内空间的外延部分。羌族群众崇奉祖先,敬仰天神。祖先、天神的化身是羌语称之为"阿渥乐"的白石,它被供奉在屋顶的塔子里。每天早晨旭日东升、黄昏夜幕降临,羌族群众都要在屋顶塔子里焚烧柏枝,表示敬神。若是遇到天灾人祸,总要上到屋顶祭招祈祷。逢年过节,全家老小必在屋顶祭祀祖先诸神。所以,房背又是家庭迎神祭礼的圣地。

20世纪50年代以后,尤其是80年代以后,羌族地区的山谷、坪坝相继出现了一些新的村寨。新建村寨多选址于河边、路旁。无需防卫,碉楼山寨的传统民居形式在外观上有了一定的改变。而且,除了建筑布置相当规整外,村寨内还出现了学校、商店、粮库、晒场等新的公共设施。总之,新的生活正在不断地改变着羌族这个古老民族居住文化的内容。

3. 西南山区的石板房石头寨

贵州省安顺地区镇宁县有国家级风景名胜区,著名的黄果树大瀑布,其附近的扁担山区一带是布依族石房建筑比较集中的地区。这里方圆百里,山峰秀奇,树木荫翳,溪河清澈,蜿蜒如练,群瀑争辉,跌水跳荡,深潭凝碧,白水如棉。一个个三五十户或百十来户人家的布依族村寨,就坐落在这青山绿树蓝水银瀑之间,像一颗颗玲珑剔透的宝石,镶嵌在五彩缤纷的画面上。值得一提的是,这里不少的村寨,其名多冠以"石"字,如石头寨、石板寨、石板哨等等。这些村寨里,河面上的小桥、溪流畔的堰堤、稻田边的护坎、村寨旁的小道,都离不开一个"石"字;家中的用具,如碓、磨、缸、钵、盆、槽、桌、凳等,也多为石制。这一带溶洞也多,洞中自然是数不尽的石笋、石壁、石林、石人、石马、石鱼、石花、石果等等鬼斧神工、姿态万千、妙趣横生的石头风光。

布依族山寨,大多依山傍水,寨后是青青石山,寨前是片片农田,寨边竹影婆娑,寨中古树苍翠。一座座石墙石瓦的岩石民居建筑,就是在这样一种如画的背景上依山就势、错落有致地沿等高线布置在向阳山坡上。铺上石板的村寨道路,蜿蜒曲直,通往村外,连接上可通机动车辆的大路。山坡上的布依族石房,其平面布局大多为一正、一正一厢和一正两厢的院落组合形式。一正两厢的院落,正房布置于向阳的正中方位,多数为三开间,左、右两侧为厢房,连接厢房的是院墙,构成封闭式院落。院门或设于院墙正中,或设于院墙左、右侧。一正一厢的院落与一正两厢的院落布局大体相同,只是只有一侧厢房,另一侧是山墙,中间为半封闭式院落。只有正房的院落,两侧均为山墙。

　　三开间的正房,多数为墙柱混合承重结构体系。墙身承重的石房,外围护墙与室内分间墙连成一体,室内不用柱子承重,各楼层和屋顶的横梁和椽子两端都架在外围护墙和内分隔墙上,使整个建筑的荷载全部由内外墙负担。两厢楼层和屋顶的横梁、檩子,一端也架在步架各檩上,另一段则架在山墙上,作为整个建筑围护结构和稳定结构的外墙与室内木构架共同承担屋顶的重量。屋顶所覆盖的,是天然生成、厚薄适中的石板。出于不同的审美情趣,有的人家喜欢将石板裁割加工成大小一样、方方正正的方块,自下而上盖成形状整齐划一的菱形图案;有的人家则喜欢裁成上方下圆的小块,也自下而上以上压下地盖成花瓣形;亦有的不做加工随料巧布盖成鱼鳞形的等等。这些不同的铺盖方法所形成的种种图案,或者构图严谨,富有装饰性,或者自然天成,富有山野味。其墙体多使用毛石、料石砌筑。这两种石料,有的经过精心的加工,有的只稍加打凿,有的则不做任何加工信手使用。经过精细打凿加工的石料砌成的墙体,墙面显得密实、平整、有序、美观,给人一种自然天成、生动活泼、富有生机的感受。

　　一正两厢一院落是典型的中华民族传统住宅,却也有布依人家的特色。一正两厢的院落多为二层,左侧厢房底层为牛、马圈和农具房,楼层为女儿卧室和织绣蜡染房;右侧厢房底层为磨房、饲料房,楼层为男孩卧室和客房。正房三开,正中的房间作为堂屋。堂屋是整个住宅最为神圣的空间,是祖先神灵栖息的圣地,是家庭各种节庆礼仪活动的场所,是举行各种家庭祭祀活动的地方。堂屋前面是与堂屋等宽、深约 1.5 米的前廊。此一前廊,是堂屋(室内空间)与院落(室外空间)的过渡地带,是家庭成员尤其是年迈老人纳阳、乘凉、休闲的重要场所。姑娘们也常在这儿从事蜡染、刺绣活。堂屋左右间的布局也有特色,其中卧室大多布置在房屋的前半部分,而房屋的后半部分则多用作伙房,形成前半部分为居住区、后半部分为生活区的特殊布置格局。约占整个正房面积 1/2 的伙房,一般三间连通,中间不加间隔,里面根据需要在适当位置设置供烹饪、煮用的火灶,供烤火、取暖的火塘以及碾粉用的石磨、舂米用的舂碓等。

贵州安顺扁担山区布依族石墙石瓦的岩石民居建筑,可以说是我国少数民族民居建筑因地制宜、就地取材的典型实例,是布依族群众在传统民居建筑方面非凡才智的表现。

4. 客家人的世界遗产土楼

在我国的传统住宅中,福建永定的客家土楼独具特色,有方形、圆形、八角形和椭圆形等形状的土楼共有800余座,规模之大,造型之美,既科学实用,又有特色、构成了一个奇妙的世界。土楼群的奇迹,充分体现了客家人集体力量与高超智慧,同时也闪耀着中华民族优秀文化的光彩,自改革开放以来,永定土楼越来越为世人所瞩目,闻名世界,被称为人类文明史上的一颗明珠。

根据史书记载,远在唐末五代时期,永定客家先民,为了防风避雨和御寒,就建造了泥墙土屋,这可算是土楼的雏形了。后由单家小屋发展成连屋大楼。永定客家土楼从明朝开始迅速发展,到清代达到了鼎盛时期。永定客家土楼中最古老的土楼——馥馨楼,建于公元769年,至今已有一千二百多年历史,现大体保存完好。有据可查距今600年历史以上的现存还有古竹乡高东村的振兴楼,湖坑乡奥杳村的日应楼等等。百年以上的土楼有近600座。

由于客家人居住的大多是偏僻的山区或深山密林之中,当时不但建筑材料匮乏,豺狼虎豹、盗贼嘈杂,加上惧怕当地人的袭扰,客家人便营造这种抵御性的城堡式建筑住宅。土楼最早时是方形,有宫殿式、府第式、体态不一,不但奇特,而且富于神秘感,坚实牢固。楼中堆积粮食、饲养牲畜;有水井,若需御敌,只需将大门一关,几名青壮年守护大门,土楼则像坚强的大堡垒,妇孺老幼尽可高枕无忧。由于方形土楼具有方向性、四角较阴暗,通风采光有别,所以客家人又设计出通风采光良好的,既无开头又无结尾的圆楼土楼。

在当今土楼中最壮丽堂皇的、最有代表性的是洪坑村振成楼。振成楼的建筑结构奇特,圆楼外左右有对称的半月形馆相辅,外观建筑恰似一顶封建官吏的乌纱帽,主体是以我国神奇的八卦形所布局,是楼中有楼的二环楼。外环楼是架梁式的土木结构,内环楼是砖木结构,有外土内洋之称。外环楼墙是当地取材的生土经加工后夯筑而成,墙内每10厘米厚布满竹板式木条作墙筋,楼高19米。内外三环共有208个房间。第一层作厨房和饭厅,二层作粮仓,三、四楼则为卧室。每层楼有房间40间,配4副楼梯,按八卦方位设计,乾巽艮坤卦位为公共场所,分别为后厅、门厅和左右侧门;坎震兑离卦方位为住房,各配楼梯,概设门户,户闭自成院落,卦门开连成整体,卦与卦之间设防火隔墙,建造成辐射状八等分,每封之间设有男女浴室和猪舍。具有卦门开即连成一体,卦门闭则自成小单元。

楼中楼是二层建筑的砖木结构,内有石雕柱脚、木刻门面,有琉璃瓦当和窗户,二楼走廊栏杆是铸铁铸成有梅兰菊竹为图案的栏杆,紧连着全楼中的中心大厅——楼中的重要活动中心场所,作议事厅、宴客厅,并可兼做戏台。楼上观戏台上中间比两旁高6寸,中间为客人座位、两旁为主人座位,意味着客人比主人高一等,这也是客家好客的象征。大厅非常壮丽堂皇,天井中有两个小型的花圃作点缀,更显雅致。楼内的东西两侧设有两口水井,也就是八卦图中的阴阳二太极,代表日月。令人奇怪的是,东西方两口井水的水位高低不同,东高西低而且水温也有所不同,但井水都清凉可口,取之不尽,用之不竭。

圆土楼有抗地震功能,据永定县志记载,1940年农历正月初六日,县内发生强烈地震,倒塌不少方型土楼,而所有圆形土楼则安然无恙,而南溪村圆土楼环极楼的大墙当时被震开尺余宽的裂缝,地震后又自行复合,现尚有一裂缝为证。有人说这不是神话吗? 不,这是有科学道理的,因所有土楼的墙体都设计向内倾斜,自身有"向心力"。圆形土楼可防风,因外形为弧形,风压力不大。振成楼的独特设计可防止火灾,因卦与卦间有隔火墙,万一失火,只能烧一卦,不会蔓延。现后厅有两卦在1929年被人放火,现在重修的痕迹是保存下来的土楼可防火的历史见证。土楼还可防盗,盗贼进入土楼后,八卦门如果关闭,盗贼是难以逃脱的。楼外顶墙处每卦设有瞭望台,作为土楼里面军事防御设施。厨房煮饭时火烟是从每间厨房中间墙中预设计好的烟囱直上瓦面冒出。

1985年,振成楼的建筑模型曾同北京的天坛模型一起送往美国洛杉矶参加国际建筑模型展览,以其独特的风格和别具一格的造型,被认为是客家人聪明智慧的结晶,是中华民族优秀的文化遗产。客家土楼已被列为福建塑造的五大旅游品牌之一,开发土楼旅游区建设永定客家土楼民俗文化村,总投资五千九百万美元。土楼民俗文化村选址于永定县湖坑镇洪坑村,将建设客家风情园、土楼绿色庄园、土楼宾馆、土楼山庄等,并对村内八座典型的土楼建筑按原貌修复设置为客家民俗风物展馆。

5. 西南林区的干栏式建筑

干栏式建筑几乎世界各地皆有,如欧洲的湖中住宅,日本和南洋群岛也有此种建筑。在中国,干栏式建筑广泛分布于南方。南方炎热多雨,地气上蒸,土多潮湿,人居楼上,可以避暑防潮;南方多毒草、毒蛇、毒虫和猛兽,居于楼上,便于防御;南方民族多以定居农业为生计,除了农作还饲养家畜,家畜圈养楼下,便于照管;更重要的一点,还在于此类建筑形式对地形变化的高度适应性,水平空间、竖向空间几个方向均可随意调整,什么样的复杂地形都可应付自如。

从我国各民族的实例看,干栏式建筑可分为支撑框架体系和整体框架体系。支撑框架体系为由下部支撑结构和上部围护结构组合而成的复合形式,整体框架体系为下部支撑结构和上部围护结构呈整体框架的形式。根据建筑剖面的不同,整体框架体系又分全楼居、半楼居两种。云南西双版纳一带傣族的竹楼,可以说是全楼居干栏式民居建筑的典型;贵州雷山、台江、丹寨一带苗族的吊脚楼,是半楼居干栏式民居建筑的代表;而怒江大峡谷傈僳族的"千脚落地"竹篾房和海南岛五指山腹地黎族的"船形屋",则是支撑框架的典型。

傣族干栏式建筑,是以竹子为主要材料修建,竹柱、竹梁、竹檩、竹椽、竹门、竹墙,就是盖在面上的草排,也用竹绳(竹篾)拴扎。有的地方,甚至将竹一破两半盖顶。由于建筑材料以竹为主,故有竹楼之称。

西双版纳一带傣族竹楼造型美观独特,人字形的屋脊下,是四个屋面,分上、下两层,上层住人,下层无墙,距地约1.8~2米,用于安放脚碓、织布机和堆放其他杂物以及饲养禽畜。底室一般不筑墙设壁,四无遮拦,仅在院外筑墙,设栅。整幢竹楼,歇山屋顶,坡陡脊短,梁深柱低,阴影浓密;平面布局灵活多样,立面轮廓富于变化,建筑装饰朴实无华。院内栽满瓜果花草、充满诗情画意。登上9级或11级踏板楼梯,就上到了傣家竹楼的前廊。傣家竹楼的前廊三面开敞无墙,竹板楼面光滑清洁,十分宽敞明亮。前廊外沿设有靠椅,便于家人、来客小憩,是日间乘凉、休息、进餐和家务活动、招待客人的辅助场所。前廊的一端,是面积约12平方米的晒台,晒台有的设有低栏,有的悬空无栏,是早晚洗漱和洗晒衣物、放置水罐的地方。宽敞的晒台和明亮的前廊,共同组成傣家竹楼的室外组成部分,是家人室外活动的重要空间。竹楼室内纵向分割为堂屋和寝室两部分。堂屋近门处,设有火塘一方,火塘以木框架,填土0.2米,与楼面齐平。内置铁三脚架的火塘,供烹饪、煮茶、取暖、照明用。火塘上方,吊挂一个方架,用于烘烤谷物等用,充分利用炊火的功能。靠窗处铺有长约6米、宽约2米的竹席,是接待宾客的地方,也是室内活动的中心。室内陈设较为简单,除了饭锅水罐以及盛水用的盂形瓦罐等少量钢铁或陶瓷器皿,其余桌、凳、箩筐、碗柜、衣箱等等均为竹制。堂屋与寝室之间的竹编篱笆隔墙设两个门,以供出入。门上悬挂布帘,以遮视线。这两个门,一个在男柱一侧,习惯上是家庭男性成员进出寝室的门。另一个门在女柱一侧,是家庭女性成员出入寝室的门。寝室一般不准外人进入。卧室总为一间,不加间隔,家庭成员,同宿一室。寝室无床,悬挂布帐,席楼而卧。

傣族竹楼轻巧简洁,朴素无华,轮廓丰富,典雅大方。屋顶和梁柱,墙面和敞廊,构成强烈的虚实对比,形成一个轮廓多变、光影错落、富于建筑空间感的优美形式,是傣族人民长期以来在生产、生活实践中适应自然条件、经济条件并经过无数次的筛选而定型的。千百年来,傣家竹楼经历了从竹质结构建筑、木质结构建筑到砖混结构建筑的变化。早年那种竹柱、竹梁、竹门、竹墙的竹楼现已成"历史文物",但竹楼这个名称却依然响亮。如今的竹楼,其实已经以木材为主要材料,是木柱、木梁、木檩、板墙的瓦楼。城镇附近的傣寨里,还出现了一批钢混结构,瓷砖贴面的现代式民居。昔日客厅中的竹桌竹凳已被家用电器和沙发取代。如今的竹楼,阳台上有花,竹楼旁有果。只要走上阳台便可赏花、摘果,这样的"楼居"已是今非昔比。到西双版纳游览的客人,如要感受真正传统的竹楼,请到远离城镇闹市的僻远的深山密林处。

二、四合院,中国民居建筑的代表

四合院是一种很有意思的居住文化现象,是中国传统民居的重要组成部分。在大多数人心目中,这些民居只不过是些与现代文明相距越来越远的老房子。然而,正是这些千百年来与人们朝夕相处的老房子所散发出来的文化气氛滋养了中国一代又一代人的心灵。那弯弯的街巷,高高的门楼深深地铭刻在一代又一代人的记忆中,牵动着远方游子思乡的情怀。这些老房子对于生于斯、长于斯的老百姓来说是再熟悉不过,亲切不过的了。它始终静默地伫立在那里,忠诚地记述着一代又一代人的沧桑轮回,生动地记录了我们祖先真实的生活场景,同时也凝结了中国几千年的营造经验。

我国无论从北到南还是从东到西都有四合院的分布,东北的大院是四合院的形式,云南的"一颗印"也是四合院的样子,就连陕西的下沉式窑洞都是四合院的布局。可以这样说,四合院是中国民居中最基本最普遍的一种形式,是中国民居建筑的代表。

四合院就是四面用房子围合起来的院落。一般北方的四合院是由五开间的北屋、五开间的南屋、三开间的东西厢房组成。如果院落是坐北朝南的,大门就位于整个院落的东南角,进了大门,迎面是照壁,照壁的左边是一座月亮门,跨过月亮门,就进了前院。前院很窄,仅五间南屋,前后院之间有二门相连。二门的叫法、做法各地不同,北京人称之为"垂花门",雕饰非常精美。过了二门,才算是到了正院,即主人居住的地方。正院迎面为五间高大宽敞的北屋,左右为对称的东西厢房,院内还种上一两棵石榴树。这是标准北方四合院的格局。复杂的四合院有四五进院落之多,由几座四合院相套,简单的则没有前院,只有三间或五间的南屋。北屋和两间东西厢房一围,便成了四合院形式的院落。从空中俯瞰这些或简单或复杂的院落,都呈现出四周封闭、中轴对称、前后有序的形式。遍布我国大江南北的四合院不仅仅是中国人的一种居住方式,更体现了中国千百年来形成的一种秩序——封建宗法制度。

首先,四合院是封闭的。从外观上看,无论是南方还是北方,四合院四周都是高高的院墙,墙上绝少留窗,即使留窗,也是在高高的墙顶上留那么小小的一两扇,可望而不可即,更别说窥视院内的一分一毫了。整个院落被院墙森严封闭,只留一个大门,而且这大门在无人出入的绝大多数时间总是紧闭的。过去有句老话"关起门来过日子",说的就是这种情形。四合院的这种封闭格局是和中国人内向、保守的心态分不开的,而这种封闭心态又与中国人千百年来安于现状、与世无争的处世哲学和自给自足的小农经济分不开。可以说四合院的格局很符合中国人封闭的心态,而中国人的封闭心态又造就了四合院的这种格局。这与西方以房子为中心,四周开敞的布局截然不同。东西方民族的不同性格通过其所居住的院落可见一斑。

其次,四合院强调中轴线,采用对称的布局。四合院的主要建筑都位于中轴线上,如倒座、二门、北屋等,这些建筑严格对称且沿南北纵深发展,东西厢房和前后院落也采用对称的手法,给人的感觉就是统一和严谨,大户人家的院落往往由若干四合院组成,先是在纵深方向增加院落,再横向发展,增加平行于中轴的跨院。四合院的这种布局适应了中国传统家庭起居习惯,也体现了中国家庭的伦理道德。两千多年前,《礼记》中就有"居处有礼"、"居处不庄非孝"的居礼要求。

中国传统的家庭一般为三世、四世,甚至五世同堂,一大家子多的有几十口人同住在一起,因此四合院中长辈住哪间房子,晚辈住哪间房子,客厅在哪儿,厨房在哪儿,都有严格的要求。"男子昼无故不处私室,妇人无故不窥中门","女仆无故不出中门,有故出中门亦必拥蔽其面"……严格的封建礼教被无形地融入四合院的布局中。在多进四合院中,二门中的四扇屏门是长年不开的,即使进了前院,跨入二门也看不到内院的活动。北方的大宅院除了位于院落中轴的通道外,在跨院之间还有长长的夹道,供佣人行走;在南方,这种夹道被称为备弄,狭长幽暗不见阳光,走在里面看到的只是建筑的一处屋角。这种建筑布局沉闷而压抑,束缚着普通人的自由与性情。如在一个二进院落的北方四合院中,后院的五间北屋高大宽敞。四季朝阳,其中间为堂屋,家中长辈住在堂屋右边的东屋,而西屋一般为成家的长子夫妇居住,其他子女住东西厢房。如果家中人口还多,也有住在南屋的。不过南屋一般是不住家人的,常常作为书屋和贮藏间,偶尔作为客人和佣人的住处。这是最普通的三代同堂的小康人家院落布局,温馨而亲切,洋溢着浓郁的家庭的气息。在这样的院子里常见到这样的场景：阳光下，石榴树旁，一位慈爱的老人坐在躺椅上，笑眯眯地逗弄着绕膝嬉闹的孙子，儿子、儿媳在一边儿忙碌着。四合院严谨有序的布局，从某种意义上说是对封建宗法制度的维护。

三、北京四合院与胡同游览

北京四合院的名气实在太大了，以至于一提起四合院这几个字，不管在南方北方，人们自然都想起北京的四合院。这不奇怪，从曹雪芹的《红楼梦》到老舍的《四世同堂》、《茶馆》，人们都可以看到北京四合院的影子，即便是不懂建筑的人也可以从中领略到它的韵味。前几年《四世同堂》和《皇城根儿》等电视剧的播出，更形象地再现了北京四合院的风采。如果说故宫、颐和园所构成的是京派皇家文化的话，那么北京的四合院所代表的却是地地道道的京味市民文化，给人的感觉是亲切风趣。正是这大俗大雅的京派京味文化才构成了北京这座文化古都的无尽魅力。在很多人看来，四合院已不再是孤立的民居建筑，它同北京的胡同、幽默的京腔、悠闲的遛鸟、风趣的侃大山联系在一起，形成了独具特色的京味文化。

昔日的北京既有规模浩大的王府，格局严整的富商巨贾宅第，也有平民百姓的寒舍。王府宅院占地数十亩，房间几百间，七八进的院子，还多带花园，那种帝王之大只有北京才有。如恭王府就是现在的中国艺术研究院，进门后要穿过大大小小的许多院落后才到后院，而这些院落中的一个院落，无论布局还是雕刻，都耗尽心思，巧夺天工。恭王府的后院是一长溜罩楼，楼的形式在北方本来就很少见。就是有也顶多是三五间的绣楼或闺楼，而这种东西厢楼和后罩楼相连的规模确实让人惊叹。也许正因为受这些宏大四合院的影响，北京的那些普通的四合院也透出一种威严、庄重的帝王之气。如果把北京、济南两地的门楼做一个比较，就普通人家的门楼来讲，北京四合院的门楼厚实、严谨、威严，连门楼上的瓦脊也为龙的纹样，而济南的门楼就质朴得多，而且少装饰。

当然，北京四合院最常见的类型还是那种三进的四合院。这种四合院的大门一般位于东南角，门楼极为讲究。进了大门，迎面是精美的照壁，然后左拐，就进了前院，前院一般有房五间，前院与后院之间由垂花门相连，这是北京四合院装饰的重点部位。后院有正房和东西厢房，院子里多种石榴树，上挂鸟笼，下设鱼缸，五间正房多位于石阶之上，三间两耳，也就是中间三间高大，东西两间耳房矮小，正房后还有一个小后院。这是老北京最普通的院落布置，对北方其他地区的院落影响很大，像河北、山东、山西等地的四合院，都是受了北京四合院的影响。

北京四合院的另外一个特点就是数量之多令人惊叹，以至于有人形容北京四合院像海洋一样，截止到1949年，北京城区有名的街巷有6 074条，其中胡同1 330条，习惯上，人们把街巷之类统归于胡同。50年代曾统计当时北京共有四合院1 700多万平方米，这样大的规模也只有北京才能有。大大小小的四合院背靠背，面对面，平排并列。为出入方便，每排院落间留出通道，这就是胡同。在北京，胡同被称为城市的血脉。北京有句老话，大的胡同三百六，小的胡同赛牛毛。大大小小的胡同纵横交错，织成了荟萃万千的京城。古老京城里多如牛毛的胡同不仅演绎出了老北京的故事，也孕育了世世代代的北京人。

北京悠久的历史文化历来为文人向往。近100多年间，北京的胡同里容纳养育了很多政治家、思想家、科学家、艺术家、作家和画家，康有为、谭嗣同、程砚秋、梅兰芳、林语堂、鲁迅、茅盾、胡适、郭沫若、孙中山、宋庆龄、冰心、老舍等等都在胡同里留下了他们生活的印记，留下故宅的浪漫故事。一条胡同一部历史，一条胡同就有一段讲不完的故事。目前北京光挂牌的名人故居就有近百座。这是中国任何一个城市所不能比拟的，北京四合院也因此备受瞩目。胡同和四合院是北京的有机组成部分。

夕阳西下，一抹淡淡的阳光柔和地洒在京城那些幽深的小胡同里。精致的四合院，黝黑的宅门，锃亮的门钹，老槐树下扯闲篇儿的老人，追逐玩戏的孩子，还有那由远而近、略带沙哑的"磨剪子来锵菜刀"的吆喝声……几年前兴起的北京胡同旅游，展示北京胡同的文化历史和京城百姓的民俗风情，受到海外游客的青睐。外国朋友在北京的胡同里流连忘返，连声称赞："北京的胡同太美了，太迷人了！"

紫色车篷罩着黑亮的三轮车，蹬车的小伙子一色褚黄背心，黑灯笼裤，黑鞋黑毡帽，随着"叮叮当当"的清脆的车铃声，载着外国游客的三轮车缓缓在鼓楼脚下的南、北宫房胡同，大、小金丝胡同漫游。偶尔，游客们停车下来走进四合院，看看普通居民的生活环境。

走进一个个四合院，一抬头，屋檐上镶着"平安如意"的砖雕；门上方两侧伸出精雕彩绘的门簪，门簪上刻着"吉祥"二字。抱鼓石上的小狮子栩栩如生，迎面的影壁中心斗大的"福"字，看着就舒坦。拐弯顺右手走，垂花门上绘着各种吉祥纹样的彩绘，窗户上贴着"年年有余"的剪纸。

对于外国人来说，具有几百年历史的胡同就是一个北京人生活的历史博物馆。砖砌的门楼，雕花的墙饰，房顶上随风摇曳的几丛衰草，土造的太阳能热水器等，都引起他们一串串的提问。遛鸟的老人成了抢拍与合影的对象，天真的娃娃招来一片赞叹与欢笑。十几位从芬兰来的客人坐上从未见过的三轮车高兴得不停拍照,几个小伙子甚至吹起响亮的口哨。一位美国记者写道:"漫步走进北京的胡同,就像钻进一个时代文物的仓库,既看到了北京的过去,同时也看到了现代文明对这个城市的渗透。"一位英国作家说:"胡同旅游是我在北京7天里印象最深的一次活动。"芬兰人安娜莉说,胡同旅游是个非常好的主意,为游客提供了难得的机会去看北京普通人的生活,使他们拉近了与北京市民的距离。一些港澳同胞,来自新加坡等地的海外华人则另有一番感受,他们看北京的胡同,最为真切地感受到祖辈古老故事里留下的古老文化,找到了回家的感觉。

(参阅姜波《四合院》中北京的胡同,山东教育出版社1999年版,罗汉田,庇荫,《中国少数民族住居文化》,北京出版社2000年版等)

[案例思考题]

徽州古民居、永定土楼都已进入世界文化遗产名录,你认为可从哪些方面认识传统民居的文化创造?民居只是百姓日常生活的住处,为什么传统民居在今天能有旅游价值?你从传统民居中观赏到哪些文化创造的内容?

[要求]

1. 尽可能运用教材所提供的观点来分析;
2. 对比当今工业化时代整齐划一的民居来思考;
3. 3 000字以上,打印稿,两周内完成。

第五章　人际直面交往与文化传播

关于旅游的概念,世界上虽没有统一的定论,但各国学者绝不会否认旅游是暂时离开居住地前往异地且不导致在异地长期居留的活动。毋庸置疑,旅游首先就是人的活动,是旅游者离开久居地前往旅游目的地的活动。由此,旅游也就必然导致客源地与旅游目的地在空间关系上的相互作用。旅游者的迁移,伴随着物质流、信息流、文化流和经济流,促使旅游目的地与客源地发生物质的、信息的、文化的、经济关系上的相互作用。旅游,在旅游者本身得到身心满足的同时,既影响着旅游目的地东道主的生活与环境,也反作用于客源地的社会经济文化发展。目的地、旅游者和客源地各自独立的三者,在旅游事实的开展中,都在发生着文化变迁与涵化作用。

正因为旅游与生俱来的本质属性,我们才说旅游文化的实质就是旅游的跨文化交流(概念链接 5-1)。

第一节　旅游,当代民间跨文化交流活动

我们要感谢人类学家做过的这个统计,他们使我们知晓,迄今为止在我们这个星球上生存过的大约 800 亿人中,90% 以上的人处于生活空间转换的生存状态之中。从量与质相统一的哲学思维分析人类这一生存事实,今天的学者应该可以更全面地把握人类迁徙与定居这一对立统一的生存辩证法。何者是人类更为根本的生存状态呢? 就整个人类而言,迁徙、漂泊、流动、交流、旅游、旅行……说法都一样,转换生活空间是常态的,是人类根本的生活状态。在人类诞生之初,在文化创造的源头,人类在迁徙和流动中生存与发展,在出现了定居生活方式后人类仍然没有停止过他们出游和交流的脚步。人类将在转换生活空间的和异质文化的交流中源源不断地发展下去。定居是迁徙的补充,是暂时。在人类的历史中存在过有迁徙、游牧而不知定居的时代,而从没有过单一的定居时代。严格的定居就是封闭,封闭就会导致静止、退化乃至毁灭,这样的实例在文化人类学那里俯仰可拾。现代社会,人们似乎已无须迁徙或漂泊,定居生活已一切就

绪之时，旅游就成为深藏于人类无意识中迁徙情结的必要补充和代偿。这时，旅游成了推动定居人民创造生活和发展的必不可少的动力。在未来的社会里，古老的转换生活空间的生存方式将越来越失去其存在的可能，而旅游，包含着那些商业动机的、求学求知动机的、科技、艺术、宗教等文化交流动机的……笼而统之的大旅游将越来越发达。或许人类由农耕和工业生产而定居下来的生活方式会"还原"，特别是在后现代生活趋势下，人们或许会为拥有两处或多处居住地的季节性定居，过一种定居和旅游互补的生活方式。

在《我是"全球人"——无国界生存者宣言》一书的扉页上，作者写下了这样的诗句："未来的生存趋势/或许不仅是血统的混合/更是文化的融合/四海为家者创造的现代故事/带给人们的究竟是什么/——迷惘、思索、鼓舞、梦想……"[1]

一、跨文化交流与当代世界旅游大趋势

跨文化交流从其现象来看并不是什么新东西，所有的远程旅行、旅游都是在具有不同文化背景的人们中进行的接触，由此也肯定会产生跨文化交流。跨文化交流当然古已有之。我们甚至可以说，跨文化交流的历史，就是人类本身的历史。

在有文字可考的历史中，古代巴比伦著名的汉穆拉比法典的第280条和第281条，就记载了到国外购买奴婢的规定。古代埃及在公元前1750年，远在古希腊智者踏上埃及土地之前就有埃及人与亚洲人交往的记载："真的，亚细亚人已经越来越变成和埃及人相似，而埃及人却变成和那曾被抛弃在道路上的外国人相似了。"[2]古希腊时荷马诗史中表现出的远征及希腊英雄们得胜后的返程旅行，及古希腊罗马智者们的周游等都是古老人类跨文化交流的业绩。美国圣地亚哥大学传播学院教授拉里·A·萨默瓦则说道："你也许会猜想，跨文化传播的需要像人类历史一样久远。从游牧部落到商旅和传教士，人总是与有别于己的他人相遇。人类早期的接触和现在的交际一样，往往是令人困惑的而且时常带有敌意。人类认识异族并作出恶意反映的倾向早在2000多年前就有古希腊悲剧家埃斯库罗斯表达出来，他写到，'人总是急于责怪异族'。"[3]

西汉时张骞两次出使西域，开辟了西汉通往西域的道路。随着西域道路的

---

[1] 〔美〕G·帕斯卡尔·扎卡里，《我是"全球人"——无国界生存者宣言》，林振熙译，北京新华出版社2002年版，扉页。
[2] 关世杰，《跨文化交流学》，北京大学出版社1995年版，引言。
[3] 拉里·A·萨默瓦，《文化模式与传播方式——跨文化交流文集》，麻争旗译，北京广播学院出版社2003年版，第4页。

畅通,我国蚕丝和丝织品从长安往西,经河西走廊运往西亚和欧洲。这条著名的丝绸之路是古代跨文化交流之路,也是著名的商旅之路,是连接中国和西亚、欧洲人民的友谊之桥。

唐代的高僧玄奘去佛教圣地天竺求经,历时 18 年,回国后翻译带回佛经 1 300 多卷,玄奘求经是中印两国人民友谊史上的佳话。同是唐代的高僧鉴真,为前往日本,12 年间不辞劳苦,竟至双目失明。公元 753 年,鉴真 67 岁东渡日本成功。鉴真东渡在传播佛法的同时,还带去了中国的建筑、雕刻、文学以及医学。日本奈良唐招提寺至今仍供奉着的鉴真坐像,被尊为日本的国宝,成为中日两国文化交流的象征。玄奘与鉴真只是古代无数传教布道和宗教文化交流的杰出代表,同时成为当今开展宗教旅游的历史渊源。

明代的郑和率庞大的船队 7 次出使西洋,到过中南半岛、孟加拉、南洋群岛、印度、伊朗及阿拉伯其他地区,最远到达非洲东海岸和红海沿岸,访问了 30 多个国家。郑和下西洋不但是古代世界航海史上的壮举,更是古代的大规模跨文化接触的诗史。

事实上任何一次古代的旅行和现代旅游都归属于文化交流的范畴,跨文化交流本身是同文化交流的变体或扩展。今天人们强调的"跨文化",乃是因人类的交通与通讯工具发达的现代社会,科学技术的进步,压缩了时间与空间,缩小了我们这个世界,使得生活在不同文化地区的人们之间的交流变得空前的容易。各种媒体、信息高速公路以及通讯技术的发达,使我们人类迎来了信息化的时代。信息化的社会跨越了地区、民族以及文化的界限,消除了时空的差距。今天,无论世界任何地方发生的重要事件,都能很快地传遍全世界。高度信息化的时代使地球上的人们几乎同时拥有信息。

我国自 1978 年实行改革开放政策以来,不仅国内各民族各地区间的相互交往日益增多,而且各行各业的人们与五大洲的各种肤色、各种民族、各种文化的人民的双向交流也日渐频繁。

我们将不同文化的人们一起交往的过程称为跨文化交流或跨文化交往。一些学者曾探讨交流和交往两个概念之间的区别,认为交流的重点在于相互理解,而交往的重点则在于行为和行动。不过,在此我们可以忽略这些区别。在旅游行动中增加相互的了解和理解,既是交往也是交流。当归属于不同文化的人们走到一起,而他们相互清楚对方是"不一样的",他们感到相互"陌生",那么,跨文化交流就开始了。跨文化是指参与者依据自己的代码、习惯、观念和行为方式了解某陌生新异的代码、习惯、观念和行为方式的所有关系。因此,跨文化就包括对所有的自我特征和陌生特征的认同感和奇特感;包含亲密性和危险性、正常事务和新事物等对人的中心行为、观念、感情和理解所起作用的关系。跨文化交流学也就研究这样的具有不同文化背景的个人、组织、国家进行信息交流的社会现象,研究文化与交流的关系,特别是文化对交流所产生的影响。"对文化多样性的关注使人们把文化和传播结合起来并把跨文化传播看作一门独特的研究领域。于是产生了这样的思想,即跨文化传播的使命在于考察那些对不同文化成员之间的人际传播最有影响力的文化因素"①。

在社会学文献中,除跨文化交流的概念以外,我们还常常能读到"国际交流"的概念。前者是指不同文化的人与人之间的交往,而后者是指不同国籍的人与人之间的交往。如果文化和国家相互重叠,那么,就不会出现概念上的困难和问题了。而这种重叠一致并不随处可见。属于同一文化的人们常常被国家和民族的界限隔离开来,而不同文化的人们可能是生活在同一国家的成员。由此,跨文化交流和国际交流两者各自包含着不同的内涵。

旅游,属跨文化交流范畴。今天,旅游已是当代社会人类不可或缺的生活方式;旅游业,是当代乃至未来社会的一大产业。它曾被认为是紧跟石油业、汽车业之后的第三大产业。到20世纪90年代,它已成为世界上最大的、合法的行业。各种"文化"被不同方式包装并出售给游客,甚至连普通百姓的日常生活——正因为它是异己的生活也被作为商品向旅游者出售。每年的节假日出国旅游的群体规模都特别大,它使其他所有跨国流动的形式都相形见绌。

国际观光旅游已成为一种全世界范围内的现象,是一种无从否认的"国际事实"。实际上它已影响到所有的国家并渗透到大多数国家内部的文化、经济、社会生活和宗教,即使在那些遥远的地方,它也使当地居民生活的各方面都感受到旅游者光顾的影响。如北美和欧洲国家近年来考虑,将它们的工业废弃区,把那些废弃了的磨坊和熔炉、货栈、运河和街区变成名副其实的工业博物馆,以旅游景点的方式出售,意在使当地的经济重现生机。旅游业不同于其他快速增长的闲暇业的特点在于异地性。旅游业自然要考虑人们的出游动机,但国际旅游业使人们与接待国社会直接进行民间交流和作身临其境的体验。这些特质的共同意义在于,国际旅游业已成为以不同的方式存在于生活中的,并不断充当全球整合的民间文化"传送带"这样的东西。旅游业正发挥着一种日趋增强的文化影响力,这种影响要比其他任何一种全球单一力量大得多。

相比较而言,国际旅游业有一个比其他全球化力量大得多的行动范围,甚

---

① 拉里·A·萨默瓦,《文化模式与传播方式——跨文化交流文集》,麻争旗译,北京广播学院出版社2003年版,第6页。

超过了跨国公司所具有的力量。不断增长的文化交流涉及那些连领土边界也无法限制的互动和社会联系。在文化可以用跨越国境的社会网络而自由共生以及交错和重叠的地方,全球化就被旅游者培育出来了。为数众多的国际旅游者促进了名副其实的多元文化的理解以及文化选择的多样性。

自20世纪70年代以来,国际旅游业正走向全球化。那些富裕的国家仍然是旅游者的主要目的地——美国、日本、法国、意大利和英国占据了旅游收入排行榜中的前几位,那些发展中国家,无论是从游览者的目的地,还是在旅游收入方面,自20世纪80年代后,都呈上升趋势。东亚和亚太地区的发展中国家尤为成功地吸引了大量的游客。比如在20世纪80年代,到印度尼西亚、泰国、马来西亚、菲律宾、新加坡以及文莱等国的外国旅游者的人数已翻了一番。1994年这些国家一共接待了2 500万以上的游客。而1996年我国的旅游收入成了世界上增长最快的国家,比1995年增长了20%。中国在全球观光者接待排行榜上名列第九位。到1999年,我国过境旅游人数和旅游外汇收入分别位居世界第五位和第七位,奠定了亚洲旅游大国的地位。至21世纪初,这个排名又有新的突破。

21世纪的世界经济将进入新一轮的上升阶段,这为旅游业的发展提供了极其广阔的市场空间。我国的旅游业将在全球占有更重要的地位,旅游业必将成为中国的支柱产业。据世界旅游组织的预测,未来几年内,全球旅游业仍将保持较高的增长速度。《中国旅游业发展"九五"计划和2010年远景目标纲要》已经为我们勾画了中国旅游业跨世纪发展的宏伟蓝图。2000年,来华旅游入境人数为5 500万人次,国际旅游外汇收入140亿美元;国内旅游人数9.5亿~10.3亿人次,国内旅游收入2 600亿元人民币;全国旅游业总收入达3 600亿元人民币。到2010年,我国旅游入境人数将达6 400万~7 100万人次,国际旅游外汇收入380亿~410亿美元;国内旅游人数将达到20亿~25亿人次,国内旅游收入10 000亿~10 500亿元人民币;两项合计总产出值将达13 000亿~14 000亿元人民币,旅游总收入占GDP的比例将达8%。我国将初步跻身世界旅游强国之列。21世纪中国将成为世界的一个主要旅游中心,旅游业将为我国创造庞大的财富和更多的就业机会。到2005年,我国入境旅游人数将达到8 500万人次,国内旅游人数将达到11亿人次,出境旅游人数将达到1 636万人次。旅游业总体产出为7 500亿元人民币,相当于全国GDP的5.8%。

按世界旅游组织的研究结果:到2020年,我国将成为世界第一大旅游目的地;年接待1.37亿人次的入境旅游者。我们现在有两个数:一个是入境旅游者6 700万;一个是入境的过夜旅游者2 500万。如果按后一个数计算,今后20年中,中国入境旅游人数的年均增长率将达到8.4%,将比世界旅游业总体增长速度高一倍。另外一个方面是出境旅游,预测届时中国的出境旅游会变成世界第四位,即2020年出境的人数1亿。全世界都在关注中国,我国旅游业的持续发展是一种不可逆转的方向。

20世纪60年代加拿大学者麦克鲁汉提出了"地球村"(Global Village)的概念。在此之后的40年中,科学技术飞速发展,交通和通信技术日新月异。这个"地球村"的村民之间的交往就更便利了。当今越来越多的人生活、工作、学习在不同文化的人群中;不同文化背景的人们的彼此间的交往日益增多。密切的跨文化交流是当今世界的一个重要特征。

二、旅游,在异质文化中的交往

无论是旅游团队还是散客旅游者,人们一旦跨入异国他乡,不同文化间的人们一经接触,不论他们愿意与否,或者是否意识到了,他们的所有行为都在交流某种信息,即他们无时无刻不在接收信息和传出信息。两人见面即使一言不发,其容貌、穿戴打扮、举止表情和行为都在传递信息。人们互相接触,问题不在于人们是否在交流信息,而是交流了什么信息。

位于云南丽江地区宁蒗彝族自治县和四川省西南部盐源县交界处的泸沽湖是丽江玉龙雪山国家级风景名胜区的重要组成部分。泸沽湖被专家誉为"中国西南的一片净水"、"高品位世界级的旅游资源",其得天独厚的自然条件孕育了丰富的物产。泸沽湖畔生活着纳西族摩梭人,摩梭人至今仍然保留着母系大家庭和男不娶、女不嫁的"阿夏"("阿夏"为摩梭语,意为亲密的情侣)婚姻风俗习惯。这在我国乃至世界都少见,具有极高的人文景观魅力和学术研究价值。近年来这里成了旅游热点。

下面是一位学者型旅游者在一个风和日丽的仲春日子里,怀着对泸沽湖的向往和"阿夏"婚姻的神秘感,来到泸沽湖。他以第一人称的口吻记下了他的感受。我投宿在湖边达吉姆家。达吉姆家是典型的摩梭人家庭院,正房和他们叫的"花房",也就是汉族女子居住的闺房,全都是用一丈长、五六寸宽的方木、木板垛盖而成。刚步进正房,只见一位年过六十四五岁的摩梭妇女迎下来,把我招呼到火塘边上就坐。她是这家主人,名叫达吉姆。我不知这儿的习俗,不敢贸然落座。因为上火塘边上的那个位置是不能随便坐的,它是家中年长者的位置。我用目光求助与我一同来的纳尔吉,他却满不在乎地说:"客气什么,叫你坐你就坐,坐下来才好说话。"他这么一说,加上主人的盛邀,我也就从命了。刚落座,达吉姆叫一位年轻女子陆陆续续地,在我俩面前摆上一盘摩梭人特产的花花糖(这是用糯米、包谷、藏麦、苏林、野苏麻籽爆炒后分别用青稞、麦芽和玉米碎粒熬成的糖水,再加核桃仁的饮料)及其他的一些食品。并给斟上了一碗用大麦、小麦、青稞拌十多种草药自制的酒药苏里玛酒。老人高兴地说:"你从远方来,没有什么好东西招待你,先喝碗酒,解解疲劳。"好酒量,老人的话还没说完,纳尔吉已经喝完了一碗。趁老人再给他添酒之机,很兴奋地对我说:"这苏里玛酒,也叫黄酒,它是我们传统的名酒,你不喝上几碗那是要后悔的。"他这么一说,我端起酒碗一尝,只觉又甜又香,再品几口,感到它酒度不高,却香甜而又爽口,恰似在喝饮料,其味如啤酒又胜过啤酒。这时,酒一下肚,顿时感到浑身疲劳已减一半。

达吉姆不仅是家中的长者,而且还是这个家庭的"女皇"。她告诉我,他们全家13口,二个弟弟、三个女儿、二个儿子、五个孙子。托政策的福,日子就像迎太阳盛开的鲜花,但比起其他的家庭,她笑着说:"在这'女儿国'里,我们只能算作是个小康人家。""你姑爷、弟媳、儿媳他们呢?"我问。我的话还没落地,她和纳尔吉不约而同地大声笑起来。一阵笑声过后,纳尔吉喝了口酒,说:"你忘了,我们摩梭人是男不娶、女不嫁,男女之间过的是'阿夏'走婚生活,一家人从母或姐妹居,吃、穿乃至干什么都听从她们安排,只有晚上走婚同'阿夏'在一起时才属于自己,你当然见不到她的姑爷、弟媳、儿媳了。"并给我讲起"阿夏"的事。一番话,我才知道,"阿夏"是摩梭人情爱关系的互称,彼此之间又称"肖波"。在我们吃饭时,达吉姆的二女儿坐在一旁,不时地给这个加菜、那个添饭,俨然是像受过训的服务员。纳尔吉告诉我,她这时的任务是服侍大家,等全家吃完了她才吃。大凡走进泸沽湖观光的人,不少人是冲着泸沽湖的"阿夏"走婚制去的。那片遥远的古朴遗风,令无数瑰丽的梦想在高原奔驰,那份撩人情怀的激情,令每一位痴情男女魂牵梦绕。

就在这个旅游的季节里,另有内地的五个女孩,她们像一支稚嫩的探险队,战栗地经受前所未有的考验来到了泸沽湖畔,她们投宿湖畔的村庄叫落水村。下面是她们的记叙。第一晚,我们就住在一户苏姓的摩梭人家里,她们全家共有12口人,只有一位称作舅舅的男性,其他全部是女性。四合院居室,坐西朝东,中间有个很大的庭院,靠河边的那栋是三层的木楼。我和最好的女友住在三楼的单间里,站在阳台,泸沽湖像一幅展开的山水画,令人一览无遗。放眼望去,对面的岸边,是摩梭人敬若神灵的女神山,"女神"呈仰卧的姿势,线条分明,白云飘过,像是神的使者为其披上一层朦胧的面纱,使"女神"更显得神圣不可侵犯。

在盛行女神崇拜的摩梭人中,女性生命的狂放和豁达展现着一幅幅热烈纯真、美艳绝伦的画面。夜幕降临,泸沽湖畔响起了美妙的笛声,三五成群的摩梭女孩头戴艳丽的花饰,一袭长裙迈着轻盈的步履款款地向篝火园走去,银铃般的笑声给静谧的泸沽湖畔增添了一份令人畅想的诱惑。篝火园在村东头不远处，摩梭男孩们早早就来到了这里，各自用自制的竹笛悠然自得地吹着牧歌等候女孩的到来；摩梭女孩们这个时候一般都身着最美丽的衣裳，当她们那婀娜的身躯，配以镶着花边的宽袖上衣和白色百褶长裙，飘然而至的时候，你甚至会怀疑她们是来自女神身边的仙女。而当她们天籁般的歌喉在篝火园响起时，来自天南地北的痴情男子狂热地呼叫，令人亢奋的口哨声此起彼伏，女孩们顾盼传情的双眼燃烧着激情的火花，音乐的节奏越来越快，急促的舞步随着笛声节奏的加快围绕着篝火快速地旋转，人们那种被激情燃烧的快慰正急剧地膨胀着。来这旅游的人以男子居多，我斜了一眼周围的男性，有好事者正用手电筒肆意地在摩梭女孩身上乱晃，没想到，这反而使镶嵌在她们身上的珍珠、银饰更加闪烁着璀璨的光芒。她们原本热烈奔放的神态因多了一分羞涩而使她们一个个像洞房里的新娘子，更加撩拨人心。月亮躲进了云层，而篝火园的高潮一浪高过一浪，母系遗风——历史的碎片嘛，谁不想怀揣一片？无论男女，大家忙于选配阿夏（摩梭女孩）或阿注（摩梭男孩）合影留念。这晚，客人们几乎人人都做了回演员，人人也当了回摄影师。回到居室，已差不多是凌晨一点了，大家意犹未尽，仍在喋喋不休地做着酷评：看见了吗，很多人选中的那个"阿夏"将白色的长裙撩得高高的；看来今晚男士要集体失眠啦；简直愁空心；你没见那些"阿夏"都腰挂手机吗？到了这里不学着翻"艳墙"还不白来了？嘻嘻嘻嘻……"找不到阿夏，我不想活啦！"湖边传来一位男士的大声叫喊。大家相视而笑，哈哈哈哈……

在摩梭人的习俗中，最神秘的是阿夏走婚制。家族里没有父亲的称呼，只有母亲和舅舅的称呼，最亲密的男性就是舅舅。家庭中女子当家。女孩长到十三岁，母亲便会为其举行令人瞩目的成丁礼，一夜之间让美丽的少女成为一只放飞的蝴蝶。从这天起，女孩就可以单独住在后院的花房里，以便和阿注约会。花房的周围一般都有围墙，俗称艳墙。艳墙很矮，据说是为了方便阿注晚上翻墙爬上阁楼与阿夏约会。阿注们在女人当家的世界里无需负担抚养后代的责任，他们白天在自己家里劳动，晚上到花房和阿夏同居，两人所生的子女均由母亲抚养成人。

就在我们要离开泸沽湖的那天中午，我们住的这户摩梭人家，又来了几位德国老外，因同室进餐，随同的翻译很随意地同我们聊了起来，他告诉我们，这几位德国朋友，万里迢迢而来，和你们一样，也是受女儿国的影响而奔来的……

在当今人类旅游日益频繁的地球村中，为了在不同文化的人际间、群体间、国际间旅游交流时避免误会，在个人建立起对异地、他国的良好影响，旅程快乐，在群体间增进理解与友谊，在国与国之间促进彼此友好的文化交流，有利于人类的和平与发展，人们需要了解跨文化交流的知识，提高跨文化交流的能力。

不同文化的彼此交流，对一个人的个性和文化属性的发展，对一群体、一国家文化发展的走向都会产生影响。在当今，世界跨文化交流信息量加大加快，其影响也在加大加快。跨文化交流对文化发展的影响是客观存在的，其中也是有规律可循的。人们需要认识跨文化交流的规律，只有认识了其中的规律，才能在跨文化交流中走向自由。

掌握和了解旅游跨文化交流的知识和能力，其目的大致有三个。

第一，通过旅游接触、观赏及参与当地人的民俗活动中去，培养人们对不同的文化持积极理解的态度。文化是有差异的，通过发现对方的不同点，反过来加深对我们自身文化的理解，从而做到客观地把握各自的文化特性。在发现差异的过程中，也要注意不可忽视大量的共同之处。

第二，在旅游中学会旅游，培养跨文化接触时的适应能力。初次与异质文化接触时，往往会受到文化震惊或惊愕，从而产生某种不适应。要使旅游得以顺利和愉快地继续下去，必须学习、了解当地的异质文化，设法减缓冲击、提高适应能力，融入旅游地的人文生态环境中去。俗话说见多识广，旅游本身必然包含着对旅游主体思想情操、文化修养、审美素质等多方面的影响。所以，这是旅游跨文化交流的一项重要内容。

第三，从旅游间接的长远的社会效应看，旅游的跨文化交流有积累对异质文化交流的感性认识，培养跨文化交流的理性思考的作用。随着对外开放的进一步扩大，走出国门到世界各地去旅游的人和在国内东西南北作跨文化旅游的人越来越多。无论他们旅游的具体情况如何，旅游的存在特别是大量存在的情况下，老百姓通过旅游在学习着、掌握着、传播着与不同文化背景的人打交道时的实际技能和文化素养。如果说某些有关民俗的、涉外的、宗教的专门内容可以在学校里这方面的课程上学习，社会上如商业界也有机构专门负责跨文化交流技能的培训与进修，以适应国际化社会的需要。但是，这样的专门学习绝对不可与实际的全民的、全球性的旅游跨文化交流相比拟。可以说，正是基于这一点，跨文化交际研究的实践意义要大于理论意义。

一个现代化的社会，必定也是一个国际化的社会。作为"地球村"的一个村民，面对未来越来越开放的社会，我们在加深对自身文化理解的同时，还必须积极参与跨文化的交流，主动地去理解对方的文化特性，认识在旅游中文化所带来的影响，努力把自己造就成具有多重文化能力、善于开展跨文化交流的现代人。这样做的结果，并不是抛弃我们自己的传统文化，而是在保存自身优良传统的同时，积极地吸收对方有益的一面，使自己能够自由自在地驰骋在多元文化的天地里,最终更加深刻地认识我们自己。G·帕斯卡尔·扎卡里是这样说的:"即使你没有去什么地方或会见什么外国人,你也可以一连讲出许多外国人的样子和特征。如果你到一个陌生的地方,你可以随身展现出你的根的特征,而不与你的根分离——这样,使你在增添你的从属关系的同时更容易保持你的民族根。这种情况使你自由地接受新的身份而又不伤害旧身份,使你大胆地这样做,而不必有任何顾及。"①

[阅读材料 5-1　我在原始部落走婚]

我一向都喜欢独自去旅游,有人在你身边,即使是最好的朋友最爱的恋人也会因为不可避免地分心减损了湖光山色的秀丽和诱人。

我舍命陪君子来到泸沽湖,立刻被这尚未完全开发的自然风景以及当地摩梭族保存的一些母系氏族社会的习俗给迷住了。而女友却因其梦想与现实的落差嗟叹不已。

安顿下来后第二天,我们与另外一名游客一起租了一艘当地的猪槽船。这种游船是由两名当地的摩梭男人划行。

这天天气特别好,在湖上赏够了风景的人们禁不住湖水的诱惑,纷纷跳下去游泳。

女友和船上的人也开始宽衣解带准备要痛痛快快地享受一下泸沽湖的拥抱。我不禁有些慌张,都下水了,我又不会游泳,又不会划船,要是不小心船翻了那可怎么办?

我很想叫住女友不要下去,但话到嘴边又被她兴致勃勃的表情给憋了回去,我向来都做不出剥夺别人快乐的事。

就在这时,船上那个一直背对着我划船的摩梭男人改变主意又坐了下来。我不知道他为什么会改变主意,但我能确定的是当他一坐下来,我的心便不慌了,身体也松弛了许多。我知道只要他在,就不会发生什么可怕的事。

这个素昧平生的男人简单又寻常的举止竟然带给了我从未有过的安全感,使我对他有感激也有好奇,就剩下我们俩在船上,交谈便成了难以回避的事。

"我喜欢坐在船上漂呀漂的,你呢?"没想到眼前这个身高一米八几的粗犷男人竟会有如此温柔的声音。

我们很自然地聊起了天。我得知他比我还要小6岁,但在他面前,我感到自

---

① 〔美〕G·帕斯卡尔·扎卡里,《我是"全球人"——无国界生存者宣言》,林振熙译,北京新华出版社 2002 年版,第 20 页。

己像个女人而不是姐姐。我们谈的最多的当然还是泸沽湖的景色,和当地摩梭族源自原始部落的风俗民情。

来自现代大都市的我被仍然保留着母系社会遗风的奇异故事给深深迷住了。

一、初约"走婚"我一笑置之

时间在悄无声息地流逝,我们在亲切的交谈中忘了泸沽湖,也忘了湖里的那几个畅游者。我在广州疯狂的快节奏中生活了几年,此时此刻远离喧嚣的都市和繁忙的工作,独自面对这个高大威猛的异族男人,真让人有点弄不清这是现实还是梦幻。

"今天晚上,我去你那里走婚吧!"他玩笑似的请求打断了我漫无边际的神游遐想,刚才,他已经非常形象地告诉了我何为走婚——这是在当地甚为流行的原始婚姻方式,即男人趁夜深人静的时候,悄悄溜进自己心爱女人的闺房与之同居,缠绵一夜后又在第二天一早悄悄地溜走。

在现代男女眼里,这种原始的走婚无异于偷情。我听到他的话后愣了几秒钟,又看了一眼他,从他的脸上和眼睛里看不出他说此话的用意。也许对当地的摩梭女人来说,这样的求欢百分百是真心真意的,因为这是他们都接受并遵循的游戏规则。但我不是摩梭人,他一定是在跟我开玩笑!我有些嘲笑自己的自作多情和神经过敏,于是也以一种纯粹玩笑的方式回敬他:

"好哇,我等你!"

下湖游泳的人们开始陆续上船了,我与他又恢复了最初的客气而冷漠的神态。女友边擦头发边为我惋惜:"真可惜,你不会游泳,白白辜负了这么一片湖水。"

我笑而不答,内心深处有一种甜蜜的感觉在膨胀,我甚至庆幸自己不会游泳,而这一切都离不开那个现在正奋力划船的男人。

二、再约走婚,我怦然动心

当天晚上有一个盛大的篝火晚会,当地的摩梭人与来此游玩的旅客都一起联欢。大家围着熊熊燃烧的篝火又唱又跳的,那种无拘无束的欢乐气氛让已经32岁的我也感到年轻了不少。那位想和我走婚的男人一开始就主动跑到我身边,我们一起加入了那些跳舞者的行列。

就在我全身心地沉浸在异乡原始部落风味的快乐中时,他突然一把抓住我的手,把我拉到了一个僻静的地方,认真地说:"海伦,我想跟你走婚,可以吗?"

在我的记忆中,从来没有哪个男人曾经在这么短暂的时间里以这样直接的方式向我示爱。他那近似于蛮横的眼神让我的心不由自主地狂跳起来,像是要脱离躯壳的束缚似的——这对我来说也是第一次。这么新奇的经历让平日里一向以自控能力超常而自诩的我也不好意思起来。

这样的话他中午也曾说过一次,但那更多是一种调侃和玩笑的语气,现在却无论如何不可能用玩笑来理解和搪塞。当然,最初的心跳后,我冷静了下来,开始仔细揣摩这件事。

在北京上大学的时候我也谈过几次恋爱,却没有什么结果。后来去了广州工作,随着年龄的增长,父母和朋友都开始替我着急。一个上了30岁却未婚的女人要想别人不用异样的目光打量是不可能的,再加上我本身的条件似乎还不错,也就更难怪旁人费解了。

一个人寂寞地走在广州繁华街头的时候,我也曾无数次幻想过,自己将来想嫁的人可能会是什么样子? 但这位"阿夏",也实在是超出了我的想像力。一个仅认识了一天的男人,一个世界上仅存的原始母系氏族部落的摩梭人,一个比自己还要小6岁的男人,一个没有受过什么教育和文化的"蛮人"……任何明眼人都能在我与他之间列举出无数的差异。

这种种显眼的差异使我只能给他否定的回答:"我们还是做朋友吧。"

三、三约走婚,我犹豫难决

可我的拒绝似乎对他根本不起作用。篝火晚会结束后,他又带了当地的酥里玛酒来到我们房间,几个人一起在喝酒作乐,从他的脸上和举止里没有半点受挫的痕迹,他还屡次借喝多了酒暗示我女友另外换一个房间,以便让他与我走婚。但女友或许是没听懂,或是装不懂,对他的暗示不理不睬。那天晚上我心乱如麻理不出头绪,只是觉得这次泸沽湖之旅实在太不寻常了。躺在床上翻来覆去都睡不着,眼前总是浮现出他抓住我的手说"我想跟你走婚"的模样。我想跟女友谈一下这件事,但又怕她嘲笑我"什么时候了还玩这种荒诞不经的爱情游戏"。

第二天,按照日程安排,我们还得去几个地方参观。那位摩梭男子一整天都没露面。奇怪的是我竟然感到十分失落,我原以为他不会那么快就放弃的——女人就是这样自私,对于她不爱的男人,也希望别人能为她多作停留。

整整一天,我对什么都提不起兴趣,占据我全部心思的都是那个才见面就要跟我走婚的摩梭男人。

第二天晚上,他又提着当地的酥里玛酒来到了我的房间。他满脸笑嘻嘻的样子让我觉得世界又有了生气与活力。我们同昨晚一样围坐在一起喝酒聊天开玩笑。今晚,他不像昨天那样欲盖弥彰,他直截了当地对我女友说希望她能换一个房间。她觉得他的行为简直是不可理喻,所以根本不予理睬。

酒喝完了,女友借口说明天一早要动身想要早点儿休息给他下了逐客令。我心里很矛盾,一直低头不语,直到他走到门口说了一声:"阿姐,再见。"我才抬起头,女友已迅速地关上了门。

四、走而复返,我渴盼走婚

早上,我糊里糊涂地跟着女友离开了泸沽湖,在到达虎跳峡镇时,我突然遏止不住地想要回去。我知道,如果我不回去,一定会后悔,人生苦短,为什么要给自己留下遗憾呢?我终于做出了决定,马上便平静了许多。我对女友说:"你先走吧,我要回泸沽湖一趟。"

"为什么,你忘拿什么重要东西了吗?"

"对,我要回去问问他究竟是真的还是纯属玩笑。"

重返泸沽湖,一下车我便四处去找我的阿夏。费了很多周折才见到他,他却神态迥异。他那客气又冷漠的敷衍让我无法开口问他"是不是真的要和我走婚?"我对自己说,再给他一个晚上的机会,如果他今晚不来,我再走也没什么可遗憾的了。

坐在房间里忐忑不安地等着,我怀疑自己是不是神志不健全?受过四年高等教育又在广州生活了几年的现代白领竟然会在泸沽湖的一个氏族社会里等待走婚的阿夏!

终于,我的阿夏来走婚了,第二天凌晨他才离开。出门前他告诉我,他以前也曾走过无数次的婚,但这一次却不同,这一次他想要承担起男人的责任,他想要好好地珍惜我这个来自外面世界的纤弱女人。他要以举行一次盛大的婚礼仪

式,一次在当地绝无仅有的仪式来表明他对我的爱。对于这个原始的母系氏族部落的人们来说,一旦举行了这样的仪式,两个人的承诺便意味着一生一世的责任。

一年以后,我们有了自己的儿子。我把儿子托付给当地的人们,带着自己的摩梭丈夫回到了都市。

不管在别人眼中,我们的结合是多么的不可思议,但这半点儿也不妨碍我们沉浸在两个人、或者说三个人的世界里消受着属于我们的喜怒哀乐。

——辑录整理:我在原始部落走婚 http://www.OKOO.net

概念链接 5-1

跨文化交流学是传播学的一个分支。传播学是研究人类如何运用符号进行社会信息交流的学科。从传播学界最具有权威性的国际'传播协会年会的分组方法来看,传播学大致有八个研究方向或分支:信息系统、大众传播学、政治传播、组织交流、人际交流、跨文化交流、医疗卫生传播、教学交流。作为一门独立学科的跨文化交流学(Intercultural Communication)是 20 世纪 70 年代末形成的。美国学者对这个学科研究较多,有人认为跨文化交流学诞生在美国。这是由于一些客观条件促使美国学术界对不同文化背景的国家间的跨文化交流进行认真的研究。跨文化交流过程也可以看作是人类信息的相互交换中不同符号系统的信息相互送出和接受的过程。从事跨文化交流学研究的学者们基本上有三个共识:跨文化交流学是传播学的一个扩展(Extension);跨文化交流学作为一个研究领域,其特点在于它注重不同文化的个人、群体之间阻碍彼此交流的文化因素;关于人类传播学的主要理论可以为跨文化交流学的研究和实践提供有益的指导或借鉴。

第二节 旅游跨文化扩散与涵化法则

旅游活动将带来文化的传播和交流,其具体对旅游接待地、旅游者和旅游客源地产生怎样的影响?以何种方式产生影响?这里我们来看旅游对接待地的文化可能产生的影响。

一个社会的文化的演进会受到这个社会民族文化内部和外部各种因素的影响。文化的演进一般可以是以下三种方式中的任何一种方式所促成,一是社会所处的生态环境的改变,改变了社会的生存环境,这种环境所诱发出来的文化演进也将被改变;二是两种不同文化背景的社会相接触,会影响到双方文化的演进;三是发生于社会内部的进化改变,这是一种社会内部已发生了改变从而响应进化情况。这其中第二种情况便是指旅游活动对社会的文化影响,或者说,旅游活动所带来的文化演进即包括在两种(或多种)不同文化背景的社会相接触所影响到的文化演进之中。这就是说,文化在旅游活动不存在的条件下也可能演进,而在旅游活动存在的条件下,文化的演进就具有了旅游活动所带来的特征。在这种过程中,旅游活动往往是导致东道主社会多种文化改变中的一种力量。在很多情况下,旅游活动不是社会文化改变的全部原因,它只是加速了文化的演进而已。无论是一种原因,还是加速文化演进的原因,我们都将明了,旅游跨文化交流是通过怎样的方式来影响目的地文化的演进或变迁的。

一、旅游带动的文化扩散

从文化学学科来定义,文化扩散是文化现象的空间移动过程和时间发展过程的特征。它注重作为文化移动起点的文化源地,文化移动结果的文化分布,将文化起源和文化分布联系起来的文化扩散这样三个环节。三个环节在地域上存在着关系,即文化起源地域—文化扩散过程—文化分布地域。作为跨文化交流的旅游,旅游目的地也就是文化的起源地域;旅游事实本身就是文化扩散过程;当今的世界文化分布以及未来的世界文化分布的现实,正是包括旅游在内的世界跨文化交流、交往的结果。

就人类的跨文化交流史看,文化扩散有两种基本的类型:扩展扩散和迁移扩散。扩展扩散是指某种文化现象通过一地的居民为中介在空间上从A地方传播到B地方,又从B地方传播到C地方……这样连续不断地传播下去,其所占据空间越来越大。此类扩散的特点是某种文化现象由于从原分布区逐步向外扩大,因此使其分布区覆盖的面积越来越大,其地理空间是连续的,旧的分布区位于新的分布区范围内。迁移扩散是指具有某种思想、技术的人或集团,由于某种原因到另一地,将其原有的文化带到新的地区,其文化随之在新的居住地传播开来。迁移扩散由于是由具有该文化的人带来的,所以它有两个特点:一是扩散比较快;二是带去的是地道的原文化。例如:欧洲移民在新大陆后,大批迁移到南北美洲、澳大利亚等地,不仅把物质文化、社会文化带到新的地区,而且还把意识文化也带到新的地区。迁移扩散由于移民长距离迁移,在新的定居地所出现的文化现象与其原有分布区往往并不相连而成为一种孤立的分布现象。

就旅游跨文化交往模式看:客源地文化—旅游者跨文化的空间移动—旅游目的地—返回客源地,旅游跨文化交往首先是文化的扩展扩散,也就是以旅游者为中介,在空间上文化从一个地方传播到另一个地方,或者说从一个地方传播到某些地方,又从某些地方传播到另一个地方。文化的连续传播,其所占据的空间越来越大,则是其扩散的必然结果。事实上迁移扩散与扩展扩散的区别是相对的,在旅游所带动的文化扩散中无不包含着迁移扩散的情况。当然,作为人类跨文化交流中的迁移,可以是移民、迁徙,从一个定居地迁移到另一个定居地。作为旅游则只能是不导致定居的短暂停留。然而,旅游,对于旅游者是短暂的停留,对于旅游地则是无数短暂停留的相加,月复一月、年复一年的客流。某种文化现象从文化的原分布区与新迁移区不相连而成孤立分布现象的情况也可能产生于当今全球跨文化的旅游时代。中国的茶道茶文化可说是分布到了世界许多地方,那也并非定是移民所扩散的文化。

人类对物质财富和精神财富的不懈追求,即是创造文化的原动力,也是促进人类走出久居地进行文化交流的原动力。旅游的特点与文化扩散过程的特点都在于人与人之间的文化交往。世界上任何地区理论上既是旅游目的地也是旅游客源地,由此,一种文化特质、一个文化的因子,只要它有价值,有意义,便会在旅游过程中被人学习,被人仿效和接受。这也是文化互补性在旅游文化扩散中的一个表现。互补性是指客源地与目的地之间在历史文化背景、旅游资源以及旅游服务设施及服务水平等方面存在着明显的地域差异,能建立起旅游供需关系。地域差异越强,相互之间旅游需求越强烈,客源地与旅游地的空间相互作用力也就越大。客源地与旅游地的文化经济和自然地域的差异,正是人们旅游的最强大动力。客源地和目的地空间相互作用的基础,导致了游客的流向和流量,也就形成了旅游文化扩散的形态。

旅游目的地与客源地空间相互作用的大小,取决于相互间的互补性、替代性和可达性,遵循空间组织的距离衰减规律。随着离客源地与目的地距离的增加,旅游空间竞争和其他因距离而产生的干扰,旅游流量和流向会发生转移。由此,距离因素仍是影响目的地和客源地空间相互交往的重要因素,旅游客源地和目的地之间的距离也是旅游跨文化交流的一个变量因素。距离越长或旅途时间越长,客源地和目的地之间产生相互交往的阻力越大,最终会耗尽两者之间的互补性。这里不仅有空间的直线距离,还有路途的现实距离,那就是路途的自然环境,平原、高山、峡谷、大海、荒漠将使距离变得不同。旅游的跨文化交往的困难,也就是文化扩散的阻滞。任何自然分隔因素都是造成文化空间分异的原因之一。不同的旅游目的地,对距离的敏感性不同,通常人们用感知距离代替实际距离来衡量距离对旅游可达性的影响。由于运输设施进步,交通费用下降,人们收入和消费水平的提高,也因闲暇时间增多,支付交通费用的能力和通过旅游寻求新环境的欲望不断增强，感知距离大大缩小，从而拓展了旅游的可达性，增加了客源地和旅游目的地相互交往的空间，文化扩散的自然阻隔因素在日益减小。

文化扩散中除自然因素外还有人为阻滞因素。两种文化群体间文化差异或文化距离影响着文化扩散，文化距离小，两文化群体间相似性大，联系紧密，相互交流时扩散容易发生。反之，文化距离大，扩散就难于发生。在今天，人为阻隔因素超过了自然阻碍，成为文化扩散的主要障碍。而旅游作为民间友好使团，特别是世界性大众旅游的开展，推动着人类社会跨文化交往的发展，文化扩散中人为的阻滞因素也在逐渐减小。

客源地和旅游地之间的可达性也受语言、经济、政治、文化联系的影响。语言相通，减弱了旅游的阻碍；发达的经济既能产生大量的旅游需求和旅游者，又能营造高质量的旅游目的地。另外，国际之间友好往来，政局稳定，社会安全，政府鼓励旅游政策等，构成了两者之间可达性的桥梁。人文地缘因素更是导致旅游流空间运动的重要因素。如欧洲的许多国家与它们的原殖民地之间，英联邦之间，欧美之间，外籍华人、华侨及港澳台胞与内地之间等，大量的旅游者都因人文地缘的联系而更有利于空间上流动，文化的扩散也就变得容易、方便。

文化扩散是跨文化交流的一般趋势和结果，导致文化扩散的则是两种或多种文化间的涵化关系。

二、文化涵化和涵化因素

有一种被称之为文化漂移（Cultural Drift）的现象存在于外来游客和主人关系之间。它在外来游客行为上的表现，常常体现为对接待地某种文化要素的偏爱，例如常常可以见到一些西方游客在接待地的商贩摊位上购买简单的服饰衣帽穿戴在身上，招摇过市，而离开这个接待地后也就不再穿戴这种服饰衣帽，或是保存起来作为纪念品。文化漂移在当地尤其是对异质文化游客的服务企业及其员工的形象和行为上是非常明显的，例如接待欧美游客的饭店，大都使用欧式建筑和装修风格，员工也是欧式服装，并用英语作为沟通手段，但是这些员工在其业余时间中并不住在欧式建筑中，在日常生活中亦不穿欧式制服的服装，并仍旧用自己的母语作为日常生活沟通的手段。当一种文化进入另一种不同的文化环境时，在相互作用和沟通的过程中，会对主人社会产生两种影响：一种是意识行为（Genotypic Behavior）的改变；另一种是表现行为（Phenotypic Behavior）的改变。如果主人社会的文化改变只是体现在表现行为上而没有意识行为的改变，那么这是一种文化漂移现象，如果表现行为和意识行为两者都有改变，则是一种文化涵化现象。

文化交流的互动过程导致文化的涵化（Acculturation）。文化涵化指两种异质的文化相接触，某一文化的个人或群体与另一个文化群体的信息交流，经过一段时间，两者相互来往、适应，彼此在原有的文化模式上发生意识行为演变，文化人类学者和社会学者称之为涵化。涵化是一个向不同于自己原来文化的异文化学习和调整发展的过程。从文化互动的不同人员和不同情况看，有人涵化得快一些，有的人涵化得慢一些。那么，决定文化涵化快慢的原因有哪些呢？从传播学的角度看，认为决定涵化的快慢有以下五个因素。

1. 跨文化人际交流的能力

在异质文化中，那些人际交流能力强的人适应得快，转变得快。这种能力主要表现在四个方面：首先，进行交流所必需的能力和知识，如语言能力、非语言语的认知能力，有关方面风俗习惯的知识。其次，具备以多种思维方式和价值观念思考信息的能力，这样的人思想开阔，适应性强。再次，对目的地文化感情上的合拍。即是说，感情开朗，愿意尊重和体验所在地的文化。那些愿意尝试异质文化的人，比那些不愿意尊重目的地人们的审美观和情感的人更容易适应异质文化，更容易向异质文化转变。例如，来中国旅游的外国人可以通过游览江南园林，观看中国传统的戏剧艺术，观摩并练习中国的书法和武术等来培养自己对中国文化的兴趣，提高对中国的艺术的鉴赏能力。最后，行为能力，即按新的行为模式和思想情感开展活动的能力。那些敢于实践，不怕出错的人较容易适应异质文化。

2. 介入目的地交流网络的密切程度

这包括两方面：一是旅游者与本地人联系的密切程度，本地人是异质文化信息的直接来源，可以对旅游者不符合当地人习惯的行为举止加以修正，告诉旅游者应该做什么和怎么做。很多旅游者所必需的情感，行为举止的变化，都来自这种直接的人际交流；另一方面是旅游者参加所在社会的公众交流与介入大众传播的程度，即光顾饭馆、商店、娱乐场所、学校、教堂、博物馆、艺术馆、图书馆、电影院、听收音机、看电视等方面的频繁程度。看来，导游恰是旅游者和目的地东道主之间文化交流的中介。那种善于和惯于旅行的散客要比那些跟着团队在导游的带领下走马观花更容易直接接触到异质文化。

3. 到异质文化中的旅游者与自己的家乡文化并没完全隔绝，而是继续与家乡文化的社会交流

这种交流分两种情况。一是旅游者与自己同胞的人际联系。比如，一个团队的其他旅游者，一个家庭出游，妇女、儿童总是很少直接与当地东道主接触。这种情况给这些旅游者以安全感，但却妨碍了他们的文化交往及适应和涵化的进程。虽然是作同一次旅游,但跨文化交往与文化涵化的情况却不同。另一种是介入家乡人的生活区域和大众文化传播媒介。旅游者虽然到了异质文化的区域,但仅仅参观、寻访自己家乡人生活的区域,接触家乡的大众传播媒介。中国人到了外国,但只在唐人街转悠,听到的是中国话、华语电台的广播;看到的是中国人和中文的报刊杂志、中文的电视节目和录像带,这就会使他涵化的进程滞缓。所以,同是一次美国游或欧洲游,路线与时间大致相同,文化交往和文化涵化的情况或许大不相同。

4. 目的地东道主的文化社会的态度

这是指有些国家和地区的人们愿意接收和容纳异质文化的旅游者,有一些国家和地区的社会却不予容纳,持排斥、隔离或保持距离的态度,这就会妨碍跨文化交流和文化的涵化。这种情况是很常见的,一个开放的、旅游业发达的国度本该对外来旅游者一视同仁,但因历史的、现实的原因造成对某个国家、某个民族的游客另眼看待的情况不少。中国人到非洲,到欧美和到印度、印尼去旅游,会感到东道主不完全相同的态度,反之我们中国人对不同国家的外来旅游者事实上也会抱有不同的看法和亲疏关系。

5. 跨文化距离或简称为文化距离变量

文化距离(Culture Distance)既是文化扩散中的人为因素,同时也是影响文化涵化快和慢的一个重要因素。文化和文化(不同的民族或国家)之间亲疏感或陌生感是不同的,德国人和荷兰人、丹麦人和瑞士人比较熟悉,而对印度人、缅甸人或日本人则感陌生。同样,在美国的一个来自英国或欧洲的旅游者要比一个来自亚洲国家的旅游者更容易涵化于美国文化。"切近"和"遥远"表达了一种在跨文化交往中起重要作用的距离感:即民族和文化之间的距离。在确定这些不同的距离感和因素存在的情况下,两种文化的共同点越多,文化距离越小,交往和涵化更容易些;共同点越少,文化距离越大,交往和涵化就更困难些。对跨文化的交流来说:文化距离越小,越容易确切地理解对方,而这种距离越大,就越容易茫然不知所措,产生误解。

三、文化涵化的一般优势法则

文化涵化首先是一种互动的现象,或者说从微观层次看异质文化间的涵化是相互作用,相互影响的结果。文化涵化导致的扩散是伴随着异质文化间不断碰撞、交流而创新进化的现象。文化的涵化表现为文化差异的不断减少,文化类型广泛的趋同现象和同质化的倾向。相互作用、相互影响是趋同或同质化的真谛。通过近年来的旅游,昆明、贵阳、重庆、成都等西南很普遍的蜡染纺织制品,中外旅游者都十分喜欢,被旅游者接受。这种纺织品乃至蜡染的仿制品便逐步走到上海、北京、香港等大城市的街头。蜡染制成品也首先远销日本、菲律宾、印度尼西亚、香港等亚洲国家和地区,接着出口意大利、丹麦、法国、加拿大等欧美国家。再后来,不仅是蜡染、扎染面料、蜡染服装等制品,还有改进了的蜡染的机械化制作工艺和纺织、印染技术也走出大山,在沿海和海外定居。这样一种传统的民族民间工艺在旅游的跨文化交流推动下,先是从封闭的、缺少现代机制印花布料的苗族、布依族山乡走到了西南地区大城市,继而通过现代工艺的改进,走向沿海和海外,融入现代社会,成为繁花似锦的各种面料中的一种,成为各种现代时装款式的一种风格。当代蜡染之所以能走出大山发扬光大,是传统蜡染和现代文明相互作用和相互影响的结果。从面料看,传统蜡染是手工纺织的粗布,改进后的蜡染则有涤棉、乔其纱、麻纺织品、丝绸等几乎所有现代面料;从工艺看传统蜡染全部手工,当代蜡染则创造了热蜡工艺、喷印工艺、滚筒工艺、冷蜡绢网印花、木蜡、泥浆代蜡等等新工艺,最后则研制成功机械化蜡染纺织印染机;从染料看,现在都以合成靛蓝代替了传统的植物靛蓝;如从成品的种类,那传统蜡染更是无法比拟的。文化的相互影响和相互作用的结果必然是趋同或同质化。

　　人类学家对文化涵化问题研究了数十年,他们认为从宏观上看,当一个强态势文化和一个弱态势文化接触时,通常是弱态势文化要更多地受到强态势文化的影响。这就是说,从微观层面看文化涵化的相互影响,在从宏观上看则是一方更多地影响另一方。当两种文化相互接触时,不论时间长短,都会产生借鉴的过程,但是这种借鉴并不是对称的,而是极大地受到接触者或团体的社会与经济背景及人口差异性质的影响。通常情况下,一般的强势文化更深刻地影响改变着势弱文化。这个研究提出了旅游跨文化涵化中的两种基本性假设,它意味着:1. 引导多种文化的均质化过程中,目的地文化会被强态势的旅游者文化所同化;2. 旅游目的地社会传统习惯和价值观的一般强势文化会影响游客,远比外来游客影响目的地为重。换句话说,是旅游地文化影响游客还是游客影响旅游地文化,要看谁的文化是一般性强势文化。

　　要理解文化涵化的一般优势法则须先说明两点,一是世界文化的总发展趋势,也就是文化的革命性质及其所发生的世界性影响。早期人类从石器文化开始,采集、狩猎发展到农耕文明的出现。农业文明自身发展经历了几个阶段,而后出现工业文明和现代城市文化,以至伴随工业文明发展而兴盛的现代西方文化。现代西方工业文明作为一种文化趋势,发展到20世纪60年代后,后工业即后现代社会思潮萌芽并逐步成为世界性文化思潮。每一后起的高级文化类型，都比前一阶段的文化类型取得更为旷远和更为迅速的扩展，乃至发展到今天，我们看到所谓高度发达的工业文明不仅以其优势覆盖了地球的大部分地区，而且还在试图向外层空间进行扩展，更为进步的文化类型所具有的潜在的扩张势力，极大地影响着整个进化的过程。二是地球表面各种自然环境造就各种生存的区域，在某一区域环境中生长、发展起来的特殊优势文化。这种文化或文化类型将通过加强其适应性确立自己在一个特殊环境里的地位，它是作为能最有效地利用那一环境的类型而生成的。世界各地特别是农耕文明区域存在无数特殊优势的文化类型。从一般优势看，一种文化的发展则必须具有对更大范围里各类环境的更强的适应能力，并对这些环境中的资源具有更高的利用水平。一种特殊优势的文化类型走出其赖以生长的特殊环境，它便失去了优势，但在其生长起来的那个环境中，它则是经过了时代考验和文化涵化而确立起来的优势文化。

由于一般优势的文化类型能像热力运动那样，在跨文化交往不断增加的同时，使自身利益变得更为多面化和更有生命力，因而它们能够战胜较其落后的类型。几千年来，狩猎和采集部落的最终解体，就是一个极好的例证。那些曾经是主宰部落生活的文化模式，随着那些更灵活手段利用能源并进行更为有效生产的文化类型的到来，而逐渐退让出原有的地位。那些高级文化类型的扩张，使得狩猎和采集文化类型被一步一步地驱赶到更为边远的地区。今天，处于濒临灭绝的边缘的、只有在沙漠和北极荒原等最为原始和不适农耕的地区，才能找到它们的踪迹。在中国的大兴安岭深处，还生活着狩猎和采集为生，以驯养、驾驭、役使驯鹿为其特征的少数民族支系。近年来，随着森林面积的急剧减少，现代文明的点点滴滴不断深入深山，驯鹿文化中的年轻人往往在接待外来旅游者过程中受到诱惑而走出深山老林。驯鹿文化看来也是难以维系了。

美国学者托马斯·哈定在《文化与进化》中这样来定义文化的优势法则，他说："我们的文化优势理论指出了，有一个更为普遍的原则，可以作为犹如边缘环境中残存至今的狩猎和采集部落那样的特殊优势状态，以及一般进步文化模式的广阔优势范围的共同基础。这个原则即所谓文化优势的法则。它可以这样来规定：那些在既定环境中能够更有效地开发能源资源的文化系统，并对落后系统赖以生存的环境进行扩张。或者也可以这样说，法则揭示的是，一个文化系统只能在这样的环境中被确立：在这个环境中人的劳动同自然的能量转换比例高于其他转换系统的有效率。"[①]对于一般优势文化与一定环境中的特殊优势文化

---

① 〔美〕托马斯·哈定，《文化与进化》，浙江人民出版社1987年版，第60页。

间关系,哈定说道:"通常被其使用的环境如果属于特殊进化,那么,属于这种环境的优势就是特殊优势。法则同样依据下述事实:一般的较高级的文化,总是具有较之低级形态更大的优势范围,这也就是说,这个事实对于理解一般优势具有同样的确切性。高级形态的特征是能比低级形态更有效地开发更多种类的资源,因为在大部分环境中,他们比低级形态有效,所以他们也具有更大的范围。这并不排除以下可能,一种特别适应环境的、高度专化了的文化,将不能够维持其在自身环境中的特种优势,并至少在一段时期里抵抗那些更为进步和更大优势文化的侵犯。"[1]

由考察优势文化类型生成与扩展过程而导出的文化优势法则,不仅构成了文化分布和历史运动的基础,它还能解释为什么有些文化系统能够扩张到别人的疆域,而有些文化系统则不能够。确实,文化优势因素的重要性,已经在不少学者的多种学科著述中受到了注意和重视。旅游跨文化交流的特点就在于大量的旅游者短暂的停留所形成的文化涵化过程,虽然这种涵化过程情况复杂,但它包含着一种优势形态的文化对低级形态文化进行蚕食般的一般性进化。蚕食般的文化涵化包含着微观相互影响的同质化趋势和宏观层面的一般进化趋势。在当今的旅游跨文化交流中,尽管很多工业发达国家和进入后现代文明国家和地区的游客对农耕文明甚至非洲原始狩猎民族区域目的地的自然、人文都很感兴趣,也会参与、学习旅游目的地的某些民俗和民间文化活动,但他们不可能将农耕文化带回自己的生活中,改变工业文明向后工业文明发展的趋势。后工业文明却似乎并非如工业文明那样与农业文明对立,工业文明正是通过无数个类似法国大革命时资产阶级向封建贵族进攻那样的对立而取代了农耕文明。从文化的整体发展看,后工业文明恰恰与工业文明有许多对立和不相融的文化因子,而却接纳了对农业文明中的许多文化因子而呈现出某种向农耕文明回归的迹象。通过旅游跨文化的交流,狩猎的、渔业的、林业的农耕文明只会逐渐受工业文明的影响,朝着社会一般发展的规律向前发展。遵循着这一规律,文化接触在两种文化群体的文化扩散过程中引起地域文化系统的改变,从中可透视文化扩散的结果。这样的案例在旅游开发中比比皆是。我们可以亲身经历的如西双版纳、九寨沟、武陵源张家界、摩梭人聚居的泸沽湖……所有这些地方为开发旅游建造起来的哪怕是最简单的宾馆、饭店等接待设施便是工业文明的产物,那里遵循着由工业文明奠定的管理制度和文化体统而进行运作、经营。那些为旅游而建造起来的景点包括人工

---

[1] 〔美〕托马斯·哈定,《文化与进化》,浙江人民出版社1987年版,第61页。

建造的民族村寨、民俗村等，更是遵循着市场经济运营的规律而加入到世界经济全球化的潮流中去。

从旅游学的视角，我们也可看出跨文化涵化的一般优势法则在起作用。流动是旅游的本质特征之一，在一定时间内旅游者的旅游流动本身具有一定的规律性。从当前世界旅游流地域分布特点可窥视当代旅游跨文化交往的现实情况。旅游流即游客流，是指数量较大的游客群体为了旅游，从旅游客源地到旅游目的地的活动现象。旅游流可通过旅游活动的流量和流向来衡量。旅游活动的流量指在一定时间内进入同一目的地旅游者的数量。旅游活动的流向指一定时间内旅游者从客源地到目的地的流动方向。旅游活动的流向和流量互为条件：只有一定流量才能构成流向，只有一定流向才能形成流量，两者共同反映出一定时间内旅游流地域分布特点和发展趋势。

从世界旅游业发展变化及其地区差异看，旅游流地域分布具有以下特点。

（1）区内旅游流大于区外旅游流，区外旅游流有逐渐增加的趋势。近距离旅游仍是现代旅游活动的主流。美、加两国间的流量占其总旅游流量的40%以上，西欧旅游流的75%以上限于欧洲范围。我国国际旅游流50%以上来自亚太地区，也即是扩展了的儒家文化区域。这样所形成的旅游文化扩散明显地具有扩展扩散的特点。文化涵化也首先在文化距离较近的两种文化间进行着。这既说明旅游遵循着空间组织的距离衰减规律，同时也说明文化距离小，两文化群体间相似性大，联系紧密，相互交流时文化涵化相对容易。

（2）主要的国际旅游流始于、也终于发达国家和地区。从1998年世界前16位旅游高收入的国家和地区情况看，国际旅游流的流向和流量集中在欧洲、北美洲和东亚太平洋地区的发达国家和地区。特别是美国、意大利、法国、西班牙、英国等发达国家，一直保持着旅游业强国的地位。同时，国际旅游流向东亚太平洋地区转移。从1985至1995年，该地区旅游人数和旅游收入以年平均10.7%和17.9%的速度增长。这一情况说明现代旅游是经济发展到一定程度的产物。世界上工业发达的国家首先开展旅游和旅游业，这里的人们首先成为旅游者。与此相适应的欠发达地区首先只能成为旅游目的地，将旅游业作为社会发展的经济增长点，作为先导产业或支柱产业等。当这里的人们富裕起来，开始旅游的时候，不正说明文化涵化一般优势法则的作用吗？

（3）旅游者实行综合性旅游，即一次旅游走遍几个国家或地区。这种旅游渐渐成为规律，并被旅行社以较固定的旅游产品（旅游路线）推向社会，旅游流向也围绕着旅游路线在多个国家与地区之间呈闭环状流动，在中小尺度范围内，流路还呈现出点节状特征，即游客从客源地到旅游目的地后原路返回。这表现出当代旅游者对跨文化交流的迫切和欢迎的态势。

（4）旅游流向和流量集中在级别较高的风景名胜区（国家公园）和文化特色显著区。这些地区旅游特色突出，吸引力强，旅游设施较齐全，能与人们主要的旅游需求相吻合，因而成为旅游流向的集中地，如埃及金字塔，中国长城，以及麦加，梵蒂冈等。旅游者更欢迎的是民族性、区域性文化特色浓的、与众不同的国度和区域。这正是旅游文化涵化规律的一个表现。文化涵化是两种异质文化相互适应、学习和调整，彼此缩短文化距离的一个过程，显然，文化涵化的结果就是世界文化的趋同和抹杀差异的过程。由此，无差异也就失去了旅游的冲动。文化的规律也正是旅游的规律。

（5）流向大城市。大城市是一个国家或地区的政治、文化、经济中心，其强大的经济活力、便捷的交通、优越的物质条件、理想的生活方式、齐全的娱乐设施等成为该国或地区的象征，对游人产生巨大的吸引力。纽约、巴黎、开罗等至今仍然是旅游者云集之地。交通方面、实施齐全的大城市近郊也逐步在成为旅游客流和文化涵化热点的路线。

第三节　旅游跨文化整合与转型

美国加利福尼亚大学济科分校的瓦伦·L·史密斯（Valene L·Smith）教授是当代有国际影响的旅游人类学研究专家。他在说到旅游跨文化交流中，特别注重了东道主和游客的具体关系，他说："旅游业可以是一座桥梁，有利于文化的相关性和国际间的了解。然而，迎合游客，是一件重复而又单调的事，虽然不同的游客会提出不同的'新'的问题。同样东道主也会因回答问题变得厌倦，就像一盒磁带又被反转过来再放一遍一样。如果大众旅游业的经济目标得以实现，如果游客人数稳定增强，个体游客的'身份'就会变得不明，大家都变成'游客'，这些'游客'反过来又被看作是他们民族特定形象的代表。当游客变成了非人化的客体，他们只能被东道主为获得经济利益而容纳，与此同时，游客没有其他的选择，也只能带着好奇的眼光把当地人看作是某种物体。为了克服这种物与物之间的关系，一些旅游管理者正在发展其他的旅游方式，（或叫做'交替型的旅游形式'），即倡导在东道主和游客之间建立一种一对一的交往形式。……民族文化旅游可向游客提供参观至少部分本地文化的机会，很明显，一些文化属性，如大众性的仪式是可以与外来者分享的，但并不会对其文化造成破坏，只要参与者的人数不是很多。然而，当旅游侵犯到了老百姓的日常私人生活中，如在库兹布的爱斯基摩人当中,或参与仪式的人被看台上那些付了钱的观众所淹没时,其带来的负面影响就会显现出来。另外,现代化也在迅速地改变大多数的旅游王国。"①东道主与游客间关系、游客对旅游目的地社会产生的影响等正是旅游人类学(概念链接5-2)研究的主要课题。

在经济上强调旅游是一个新兴的产业的同时,我们必须强调它是一个具有现代性的社会行为。在世界范围经济一体化的当代社会,对某些地区来说,旅游几乎变成了一种外来者强行入侵的合理借口,对此,美国康涅狄格大学D·纳什先生(Dennison Nash)独树一帜直接以"作为一种帝国主义形式的旅游"为标题作文,提出了自己的看法②。经济不仅表现为单一的计量手段,它还作为一种带有社会权力象征的指喻。当它与旅游产业紧密结合在一起时,自然给旅游行为的东道主—游客社会关系打上了具有现代性的深深烙印。众所周知,现代性的一个重要特征是权力话语,表现在旅游行为中金钱也就成了"话语"的一种替身。旅游目的地的社会及东道主生活受到了现代话语权力的操纵之后,传统伦理认知关系也可能产生裂变的危险。旅游具有一种悖论性的危险。现代旅游潜在着一种社会结构性变迁因素。运用旅游人类学研究上的擅长,对旅游现象进行"深度描述"(Deep Description),发挥其应用性的研究价值,可直接服务于旅游跨文化交流的现实。它对旅游这样特殊的社会现象所存在的多重因素的揭示具有指导意义。文化整合与社会转型正是旅游跨文化交流中出现的重要现象和事实。

一、旅游跨文化整合

所谓文化整合,是指文化涵化的结果,指不同文化相交往中文化系统内各种文化因素、文化丛之间的谐调平衡关系。各种文化因素、文化丛之间的相互吸收、融合、调和而趋于一体化就是整合,否则就是不整合。文化不仅有排他性,也有融合性,特别是当不同的文化交流、交往而相处在一起的时候,它们必然会有相互吸收、融合、调和的一面,由此逐渐整合为一种新的文化系统。各种文化因素或文化丛整合关系构成文化系统或称文化地域综合体。跨文化交流中,只有文化的整合,才能有文化的扩散。文化涵化的对立面是文化的震惊、文化冲击,两种异质文化相接触发生冲突也就不能整合,一种文化不能得到扩散,那就是封

---

① 〔美〕瓦伦·L·史密斯主编,《东道主与游客——旅游人类学研究》,张晓萍译,云南大学出版社2002年版,绪论。

② 同上,第41页。

闭和稳固化。

地域文化系统的文化整合包括两层含义。

一是地域文化系统中物质文化、精神文化、行为文化三部分的整合关系,即内整合。地域文化系统内文化整合的关系就像自然环境中各种自然要素之间相互作用协调的关系,如果某个要素的变化超出了限度,就会导致彼此之间的不谐调或不平衡,结果就会带来灾害。如:当代旅游和旅游业席卷全球,旅游是一种行为文化,一个地区外来旅游者多了,就要求相应旅游业的发展,旅游行业的开展首先是个物质文化范畴的基础问题。同时它是服务行业,服务业的当代发展奠定在工业化的高度发达之后,所以,一个地区如果服务业的迅速发展,就必然要求奠定在工业文明基础上的现代化的管理制度和体制以及与此相适应的上层建筑的协调。这就要求有与服务业相适应的观念的精神文化的发展。只有行为文化,而没有物质文化不行,有了相应的物质文化没有精神文化也不行,一个地域的文化得不到协调发展,就会产生一系列的矛盾和问题。只有当诸方面的变化、发展都协调、平衡,才能使一定区域里的文化系统顺利地发展。

二是地域文化综合体文化与新文化的整合关系,即外整合。文化在时间过程中是不断变化的,地域文化系统在时间发展过程中形成自身的文化传统,当外来文化影响时,总是经过一定时间与原文化传统相整合(不是照搬)。这种地域文化的新整合,促进地域文化系统的发展。

现代旅游跨文化交流和文化扩散的趋势必然伴随着文化的整合或冲突两者的对立与统一。旅游文化的整合或冲突起于旅游主体在旅游过程中与目的地文化的接触之际,与目的地文化发生的接触、碰撞、震惊或冲突,以及在这同时不同文化得到的交流和融合。旅游主体在吸取目的地文化因子的同时,也将原有文化传播至目的地。文化整合实际上是不同的文化通过涵化而重新组合。原来渊源不同、性质不同以及目标取向、价值取向不同的异质文化,经过相互接近、彼此协调,它们的内容与形式、性质与功能以及价值取向、目标取向等也就不断修正,发生变化,特别是为共同适应市场的需要、社会的需要,逐渐融合,组成新的文化体系。新文化的产生不仅存在于整个文化体系的整合过程中,也存于它的各个子系统的交互作用、彼此影响的各个方面。

当代旅游并不会因为发生文化冲突而停止整合的趋势。文化的冲突与整合是文化传播过程中的两个方面,尽管旅游会带来旅游目的地社会的某些干扰和破坏,但是,"通过旅游,各个不同的民族社会都进入了国际化的进程,它们逐渐同国际范围内组织起来的经济、社会、文化体制衔接起来,同时,各国本身的参照体制却在解体;这样,'接待'旅游或'出发'旅游的各个不同的社会都被带入了出于同一原因的变化之中"①。也就是说,旅游能带来文化的世界性转型和整合。1995年4月在西班牙加纳利群岛的兰沙罗特召开了"可持续旅游发展世界大会",会上通过了《可持续旅游发展宪章》。这一宪章中这样说道:"旅游具有两重性。一方面旅游能够促进社会经济和文化的发展;同时,旅游也加剧了环境的损耗和地方特色的消失,对旅游应该用综合方法进行探讨。"在这样一个关于旅游两重性的表述中,除了经济发展和环境损耗外着重说到了文化。世界文化因旅游而得到发展,这样的发展通过旅游的跨文化交流、整合得以扩散和传播,与此同时,各地方独特的文化特色也会因旅游而趋于消失。旅游因其大众化和普遍性不可遏制地在大量的文化交流中起到文化整合的作用;而各种异质文化间的整合也就是地方特色文化的消失。这样的文化整合有几种明显的表现。

第一,旅游文化的融合与整合表现在旅游者与目的地人民之间的友好和互助上。清代赴欧考察团到英国伦敦水晶宫参观时,"游人男女老幼以数千计,见我中国人在此,皆欣喜无极,且言从未见中土人有如此装束者,前后追随,欲言而不得"。在瑞典斯德哥尔摩旅馆,"窗下男女老幼,如蜂拥蚁聚,群呼'士呢司',即瑞士语中国人也"。在德国柏林,考察团到画店买画时,"店前之男女拥看华人者,老幼约千计。及入画铺,众皆先睹为快,冲入屋内几无隙地,主人强阻乃止"。1866年,中国第一个欧洲考察团在瑞典,乘小船游览时,成员彦慧忽然感到腹痛。驾船的船夫上岸去讨药酒,"主人见华人,便慨然允诺,乞诸其邻而与之"。游罢归来,船夫不要中国客人的钱,说:"贵国从无人至此,今大人幸临敝邑,愿效微劳。""不收渡资,荡舟而去"②。这种互助在现代社会中不乏其例。报载某外国旅游者在西藏病发命危,中国政府和人民派专机将之接到北京救治。

第二,旅游文化的整合亦表现在现代旅游企业制度在东道国的移植和扎根。罗贝永·朗卡尔等指出,"决策和技术集中在有能力垄断市场的跨国旅行企业或连锁旅馆手中;这些企业遍布于世界所有地区,包括西方和东方的各大城市直至北半球和南半球最偏僻的小岛。旅游业还有能力介入起初与旅游并无关系的集体活动(手工业、传统节日、部族保留地),这一切使旅游成为世界经济体系中地区经济和周边经济现代化的最强有力的因素之一"③。尽管旅游也可能带来各种社会和文化矛盾,但是,旅游首先包含了积极的文化整合因素,它使目的地旅游环境文化中某种落后的文化因子得到更替,使社会文化得到有益的整合。北

---

① 朗方,"按照世界一体化的逻辑",载于《外交世界》,1980年8月。
② 张德彝,《航海述奇》,湖南人民出版社1981年版,参见谢贵安,《旅游文化学》,高等教育出版社1999年版,第133页。
③ 〔法〕罗贝尔·朗卡尔,《旅游和旅行社会学》,陈立春译,商务印书馆1997年版,第89~90页。

京长城饭店由于经营不善,加盟国际著名的饭店管理集团喜来登,引进了世界第一流的管理制度而复兴便是企业制度整合而发展的事例。

第三,旅游文化的整合最主要的是不同文化集团和社会背景的人们的精神交流和情感融合。"思想、精神和经济的交流,使与世隔绝者和不安或贫穷的少数人走出闭塞状态,让旅游者踪迹不至的地方加入到它们所在的接待地区中去,打破年龄、健康、职业的界限,减少金钱上的障碍——至少在闲暇和度假时。不同人民的相会,相互交流,发现陌生的地方,城市居民和农村居民对各自生活条件的相互了解,大大开阔了眼界。这些就是我们所说的、也是人们所希望促进的融合现象的意义"①。当今,西方与中国因为旅游者的频繁往来,人民之间的感情和文化交流日益增多,由此导致我国人民面向世界,在观念形态等不少问题上迅速融入世界与大多数国家相互理解和沟通。

现代旅游文化的整合,是以保持各自的民族精神为前提的,中国文化在整合世界先进文化因子时,是以自己求稳健、重道德、爱集体的民族精神和灵魂为基础的。例如,中国旅游企业在引进西方以经济杠杆为核心的管理经验的同时,仍然强调道德和人格在企业中发挥的作用;在引进西方个人主义的同时,将个人、集体与国家三者利益结合起来,强调中国的团队传统;在引进西方冒险精神的同时,仍然保持着稳健心理。一个国家,一个民族,它的文化体系愈是整合了不同的文化特质,那么,其文化体系就愈丰富,愈有生命力;而一个文化体系愈丰富,愈有生命力,它的整合能力就愈强。无整合能力的文化,则是脆弱的,经不起历史挫折的文化。人类历史上许多文化衰亡了,消失了,其中交通不便,无法与其他文化交往、整合便是原因之一。中国文化所以如滔滔江河,川流不息,具有无限的生命力,就是因为它在各个历史时期不断整合各异质文化特质的结果。文化整合既可以使文化不断更新、发展,也可以使文化保持旺盛的生命力,立于不败之地。

各国及各民族文化在旅游中走向相互整合,这种整合不是统一于什么民族为模式的单一文化之中。而是按照"和而不同"的整合方法,由各国各民族将自己优秀的文化贡献给世界,形成既能适应各国具体情况又具有世界普泛性的富有弹性的新的文化。当前,具有时代感的旅游精神已经开始形成,现代旅游企业的管理制度业已普及;正像世界发达国家的旅游者已经走进中国一样,中国的旅游者也必将走向世界,参与世界旅游经济大循环,共创全球旅游文化新体系。

---

① 〔法〕罗贝尔·朗卡尔,《旅游和旅行社会学》,商务印书馆1997年版,49页。

二、旅游目的地的社会转型

旅游现象是一国一地区市场经济发展到一定时期的产物,由此在世界范围内的产生、发展的必然有其不平衡性。经济相对发达的国家和地区首先成为旅游客源国,那里的人民首先成为旅游者。有消费就必然要有市场,与此同时,经济欠发达地区首先的、必然的只能成为旅游目的地,那里的人民首先的也是必然的成为旅游业从业人员。在我国,市场经济相对发达的各大城市首先是国内旅游的主要客源地。据20世纪90年代后期的统计,我国城镇居民的出游率高达90％,远高于农村人口47％的出游率。此外,城市居民还是出境旅游的主体。经济发达地区的居民首先成为旅游者的趋势在世界范围内也相当明确。与此相适应的,在中国西部及周边一些少数民族那里产生了"开发旅游、脱贫致富"的口号,那里首先以开发旅游景点成为旅游目的地和发展旅游行业,成为其经济发展的先导产业、支柱产业。这就带来了经济欠发达地区和民族大量的乃至整个区域(乡、县、省区、民族)的旅游开发。因大量的、持续的旅游者的涌入和所有人力资源乃至所有地方资源和民族资源投入旅游业,使各不相同的民族社会都先后进入了国际化的进程。它们逐渐同国际范围内组织起来的经济、社会、文化体制衔接起来。这些欠发达地区和民族社会在开发旅游业之前主要从事农业、畜牧业,甚至个别民族和地区仍保留着某种刀耕火种、采集、狩猎等相对更原始的生产阶段的痕迹。因旅游开发,它们均成为旅游目的地,成为经济发达区域里工业、后工业文明社会不可或缺的一个补充,成为和城市共生存的"后花园"。这些地区和民族在被动的、外力驱使的情况下突进式地或外植式地进入了现代社会。这使原有的由古老历史延续而来的经济、文化和生活就此转型;千年承续发展而来的独特民族文化,被开发成为旅游市场上的特色产品、主打产品;区域性的旅游业、民族的旅游业进一步转型为从事旅游业区域、旅游业民族。这时,这些民族、这些区域内由历史积淀而相对稳固的经济、文化体制随着旅游业经济的兴起而解体。原先从事田间劳作的人力资源一夜之间成为旅行社、旅游开发公司、旅游接待公司、景点管理、餐饮旅店等一条龙式的旅游业职员,原先按农事和岁时发生的节日及民俗民间活动,变成了旅游者即时消费的文化产业。整个区域的社会转型首先来自其中的文化转型,而文化转型则首先表现在民俗内涵的转型。下面先看格林伍德关于每年一度的阅兵式研究,一个发生在西班牙巴斯克省的研究案例。

富恩特拉比亚(Fuenterrbia)是一个位于西班牙北部巴斯克省的小镇。镇上的所有居民每年一次汇聚到一起,上演一部精心准备的露天表演。这是用来纪念他们的祖先在1638年抵抗法国人的胜利。那时在经历了长达69天的围困之后，侵略者最终被征服了。在这个小镇中，大多数社会群体和官员还组织起来，作一番精心的准备。到这一天，盛装打扮的人们游行向小镇的广场进发。人们要么与临时配备着滑膛枪的人一齐开枪或者仅仅作为观众而欢呼。这种阅兵仪式的意义是重新上演获得胜利的场景，使全镇人民团结一致的精神得到进一步的发扬。当初，这种露天表演是由当地人扮演，并且是上演给本地人看和共同享受欢乐的。它提供了一场有关富恩特拉比亚"神圣历史"的演出场景。

　　随着大批游客的到来，在1969年，市政当局决定必须采取某些措施让游客也能够观看到这种露天演出，因而坚持认为，这一演出应该是每年要举行两次，而不是以前的每年一次。由此这种曾是"充满生命力和令人兴奋不已的事情已变成一种无法回避的义务"。这种由市政当局作出的给外来者演出的决定，消弭了该仪式活动本身的绝大多数文化上的意义。这个案例说明了当旅游业成为"文化开发"的一种形式后可能会发生的情况。对此，格林伍德说："虽然这是一个发生在许多人不曾听说过的小地方的活动，但它包含有深刻的含义。对F人来说用来吸引游客的'地方色彩'，实际上包括了这一本来是为当地人自己演出的重要仪式。他们通过激情表演和评论的形式来重新加强自己对这一仪式的深刻理解和认识，这是其价值所在。他们认为，他们不是为钱而演出的，而是为了加强对自己的文化信仰而演出的。F人自己的评价就是为了实现自己的目的。但市政府却决定把这种仪式当作一种大众化的活动，以此来吸引外来游客，让他们到这里花钱。在旅游市场的竞争当中，政府把F的财富当作了竞争的财产，但这一做法却直接亵渎了这一仪式的内涵，完全破坏了其真实性和对人民群众的权威性。对此群众的反应一开始时惊慌，然后就是冷漠。他们现在虽然为钱还在表演，但却对这样的做法不赞同，因为他们认为这一仪式已不再是为他们自己表演了。"①

　　美国加利福尼亚大学伯克利分校的人类学者E·克里斯特尔（Eric Crystal）考察了印度尼西亚托六甲（Tana Toraja，有翻译为托拉查）地区的旅游业，对旅游业使托六甲民俗和文化内涵的转型作了研究。托六甲人的数量大约是20万左右。像印度尼西亚的其他地区的大多数民族一样，他们都受到了印度文化、伊斯兰文化和基督教文化的影响。直到最近，托六甲人还保留着他们的宗教信仰，而这种信仰是建立在对祖先和众神的崇拜之上的。自然，活着的人都能在一种

---

① 戴维·J·格林伍德，"文化能用金钱来衡量吗？"参见〔美〕瓦伦·L·史密斯主编，《东道主与游客——旅游人类学研究》，张晓萍译，云南大学出版社2002年版，第193页

符号系统中互相联系,在血缘和婚姻纽带上的共同联接,将每一个家族都附着于祖先所遗留下来的房子的装饰物上。精心安排的和经常是冗长的葬礼显示出无比的重要性。它往往伴有唱歌、列队前进和舞蹈。在葬礼期间仪式化地屠宰大量的猪和牛。那些被邀请分享这顿肉食的家庭不得不在将来的某一天用实物的形式偿还他们的"债务",否则要冒丧失社会地位的风险。

自1906年起,荷兰传教士的到来意味着许多的葬礼仪式虽继续被演示着,但它们越来越被降为地方风俗,并丧失了它们早期所具有的那种深层次的、宗教上的大部分内容。更有甚者,在1949年印度尼西亚从荷兰人手中赢得独立之后,政府下决心实现印度尼西亚的现代化。20世纪70年代,这里成为旅游开发地区。1975年,大约有2 500名游客参观了托六甲地区,但到1985年,这一数字已上升到约40 000人,在1986年,托六甲地区成为仅次于巴厘岛的印度尼西亚最重要的旅游发展区,到20世纪80年代中期后,汽车服务、宾馆和饭店像雨后春笋般地遍及全岛,并且旅游代理人正源源不断地从世界各地和印尼的其他地区拉来大量的游客。国际旅游业已完全改变了托六甲社会结构。对此,E·克里斯特尔说道:"托六甲地区文化是反映东南亚本土建筑、工艺和宗教传统的鲜活例子。这个相当偏僻的地方虽然早已被整合进现代印度尼西亚政治体系,但是直到新政府开始挖掘它的文化资源来发展国际旅游业时,它才出现在国家的发展规划中。1974年11月前的资料显示,托六甲区商业旅游小规模增长的负面影响很小,在某些情况下甚至有助于恢复人们对当地仪式和艺术传统的兴趣……然而,如果游客不断涌入这个地区,即便规模不大,我们也得对其可能造成的长远影响加以考虑。努涅斯建议'在当今世界的新兴发展中国家,如果较大型的社会(特别是正式的国家机器)特别关注一个过去被忽视的社区,不论这是出于什么原因——旅游、本土主义或民族主义,人类学家都应对其影响保持警惕。'努涅斯这番话就好像是专门针对托六甲地区而说的。对旅游业可能出现的影响进行预测只能是暂时的。苏拉威西的旅游道德观对高地人祖传的仪式性自我决定的特权做出让步,因此托六甲在省级和国家级的规划中的地位异常地突出。不断增长的旅游业必然会导致宗教意识的商业化。果真如此的话,托六甲仪式将成为商品。如果一时的某个方面——实物赠与——改变了,那么与葬礼有关的风俗习惯的其他所有方面还会一成不变吗?作为一种选择,仪式活动会被重新组织,变成一种向游客展示的'表演',而这样的'表演'有可能会让仪式丧失其完整的涵义。……这一切充分说明,旅游将会成为托六甲人生活的特征,这一特征会不断发展。要预先防范旅游的有害影响——比如亵渎遗产、玷污仪式、让坚持传统主义的农民成为牺牲品,我们必须明智地对旅游进行规划。"①

法国的罗贝尔·朗卡尔为此严肃地指出:"这种被传播媒介和梦想制造者加以强化的操纵手段,导致了对文化和艺术的掠夺。在进行了古董、古老的首饰、地毯、小雕像和面具的最初的拍卖后,这种现象便迅速发展起来:这是为了满足旅游者的国家所显示出来的需求,因为从第三世界带回的物品在这些国家引起了迷恋。旅游使传统的或民间的舞蹈变成粗俗的肚皮舞,并使其丧失神圣性或象征性。旅游使当地的建筑丧失其价值:人们将建的是假塔、新摩尔式建筑和假热带茅屋。这种影响还超越艺术和建筑,最终触及宗教:使礼拜场所非神圣化,使宗教仪式变质,使圣物受到亵渎。人们在现场录制或摄制各种仪式,从而妨碍了仪式的进行,还应他人之索加以复制,而不顾及进行这些仪式的时间和背景等因素。"②由习俗的转型,进而是文化的转型,最后是整个经济基础和社会的转型,人类学家和社会学家对旅游使边缘的、少数民族地区社会转型的研究,遍及世界各地。

复活节岛位于东南太平洋上,在南纬28°和西经108°交会点附近,面积约160平方公里,属智利共和国。它离南美大陆约3 000公里,离太平洋上其他岛屿距离也很远,它是东南太平洋上一个孤零零的小岛。岛上原居民都属波利尼西亚人种,自称这个小岛是"世界的中心"、"地球的肚脐"。

在西方人来到这个岛之前,这里还处于石器时代,他们只有语言,没有文字。因为岛上都是石块,难以生长农作物,只种有少量的甘薯,岛民靠捕鱼为生。1686年,英国航海家爱德华·戴维斯首先发现这个岛。当他登上这个小岛时,发现这里一片荒凉,但有许多巨大的石像竖在那里,戴维斯感到十分惊奇,于是把这个岛称为"悲惨与奇怪的土地"。1722年4月5日,荷兰海军上将雅各布·罗格文航行经过这里再次发现了这个岛,因为那天是耶稣复活节,于是被命名为"复活节岛",这个小岛的名称就这样沿用了下来。

现岛上已建有机场,在2 300名居民中,除政府派去的官员、军警等少数人外,几乎全部从事与旅游相关的行业,如接待、导游、表演等。复活节岛人热情好客,友善礼貌,每迎来宾都献上串串花环。男女青年能歌善舞,每逢节假日,男人颈套花环、裸露上身,女人头戴花饰、下穿羽裙,跳起优美的羽裙舞。这种舞蹈同夏威夷的草裙舞相似,是智利旅游活动的"保留节目"。岛上最大的传统节日莫

---

① E·克里斯特尔,"印度尼西亚苏拉威西托六甲的旅游业",参见〔美〕瓦伦·L·史密斯主编,《东道主与游客——旅游人类学研究》,张晓萍译,云南大学出版社2002年版,第163页。
② 〔法〕罗贝尔·朗卡尔,《旅游和旅行社会学》,陈立春译,商务印书馆1997年版,第91页。

过于一年一度的"鸟人节"。每年春天,全体岛民齐聚奥龙戈火山顶,选举自己的首领"鸟人",祭拜自己的神明。"鸟人节"出自岛上流传的一个神话:古时候,造物主玛科·玛科向岛上的祭司传授宗教仪式和祭神物品——海鸟蛋,并指定海上两个礁屿为取鸟蛋的地方。这样,每年八九月份海鸥飞来之时,岛民们就会集中在奥龙戈海边。每个部落推选一名选手顺崖下海,游到2公里外的大礁石上寻找鸟蛋。第一个得到鸟蛋的选手立即游回岛上,将蛋交给自己的酋长,这个酋长便成为当年的"鸟人"。整个一年里,他都被岛民供奉为神明。由于游泳取蛋时常遭鲨鱼袭击,这一活动已停止100多年了。但神圣的祭奠仪式、多彩的化妆表演仍然保留至今,"鸟人"仍是岛民的崇拜神。为适应旅游的需要,现在恢复此项活动,时间改在每年的2月份,以便让更多的游客目睹这奇异的风俗。

马尔代夫有与复活节岛相类似的情况。马尔代夫人原先以从事渔业为主,现转型为从事旅游业为主、渔业为辅的经济—文化结构。每年圣诞节前后,岛上宾馆、饭店入住率达100%,全国87个已开发为旅游地的岛上居民绝大多数进入旅游接待行业。其中许多小岛屿的全部物质存在就是度假村或酒店。

在我国也有一些类似的情况,贵州东北部铜仁地区江口、印江、松桃三县交界处坐落着武陵山脉主峰梵净山。梵净山山体庞大,古称九龙神山,现划归梵净山国家级自然保护区,面积达567平方公里。当地百姓自古有朝山习俗,据印江县政府宗教办长期从事民俗与宗教研究的权威人士说,正规的朝山,即把朝山看作是一项群众性集体宗教活动,其时间是每年农历的六月初一开始,历经三个月时间,至农历九月渐渐稀少而结束。在朝山之前即农历五月三十日,住在山中几个寨子的大山子民要举行开山仪式。所谓开山是上山必经之道村寨的群众,自发组织起来,出钱、出粮、出物资、出劳力,自带工具,将上山之路检修一番。在当地村民和信奉山神的信徒们的观念中,作为大山子民和主人,为每年的朝山活动作一个先导,作一禀告山神的礼仪是责无旁贷的。主人先走一遭,走一段,让大山,即山上的树、草、石、泉、水、动物、庙、菩萨……大山上的一切生灵、神灵都知道:今年的朝山开始了。上山的路不检修,并非就不能行走,但大山子民认为不开山有负"主人"的责任,有负大山神灵,万万不可。

开山那天一清早,村里的人们便行动起来,根据早已协商好的,或杀猪宰羊,或向市场购买一些食物,有的收拾工具或其他物资。如这年要对路途上的某处有较大一些的修补,如修桥、填石、铺路、开凿等,其工具、物资也早已准备停当。如需临时调整,也由开山组织者安排。早餐后,开山队伍出发。一年以来,山草长得已将小路掩埋,或者雨水、山洪已将山路冲毁,或也有树木倒卧山路。凡遇到这些情况开山者都立即疏通、铺垫。如有集资或还愿捐资修桥、修坎、开路、立碑等事，也都在这时进行。自开山队伍上山后，村里人便开始架锅、起灶、点火，准备一次丰盛的集体宴。每个村寨开山负责多少地段，也自然形成惯例。如团龙寨上山路经一个苏家坡小寨，团龙村寨大，开山人多，一直负责至山顶；苏家坡也开山，即随着团龙人上来后一起加入。总之，每一条上山路线，都由沿途的几个村寨来开山，年年如此。对于开山，当地村民认为其作用是通知山上的各种野兽虫豸，朝山开始了，你们无故不要到路边来，以免人兽误伤。事实上，开山的队伍特别是领队之人一路上都向着大山轻声地、絮絮叨叨地喊着话。

上述民俗事象由笔者1995年、1997年两次上山考察确认。1998年春笔者受贵州电视台之邀，担任"名岳之宗梵净山"专题片嘉宾主持，通知赶在梵净山"开山"之日前往梵净山。我心想此时离开山还早，开山之日何故会提前？待一切准备就绪，当地又来电话说"开山之日推迟"，暂缓几日。我心中更是疑惑。最后成行，摄制组赶到当地县城时，了解到这里召开盛大旅游推介会，迎接外地游客。最后在山门架机拍摄时又得知，"开山"已变成了由当地政府组织的一台少数民族歌舞表演。自梵净山的朝山活动演变成旅游后，开山民俗也演变成欢迎外来旅游者的一场有组织的歌舞节目。我国学者，四川大学的徐新建教授对民族地区民族旅游转化为"旅游民族"的现象，对旅游促使目的地社会的转型提出了自己的研究。

在风景区，建一个旅游区域，充斥着吃住行游购娱等旅游全部内容，男女青年搭档，演出各种能让游客掏钱的节目。类似的情况在那些旅游开发较早的国家和地区至少已有数十年之久。复活节岛是这样，马尔代夫是这样，美国夏威夷也是这样，亚洲的泰国、马来西亚、印度尼西亚、菲律宾、新加坡，欧洲的地中海沿岸、美洲加勒比海国家、非洲的黄金海岸都这样。所有不同地区、不同国家的休闲旅游几乎都是老一套四S方程式sun、sand、sea和sex。旅游本身就是一种文化，一种与定居生活相对立、相互补充而存在的文化。这种文化正在变革东道主国家或民族的社会的传统。后现代社会则推动着旅游以更快的速度，遍布世界、遍布人类。

旅游的这种社会转型效应已经被国内外的学者所关注和重视。法国的罗贝尔·朗卡尔严肃地指出："旅游所带来的，往往是一种应当同社会演变区分开来的变革。社会演变是社会在一个很长时期内，亦即超过一代人、甚至几代人的生命的时期内所经历的所有变化，而社会变革则毋宁说是在更短的时间内可以看得到、并加以证实的变化。而且，从地理和社会学的角度看，社会变革更具局限性。人们是在比社会演变更有限的地理空间和社会文化环境内观察到这种变革的。社会变革必然是一种集体的现象，这种现象影响到生活条件和生活方式，甚或影响到那些参与变革者的精神世界。人们于是观察到一种结构性变化，观察到社会组织整个的或其中某些因素的改变,这种改变可以通过时间加以辨认,而且它还以并非仅仅是暂时或转瞬即逝的方式影响这个社会的历史进程;变革是依据一种过程、或一种进程展开的,而这一进程构成了变革中的事件、现象和行动的顺序和系列。"①罗宾·科恩和保罗·肯尼迪在他们《全球社会学》一书中专门探讨了旅游业给旅游地国家和社会带来的影响,书中说:"正如我们已经看到的那样,由政府所推动的旅游业需要建构。一些有'代表性'或他人性的标志物以及其他一些符号,以吸引游客并从中获益,但因此旅游业还通过游客的眼睛把东道主社会展示给外部世界。上述各个方面开始改变东道主社会的某些特质。部分地,这是因为东道主获得了更高层次上的自我认识和灵活性,考虑到他们现在做生意——实际上重塑他们的社会认同,这不大会使人感到吃惊。实际上,他们对自己的生活方式作了多方面的选择。"②

三、旅游主体文化身份的转型

文化转型不仅发生在从事旅游业的地区和民族,而且也发生在旅游者身上。任何旅游主体都是生活在久居地自身文化环境中的一分子,由此旅游主体有其自身的人格和文化身份,这种身份形成于区域的民族的历史和群体的文化认同中。这种长期的历史和群体文化认同通过这样四方面塑造和造就个人的文化身份:智能文化(科学、技术、知识等);物质文化(房屋、器皿、机械等);规范文化(社会组织、制度、政治和法律制度、伦理道德、风俗习惯、教育等);精神文化(宗教、信仰、审美、文学、文艺等)等。所有这些文化都体现在区域的、民族的具体文化事象之中。具体文化事象形成具体的参照系,形成和造就具体主体的文化身份。世界上的人概莫能外。

旅游者群体的文化转型问题,应从旅游出发的地区和潜在旅游者集体的效应开始。旅游出发地区和潜在旅游者集体,是指那些能获得剩余的收入和必要的时间,以使大部分居民出发旅行的地区和集体。从这一视野看问题,首先旅游即是客源地居民的日常生活一部分。今天,旅游被看成是一种自在的财富,它有益健康,并给人罩上荣耀的光环。旅游是日常生活的一种间歇,这种间歇又使日常生活得到肯定,得到满足。它可以使客源国居民对他国、他民族作了解,在游览和参与他种文化的过程中有所体验、比较和理解,所以它又会使旅游客源国主

---

① 〔法〕罗贝尔·朗卡尔,《旅游和旅行社会学》,陈立春译,商务印书馆1997年版,第67页。
② 罗宾·科恩、保罗·肯尼迪,《全球社会学》,文军译,北京社会科学文献出版社2001年版,第334页。

导文化的拥有者感到满足。不仅是满足,在当今世界一体化、全球化进程中,这种了解、体验、比较和理解成为一种资源和力量。因为先进的文化只能出现在那些对当今世界各种文化的比较、理解和把握的民族、集体或区域里,而绝不会出现在那些封闭、固守一隅、故步自封的区域和集体当中。

旅游使得客源国家本身的精神面貌发生演变。这种演变的主要表现是:生活质量观念的提高;更加重视人际关系,重视诸如零修活、手工活或工艺活之类的家庭和个人活动;到乡村暂住这类旅游活动更为普通;人们越来越多地参加各种表演或文化旅游。从更广泛的方面看,最突出的后果是一种"旅游文化"的出现,尤其是在中产阶级中。这种新的文化的特点是寻求生活环境的生态安全和精神享受,提高个人的价值,把接待地区的某些价值融合过来。这种新的旅游文化主要是视觉的和感观的,它与传统意义上的某定居文化的主导模式有着深刻的区别。它从一个方面造成了一种社会经济潮流,那就是通过饮食、穿着以及对于音乐、绘画和一般艺术的态度和文化习惯等来寻求异国情调。

旅游还在旅游者、尤其是在年轻旅游者的人格的培养过程中担负着某些职能。因此,旅游具有一种非常明显的教育意义。它可以是一种社会化的因素,因为它使人亲自了解现实,而且可以使人培养起面对现实的某些态度。它也是一种培养感情的因素,在很多情况下,它有利于智力、艺术和文学方面的创造。而且,已经证实,旅游有利于不适应社会者的再社会化过程和残疾人的康复过程。然而,当旅游者对世界的了解过于肤浅甚至遭到歪曲时,当由于糟糕的组织导致了消费态度而不是创造态度的形成时,当旅游中允许不道德的行为,或者没有创造出有利于深入的情感锻炼的条件时,旅游就会成为一种教育机能障碍的因素。总之,旅游提供了一系列可能,究竟何种可能起作用,在很大程度上取决于旅游者自身的态度和旅游的类型。

法国学者罗贝尔·朗卡尔在《旅游和旅行社会学》一书中认为"过旅游者的生活,旅行,那本身就是一种文化形式。作为一种次文化,这种文化形式是由于世界的全球化而造成的。总之,对许多人说来,住'国际饭店'或跑'飞机场'这样的作派构成了一种'叛逆'文化,这种文化即使在飞机场也极易发现,因为在那里,旅游者的人流由于其特征,即使是个人外观上的特征,也是与因工作原因而出差的人流明显有别的"[①]。这是一种具有文化社会学眼光的说法。住"国际饭店"(其含义无外乎指世界各地的星级饭店是统一标准的居住地),现代化汽车、飞机之类在世界各地大都是大同小异的交通工具。由此,过旅游者的生活本身

---

① 〔法〕罗贝尔·朗卡尔,《旅游和旅行社会学》,陈立春译,商务印书馆1997年版,第68页。

就是一种文化形式。这种文化同样可从智能、物质、规范、精神等几方面造就一种"世界公民"。他们不属于美利坚的、法兰西的、中华的……等所有当今区域性定居民族或吉卜赛这样非定居民族,他们或许有旧居地或久居地,但这样的文化不属于这里世居民族的文化。当今的"世界公民"并非只有当代旅游能造就,但旅游毕竟是世界发展的趋势和潮流,它正越来越大量地产生着"世界公民"。

1908年社会学家西默尔(Simmel)写了一篇题名为"关于异乡人"的短文,在文中,西默尔认为,异乡人既不完全属于故土,也不完全属于他乡,如果以前熟悉的人将他看作是不熟悉的,那么,他就处于一种中间状态;他有一种哪里也不是自己的家的感觉。在生理上,有时也在心理上他是生活在陌生的文化中。但不管怎样,他还是与他自己的文化密切相连,这种文化是他在文化融入时所吸收的,即使走遍天涯他也会"带着"这种文化。陌生感是相互的。对异乡来的陌生人来说,新文化中的人是陌生的,而同时,对当地人来说,异乡人也同样是陌生的,他被看作是"闯入者"。这同时也就意味着潜在的危险。对潜在的危险,人们本能的反应是不信任和拒绝。由此漂泊的异乡人永远在陌生的、新鲜的文化中迁徙。西默尔的观察已过去一个世纪,今天的"全球人"或世界公民"们,那些知名的歌手、演员、体坛名将、作家、跨国公司职员、经理、旅行家、旅游爱好者、探险者、户外运动爱好者、传道士、文化叛逆者、地下经济经营者等等,都是无国界生存者,并且有自己的信念甚至宣言。

后工业化与日益增长的大众富裕使得非劳动领域从家庭内部脱离出来,从而更多的人加入到去遥远的地方旅行的潮流当中。然而,某些令人激动并自愿置身其中的事物,其外在形式看上去似乎与类似于宗教情感的关怀联系在一起。走出"家"门、跨越国界,只要是"走在路上",某种神圣性就会成为鼓舞力量,这种出走不是宗教,也没有什么象征意义,然而,它已成为与假日有关的经历中不可分割的部分,是生活不可缺少或似乎已成为日常生活需追求的象征。"只有当包上肩的刹那,人才会明白关于出行是一种逃避抑或一种追寻的争论毫无意义,惟一重要的是你已经在路上!默念着'让逝去者重临,让将熄者再燃'的咒语踏在路上,便恍惚瞥见青春与梦想的背影。那时的人仿佛是醉的,而醒时躲在小屋里看着堆在床角的睡袋、帐篷,便很有些醉里挑灯看剑的味道。人们习惯说旅行使生活更加丰富多彩,而我却渐觉生活着似乎就是为了出行。其间内藏的人生态度,其差别我寻思不清,只顾按捺内心的激动,……"①"为什么我们每天黎明即起,穿过烟尘滚滚的城市,去做自己不见得喜欢的工作,仅仅是为了赚取微薄的

---

① 刘阳,"为了旅行的生活"见《旅游》1999年第12期。

薪水吗？但是，想唱歌就唱歌，想打鱼就下河，却有几人能够这样呢？我常问自己，如果在山清水秀、人民淳朴的村寨了此一生，有没有这种勇气呢？遗憾！每次的回答都是否定的。见过太多外面的诱惑，这是一个不可逆转的过程，见到了就会永远停留在心里。而这激情山水其实也一样，只能在遥远的角落、在无人的夜晚静静地怀想这段景、这段情。如果天天处于其中，大概就要怀想花花世界了。羡慕是因为不了解，我相信是这样。每当离开这些地方时，心情之复杂很难描述，像所有以前的冒险和旅游一样，这些经历将因时间而提纯，最后形成一种与理念和想像有关的东西。每当再回想时，都会产生一种难以克服的忧伤。虽然逝去，可不断会有更具吸引力的地方出现。不知道的东西永远比知道的多，何必对往事恋恋不舍呢？有时透过人群，我能看见雪山、天池、冰峰。像一只翩然飞过的候鸟，我忽然找不到自己应该落脚的地方，也许飞翔就是我生命的全部？"①

　　游客，照字面上的意义去理解，在相当程度上他们是观光者；但是，除此之外，他们也能成为精神意义上的旅客，因为当他们受到那些反复无常和不确定性的变化困扰时，他们不得不去寻找一种真实感和价值意义。对这种意义上的旅客，现代性便提供了某种主流的意识形态，并使对游客的吸引力具有了原先由宗教符号所承担的功能性意义。因此，游客是一种现代意义上的朝觐者。现代旅游包含了格雷伯恩（Graburn，有译作格雷本）所称的"神圣旅程"的含义。

　　格雷伯恩的这一观点非常有启示作用，迫使我们从更广阔的人性背景上来认识旅游和旅游者。他的这一观点集中表述在"旅游，神圣的旅程"一文中，让我们读一读格雷伯恩自己是怎么说的，"旅游被认为是对普通和枯燥的生活的弥补。长期以来人类学有一种传统，即从结构的角度来看待事物和习俗化的事物，把他们看作是一种标志物，标志着自然和社会的时代变迁，并把他们看作是生活本身的界定者。这一观点部分源于杜克海姆（1912）有关世俗和神圣（非一般的经历）的学说。这两者之间的交替性及相互之间转变的重要性，首次于1898年为莫斯（Mouss）所使用。他把它运用到几乎所有神圣仪式的分析中，强调了离开世俗，并使之神圣化的过程。这种神圣化使参与者进入到一种非一般的状态。在这种状态中，奇异的事情发生，反之就是非神圣的过程，又回到日常生活当中"。

　　"度假和旅游被描述为'我这才是真正地在生活，活得愉快……我从未感到如此地快活'。特别是与那种枯燥的，被称之为'狗的生活'的日常生活相比更是

---

① 李海，"人在名利行走，心在荒村听雨"，见《旅行家》1999年第6期。

如此,因为狗是不会去'度假'的。这样的节假日(神圣的日子,如今旅游者离家来庆祝它们)就使得生活过起来很有意义,似乎普通的生活不是生活,至少不是那种值得过的生活"。

"虽然有的人把旅游看作是自愿的、自己感兴趣的活动,但旅游本身在自己的社区被认为具有某种精神上的东西。因为旅行是一种不平常的活动,所以其目标从象征意义上来说是神圣的,从精神上来说它处于一个较高的水平,还不仅仅是日常生活的问题。旅游者花大量的钱,目的是要获得对现状的自变。伯林(Berlyne)说道:'人类探险的行为其目的主要是改变现状,介绍新的刺激物,而这些东西是以前得不到的。'因此,如艺术上的提高,可使得人在视觉上觉得更有意义一样,旅游也对日常生活提供了一种审美上的对照。旅游有着不同的目的,但从文化上来说已确定了目标,这种目标随着年代而变化。对于传统社会来说,朝圣者的回报,就是当他回到家后,他的地位和权利得到了加强。现代旅游的回报就是我们所推崇的价值,即我们的身心得到了恢复,身份得到了保持,还经历了不同的奇异的事物"①。

循着旅游、神圣旅程的逻辑,那些能吸引游客的东西、地方或者甚至是全部的社区以及社会,一句话,那些向往中的、远方的城堡或异邦,都将蒙上圣地的灵光。

概念链接5-2 旅游人类学

人类学的分支学科,它的产生,最早可追溯到20世纪70年代。其时,世界旅游业发展已经历了一段较长的历史,旅游已成为当代人生活中的重要部分,成为人类文化的一部分。旅游业的产生和发展带来了各种社会的、文化的冲突、碰撞和变迁,引起了人类学家们的注意。在此背景下,美国有不少知名学者掀起了一次研究和讨论热潮,使旅游人类学在理论层面上逐步得到提高和深化。一开始的时候,人类学家把旅游者看作是一种征服者、统治者,或是传教者,他们充当了文化传播的媒体,有时是直接的,有时是间接的,并把游客看成是引起世界上不发达地区文化变迁的主要原因。他们用跨文化的观点来对旅游业进行研究,认为必须建立一种一般的理论基础。另外,由于他们把旅游看作是人类社会文化中的一个部分,他们倾注了更多的时间和精力来分析与调查旅游业这一现象给东道国和游客自身带来的各种冲击和影响,因为这些冲击和影响给一个社会

---

① 〔美〕瓦伦·L·史密斯主编,《东道主与游客——旅游人类学研究》,张晓萍译,云南大学出版社2002年版,第26页、第28页、第31页。

的文化和经济带来了前所未有的变化。如何面对这些新出现的问题?如何解决这些问题?这都成了旅游人类学家研究和解决的课题。由于旅游研究涉及社会的诸多方面,如社会、经济、文化、地理、宗教、法律、心理、语言、阶层等等,所以旅游人类学是一门跨学科的、具有广阔研究领域的多元性学科。

旅游人类学是一门新兴学科,它主要研究旅游业带来的各种社会文化现象的发生和发展变化,其重点体现在以下两个方面。

1. 对旅游者及旅游本质自身的研究。这一研究主要包括:什么是旅游者?他们的旅游行为和动机是什么?不同的需求产生了哪些不同的旅游方式?这些研究有助于我们更清楚地理解旅游的意义以及旅游给社会和文化带来的各种影响和变迁。

2. 旅游业的出现给东道国地区带来的社会、经济及文化的影响研究。人类学家这方面的研究比前一问题,显得重要得多和复杂得多,即研究旅游业给东道国带来的影响,特别是文化上的影响。主体(东道主)与客体(旅游者)之间的双向关系长期以来已成为人类学家研究的主要课题。随着旅游业的不断发展,人们越来越注意到,旅游业给东道国带来经济和文化上的变化,这些影响和变化既有积极的,也有消极的。这一问题的研究主要包括以下内容:旅游与涵化、适应和文化移入、旅游与民族文化、旅游与文化保护、旅游与宗教关系,旅游与性别角色、旅游与人口流动的问题、旅游与色情服务的关系问题等等。所有这些问题的出现都与旅游业和现代化的发展密切相关。有关的论著和论文大量出现在一份名为《旅游研究年鉴》(Annals of Tourism Research)杂志上,这是一份具有权威性的杂志,在世界70多个国家发行。里面所刊登的文章来源于世界各国,探讨最多的是旅游与文化的关系问题。大多数作者都用辩证的观点来看待旅游给东道国带来的文化变迁的问题。如随着旅游业的发展,文化的内涵也发生了改变和转型,这是不是好事呢?另外什么是传统?传统能不能被改变和更新?旅游商品化是好事还是坏事?旅游发展对传统文化是破坏还是挽救?对于这些问题,都不能简单地用"是"或"不是"来回答,它们涉及了许多具体问题,如文化认同问题、文化整合问题,经济一体化与文化多元化的关系问题,文化的重构与真实性问题,文化的生产和保护问题等等。这些问题既复杂,又重要,必须加以深入研究,否则旅游业可持续发展将面临较大的挑战和危险。现在世界上有些国家,特别是第三世界国家把旅游业作为支柱产业来发展,可一些急功近利的人只顾眼前的经济利益,大谈"开发旅游资源",而对旅游业带来的负面影响不加以重视和解决,他们忽略了这样一个重要的事实:有些资源(包括自然资源和人力资源),一旦消失了则将难以恢复。

这门新兴学科在世纪之交引起我国学者注意。1999年9月,由云南大学、香港中文大学联合举办美国伊利诺大学协办的"旅游,人类学与中国社会"国际学术会在昆明召开,开启了我国旅游人类学的研究。随后,在《云南大学学报》(思想战线)、《广西民族研究》、《民族研究》等发表了一批旅游人类学学术论文。2002年由张晓萍、何昌邑主持翻译的《东道主与游客——旅游人类学研究》一书在云南大学出版社出版。即此,我国旅游人类学的研究在人类学和旅游学界浮出水面。

[问题与思考]

1. 你对"旅游文化的实质就是旅游的跨文化交流"这一命题怎么看?结合自己旅游的切身体会,谈谈对旅游跨文化交往的认识。

2. 读了本章第一节,谈谈泸沽湖的旅游者与当地摩梭人有哪些文化交流。

3. 什么叫文化的一般优势和特殊优势?什么叫文化涵化的一般优势法则?请举例说明。

4. 从当今世界旅游业旅游流量、流向地域分布中,分析出体现文化涵化的一般优势法则。

5. 什么叫文化整合?举2~3例说明旅游跨文化整合现象。

6. 分析本章第三节内容,谈谈旅游目的地文化转型是怎样回事,以及它有哪些阶段和过程?

7. 你对旅游目的地特别是民族地区文化转型是怎样看的?它有哪些积极方面和值得深思、探讨的问题?

8. 你认为常年出门在外,逐渐成为"世界公民",这将会对旅游主体产生怎样的影响?

9. 你如何理解格雷伯恩(Graburn)所称的"神圣旅程"?

[课外阅读书目]

1. 关世杰,《跨文化交流学》中引言、第十三章跨文化人际交流,北京大学出版社1995年版。

2. 谢贵安,《旅游文化学》中第二章旅游文化源流,高等教育出版社1999年版。

3. 〔美〕托马斯·哈定,《文化与进化四文化优势法则》,浙江人民出版社1987年版。

4. 〔法〕罗贝尔·朗卡尔,《旅游和旅行社会学》中第三章旅游的社会文化效应,陈立春译,商务印书馆1997年版。

5.〔美〕罗宾·科恩,《全球社会学》中第十二章旅游:社会与文化意义,文军译,北京社会科学文献出版社2001年版。

案例思考3　民族旅游和旅游民族

贵州在云南、四川和广西之邻,在现行标准中属于"落后"与"待发展"的中国中西部省区之一。改革开放以来,在中央政令的引导、规范和旅游市场的效益吸引下,贵州逐渐把发展旅游当作实现本省"兴黔富民"目标的重要途径。"九五"期间又进一步将其纳入了全省6项支柱产业当中。为了确保"旅游兴黔"理想的实现,在对旅游产业给予大力扶持的同时,贵州加大了对旅游资源宣传促销的力度。

一、他乡期待:旅游启程前的"异者幻像"

穿青人是贵州省织金县境内的一支"未定民族"。穿青人的族群身份,从史料叙述看,他们在明代的称谓是"土人",到清代是"黑民子",最后又因其衣尚青故曰"穿青"。就其族群的历史演变历程看,与周围其他民族有所不同。特别是在织金县将旅游开发作为全县支柱产业后,穿青人因拥有并保留了自身富有民族特色可被开发成旅游产品的传统资源——民间庆坛,而受到重视。

穿青人把他们的庆坛活动解释为一种祭祀"五显"的民族信仰,其特点及名称来历是"每岁或间岁酿酒杀牲,沿善歌舞者至家醮禳,跳跃如演戏状,曰庆坛"。从旧时史料到今日宣传,从官府文本到民间自称,该事项经历了一番多重作用互动下的变化过程。按穿青人自己的习惯说法,此活动叫做"兜兜坛"(或"箩兜坛"),原因是当地信奉"五显"神灵的穿青人家,大都"在堂屋西北隅以竹篾编织小兜形悬壁";另一种称呼突出的是其动态特征,叫"跳菩萨"。相比之下,"庆坛"之称显得文气一些。1949年以后,这种带有(庆、祭)"坛"或(跳)"菩萨"字样的社区活动被视为封建迷信而逐渐清除。当地穿青人中原本存在多年的这一传统习俗也随之由显而隐。直到1978年改革开放后才因政府的文化与民族政策宽松而重又恢复。20世纪80年代,在贵州为区域性代表的中国傩戏、傩文化研究的影响推动下,当地"跳菩萨"("兜兜坛"、"庆坛")转身一变,得了一个全新的现代称谓——"穿青傩戏"(或"庆五显的傩戏")。这样一来,一度被长期当作封建迷信的该项民俗终于经过被纳入"傩戏"、"傩文化"范畴而获得合法身份,继而又有可能在往后的旅游资源开发时,顺理成章地进入具有地方特色的"民族文化"范围。

实际上,根据研究中国民间信仰习俗专家的有关论述,"五显"庆坛事项并不是穿青人的独创,亦非贵州织金的本土"原产"。追本溯源,其起源于江南一带流传久远的"五通"信仰,此信仰曾一度家喻户晓,兴旺异常,只是明清以后因受到官府主流权威的排斥,才逐渐消落退隐。如今贵州织金穿青人所"独有"的此一习俗,不过是当年迁入黔省的内地移民带进并存留的中原遗迹而已。可是在最近的旅游宣传营造下,一方面由于"原籍"消隐,另一方面因史实不明,大多数游客均把它视为当地穿青人的独创及其"民族身份"的标志性载体,从而产生出前往观赏、考察的"旅游预期"。这种预期的动力便是远距离"客源地"未来的游客心中因旅游地发出的引导性宣传而激活成的"异者幻像"。这样,在双向诱发的"民族旅游"需求驱动下,穿青人被预先增添出了一层新的"旅游民族"身份。游人们到此一游的目的,已包括了满足既深入了解"穿青庆坛"这一地方文化又亲自接触拥有此文化习俗的"穿青族群"之愿望。就日益将旅游视为本省发展的重要途径并力求把自己建成"旅游大省"的贵州而言,这样的情形在业经"开发成功"的黔中安顺一带"屯堡人地戏"景点中得到了充分的展示。照如今的趋势推断,织金的"穿青人庆坛"看来也正步成功者之后尘,由演变为当地吸引游客的又一种"民族资源"而促使一种类型的旅游族群形成。

1998年秋天,我到贵州织金县的以那考察,当地的穿青人家办了一次庆坛。

用当事人的话说,"傩戏表演"其实是有着具体内涵的家族法事,目的是为了补还多年前向五显菩萨许下的愿。那一回,以那街上同时有两户人家庆坛,两出仪式遥相呼应,各自师承不同的掌坛师班子操办得都很投入。入夜时分,祭辞声声鼓锣齐鸣,时而庄严时而谐谑的装扮仪式惹得参与和围观的乡亲们既深沉又开心,全然一幅自兴自怨、自满自愉的社区情景。

同一年的秋季,贵州人民出版社出版了《贵州文化旅游指南》一书。其中在黄果树瀑布所在的"西线"景区里特地介绍了比穿青庆坛更早出名的安顺地戏。尽管文章中也提到地戏在其主要流行地——屯堡人村寨叫做"跳神",其原本功能是在春节期间以戏祭神娱神,驱鬼逐邪,祈祷丰年同时又达到自娱自乐的目的,但作者(亦即自我认同的本土宣传者)仍努力向读者(也就是潜在的游客)诱导说,若能在享受黄果树瀑布的自然之美时,"顺便一观"这种原始古朴的"戏剧活动",将会是"极美的精神享受";并且还进一步透露出由于搞旅游开发,当地的习俗已为之做了适应性调整,许多地戏班子已可以"应中外游人之邀,临时开箱即兴表演",而"不必等到传统的节日"。这就是说,传统中满足乡土祭祀和自娱需要的"内部活动",变成了旅游需求趋势下专事展演的"外向行为"。

二、现场观赏:展演互动中的身份转移

1998年10月,全国侗族文学学会年会在龙胜侗族自治县和三江侗族自治县召开。会议期间,主办者安排了一次风情考察,内容是到位于两县之间一处叫"银水寨"的地方,观看当地侗族歌舞表演。"银水寨"就在公路边上,但不是行政区划中的自然村寨而是人为修建的旅游景点。几间仿造侗族民居风格搭成的木楼围着一处二三十米见方的小院,四周毫无乡村里寻常惯见的忙闲生机。芦笙响过,一队经过挑选训练的职业化侗家男女演员便在我们面前表演起来,节目基本是种类不同的侗歌吟唱。表演开始时有领头的女孩用汉语普通话报幕,结束后则响起观众们表示满意和鼓励的掌声。原本主要用于"行歌坐夜"(男女交往)、倾吐心扉、相互朝贺之魅力与功能的"双歌"、"对歌"被用作在游人面前博取一乐的"文化消费";而乡俗中只有举行婚礼时才出现的"抹锅灰",也变成了让游客出丑开怀的"噱头"好戏——即从观众中挑一位小伙子出来充任"新郎",然后让歌舞队里扮演"新娘"的女孩往他脸上冷不防抹几道锅灰,以示对其输掉竞赛的惩罚。

侗族自称Gaeml(Jaeml、jeml 或 jenl),如今主要居住在中国中西部的黔、桂、湘、鄂四省区境内,山乡毗邻,主事农耕。1990年第四次人口普查时,共有251.4万多人。由于过去长期没有文字书写,侗族文化中保存了种类多样、功用

不同的口传民歌。旧时对侗家民俗的这一特征有过描述，称其"善音乐，弹胡琴，吹六管"，并能达到"长歌闭目，顿首摇足为混沌舞"的状态；"醉则男女聚而踏歌"；农闲时，"至一二百人为曹，手相握而歌"，给人的感觉是"男弦女歌，最清美"。民国时期的《三江县志》还对侗歌的多声部演唱方式作过具体的记叙；曰"侗人唱法尤有效……按组互和，而以喉音佳者唱反音，众声低则独高之，以抑扬其音，殊为动听"。关于侗族的族源及早期迁徙历程，至今尚无定论。学者依据侗族自明清至今数百年的居住区域状况，视其为封闭、半封闭类型，并考证侗族自称之一"宁更"(Nyencgaeml)的含义就是"隐匿之人"或"藏匿之人"。他们生活在过去封建王朝鞭长莫及和交通不畅的溪河交错山地，处于"有款无官"、"不相兼统"，并极少与外界往来的原始村社自治状态。在这样的状态中，侗族民歌也便同其作为整体的传统文化一样，基本保持着"自生自成"和"自唱自娱"的族群特征。

1986 年 10 月，一支由侗族少女组成的"中国侗歌合唱团"应邀赴巴黎演唱，使侗族民歌走出乡村、进入主流社会及参与国际范围的文化交流。随之激起的反馈是将侗歌誉为"在纯朴中表现出高度的幽雅"、"清泉闪光的音乐"以及"在世界上也罕见"一类的他者称赞。或许正是在这种外部荣誉的激发下，在侗族这边，主动进行自我弘扬的宣传介绍也越来越多地出现在各种出版物之中。其中最为突出代表之一的是 1995 年 8 月广西人民出版社出版的《侗族通览》(汉文)。该书由数十名侗族学者集体撰写，以洋洋 70 万言描绘侗族历史、文化和风情，通篇充满民族自尊、自信与自豪，几乎用尽了汉语中所有的赞美之辞，其中"富饶"、"美丽"、"善良"、"和睦"、"优雅"、"古朴"、"真切"以及"独特"、"别致"等形容词一再出现。在谈到侗歌时，作者们强调的是"侗乡处处是歌堂"、"侗家人人爱唱歌"，以及侗族音乐古老悠久的历史及其在走出国门后的"饮誉世界"。在中国社会自上而下地把重心转移到经济建设方面并开始大力发展国内外旅游之时，侗族自身的对外宣传则引申为力求通过对本民族形象的再塑造，带动侗乡经济社会的新发展，即所谓一度流行的"文化搭台，经济唱戏"，于是也便有了大力突出侗乡民族风情与文化特色的各类介绍面世流传。或许是经过了同其他民族加以对照比较后的结果，这些介绍不谋而合地突出了侗族文化风情的两个特点，一是民居建筑上的鼓楼、风雨桥，再就是音乐文化方面的侗族民歌。

1998 年夏，中国发行量很大的专业性旅游杂志《旅游天地》刊出写得很美的《侗乡如歌》一组文章。读后感到虽然作者主旨在于倡导从人类多元文化中把侗族文化当作一个整体来加以看待，但在旅游宣传的引导性"语境"里，其落笔也不得不受制于激发读者"到此一游"这样的渲染之中。文章写道：在一些介绍少数民族的文字中,我们时常可以看到诸如"勤劳、勇敢、智慧、质朴、善良、多情"或"热情好客、能歌善舞"之类的形容。如果不是身历其境亲自目睹和接触,或许这样的文字也还是使我们感到抽象,但一当真正走近和进入,那感觉自然就大不一样了……倘若有朝一日来到侗乡,"你肯定会觉得这样的形容其实一点也没有夸张"。然而此时如果用本节开头所举的三江"银水寨"旅游景点作为对照的话,上述这些"形容"便会显得不是"夸张"而是"失实"了。究其原因,其与宣传文字的关联不大,而是主要由于旅游景点的经营方式。如果说宣传介绍性文章只是与所写事象本身产生出"文本"与"本文"的某种想像性距离的话,开发式的旅游景点则导致了在表演与观赏的人为过程中,形成以虚假民俗为基础的"旅游—被旅游"互动关系。其一方面借民族资源及其宣传促销之利制造景点,另一方面为了便于批量接待而进一步对本土原生的文化传统进行改造。在这种改造中,本来与喜怒哀乐、因声传情紧密相连的侗族民歌变成了游离在自身习俗之外、移花接木式的"文化盆景";而被挑选出来训练为专事表演的侗族歌手则成了文化盆景中的"旅游民族"和外来观光客们的消费对象。这种改变在由本乡到异地、从乡村到城市的远距离表演生涯中体现得尤为明显,例如贵阳著名景点红枫湖"侗寨"里的侗歌演唱队,请的就是黔东南黎平、从江、榕江一带的侗乡姑娘;其他诸如深圳"中华民俗村"乃至南方不少城市的商业性"侗家酒楼"里的侗歌表演,就被开发利用和变异得更为厉害。结果是形成了从最初的"民族宣传"引出"民族旅游"的兴起,然后使旅游地民众派生出"旅游民族"这样的新型身份,继而在市场看涨的刺激下又回到新一轮"民族宣传"这样一种开发模式与社会循环。而在这样的模式与循环中,旅游者见到并与之接触的并不是原本的族群自身,而只是其悬浮在旅游产业之上的文化幻影和人造身份。

从当今中国全面开发旅游的宏观环境来看,侗歌演唱及其所派生的身份变异并非个别现象,其可以在傣族歌舞(以纵情"泼水"为标志)、苗族吹芦笙以及蒙古族摔跤、藏族面具戏、汉族的祭孔大典等其他景点事象中频频见到。对于这种改变,已经有人表示出忧虑和不满。新近以长篇小说《尘埃落定》一举成名的四川藏族作家阿来就不愿意接受目前在更广层面上形成的把中国少数民族单向度宣传、塑造为"田园牧歌"或"奇风异俗"类型的习惯做法,而主张恢复他们文化传统中的"同样严酷"和在严酷中的"生命力张扬",因为"即便是少数民族,过的也不是另类人生"。其实在阿来的故乡四川阿坝,同样的事例已有出现,只不过体现的是另一种"走进村寨"和"融入家庭"样式而已。

三、村寨旅游：客人进门后的日常变异

阿坝在川西北部靠近青海和甘肃的地方，全称叫"阿坝藏族羌族自治州"，面积8.3万多平方公里，为今四川全省的六分之一和成都市的7倍，均海拔3 500～4 000米，这里主要世居民族为藏族、羌族和回族。1990年第四次人口普查时，全州的总人口有77.5万多人，其中藏族、羌族和回族分别占48.39％、16.87％和3.1％，加起来接近总人口的70％。经济建设方面，由于自然和历史的原因，如地处边远、气候恶劣、交通困难以及工业起步晚、投入不够等，长期处在全国平均线以下（1988年的人均总产值仅有761元）水平，是一个"典型的'老、少、边、穷'地区"和"落后的农牧业区"。改革开放以后，其工农业总产值的增长速度与国内发达地区间的差距不仅没有缩小反而越拉越大。为此，从省到自治州一级的地方政府便在加速发展经济、尽快改变当地面貌的举措中把开发旅游提上了议事日程，强调说其对于促进区域经济发展，尤其是"改善投资环境、创收外汇等方面具有重要的战略意义"。《四川省民族自治地方发展研究》（1993）中专章论述民族地区的旅游开发，评估包括阿坝在内的全省民族地区人文旅游资源，尤其是藏、羌、彝等少数民族独具特色的宗教、民俗文化，认为"优势突出"，"开发潜力不可估量"，"前景非常广阔"，因此"必须全面开发"，并且力争使这些地方在将来成为"国内旅游重点"和"全国重要的旅游发达地区"。1996年11月，四川省人民政府招商引资办公室印制的对外宣传物《四川概况》（Sichuan Briefing）自豪地自称为"资源大省"，把"旅游资源"与"鼓励投资项目"并为一体，突出列举了阿坝自治州内"九寨沟"沿线的旅游区。旅游业开始以形形色色方式和类型日益繁多地涌现于当地已被和正被"探明"可供开发利用的自然与人文资源地带。其中除了位于藏区村寨，以及目前已具盛名的国家级风景名胜区"九寨沟"、"黄龙"外，展现阿坝地区独特民族风貌的还有汶川绵篪的"西羌第一村"和理县桃坪的"旅游专业户"。"西羌第一村"位于阿坝距成都最近的汶川县南面213国道边上。从成都出发大约两个多小时就到了。当地的原名叫"羌锋村"，行政隶属于汶川县绵篪乡，后来为了适应旅游开发的需要，才改了颇为响亮的新名。如今取了新名的"西羌第一村"的确发生了明显变化。首先是有关部门经过探察把这里选定为由成都进入阿坝的第一景点及羌区民族风情的代表性村寨；接着开始一边组织开发一边对外大力宣传，同时注意到对该村的旅游地形象塑造：如改名、树牌——即在213国道通向村子的入口处树立起一座巨大醒目的旅游地标志"西羌第一村"，并且通过文字出版物以优美动人的笔触尽情渲染该村的民族特色：从颤巍巍的吊桥过河，来到依山而建的羌寨，一股股淳

朴、酣然的民族气息扑面而来。你会发现这里独特的传统建筑艺术和建筑风格……那脚穿云云鞋、衣着古朴的羌家俊美小伙,那衣着艳美的羌家姑娘穿行在石垒的羌房之间不时送给你一份甜甜的微笑。那构思奇妙、色彩亮丽的羌绣,绣出了象征幸福、丰收、喜庆的花卉瓜果、飞禽走兽。其结构是那样对称,色彩是那么考究,做工是那般精细,不由得你不击节惊叹羌族人民的聪明才智,即使是在细微之处都发挥得那样淋漓尽致……加上寨中的小桥流水和悠长的鸡鸣犬吠之声,使你悠悠然有远离尘嚣、恍若隔世之感。此后,由于开发初见成效,汶川县被省、州旅游部门列入全省首批"旅游兴县工程"的40个县份之一,继而又因"西羌第一村"之特色而被国家文化部命名为中国民族民间艺术之乡,以至于"包括美国、日本等许多国家和地区的专家学者、旅游团体纷至沓来"。1998年4月,我到羌锋考察。时逢春耕农忙,男壮力们大概都干活去了。村里静悄悄的,坡度很大的小道上偶尔有一两位妇女背筐经过,透过两旁半掩的门缝,可以依稀见到屋里简单朴素的摆设和一些老年人在缓缓走动:一切都与其他地方的乡村相近,只是多了村里高高耸立的石碉。在到村里几户人家做过简短访问了解之后,我和同伴就离开了"西羌第一村",心里并未因没有见到宣传文字上面描写的"动人情景"而产生失望,反倒觉得这里尚未在旅游开发的冲击下失去原有的山乡宁静可说是不同寻常。可是后来在汶川县城,一位出生于羌锋、堪称"羌族文化通"的县文化局羌族干部却十分不满地对我们说,主要是由于当地村民认识不足、能力太低的缘故,羌锋远没有达到旅游开发的目标。为此他表示次年退休以后就要回去领办旅游,力争把羌锋的"旅游产业"尽快搞上去,使羌锋真正成为名副其实的"旅游村"。实际上,这位羌族干部的理想目标已经在阿坝的另一处旅游景点——九寨沟"则查洼"和"树正"等好几个藏族村寨里变成了现实。

　　南坪县的九寨沟属于藏族村寨中的半农半牧类型。1998年4月25日,我们进入九寨沟,先后走访了沟内的"则查洼"和"树正"两个藏寨。则查洼村村长尼美大约四十来岁,会讲汉话,但说起自己名字的汉字译法,却是临时拼的——九寨沟的藏语汉译"日扎德古"和"日扎域洼"也是如此。他开始准备在内地现代风格的村办公室接待我们,经要求,才领我们到了他的家中。他家的房子是连在一起的两部分,一半为传统木屋,一半是现代楼房。后者比我们刚见到的村办公室还大,共有十几个房间,二十多个床位。他解释说,这些新修的房间是用来作旅游接待的。自从九寨沟开发为阿坝乃至国家级和世界级旅游风景区以来,仅他们则查洼村就有半数以上的藏族人家修建了这样的"私人宾馆",生活状况也大为改善:从原来的以农为主、半农半牧改变为主要靠旅游服务为生。与此同时还通过由景区管理部门统一收取门票的方式,向国家上缴了税收。在树正村,情形又更不一样。整个村寨热闹若市，村口停满了车辆，四周全是出售旅游纪念品的小卖铺。进了寨子，本地导游便会引你参观由寨内十来户人家改建而成的"藏族民俗村"。身着红色袈裟的喇嘛站立在门前鸣号致敬，节日打扮的姑娘小伙以歌欢迎，不久还会聚在特地搭成的露天剧场为游客举行专门的歌舞表演。

相比之下，理县桃坪的龙小琼一家情况又有所不同。桃坪是另一个远近闻名的羌族村子。小琼是该村土生土长的年轻姑娘。中专毕业后，在政府开发旅游的政策措施扶持下，她被培养为一名旅游干部，并"带领"全家做起了村里的"旅游专业户"。平时，小琼也到县里上班——去旅游局做些辅助性工作，同时获知有关游客来往的消息和指示。家里的人则照常务农，过着与世不争的平静生活。而一旦游客将要来访，她们一家就会迅速动员，全力以赴，在经过一番程式化的熟练收拾打扮后，很快进入以传统古朴的"民族风貌"迎接客人的"专业"状态。他们不仅穿上了色彩鲜艳的民族服装，准备好富有风味的野菜、"咂酒"，而且还会在丰盛的晚餐之后，邀请游客一同围着屋里的火塘跳起羌族传统的"锅庄"，以欢快热烈的民族歌舞让外来的观赏者们沉浸到心满意足的"人文消费"之中。当然，与之相应的回报是龙小琼一家收到的通常不会讨价还价而是任随来客给多少是多少的一点现金酬劳。作为阿坝交通要道上的羌族村寨，桃坪很早就受到过外界注意。改革开放以后，日本、中国台湾等地的民族文化学者纷纷前往探访考察。龙小琼一家的彩色照片还登上了日文出版的考察报告。另外的一支四川大学和早稻田大学组成的联合考察队一行若干人则在龙小琼家前后住了一个多月。这种旅游观光考察的互动，使龙小琼一家的身份与生活均发生了变化。1998年4月的那次考察，我们也到了桃坪并且在小琼家住了一夜。访谈中，龙小琼和家人对我们谈到过她们三代"多民族融合"的不寻常家世。全家三代，四个姓氏，三种民族。父亲姓贾，是上门女婿，1997年桃坪村选举时，公布的民族成分为藏族，但他本人却自称是来自山西的汉族。小琼的姐弟随母亲姓杨。妹妹跟父亲姓贾。龙小琼却随祖父姓龙——因为与父亲一样，祖父当年也是上门的汉族女婿，并依本地习惯已改妻姓为杨，家里想通过此举让老人有所安慰。按理说来，龙小琼具有多族别身份，既可为"汉"亦可称"羌"，还可是藏，但是在桃坪开发民族旅游的进程中，其"羌"的成分受到有意强化，而"汉"之遗韵以至"藏"之痕迹则愈发淡忘了。到了1998年底时，这一强化又在具有示范作用的政府行为中进一步完成。这一年全国共青团代表大会上，龙小琼被阿坝藏族自治州有关部门选派为羌族惟一的青年代表，身穿民族服装飞往北京，出席数千人参加的盛会并受到国家领导人接见，成为多民族文化的时代象征。其与众不同的"羌人"打扮也随之构成了学者论述中具有特殊意义的现代族群标志。

四、分析与结论

自 1980 年代以来在中国内地因开发"民族旅游"而派生出来的"旅游民族"现象可以说是一种多向、多因的互动过程。其中既有政府为发展经济、加速增长、解决中西部少数民族地区与东部发达地区差距增大的政治、经济和社会考虑,也有被"开发"的少数民族借此突出并推进自身地位及价值的历史、文化意图,与此同时,还存在着外来游客对旅游地文化传统的影响和冲击。三者之间,政府的意志起了决定性作用,堪称自上而下的国家主导型。从经济学角度看,"民族旅游"拓宽了中国旅游行业的"产品"范畴和客源种类,有利于境内外市场的未来竞争。从人类学角度来说,"旅游民族"的出现则强化了中国社会"多元一体"结构中的族群身份及其各自不同的文化分野。另一方面,旅游开发所关注的是旅游地旅游资源的形象包装及其对外来游客的消费吸引,而引出的结果却是"旅游民族"的身份重塑及其民族自我意识的唤醒,乃至消费与被消费者彼此间互为依存的差异需求。这样,在旅游开发的推动下,"民族"成了一种可供利用的市场资源和族群交往的外在符号。其被看中和强调的部分主要是"民族身份"。为了使这种身份得到突出,开发与交往者们将其简化为更易于把握和利用的要素,即"民族特征",并抽掉了与"特征"无关的其他内容。由于这种简化与省略都带有双方明显的主观色彩,从而往往使所利用的对象变成了游客眼中"奇风异俗"式的被动观赏物——其既具有人为的再造性,同时还产生出自古如此且永远不变的凝固印象。在这样的印象中:"穿青人"就意味着庆坛仪式,侗民族意味着遍地"大歌",羌族必须喝完"咂酒"跳"锅庄",至于藏族则象征着永远的雪原和"经幡"。结合中国近代以来的历史背景,因发展经济、拓展资源而形成的"旅游民族"现象,应该说具有使少数民族及其文化传统重受关注的积极一面。中国社会的多民族性也由此得到了进一步认同和强调。比较几十年前一度将"穿青庆坛"等民俗活动一概视为落后迷信而硬性废除以及再早一些把羌民母语称为"蛮话"、"乡谈"乃至"见到羌族唱山歌就骂'蛮子狂了'"那样的现象,如今为开展旅游而对少数民族文化"特色"进行的各种宣传尽管目的在于市场促销并且有所取舍、有所夸张,却的确已表现了明显的时代变异。而诸如侗族知识分子旨在获取文化传统的自我阐释权而倡导的"民族意识新觉醒",则传达出少数民族对其未来命运的自主性。

中国范围内的族群关系,在经历了封建帝国时期的漫长纷争和辛亥革命对"五族共和"的倡导,再到 1949 年后以"五十六个民族,五十六朵花"为标志的"多元一体",如今已到了一个重要的再次确认和内涵重组阶段。各族群自身的文化身份,需要在相互区别与彼此交往的互动过程中,既维持现有的边界同时又对其中不尽如人意的局限加以克服。在这样的背景中,"民族旅游"的兴起及其所派生的"旅游民族"之出现,当视为中国民族问题一种内涵丰富的新呈现方式,从某种意义上说,亦即20世纪民族主义潮流冲击下全球社会转型过程中一个值得深入探讨的世界性现象。在这点上,大洋洲地区的"毛利人"、太平洋岛屿上的夏威夷人和北美印第安保留地内美洲"土著"乃至欧洲波兰与匈牙利等地的"农业观光村"村民等等,在一定程度上均已具有了"旅游民族"的色彩,值得在全球视野的总体观照中加以比较研究。总体说来,"民族旅游"开发中形成的"旅游民族"现象,是一种对文化之"异"的双向表达。在不少人认为"一体化时代"已经到来的氛围里,其所突出的是"不同"。只不过在国家一面,政府及其鼓励支持的开发者通过对"旅游民族"的建构,表达出将各异民族的文化"身份"与"特征"作为资源加以利用的意愿。对正被建构为"旅游民族"的一方而言,其则可以说试图借助于这样的开发,重新强调自己与众不同的存在。然而由于这种开发在目的上的短期功利色彩以及双方主体性方面的不对等,后者每每处于商业化的"被表达"状态,他们的想法和声音都不同程度地受到了干扰和扭曲。如何解决此类可归为具有普遍意义的"发展与保护"问题,看来还需要进一步研究。

(根据徐新建《开发中国:"民族旅游"与"旅游民族"的形成与影响——以"穿青人"、"银水寨"和"藏羌村"为案例的评述》删简改编,原文载《西南民族学院学报》2000年第7期)

[案例思考题]

从穿青人"五显庆坛"的祭祀活动、侗族"银水寨"文化盆景式景点和"西羌第一村"这些民族旅游资源或目的地中,请谈谈民族文化在旅游中应有的价值。试析旅游对这些目的地的社会影响以及派生出来的"旅游民族"现象的"积极方面"和"值得深入探讨"的问题。

[要求]

1. 熟读教材并尽可能运用教材所提供的材料和观点来分析;
2. 最好能结合自己切身体会并有自我思考的见解;
3. 4 000字以上,打印稿,两周内完成。

第六章 旅游文化震惊和文化冲突

从某种意义上说，人们向他人学习的能力取决于克服自身文化身份障碍的能力。尽管有时人们的愿望是良好的，但结果并不令人满意。跨文化交往中的文化震惊和冲突有时会使人变得更加民族中心主义，对他人或他种文化存有偏见和歧视。这是由于人们虽能意识到跨文化传播的障碍所在，但往往将问题归结于他人，而不是反省自己的某些缺陷。旅游跨文化接触给人与人之间带来了理解、欢乐的同时，也会带来误解和不快，如何培养足够的旅游跨文化交往能力，以保证旅游交往的成功，这是旅游文化应面对的问题。

第一节 旅游交往中主体的文化震惊

文化身份、文化距离等所表达的思想，都涉及跨文化交流中的文化差异。中国、日本、朝鲜、韩国、新加坡等东方文化与美国、英国、法国、德国、意大利等西方文化不仅在语言语和非语言语的符号系统上有差异，而且在人际交流的其他方面也多有差异。这些差异引起了跨文化交流中的文化震惊和文化冲突。

一、跨文化交流中的文化差异

东西方在人际交流上的差异涉及面很宽，从其中的表现来分析有一点明显的差异，那就是东方文化注重维护群体和谐的人际交流环境，体现在重礼仪、多委婉；西方文化注重强调坚持个性的人际交流环境，表现在重独立、多坦率等方面。

在中国的传统社会中，历来主张尊卑有别，长幼有序，敬老爱幼，尊师重教。中国是礼仪之邦，每个人在交流时要受到各自地位和角色的制约，否则就是失礼。受到中国儒家文化影响的朝鲜、韩国、日本、越南、新加坡以及东南亚国家的一些地区多少都有这种倾向。在东方的等级观念比较强的文化里，两个素不相识的人相遇时，在谈及主题之前，通常要交换有关的背景资料，例如，工作单位、毕业的学校、家庭情况、年龄、籍贯等，以此确定双方的地位和相互关系，并进而依据彼此的关系来确定交谈的方式和内容。如果一方为长辈或上级,那么多由这一方主导谈话的进行,同时在出入的先后以及起坐方面都有一定的礼仪。如果交谈的双方在地位或身份上是平等的,那么,交谈就会放松得多。

在西方文化里,特别是美国文化,等级和身份观念比较淡薄,人际交流中,在称呼和交谈的态度上较少受到等级和身份的限制,不像东方文化那样拘礼。熟人相遇一律以平等的"你好"(Hi)表示问候。祖父母与孙辈之间、父母与子女之间、老师与学生之间都互相直呼其名。这对许多中国人来讲都是难以接受的。

在亚洲文化里,不同辈分和身份的人意见不同时,常避免正面的冲突和争辩。中国人喜欢婉转的表达方式,以给对方保全"面子"。西方人,特别是美国人在彼此意见不同时,坚持己见,常争论得面红耳赤,无所谓"面子"问题。例如,美国学生在课堂上,常与老师争论问题,有些问题提得很尖锐。美国人认为,与老师争辩是正常的。而这种情况如果发生在中国,无论是老师和学生都感到不自在。美国人的坦率在很多中国人看来有些唐突,有时甚至是粗鲁。一位美国朋友写道:"从我自己的经验来说,我知道我们那种急性子、任性和毫不隐讳的言行常常得罪中国朋友。——几乎在同样程度上,中国朋友那种慢条斯理、繁文缛节和捉摸不透的兜圈子,常常弄得我们这些可怜的'洋基'们火冒三丈。"

在美国人看来,婉转与真诚大相径庭,与装假却有相似之处。1968 年,美国人安德森在一项研究中,向一些大学生出示了 555 个形容词,让他们说出对这些品质喜欢的程度。结果表明,在 20 世纪 60 年代的美国大学生中,受到评价最高的个人品质是"真诚",评价最低的是"说谎"和"装假","说谎"和"装假"比"不友好"、"敌意"、"贪婪"、"恶毒"、"冷酷"、"邪恶"都恶劣得多。因而,我们不难理解中国人的婉转何以会使"洋基"们火冒三丈。虽然近代以来,随着西方文化的影响和社会的发展,东方重礼仪多委婉的特点已经发生不少变化,但是比起西方文化特别是美国文化来,仍有明显的差异。

东方多自我交流、重心领神会,西方少自我交流、重言谈沟通。东西方人对交流本身有不同看法。在中国、朝鲜、韩国、日本等国的观念中,能说会逗并不被人们提倡。在中国传统文化中,儒家、道家和佛教的禅宗都是如此。孔子认为,"巧言令色,鲜矣仁。"(《论语·学而》)其意不外乎是说,如果一个人花言巧语,装出和颜悦色的样子,那么他的"仁德"是不可能多的;巧言会败坏人的道德:"巧言乱德,小不忍则乱大谋";而言谈缓慢、迟钝是仁的表现:"司马牛问仁。子曰:'仁者,其言也讱'"(《四书·颜渊》),"讱近仁"(《四书·子路》)。因此,君子应少说话"敏于事而慎于言,就有道而正焉"(《四书·学而》)"君子欲纳于言而敏于行"(《四书·里仁》)。在孔子看来,能说会道是可耻的:"巧言、令色、足恭,左丘明耻之,丘亦耻之"(《四书·公冶长》)。其说"恶夫佞者"(《四书·先进》)几乎是在告诫当权者,不要任用佞者作干部,也不要交佞者为朋友。要想当上官、当稳官也要慎言。道家的老子说:"希言自然。飘风不终朝,骤雨不终日。孰为此者?天地。天地尚不能久,而况人乎?"(《道经·二十三章》)意思是说,少说话合乎自然,喋喋不休违反天道。他还认为,知"道"的人不随便说,随便说的人不知"道";所谓"知者不言,言者不知"就是这个意思。庄子也曾说:"狗不以善吠为良,人以不善言为贤"。在东方,和谐、一团和气胜于说服;西方反之,说服重于和谐、一团和气。

中国文化中注重集体主义,强调组织的团结与和谐,因而在交流的目的上,注意摆平信息发送者和信息接收者的关系,强调和谐胜于说服。孔孟之道主张人们应当和平相处,免于争斗,主张"和为贵"、"忍为高"、"君子矜而不争"。这些思想至今仍对人们的交流起着很大的影响。

西方人际交流观受到古希腊哲学的影响,在交流的目的上,强调的是信息发送者用自己的信息影响和说服对方,是有意识地对信息接受者施加影响。这一观点在西方古今研究传播学的著作中都可以看到。例如,亚里士多德在《修辞学》里就指出,所有交流的基本目的是"施加影响"。当今的传播学者杰拉尔德·米勒认为,"在大部分情况下,传播者向接受者传递信息旨在改变后者的行为"。美国实践心理学家C·霍夫兰等人认为,交流是"某个人(传播者)传递刺激(通常是语言的)以影响另一些人(接受者)行为的过程"①。

在人际交流中,中国人开场白或结束语多谦虚一番。开场通常说自己水平有限,本来不想讲,又盛情难却,只好冒昧谈谈不成熟的意见,说得不对的地方,请多指教。或者把这一套话放在结束语中讲,常说的是,以上只是个人粗浅的看法,目的在于抛砖引玉,谈错的地方难免,敬请批评指正,多多包涵。而西方人,特别是美国人,在开场白和结束语中,没有这一套谦词。而且这类谦词使美国人产生反感:"你没有准备好就不要讲,不要浪费我的时间。"中国人在和不熟悉的人交谈中,其开场白常问及对方在哪里工作、毕业的学校、家庭情况、年龄、籍贯等,即从"拉家常"开始。对中国人来说,这样开始交谈十分自然。而这样做会使英美人十分恼火,因为这种开场白干涉了他们的隐私,交谈一开始就使他们不快,很难使他们敞开心扉,进行有效交流。英国人交谈开头的话题是今天天气如何如何,美国人则常常是从本周的橄榄球赛或棒球赛谈起。

中国人在人际交流中进入正题之前,"预热"时间比美国人长。而英美人一

---

① 参见关世杰,《跨文化交流学》,北京大学出版社,1995年版,第336页。

般喜欢单刀直入,预热的阶段很短,闲谈多了会被认为啰嗦,有意不愿谈正题等。

东西方民族的文化差异或许是当今世界文化差异性的典型之一,但不是世界文化差异性的全部,文化多元共存是当今世界的基本特征之一。文化差异的存在就必然导致跨文化交流中文化震惊的不可避免。

二、旅游者的文化震惊(概念链接6-1)

西方国家的红灯区,东南亚特别是泰国的人妖表演,以及印度、南美一些国家的奇异民俗等,都曾引起我国旅游者的好奇和惊恐。在此,我们先来阅读一些旅游片段和旅游者的笔记。

这是出自内地女性对红灯区的观感。那里公然的性表演,你只要付20欧元就可以看到,真人做秀,这一对刚刚演示完毕,间隔十分钟,新人踩着音乐出场了。连小小的洗手间的灯光,都是用幽红色的小灯,让我无端的觉得心虚。三层楼高的收集世界各地的春宫图画、各种材质的性交人偶的性博物馆公然坐落在阿姆斯特丹市中心,所有在一般场合被视为无法公开的事物,都在此堂而皇之地成了展示品。走出去漫步阿姆斯特丹街头,华灯初上,但见大大的落地玻璃后面,一个个性感暴露的女人纷纷上场,这就是世界闻名的受国家保护的"橱窗女郎"——你可以不挑选我,但是你不可以侮辱我,看清我,因为出卖色相就是我的职业,和你在办公室没有任何区别。我在其中的一个橱窗面前停留,她金发蓝眼,只穿金色的胸罩和短短的同色裙子,手臂上戴着十多个质地不同的镯子,巨大的月形耳环摇摇欲坠,她好像一直在发呆,但是突然见有人看她,先是看了一眼我身后的几个外国男人,她娴熟地添添嘴唇,拍拍自己的大腿……橱窗里可看见一张床和一个洗手台,橱窗女郎就坐在落地窗的后面一张高脚椅上,有的则是在橱窗内跳舞,跳那种很性感的舞,为的就是吸引客人上门来。……我快速奔走于走廊间,有的女郎看到我这女生也善意地对我微笑,但也没忘要拉客。我只觉得自己好像走进了一部电影里面,一点真实感觉也没有,看着拉客的妓女,我还满想知道她们内心的感觉是什么,那种性欲生活真的是她们所想要的吗?还是因为某种因素所逼?但也许都不是,只是我想太多了,不过走在那里头的感觉着实让人胆战心惊!

下面是中国中学生逛泰国红灯区的叙述。"走在路上,哇噻,整个帕塔亚实际上就是一个红灯区。在接下来的两个小时里,我的脚一直在抖,不过你也不要笑我,你去试试看,我保证你也不会想到那种场面,路上挤满了妓女、嫖客、警察,我还看到和尚昏倒。到处转转,情况不是我们想像的那样,路边都是敞开式的酒吧,妓女们很老实地坐在那里,陪着老外们喝酒。交易的话,我们也看不到,宾馆林立。成群的中国人大声喧哗而过。每个人身边都有妹妹陪着。我们几个就显得很出众了。成为各国妹妹招呼的对象,兄弟们从小没有受过如此的瞩目和关照,早就个个吓得双腿发抖了。妓女们看我们的熊样,就和我们笑笑。好像在说:'小子们,回家看动画片吧。'问题是我们迷了路,还好有警察给我们指路。由于身无分文,一伙人只能步行回宾馆了,那时已经快天亮了。此次红灯区之行的惟一后果就是,第二天,我们几个在风光旖旎的帕塔亚海滩边,穿了半身比基尼昏睡半天。如果不是同去的女生们好心在我们的身上涂上防晒油的话,我们都已经变成非洲土人了。最后一个问题,同去的老师那天晚上突然失踪,事后招供,在酒吧灌酒(仅此而已吗?)……"

少见才多怪,多怪就是跨文化旅游中的文化震惊现象。国外一些民族的习俗,也使我们不理解而大为震惊。说在印度,一个姑娘在结婚时拥有多少贵重首饰,不仅关系到她的身份地位,甚至关系到她婚后的幸福。这听起来似乎有点让人难以想像,但至少尚可理解。至于说结婚时未能获得足够的陪嫁首饰而在婚后被其丈夫活活烧死的妻子却大有人在时,这就要让人心有余悸地大吃一惊了。另外《印度快报》有过一个报道,该报记者在离马杜赖卡马拉伊市 46 公里的佩拉于尔村亲历了一场奇异的祭祀仪式,至少 105 名儿童被"活埋"了整整一分钟!参加这一祭祀仪式的儿童首先失去知觉,然后再被放入预先准备好的临时墓穴,用土完全掩埋 60 秒之后,再将他们挖出来。据说这是当地一种传统的宗教习俗,这样做的目的是为了祭祀两位能够驱赶妖魔的女神。令人震惊的是,"活埋"仪式进行的整个过程中,被埋孩子的父母以及来自省里的政府官员也在一旁神色从容地观看。目光慈祥的官员们也平静地注视着眼前的一切,这位祭祀仪式的主要嘉宾这样告诉记者,"我是应本次活动组委会的邀请出席这个盛典的,其他我也没有什么太多好说的"。这种让常人不可思议的"活埋"仪式在佩拉于尔村沿袭很久了。上次印度媒体报道此事还是 1996 年的事,据说当时还引起了一场骚乱。那些村民们为了让心中的愿望早日实现,争先恐后地将自己的孩子"活埋"。按照当地习俗,被埋的女孩必须是青春期以前的女童,男孩子则不被强求参加这种仪式,所有孩子的年龄从 4~20 岁不等。仪式开始时,家长们将一种植物的灰烬撒在孩子的头上,然后再朝他们的面部和头部喷洒一种姜黄水。一般来说,经过这两道程序,孩子多半会"失去知觉"。可是如果有少数孩子依然还存有知觉的话,他(她)将失去被"活埋"的资格,孩子的父母也将因此被罚款 1 000 卢比。据村里人介绍,之所以要让孩子先失去知觉是为了防止他们在"墓穴"里挣扎蠕动。就这样,动弹不了的孩子头上随即被裹上一块黄布,再被送往一座庙宇前的掩埋地。孩子"入土"之后,地面上的家长们则纷纷剖开一只椰子祈祷许愿。整个仪式持续一分钟之后，负责主持的祭司示意"墓穴"可以被打开了。这时孩子被挖了出来，头上的黄布也被扯掉，亲属们随即七手八脚将他们运走。当记者问及这种"活埋"仪式的安全性时，佩拉于尔村前任村委会主席卡里拉吉老头颇为自信地表示，打从开始有这种习俗至今，还从未出过意外。他接着介绍说，这样的盛典要再过7年才能看到。言下之意，记者的"眼福"还真不错。

除了我们对他国、他民族的文化震惊外，他国、他地区的旅游者也会对我国的一些文化现象感到惊奇。1999年北京地质大学的几位博士为一个老外旅游团当导游。当时的那些老外对中国的美味佳肴着实震惊。其中一位博士导游邓宁新事后这样记叙道：中国人怎么什么都吃呀？猪肠、猪肚儿、鸡胗、鸭肝，还有被称为凤爪的鸡爪子，都堂而皇之地上了宴席。还有，在英国、在美国的饭店里用餐，厨房的整个操作程序，都是可以透过大玻璃窗看到的。怎么这里就是一窗口，厨房和厨师显得那么神秘、费猜。侍应生一道道端上来，送汤，不是一整盆搁上桌，再一碗碗盛，而是事先分盛在碗里，放上托盘，再一碗碗送，干净吗[①]? 在中国餐馆里吃饭，店家可能为客人免费送上一杯热茶，而在日本，免费为客人送上来的却是一杯加冰块的自来水，这往往令中国客人感到惊讶。中国人、英国人在家里洗澡，浴缸里的水一次只洗一个人；日本人、韩国人却是一家人共用一浴缸的水，等全家人洗完了才将洗澡水倒掉。不过他们仅在浴缸里浸泡身体，然后在浴缸外擦洗身体。如果是深入这两个国家边远地区去旅游，需住宿于当地居民人家时，中国人要入浴，受到的就是同等的待遇。如果是在荷兰，那么，荷兰人的萨乌那（Sauna，蒸汽浴），其文化距离就更远了。中国人如何享受？中国人在银行、邮局、售票处排队，通常是一个紧挨一个，彼此没有异样的感觉。而在西方国家，人们注重所谓的安全距离，一切与钱或私人有关的事排队都自觉与前一位正在办事的人保持约1米以上的距离，并且努力装作漠不关心他人的样子。目前至少在内地的上海、北京、深圳等大城市，银行窗口外都划有一米线，三米线，有的则有五米线，然后是休息的沙发区。然而，在没有保安维持的情况下，国人根本视而不见。等待办理者紧紧围着窗口是极其正常情况，人们无法适应这一米至数米开外的空间距离。中国人初次去日本，都喜欢住进榻榻米的和式房间，但过不几天新鲜感消失，便受不了成天盘腿坐在草席上、腰酸背痛的折磨。在美国，住进一家中产阶级的家里，房东很可能要求你尽量使用空调而少开窗户；美国人习惯了在人工的气候里生活，同时也害怕外面的灰尘进入房间。这对于习惯开窗生活的中国人来说，是很难受的一件事情。在中国，看到某家院子里晾晒

[①] 邓宁新，"博士导游与他们的外国'上帝'"，《旅游》1999年第3期。

的衣服被风刮掉了，路人帮忙捡起是人之常情，且是我国主流文化倡导的助人为乐的好事。但在美国，这很可能被视为侵犯私人领地。而不打招呼就是侵入，主人就可以开枪。几年前一名日本中学生在美国误入他人住宅院落，结果被主人开枪打死，凶手竟没有受到制裁，因为美国的法律保护这种行为。中国人说话嗓门大，几位熟人谈到高兴处眉飞色舞、旁若无人，声调不断升高，这在西方社会的公共场所就会引起当地人的反感；日本人与外国人交际时，面部往往伴有没有道理的笑容，这也常常令对方感到不解，产生误会。

　　类似的故事和记载还很多，它们的情况可能千差万别，却都可说明一个问题，那就是旅游中出现的文化震惊。文化震惊(Culture Shock)是指某人进入一种新文化环境时所经历的情感落差或创伤性经历。当人们离开自己所熟悉的环境时，往往会产生焦虑和不安。托夫勒(A. Toffler)描写道：文化震惊是某人发现自己所处的环境中，"是"的意思变成了"否"，"固定的公价"变为可以讨价还价，微笑可以表示气愤。人们发现自己处于陌生的环境，无法对信息作出相应反应，不能问路，也不知如何回答他人的问题，气候与自己家乡的气候不同，食物几乎不认识等等，这些给人们带来的震惊犹如经历一种动乱，一场内在的文化积累或文化构成上的动乱。尽管最基本的生活问题也许很快就能得到解决，但旅游在外的人还会遇到态度和价值观的不同的问题，而这些问题给他们带来的阻碍更大。旅游者在进入异国他乡某个新文化环境时因文化差异而带来惊奇、疑惑和不习惯是极自然的。这种不习惯的根本原因是每个人都有自己的文化身份。

　　在此，需要重提文化身份这一概念。文化身份是被用来强调建立在种族、共同语言和共同历史基础之上的文化群之间的内聚力。它有一套潜在的特定文化成规，群体间希望这种共同的文化关系能得到确认。因为，如果一群体人或个体的文化身份得到了确认，那么，他们之间的沟通就变得简捷可行。同时，文化身份给每个人确定了文化上的界限。这一界限自然有碍于不同文化间的交流与对话。

　　旅游跨文化交往中的震惊由来已久，十分多见。无数童话、传说、故事、小说以及报道都曾以此为题材大写特写，无论是奥德赛、马可·波罗、鲁滨逊、威廉·迈斯特的经历，还是人们已涉足深入的非洲赤道附近的乞力马扎罗、中国云南的香格里拉、南美的马丘比丘、英国南部的大石圈、埃及的金字塔等等都以其神秘惊险宣泄于不同时代的人们，引起强烈的震惊。

三、文化震惊产生后的障碍

　　文化震惊会有多方面的表现，既有身体上的，生活习惯上的，也有感觉、感情上的，也有思维方式上的、道德观念上的。受到文化震惊后主体心理上会产生哪些主要的障碍呢？

一是希望并努力适应陌生文化环境时产生的紧张感。例如，总是担心自己说的话能不能被对方理解，经常注意自己的行为有无违背当地社会行为准则之处，见到、听到一些自己不理解的事，总是希望想个明白，去理解它们。但又不是一朝一夕能够做到，白天、黑夜在外出游览、购物总要提防可能的袭击或冲突。甚至自己的衣着打扮不符合当地社会的潮流也会成为一块心病等等。

二是失去原本熟悉的环境和所拥有的社会地位而产生出的失落感。例如，原本拥有的物质上的东西，在新的环境里自然不再拥有，有一切都要从头开始的意向。初到美国纽约的曼哈顿去，一些人看见林立的高楼大厦、金碧辉煌的店铺、衣着入时的人们，在新鲜感过后不禁会发出这样的感叹：我来到这里干什么，这里的一切都属于他人与我无关。尽管国内繁华大街上的一切也不属于他所拥有，走在那里他却能心安理得，毫无失落之感，这不能不说是受到异质文化冲击后的心理反应。另外，在异质文化环境里所充当一般的旅游者，一个格格不入的外来"他者"或无足轻重的底层消费者，社会角色乃至身份地位都发生了变化，原先在国内或许是受人尊敬的人，但在异国他乡这一切已不存在，尽管理性上会告诉他，这仅仅是短暂的旅游期间，但一切人际交往中的有随时使他感受到一种不习惯的文化氛围，于是，就会产生失落感，且文化身份上的剥离感会时时袭来。

三是面对新环境里的繁荣与安详会产生出一种自卑感。自卑心理最容易发生在发展中国家旅游者到发达国家去旅游的跨文化交往之中。全球经济发展的不平衡，使得国与国之间的贫富差异悬殊，反映在旅游的跨文化交往中，就会出现一种"权势关系"，使得双方的交往处于不对等状态。除了经济的因素之外，个人的综合素质低下也可能导致自卑感。例如，物质上人家有的他没有，能力上人家会的他不会，素质上人家具备的他不具备，习惯上人家养成了他没养成等等，自然会觉得低人一等。另外，过多的有求于人，而无相应的回报，也会挫伤人的成就感、自信心，在东道主面前会产生低人一等、抬不起头来的感觉，甚至会产生出赶快离开的念头。当然，有些旅游者一贯自我感觉良好，对所有一切文化受冲击的交往，都视而不见、充耳不闻，似乎永远沉浸在最初的惊喜、赞叹中；理解不理解的都会一晃而过，有震惊也不往深处感受，甚至对自己不良的、不合适的表现也从心理上强词夺理，自我感觉良好就行。其实，自卑感也是自强感的一种曲折表现，没有自卑感，并不等于真正胜人一筹。

四是个人长期以来建立的信念、价值观念发生混乱。去到一个社会制度、文化背景完全不相同的国度，一开始可能无所适从，自己长期形成的价值观念、行为准则不适于新的环境了,一时间,什么是好,什么是坏,什么是美,什么是丑,竟然无从分辨。意志力薄弱者往往会在随乡入俗,恭敬不如从命等等的原谅中在异质文化环境里放纵自己,冲破自己原本固守的道德防线,而做出一些使自己终生后悔的事来。错失了在跨文化交往中去做有利的、有意义的事的机会。

五是环境适应、人际交往力不从心,从而产生出无能感、沮丧感。陌生的环境、陌生的人,再加上语言能力有限,与在国内相比,交际能力必然大打折扣。办事处处碰壁,有时出现重大的交际失误,由此经常怀疑周围对自己充满敌意感,冷静下来后又自责无能。其实,任何文化下善良的人总是多数,没有无缘无故的爱,也没有无缘无故的恨。办事碰壁、交际失败总有具体的原因,缺乏理解、缺少有效的沟通恐怕是主要的原因。

有学者研究指出,人的心理健康与否对能不能适应异质文化环境有很大的关系。我们日常生活中所经历的事物的变化也包含着重大的文化环境因素,它也会给予人以很大的影响,同样有一个心理健康问题。旅游跨文化震惊的症状很多是心理上的,如焦虑感、忧郁感、食欲不振、失眠、易怒、不明原因的身体不适等,因此可以说它是一种心理现象,但是这种现象只出现于在异质文化环境下生活的时候,从这一点来看,它是一个文化现象。同时,受震惊和冲击的程度、症状的表现形式与轻重也因人而异,有的人轻一些,有的人重一些,有的人很快就能适应,有的人很久都不能适应,从这一点来看,它又是一种个人现象。人们在接触异质文化的时候,或多或少毫无例外地都会体验到文化震惊。

[阅读材料6-1 感受萨乌那]

我们应邀到一对好客的芬兰夫妇的别墅作客。别墅建在湖边的松林中,空气清新,景色宜人。和所有芬兰人一样,紧靠水边的萨乌那浴室是别墅必不可少的一部分。这是一座用原木搭成的房子,虽然显得简陋、原始,但却是最珍贵、典型的烟萨乌那。

按照当地人的习惯,请前来做客的朋友洗萨乌那是最盛情的款待方式。先是由女主人陪同女宾洗,然后再由男主人邀请所有男士们洗。当然,主人会为男女宾客们安排活动,使双方得体地相互回避。

从外观上看,这座普通的萨乌那浴室处处体现和保留着芬兰古老传统文化的痕迹。全套冷热水,沐浴设备都安装在木屋外部的露天之处,房檐下一张无遮无挡的长木椅便是"更衣室":且不说赤身露体在室外洗澡不可思议,光是树林中不超过15度的气温就让人冷得不敢脱衣服。可按照当地人的说法,要是穿着衣服进出萨乌那浴室才是最不可思议的事呢。于是,一同被邀请来的几位中国朋友也就只好硬着头皮入乡随俗了。

　　萨乌那浴室的内部也是用原木建成的，木材表面没有刷油漆，已被熏得发黑。依墙有三层木阶榻，低处和最高处温差很大，孩子、老人和体弱者一般坐在中下层，身体好的人大都愿意往高处坐，这样更加富有刺激性。木榻是用多孔、透气、散热好的白杨木制成，虽然墙上的温度计显示着室温已接近90度，但坐在上面并没有感到特别烫。当然，女士们在进入蒸气浴室之前，细心的女主人会提醒大家摘掉所有的金属首饰，否则导热性能极佳的首饰会烫着皮肤。在木榻的前方，是一个堆满石块的炉子，这些石块多含矿物质，不仅耐高温，而且还能保存大量热能。两三个小时前主人就开始用桦木烧火，将石头烤得滚烫，此时，可以闻到空气中弥漫着桦木燃烧后的清香气味，这就是芬兰人最喜爱的烟萨乌那。

　　客人入坐后，主人开始用带长柄的木把铜勺从水桶中舀起一勺勺凉水向石块上轻轻泼洒。在一片"嗞嗞"声中，一股股炙热的蒸汽腾空而起，充满了整个浴室，室内的温度明显升高，脸被烤得发烫，据说当地人洗萨乌那室温可达到120度。顷刻间，所有的人个个大汗淋漓，从头到脚像落汤鸡一样流淌着汗水。这时、主人将浸在凉水中的白桦树枝发给每个人，并教大家自下而上轻轻抽打全身，说是可以加快皮下的血液循环和体内水分的排泄。这时，每一个人都感觉到心跳明显加快。

　　大约一刻钟之后，主人带领大家到室外，跳进只有12度的湖水中。奇怪，一点不感到冷。反而觉得浑身上下非常轻松，在水中畅游一阵更觉异常舒展。环视四周，天水一色，碧蓝一片，远处隐约可见点点白帆，使人感到仿佛进入了一个神话般的超然世界。只有在这时，才能身临其境地感受到萨乌那作为芬兰传统文化所特有的真正内涵。似乎只能意会，无法言传。如同我们人类的祖先一样，一种心灵的净化、回归大自然的圣洁之感从内心油然而生。难怪芬兰诗人曾留下这样的名句："萨乌那是天堂的入口处，也是地狱的出口处。"

　　随后主人让大家又回到蒸气浴室，然后再跳进湖水里，这样一冷一热，往返三次。一个多小时过去了，才算完整地经历了有生以来第一次地地道道的蒸气浴——萨乌那。据说，当地人在隆冬季节事先在湖面冰层上凿个一米见方的窟窿，从萨乌那浴室出来直接跳到清澈冰冷的湖水中浸泡，或者在雪堆里打滚，用雪揉擦全身。芬兰人自幼练就一身功夫，虽经这样剧热剧冷的刺激，却绝不会感冒生病。此后几天中，在海边、河边、湖边和游泳馆中洗过多少次萨乌那已数不清了，但这第一次的感受总是印象最深刻的。

　　——辑录赵长春，芬兰萨乌那：裸现坦率与真诚《旅行家》1999年9期

概念链接 6-1

"culture shock"翻译为"文化震惊",在很多跨文化交流的著作中也译为"文化冲击"、"文化休克"、"文化震荡"等,在旅游文化学中取"文化震惊"更合适。Culture shock 是跨文化交流学中一个重要概念,1960年,它首先由文化人类学家奥伯格(Kalvero Oberg)提出,并界定为"由于失去了自己熟悉的社会交往信号或符号,对于对方的社会符号不熟悉,而在心理上产生的深度焦虑症"。早期关于文化震惊的研究多集中在社会心理学家中。他们注重研究个人对新的文化环境的适应过程。其后有许多学者都尝试给这一概念下定义。霍尔的定义是:"所谓文化震惊,就是自己迄今为止所经历过的大量的熟悉的环境或是失去或是扭曲,而被另外的自己所不熟悉的环境所替代。"日本学者星野命在总结大量观点的基础之上认为:"文化震惊一般来说指的是一个人在接触与自己的文化所具有的生活方式、行为规范、人际关系、价值观或多或少不相同的文化时,最初所产生的感情上的冲击和认知上的不一致。但是,情况还不止于此,它还是由此而产生出的身心不适症,以及累积产生出的一种潜在性的、担心的恐慌状态。"了解文化震惊这一现象,有利于人们应付跨文化交流中的心理反应。

自20世纪60年代起,跨文化传播成为独立学科,文化震惊由此成为跨文化研究的热点。每一个人在遇到与自己成长的文化所不同的文化环境时,都会体会到这样的震惊和冲击。这是因为,自己迄今为止所生活过的那个社会与眼前的这个陌生的社会是如此的不同,以往运用自如的社会技能、自觉遵守的行为规范,在异质文化的环境中失去了作用,从而引起心理状态的混乱。文化震惊既是在异质文化环境中最初所受到的冲击,又是在异质文化环境中心理状态演变的一个过程。母体文化的烙印具有不可磨灭性,正是由于这一点,在异质文化环境中,才经常会有新的发现、新的感受,并时时受到冲击。

文化震惊一般有三个阶段:(1)在主体进入一个新文化之前;(2)在主体经历文化震惊之中;(3)在主体回到自己文化群体之后。旅居国外的人们在回到自己的文化群体时,还会经历一次文化震惊,其强度不亚于进入新文化。文化震惊表明,文化对于人们的行为有着重要影响。

第二节 文化震惊的原因与理解

异国的陌生世界有双重性,一是新或陌生对旅游跨文化交往会造成一定的障碍;二是新或陌生所具有的吸引力令旅游者产生出"远方崇拜"的系列想像。新和陌生与旅游同在,它是文化震惊产生的直接根源,只是不同的旅程、不同的旅游主体有着不同程度的表现罢了。由此,应建立一个对文化震惊有所把握和正确认识的理论结点,探索其产生的原因,寻求消解震惊所产生不利影响的良方。

一、文化震惊的心理探索

文化震惊的发生既有文化、社会因素,又有个人因素。文化、社会因素主要指价值观、社会观念等。此外还指文化及政治、经济的差别。一般来说,差别越大,文化震惊的程度就越大。个人因素方面,包括学历、年龄、性别、社会地位、自立程度、身心健康状态、性格、交际能力等。一般认为,年轻人比老年人容易适应,小孩子比大人容易适应。在中国,社会地位较高的人去日本受到的震惊可能会小一些,去美国受到的震惊可能会大一些。因为日本在长幼、尊卑的关系处理上与中国相比甚至有过之而无不及,地位越高、资历越老,受尊敬的程度也越大。而美国社会注重人的平等,较轻视权威,有权势的人未必会受到礼遇。总之,由于多种因素之间的差异,对异质文化的适应不可能有一个绝对的模式。

从人的性格、能力等综合素质来看,对异质文化的适应与否可划分为以下类型。

适应类型:	不适应类型:
性格外向	性格内向
态度积极	态度消极
反应灵敏	反应迟钝
有灵活性	依赖性强
悟性强	悟性差
有自主性	自私自利
有创造性	自我封闭
吃苦耐劳	表达力弱

不管个人的性格、能力具有多么强的异质文化适应性,要想绝对避免文化震惊几乎是不可能的。因为在跨文化交际过程中,人们很难在受冲击时超越自我文化意识。

对待文化震惊的反应一个人一个样,没有两个人完全相同的情况。但是从反应的类型、适应的程度来看,大致上可以有四种类型的划分。

一是自我文化中心型。这种类型的人在遇到异质文化时,往往不能够客观地看待差异,对自己看不惯的地方爱横加指责,这也不好、那也不行,这也不如我们、那也不如我们,一副夜郎自大的样子。这种人较少与旅游目的地的当地人接触,不能迅速学习和尽快适应,更不愿意融入当地社会。在旅游跨文化交流中类似这样的人也不在少数,表现为对一切外来文化抱有成见,拒绝接受的态度。他们不愿接受新事物,也不能正视,总是埋怨、指责,不舒服。表现在个人身上则是怨声载道、牢骚满腹,对所接触和交往的异质文化的人很容易产生攻击性态度和行为。这种人在旅游中看个大概,一不顺心总想早点离开或回国。推而广之,在我国清末的洋务运动和70年代末改革开放中,也可看到持类似态度的人。这些人不分青红皂白一股脑儿认为自己传统文化是天下最纯正的、正宗的、不能有丝毫更改的,诸如"变而从夷,正气为之不伸,邪氛因而弥炽"的论调盘踞心头。当代某些西方人士对第三世界文化的态度也属于这种类型。

二是边缘型。这种类型的人比较内向,在异质文化环境中显得很软弱,不知道如何与人打交道,与当地人接触成了他们的精神负担。他们成天生活在自己旅游团队中几个人的小圈子里,尽量逃避参与活动和当地社会接触;不管旅游团队到哪里,他们都采取相类似的逃避态度。逃避主流,也就滑向边缘,逃避也就是边缘型或称边际型。他们是在本民族文化与异质文化的接触、选择、冲突下人格特征分裂呈双重化的产物。边缘人或许渴望同时成为在行为准则、价值观念等互不兼容的两种文化中的成员。但实际上,他们没有能力成为两个文化群体中任一群体的标准成员,因而,他们发现自己处于两种文化群体的边缘,摇摆于两种文化之间,无法满足两个不同文化群体对其成员提出的相互矛盾的要求。他们的心理常处于一种茫然、失范、冲突的状态。社会学家认为这种边缘型人格的存在很普遍,也十分正常。边缘人格的人在跨文化交往的冲突中有时也享受双重人格的某些优点,他们一方面从祖先那里得到某些满足,一方面又为两种文化的价值所撕裂,感受到既不完全为祖先集团所容,认同了外来文化,而不能完全入其堂奥,因此又不被优势文化所完全接受。这种人脚跨两个社会,心理摇摆不定,在他们的心灵深处,对这两个世界同时怀有去离之念,爱憎之感,但分量不同,一强一弱。这一文化矛盾心理在文化转型期表现得尤为激烈。因此人们常说,感受时代风气之先的文化人是最痛苦的。在边缘人中,有些人对两种文化都有比较客观、理智和清楚的认识,认为两种文化各有千秋,彼此又难以兼容。他们对两种文化采取超然的态度,认为两种文化应各行其是,井水不犯河水,大路朝天,各走半边,我按我的文化标准行事,你按你的文化规范生活。真正能做到这一点的是少数人,主要是一些学者。林语堂曾说的"两脚踏东西文化,一心评宇宙文章",恰好表达了这种边缘人的理想。

三是迎合型。这种类型的人对自己的国家、自身的文化抱有一种自卑感,在异质文化环境中尽力掩饰自己的文化身份,竭力把自己装扮成一个与异质文化早就融合的人。他们在说话神态、行为方式、生活习惯、甚至服装打扮诸多方面尽量做到与对方一致,似乎到哪里他都行,都能适应。有时还表现出不喜欢与本国人接触,即便与本国人在一起,也尽量表现出某些旅游地东道主的样子。这种类型多为一些对本国文化无知的年轻人,他们回国以后在与人交谈中多使用外国社会的价值判断标准,说话的口气经常是"人家那里如何如何"。他们不但对自身文化缺乏知识,就是对别人的文化也没有很好的了解。

这种类型的人对自己原有文化基本持否定的态度,而对异质文化持全盘接受的态度。这种态度在旅游跨文化交往中是比较明显的,无论是旅游者,还是经常接触外来旅游者的旅游从业人员,都可发现倾向于对异质文化持全盘接受的态度的人。特别许多发展中国家旅游地对西方文化的接受,在我国曾有人主张"全盘西化"。这类人发展到极端常成为民族文化虚无主义。主张"同化"于外来文化的一些人,由于对所在社会的社会形态或文化类型不满或无知,往往容易产生越轨或犯罪行为。这种人如果在社会中占据了主导地位,那么他们对社会的影响就是使自己的文化被另一种文化所同化。

四是适应型。这种类型的人既不像自我文化中心型的人那样拒绝异质文化;不像边缘型的人那样消极避世,也不像迎合型的人那样在别人面前把自己看得很低从而抱有一种强烈的自卑感。他们在旅游地的公共场合或参与性的社交场合态度积极,主动去理解他人的文化,以适应当地环境。他们不将自身文化绝对化,认为每一种文化都有它自身的特点,并且不以优劣来判断事物。这种人不但努力了解异质文化知识,同时通过跨文化交往的实践,更加客观地、深刻地理解自身的文化特性。这种类型的人有能力选择和吸收异质文化的特点,而不失去本土文化的核心或本质特征,发展出带有本土文化特色的新文化特征。这种人有创造性,能在某些方面推进本土文化的发展。这样的事例在艺术界较直观和为人理解,如著名画家徐悲鸿吸收了西洋画的技法,把它融于中国画之中,推动了中国画的发展。在旅游跨文化交流中,这种对异质文化善于思考、吸收,同时又有鲜明本土文化精神的人每次旅游似乎都有所收获、有所心得。一个善于学习的人是一个赋予创新精神的人,一个善于学习的民族往往是发展较快的民族。只有这种类型的人才能有资格成为一个所谓的"国际型旅游者"。

文化震惊的产生,除了心理和文化身份的原因外,还有更深层的原因。

二、种族中心主义和文化相对论

认识和理解一个事物,总有一定的标准。毫无疑问大多数人将自己的文化看作中心并用它作为衡量其他事物的标准,这种现象在学科领域被称为"种族中心主义"(Ethnocentrismus)。种族中心主义是一种从本民族的角度看待其他民族的、将自己的习俗和规范作为评判标准的、一种无意识的意向。他们将自己、将自己的种族、民族或社会群体置于宇宙的中心,并将其他的群体分别置于相应的位置。与他们越是相似,在一定模式中越接近于他们的位置;与他们的区别越大,将被他们置于越远的位置。美国圣地亚哥大学传播学院教授拉里A·萨默瓦,直截了当地说:"文化是种族中心主义者。文化具有种族中心主义性格的这一特征可以说与跨文化传播最直接相关。"萨姆纳于1940年,或许是最早把这个概念运用到关于群体关系和文化的研究当中的学者。他把种族中心主义定义为"一种表示对事物的看法的专门名称。持此看法的人认为自己所属的群体是一切事物的中心,也是对所有的他人进行评价、衡量的参照依据"。换句话说,种族中心主义成为一种文化据以读解、判断其他群体的认知标准。基辛于1965年在进行民族民俗研究中也明确地指出民族中心所具有的力量和影响,认为"一个民族的民间传说几乎无一例外地包括原始的神话,这些神话给自己以优先权,并把那超自然的准许章印在自己独特的习俗之上"。这些优先权和判断包罗从"外群体"的价值取向到他们的传播方式等等所有的一切。像"我们是正确的",而"他们是错误的"这些情感笼罩着作为文化存在的每一个方面①。种族中心主义有两个不同的组成部分:一方面将自己的文化看作是"理所当然的";另一方面,又常与自我民族、国家和文化的"优越感"联系在一起。种族中心主义现象在旅游跨文化交往中起着特别明显的作用。在旅游跨文化交往中的陌生感、文化震惊大多是每人心中的种族中心主义在作祟。一般来说,不管人们属于什么文化都会不假思索地认为世界"本身"就应该像自己认为的那样,世界是由无数个"理所当然"组成的。或者,这观念被毫无疑问地接受着。人们一般不清楚自己的参照体系和解释体系是相对的,也不清楚自己的文化、环境和社会的局限性,并且他们大多也不想清楚这一切。其原因很简单,因为在日常生活与久居地同一文化体系中,这是无意义甚至有害的。对此,拉里A·萨默瓦这样说道:"我们的讨论不应导致这

---

① 参见拉里A·萨默瓦,《文化模式与传播方式——跨文化交流文集》,麻争旗译,北京广播学院出版社2003年版,第12页。

样的结论,认为种族中心主义总是有意的,因为事实往往并非如此。就像文化本身那样,种族中心主义多数是在无意识层面习得的。比如,学校正在教授美国历史、地理、文学及政府之类的课程,那么同时也在无意识之中教授种族中心主义。学生由于只接触这种单一的导向,因而产生这样的观点,认为美国是世界的中心,而且还在学习那些已被灌输的北美标准来判断世界。如果你研究过的大多数作者、哲学家、自然科学家、作曲家以及政治领袖们都是男性白人,那么,你会用男性白人的价值观判断其他文化。多数教科书里见不到关于美国黑人和女性的章节,这在非常现实的意义上,就是在教授种族中心主义。"[1]

另外,由于人人都有自己的文化优越于其他文化的思想,无意中会抬高自己的文化而贬低其他文化。所有与自己的规范、习俗、价值观、习惯和行为模式相偏离的东西都被认为是低劣的、值得怀疑的,甚至通常是变态的和不道德的。每一种文化都将自己置于世界的中心,并将其看做是万物的标准。盛极一时至今仍有市场的西方中心论,就是一个将感性的错误理性化、理论化的很极端的,并在世界范围内有影响的例子。西方人,至少在现代社会开始以来,欧洲人——以及受其影响的北美人——都相信自己拥有着地球上惟一的真正的文化和文明。他们将自己看作是其他民族和文化的楷模,当其他地区和文化的人们并不欢迎他们时,他们就会显得大感不解。这就是文化的优越感。具有这种文化优越感的人会在心里抬高自己的文化、贬低其他文化。这在人类历史上有相当多的案例,很多民族或氏族将自己看做是"优等民族",而将自己文化以外的一切看做是"劣等民族"。这种优越感在欧洲的殖民者身上表现得淋漓尽致:大多数欧洲人将他们殖民地的非欧洲人看做是社会、文化和人种上低劣的种族,认为自己的生活方式理所当然地优越于其他的民族。如果土著人有自己的宗教信仰,那么他们就被看成是异教徒;如果他们有自己的性观念和性忌讳,他们就被看成是"不道德的";如果他们不是工作狂,就是"懒惰的";如果他们不赞同殖民者的观点,就被认为是"愚蠢的"。欧洲人将自己的标准看作是绝对的,并以此来谴责一切与欧洲的生活方式不相符之处。他们丝毫没有想到,土著人有自己的文化标准。

在现代,种族中心主义以一种新的形式表现出来,这就是民族主义。自从有了真正意义上的民族和国家。人们就有了对这一产物的归属感,有了民族认同

---

[1] 拉里 A·萨默瓦,《文化模式与传播方式——跨文化交流文集》,麻争旗译,北京广播学院出版社 2003 年版,第 12 页。

感。这种民族感使个人有了身份和标志。只要民族感的前提是尊重和宽容其他的民族的话,那么,它是积极的。如果这种民族感上升到了人文中心主义而成了民族主义的话,那么它就会带来问题。民族主义不知宽容为何物,它意味着对本民族的高歌颂扬以及对其他民族的贬低和蔑弃。

种族中心主义在跨文化交流中是一种普遍的、在人们大脑中根深蒂固地存在着的基本观念,这种观念是与人人平等的思想相矛盾的。而人人平等观念是今天社会和政治伦理的基础。种族中心主义的理性化最终产生了对立面:跨文化交流中的文化相对主义(Cultural Relativism)[概念链接6-2]。从文化相对主义的角度来看,每一种文化都会产生自己的价值体系,也就是说,人们的信仰和行为准则来自特定的社会环境,任何一种行为如信仰、风俗等等都只能用它本身所从属的价值体系来评价,不可能有一个一切社会都承认的、绝对的价值标准。既没有高人一等,也没有低人一等的文化。某个人、某个集团认为是正确和善的东西,在他人或其他集团看来也可能是错误和恶的。真和善的标准不能不依存于人的主观心智和社会环境,因此也只能是相对的。各种文化从多方面来看是相互不同的,不应当以评判的态度来对其进行优劣比较。这种文化相对的思想无疑是理性的,在启蒙运动中就已能找到它的起源,比如在莱辛和约翰·洛克(John Locke)的思想中就有文化相对主义的痕迹。启蒙运动典型的做法就是对那些关于外国的信息感兴趣,洛克曾就此介绍过亚洲和印第安的风俗,以此来说明欧洲人思维方式的相对性。洛克的这种不将任何天赋的事实作为社会规则的基础的文化相对主义是与宽容的原则紧密相连的。美国著名的文化人类学家赫斯科维奇(J. Heskovits)认为:"文化相对主义的核心是尊重差别并要求相互尊重的一种社会训练。它强调多种生活方式的价值,这种强调以寻求理解与和谐共处为目的,而不去评判甚至摧毁那些与自己原有文化不相吻合的东西。"当今荷兰学者,前国际比较文学学会主席杜卫·佛克玛教授是当代一位坚定的文化相对主义者,他曾明确指出:"在人类学以及文学研究中,对文化相对性的接收与欧洲文明优越论的陈词滥调相比,无疑是一大进步。"文化相对主义可以被定义为把事物放到自身的文化语境中去进行关照的一种方法。佛克玛教授认为它是一种道德立场。这种道德立场可能影响到学者对概念的界定,对研究方法及理论立场的选择。文化相对主义也是某种价值观的表达,即我们的价值观未必优于他人所主张的价值观。这也正如美国人类学家本尼迪克特所指出的那样,"确认文化的相对性有其自身的价值,比如能够容忍具有同等合理性的其他生活模式"。与文化相对主义相互补充的文化整体论(Cultural holists)更是认为"整个社会是一个不同文化交互作用的渐进的系统,没有哪种文化享有任何绝对优势"[①]。

文化相对主义是近代社会的产物,在文化相对主义产生以前,对待不同文化曾经有过三种不同的态度。第一种是种族中心主义,认为自己的文化最优越。例如古代中国统治者就认为自己位居中央,对于与自己不同文化的民族,一概视为异端,或称为未开化的野人,或称为类同禽兽的蛮夷,必征服之、同化之。再如当年白种人占领南北美洲,对当地土著文化采取的态度。第二种是从自己的文化观念出发,承认其他文化的某些方面的价值,或加以吸收,或因猎奇而欣赏,或作为珍稀而收藏并据为己有。鲁迅先生在他那个时代就曾不无讽刺地指出几种赞颂中国固有文明的态度:其一是以为中国人是劣种,只配悉照原来模样,因而故意称赞中国的旧物;另一是愿世间人各不相同以增自己旅行的兴趣,到中国看辫子,到日本看木屐,到高丽看笠子,倘若服饰一样,便索然无味了,因而来反对亚洲的欧化。这些都可憎恶! 这其实是一种文化掠夺的态度。第三种则是经过冲突后,吸收他种文化,以补自己之不足,如中国对印度佛教的吸收,18世纪欧洲的中国热,古代日本对中国文化的学习等等。近代社会,特别是以电脑电讯为主的第三次工业革命以来,人们关于其他文化的知识逐渐丰富,又由于帝国主义时代告终,殖民体系土崩瓦解,原帝国主义国家的文化影响力相对减弱,各个新的独立国都在致力于寻回并发扬光大自身原有的文化,这些新的发展迫使原有的强势文化不得不改变自己的思考方向。在这种情况下,文化相对主义就有了很大发展。文化相对主义相对于过去的文化征服(教化或毁灭)和文化掠夺来说,无疑是很大的进步,并产生了重要的积极作用。

对一般大众旅游跨文化交往来说,要理解人文中心主义和文化相对主义概念,其要求或许过高了些;但既然有文化交流和交往,就必然有文化的碰撞,就必然地会表现出种族中心主义现象和文化相对主义观点的实践问题。人们在旅游的交往中必须抛弃本身所固有的种族中心主义的行为方式,并且必须为此付出代价。文化相对主义的另一个作用是,它使普通人失去了莫名的文化优越感,即失去了那种认为自己的价值观是放之四海而皆准的信念。进而在异质文化面前表现出理解和宽容。

三、对跨文化的理解和适应

旅游中的文化震惊未必是一件消极性的东西,经历过挫折、冲击和震惊的人

[①] 参见章海荣,"文化转型中的格局与话语",载《文化的差异与多样性》,香港世界华人艺术出版社1999年版,第35页。

往往变得愿意倾听他人的诉说。经过磨炼，人们逐渐可以学会设身处地替他人着想，并养成努力站在对方的立场上考虑问题的习惯。与此同时，也更加深刻体会到提高表达能力的重要性，明白只有具备了较强的表达能力，才能够在需要的时候将自己的所想、所感准确无误地传递给对方。另外，在跨文化交际的过程中，人们将会对所面临的一个又一个的问题，进行反复的实践、体会，并逐渐地对自己生活过的社会与当地社会作出比较。许多人正是在经历了文化震惊后，才认识到跨文化交际的问题。有些人在异质文化环境中因文化差异曾闹出笑话，回国以后，这种强烈的体会反过来会促使他更深刻地去理解和适应各种异质文化。应该指出，人们到一个新的环境旅游，也就是到一个新环境里生活，这时候首先需要的是相应客观地去看待事物。整个过程，就是文化的适应过程。人的特点之一就是可以学习，在对新环境的实践中学，从身边的人那里学，从信息中学，每个人的学习程度不同就造成了个体之间的文化差异和对新文化环境适应程度的不同。

　　文化也可看作是人适应自然和社会的能力和方式。一种文化就是一种适应自然和社会的一定能力和一种方式的表达。所谓适应（Adaptation），就是文化调解机制。即总体文化对总体环境的适应；文化系统内部各因素间的相互适应，"适应"原本是人类学的一个概念，在旅游跨文化交流中，"适应"主要是通过个体对异质文化的学习达到协调。在旅游跨文化震惊发生后，应该努力将文化冲击的消极面变为积极面，受到了冲击从而重新看待自己，再度认识自己，重新确立自我，并且努力提高自己的形象。到异质文化地区中去的人会经历许多他认为是奇怪和难以理解的事情。他很快会感觉到，要适应异质文化，仅仅应用已有的知识和行为对其方式进行观察是不够的，还必须赶快适应异质文化。

　　在适应过程中首先要注意克服心理障碍，相信自己到国外来是开阔视野、增长阅历的极好机会，要去掉自卑感、各种成见等。与发达国家的人打交道，因为自己的经济地位低下而自卑，这是没有道理的，经济上虽然有强弱之分，但文化却无优劣之别。自尊、自信的态度反而会受到别人的尊重。不要对别人期待过多，中国人比较好客，主人对客人热情周到是理所当然的，但是在异质文化环境中，人家未必把你当客人对待，即便是当客人对待，其方式、态度与中国又不尽相同，过多的期待落空后会产生严重的失落感。另外，抱着各种成见、戴着有色眼镜看人也是跨文化交际中极其有害的。

　　在适应过程中，外语能力自然是一个极其有用的工具，能够粗通东道国的语言对适应异质文化环境、减缓文化震惊，会有很大的帮助。对异质文化的适应最终靠的是加深相互间的理解，而真正的理解必须建立在掌握对方语言的基础上。

这对一般休闲、度假、观光旅游者来说,是困难的,但对于修学旅游、商务旅游、科考旅游、学术旅游等本身具备一定知识储备的旅游者来说,有了语言条件就可以持积极的态度去理解对方。中国人在跨文化交际时总爱顺从对方的行为规范,俗话说"入乡随俗",如果在人家那里,不学习它的社会技能、交际礼仪,不遵从它的风俗习惯,在生活上肯定会带来诸多不便,这有合理的一面。但是,跨文化理解并非同化于对方的文化模式,当然,也不能将自身的模式强加在对方身上。在与不同文化的人进行交际时,既要站在对方的文化背景下来理解对方的行为,也应该适当地向对方解释自己的行为。只有做到真正意义上的相互理解,在发生冲击时,双方才能协调认识不同点,并积极寻求共同点。有的时候的确需要我们去适应对方的行为模式,但是,向对方解释自己的模式并寻求理解也是很重要的。要适应就必须理解异质文化,那么,理解一种文化究竟意味着什么呢?甚或,什么叫理解呢?这问题比其概念要难回答得多。

"理解"与"解释"不同,"解释"是一个更倾向于自然科学的概念。自然是客观存在的,对自然我们是求其真相,故而不断地进行解释。"理解"则更多的是社会科学。文化则是人群的,是精神生活的,我们只能进行理解,人文社会科学将"理解"作为中心概念。这里,"精神生活"可以包含很广的内涵,它不仅包括纯粹的心理方面,也包括精神产物和人的生活方式。跨文化理解,其难度超出了想像。这是因为,文化不能够作为一个知识体系来把握,它的范围过于宽广,且错综复杂。在某个文化环境下成长起来的人,他所看到的异质文化,并非是它本来的面目,往往是戴着自身文化身份这个有色眼镜观察的结果,换言之,人们在理解异质文化的价值体系时,总是无意识地使用了自身文化的价值尺度。语言、体态不用说,就连时间、空间的运用,也会因文化不同,可能赋予不同的含义。这样,在跨文化交际中,从文化震惊到文化摩擦,从发生误解到喜爱对方,某种意义上说都是自身文化的产物。"理解"可以简短地解释为人对他所遇到的新事物适当地进入自己熟悉的事物和已有的文化结构中,企图相互有所结合。显而易见,通过这种结合,已有的结构本身也会发生变化。

"理解"是一种相互的关系。在一场对话中,不仅甲想理解乙,而且乙也想理解甲。这里,"理解"的意思是:弄懂对方的"意思"是什么,他说的什么,他想传达的是什么。这样,对异质文化的理解,一方面涉及明白交往伙伴"所说的意思",同时也涉及将新的事物联系进自己已有的熟悉的知识体系中。在这一过程中误解即误读(Miss Reading)是经常发生的。这里把文化看做文本,在阅读异质文化时很难避免误读。人们总是按照自身的文化传统、思维方式和自己所熟悉的一切去解读另一种文化,一般说来,他只能按照自己的思维模式去认识这个世界。他原有的"视阈"决定了他的"不见"和"洞见",决定了他对另一种文化如何选择,如何切割,然后又决定了他如何解释。因此,我们既不能要求外国人像中国人那样"地道"地理解中国文化,也不能要求中国人像外国人一样理解外国文化,更不能将一切误读都斥之为"不懂"、"歪曲"、"要不得"。其实,误读不仅难于避免,而且往往在文化发展中起着推动作用。当今国际比较文学学会副主席、中国比较文学学会会长、北京大学教授乐黛云女士这样说:"所谓误读是指人们与他种文化接触时,很难摆脱自身的文化传统、思维方式,往往只能按照自己所熟悉的一切来理解别人。曾有一篇寓言中说道,当一只青蛙试图告诉它的好友——无法离开水域的鱼,有关陆地世界的一切时,鱼所理解的陆地上行走的车也只能是鱼的腹部长出了四个轮子。它所理解的鸟只能是一条长了翅膀腾空而飞的鱼。鱼只能按照自身的模式去认识这个世界。人在理解他种文化时,首先按照自己习惯的思维模式来对之加以选择、切割、然后是解读。这就产生了难以避免的文化之间的误读。"[1]由于文化的差异性,当两种文化接触时,就不可避免地会产生误读。无论是旅游东道主从旅游者客体文化中吸取新意反观自己,还是旅游者从东道主主体文化吸取新意、反观、比照自身,都很难避免误读的成分。文化误读首先就是要有"读",没有"读"也就不存在误读,有"读"也就包含着解读者对异质文化的思考和探究,也不排斥因异域陌生观念而触发的"灵机一动"。关键全在于解读者的独创性发现。当然,这并不能成为对他种文化浮光掠影、不求甚解的,乃至有意曲解、嘲笑的借口。如果没有对不同文化的深入理解和刻意学习,没有对文化知识的深厚积累,"灵机一动"也是很难想像的。当今的绝大多数旅游地都会有大量的不同文化的交往者前往,并以独特的眼光发掘新的文化"矿藏",这种发掘,也就是"读"的过程。如果尚未认真地"读",那就谈不上"误读"。由此可知,误读也是一种理解,是理解的过程。

事实上,正是由于差异的存在,各个文化体系之间才有可能相互吸取、借鉴,并在相互参照中进一步发现自己。关于文化间的"异"的研究一直是一个很吸引人的题目。18 世纪时,西方关于"异"的概念只是指异国他乡,即远离本土的陌生空间,充满了神秘的异乡情调。随着通讯、交通的发达,这种"异域"越来越缩小,只有极少数地区还具有其神秘的"异"的吸引力。到了现代社会,异国的功能更是逐渐缩小,人们开始切切实实地理解不同文化的差异性,而将"异国"作为帮助自己发现自己的"他者"。只有从外部,从另一种文化的陌生角度来观察自己,才能看到许多从内部不能看到的东西。拉里·A·萨默瓦,明确指出:"文化是

---

[1] 乐黛云,《跨文化之桥》,北京大学出版社 2002 年版,第 45 页。

可变化的。文化是一个活性系统,并非存在于真空之中,所以它是可变化的。从几千年前的游牧部落,到20世纪90年代美国有线新闻网的消息,各种文化总是在不断与来自'外部'的思想和信息相碰撞。这种碰撞具有推动文化发生变化的潜力。文化之间相互接触而产生变化的这一特征又一次表明传播和文化的相似性——二者都是活性的,并且二者都在不断变化。……文化具有高度的应变性。历史事实不断证明,文化由于自然灾害、战争或其他灾难而不得不改弦易辙。过去几百年发生的事件把犹太人赶到世界各地,可他们的文化却适应了这种变化并且生存了下来。想一想二战后日本人所作的自我调整。当时的日本政府和经济几乎瘫痪,但是因为他们能适应,所以他们的文化挺了过来。现在日本成为全球的主要经济力量。"①

前文曾说到两种不同文化的接触会产生文化涵化。文化涵化有其一般优势法则。这一般优势法则实质上也可理解为是一种文化力量的较量,其结果是强势文化对于弱势文化力的同化。托多洛夫在他的《美洲的征服》一书中用大量数据指出西班牙人对美洲印第安人的征服,这种征服主要不是由于其军事、经济实力,而是由于后者本身弱势文化的局限。这种征服更主要的是一种文化的征服。良好的理解力本身就是建立权力的最佳手段。印第安人由于固守旧文化,因而丧失理解他人的能力,从而也就丧失像日本那样更新、重建自己文化的机会,以

① 拉里·A·萨默瓦,《文化模式与传播方式——跨文化交流文集》,麻争旗译,北京广播学院出版社2003年版,第11页。

至虽然拥有辽阔肥沃的土地、曲折漫长的海岸线,也不能逃脱民族衰亡的历史命运。另一方面,一些民族由于缺乏自身文化的凝聚力,并且又不能在历史转折时期对传统文化作出新的诠释,以至全盘外化,受强势文化力量的渗透、异化而中断了自己的民族文化传统。一些曾为殖民地的民族,其文化被宗主国文化所代替而成为历史的陈迹就是一例。在这里,文化理解已不仅是指旅游者个人如何去看待异质文化的问题,而是一个民族在世界各民族交往中如何理解和吸收他民族的文化优势,对自身传统文化作出有效重建的能力问题。由此,我们也可说旅游跨文化交流不仅仅是个人休闲娱乐的一种方式,更是一种可以影响民族融入世界,自新强大的一条途径。

[阅读材料6-2 一位文化学者的意大利之旅]

　　改革开放以后,中国人开始走向世界,去西欧,去北美,去东欧,去南非,最不济也去日本、新加坡什么的。总之是走向世界的各个角落。如果说"有路就有丰田车"是一句形象的广告语的话,那么"有城就有中国人"却是当今世界地理的客观事实。然而实现了地域的跨越以后,文化的对话与交流是不是就将成为顺理成章的过程呢?地理上的跨越未必意味着文化上的跨越。有些人就是没有了解和认识非我文化的愿望,他们多少都患有一种根深蒂固的文化自闭症,我将其称为文化的冷感。下面我要谈论的是一桩真实的故事,就与这类文化的盲视和冷感有关。

……

　　当我一个人在罗马城中转悠了几天以后,终于觉得这种被地图和导游手册牵着鼻子转的游览有些乏味,于是打电话给一位认识的朋友,请他带我去几处游客不常去的地方。朋友叫乔万尼·维忒仑,此公虽年轻却非等闲之辈,研究中国古代的同性恋文学都到了博士后毕业,手里握着夏威夷大学中文系的助理教授聘书正犹豫着去与不去,眼下正在罗马的家中休假。乔万尼邀来了另一个朋友卢卡,两人领着我在台伯河南岸的罗马旧城住宅区东游西逛。一路走过去,处处都是古迹,满眼都是文物。

　　那些因年代久远而黝黑发亮的火山岩路面,那些覆盖着藤萝的古老贵族宅第,稀见游人的小教堂,散落在路边草丛中的断碑残阶,随处可见的喷泉和雕塑……一切都未经修饰和雕琢,只有在这里,才似乎略微远离开旅游文化的喧嚣,也只有在这里,历史和现实才真正地融为一体。如果说,在人们蜂拥而至的那些宏伟壮观的遗址面前,你所感受到的是古代罗马往昔的辉煌和强盛,那么,在这些游人鲜至的去处,你才能真切地体验出历史的荣光后面那一层深重的忧郁。就是这深巷,这老旧的宅子,这凹凸不平的黑石路面,这漫过街巷的藤萝下面,也许那些权倾一世的帝王和元老的仪仗未曾到过,譬如恺撒、庞培、奥古斯都、克利奥佩特拉,但是我敢打赌,有些人一定走过,譬如西塞罗、维吉尔、但丁,也许还有伽利略、布鲁诺……

那时候天已经渐渐地暗了下来,街灯初亮,街道景物都有些朦朦胧胧,走出一条巷子,眼前突然变得开阔,影影绰绰中却人声鼎沸,水流潺潺,看样子是到了一处大的广场。乔万尼在巷口停了下来,看了我一眼,不紧不慢地说:"这里是花市广场(Piazza Campode'Fiori),17世纪以前,既是高级住宅区,同时也是商业中心,至今仍然是普通罗马人喜欢的聚会场所,大约四百年以前,有一个著名的传教士被烧死在这里,……""布鲁诺!"我脱口而出。"怎么?你知道:……"他神色一振,眼睛发亮,急促地还想说点什么,而我已经匆匆往前走去。广场中央,一座高大的雕像庄严屹立,暮色中,那双看透世界和宇宙的眼睛直视远方。"没想到你竟猜出他来。"乔万尼在我的身后说话,卢卡目光也透出赞许。我颇自信地一摆手说:"这并不稀奇。谁不知道乔尔丹诺·布鲁诺(Bruno, Giordano, 1548—1600),16世纪意大利伟大的哲学家、数学家和天文学家。在宇宙学说和天文理论方面,他重申了哥白尼日心说理论的真实性,而且超越了哥氏的太阳中心学说,进一步提出宇宙是由无数像太阳系那样的星系组成的理论,从而为教廷所不容,1591年被捕入狱,后以异端罪被教皇克莱门八世下令处以极刑,1600年2月17日那天被教会法庭烧死在这个广场上。作为一位为科学真理献身的学者,他的理论影响了17世纪以来的科学和哲学思想;作为思想自由的象征,他极大地激励了19世纪以来西方的思想启蒙和文化进步;作为世界现代科学的先驱,在我们中国连中学生都知道他。""妙极了!"乔万尼兴奋地说,"就凭这个,我现在要请你喝酒,这附近有一家很有名的酒吧,我们走!"

片刻之后,我们已在一家年代久远,明显具有巴洛克装饰风格的酒吧门前坐定,夏日的晚风送来围廊上各色鲜花的香气,琥珀色的酒液醇厚诱人。在一阵关于天气、建筑、酒的议论之后,话题又回到布鲁诺身上,乔万尼要求我耐心听他讲述一桩亲身经历的事情,我点头表示同意。

大约三年多以前的暑期,正在美国加州读书的乔万尼回罗马度假,一个朋友请他为中国去的一个工程技术访问团做几天翻译,这个团体是为一桩重要的技术合作项目到罗马来考察谈判的,团里虽有英文翻译,但毕竟是在意大利,沟通上仍旧有太多的不方便,急需一位既通意大利语又通汉语和英语的翻译,乔万尼正是合适的人选。他也爽快地接下了这件差使。两天的紧张工作之后是一天的游览,乔万尼热心地为这些中国企业领导和高级工程师们精心安排了罗马历史文化参观路线,可是他发现这些客人们并不怎么领情,他们对那些见证罗马过去辉煌的遗迹往往一掠而过,对乔万尼关于马可·波罗与中意文化交流的热情介绍只是礼貌地点点头,对于米开朗基罗的天才创造也不过惊叹一声;"像真的一样!"才半天下来,主人和客人都有些兴味索然。一路上倒是代表团中不时有人在兴致勃勃地打听,什么地方可以买到价廉物美的意大利皮货,直到乔万尼忍不住直言不讳地告诉大家,意大利那些价廉物美的皮衣、皮包和皮鞋什么的,大多数都是中国温州来的个体户所生产供应的。这才算是让各位停止了无休止的询问。那一脸的不可思议神色,仿佛仍在怀疑这位懂中文的意大利青年在骗他们。

关于旅游结束后的晚饭,原先乔万尼已经安排了一家有名的意大利餐馆,想让这些中国的技术知识分子体验一下闻名世界的意大利厨艺的妙处,无奈这些客人一个劲地嚷着要去中国餐馆,于是只好去了一家中国餐馆。这餐馆正好在鲜花广场附近。饭后,乔万尼领了客人们在广场散步,就在布鲁诺的雕像旁边讲起这位为真理献身的科学家的故事。乔万尼期待,我们的中国工程师们在得知身边站着的这尊雕像就是科学史上著名的殉道者布鲁诺,而烧死他的火刑架当年就搭在这片广场上的时候,一定会有惊奇的神色和关注的询问。然而乔万尼失望了,工程师们或者客气地点点头,或者表情漠然,且多是一副丈二和尚摸不清头脑的样子,有的人干脆走开一边去参观喷泉旁的画摊。这还不算,若是大家对这些一无所知也就拉倒了,不知者不为怪嘛。然而竟有不止一个人提醒他,附近好像有个跳蚤市场,卖二手服装和旧货,可不可以趁天未黑去看看?这回轮到乔万尼冷漠了,推说时间太晚,径直将大伙领上了回家的路。当晚他就打电话毫无商量余地的辞去了这份翻译兼导游的工作。

"我并不是说不可以去商店和跳蚤市场",乔万尼试图解释,"我不理解的是,他们为什么对意大利的历史文化,对布鲁诺这样的陌生和冷漠。除了百货商店和跳蚤市场,总还有些更有意思的东西吧?你知道,当我走进故宫的时候,我是何等地兴奋和激动。瞧你今天没等我说完就猜出来了,所以我要请你喝酒,不过,你也不是完全对,你说在中国连中学生都知道布鲁诺,可我碰到的却是不知道布鲁诺的中国工程师,对吧?"

……

乔万尼走进故宫的时候是何等的激动和兴奋,而为什么这些人却对古罗马废墟和布鲁诺缺乏兴趣?其实这正好印证了开放和封闭两种不同文化心态的对立。在经济的开放和交流方面,中国诚然已经走了较长的一段路程,并且有了此一方面的自觉意识。但是,在文化的开放和交流方面,却远没有这样的体验。至于意识到文化交流对于经济发展的促进和互动功能,恐怕更是处在萌芽状态。

当代一般中国人对于异域文化的态度,基本上只是满足于好奇和猎奇而已。长期形成而根深蒂固的文化的自闭症,并不会随着经济的开放而自然治愈,它注定将会是一个漫长的磨炼过程。

我们之所以将这种文化方面的封闭和淡漠现象称之为文化冷感,主要是因为可怕的并不是我们对异域文化的不了解,而是不愿了解,不想了解,即视而不见的文化"盲视"。持有这种文化冷感的人,他们可以享受着世界先进的物质文明,周游世界,甚至就长期生活在异国他乡,但是却患着文化上的自闭症。他们在世界上转了一个圈子以后,最终还是回到自我文化的原点和围城中去。正因为如此,我们可以注意到这样的现象,许多美国议员尽管到过中国,也亲眼见到中国的社会现实,但并没有改变他们对中国的成见。至于国内,20 世纪就有某些文化名人,在国内是鼓吹西学的先锋,到国外走了一遭后,倒立马成了铁杆的文化保守主义者,这还不算辜鸿铭之类骨子里的封建遗老,纵然会说满口地道的洋话,却视养妾和裹小脚为国粹,视文化的疮疤为鲜艳的桃花。甚至你只要到国外那些著名的唐人街看看,同样的人事也可谓比比皆是,有人在那里生活了几十年,就是不讲外国话,不和西方人打交道,也没有跨进过一家道地西方人的客厅,可他似乎也算在外国生活了一辈子。

……

它让我从中意识到,在这样一个经济和科技不断走向全球化的世界上,随着交往的加剧和深入,对非我文化的自觉认识,主动交流和真诚理解已经到了极为迫切的地步。缺乏文化对话、理解和关注的交往,很可能成为对面相见不相识的擦身而过或者假面舞会式的闹剧。轻者使试图接触的双方变得隔膜,重者则可能危害经济社会发展的进程。

——辑录陈跃红,"文化的冷感——一则关于文化对话的田野笔记",《跨文化对话》1999 年第 2 期。

概念链接 6-2

文化相对主义是以相对主义的方法论和认识论为基础的人类学的一个学派,这个学派强调人类学应更属于人文科学而不是自然科学,坚持人类学应以"发现人"为主要目标。文化相对主义是将事物和观念放到其自身的文化语境内去进行观照的一种方式,认为不可能有一个一切社会都承认的、绝对的价值标准。由此,它赞赏文化的多元共存,反对用产生于某一文化体系的价值观念去评判另一文化体系,承认一切文化,无论多么特殊都自有其合理性和存在价值,因而应受到尊重。文化相对论者认为,文化差异是现阶段普遍存在的现实,正是这些差异赋予人类文化以多样性。事实上，正是由于差异的存在，各个文化体系之间，才有可能相互吸取、借鉴，并在相互比照中进一步发现自己。在文化相对论者看来，过去的社会学、人类学往往用民族自我中心的偏见来解释不同民族文化的行为方式和行为理由，即以调查者自己群体的价值标准来评价别的民族文化，这本身就是站不住脚的。文化相对主义者强调尊重不同文化的差别，尊重多种生活方式的价值，强调寻求理解，和谐相处，不去轻易评判和摧毁与自己文化不相吻合的东西，强调任何普遍假设都应经过多种文化的检验才能有效。无论古今中外，相对主义在当时的历史条件下对于破除传统保守思想，抵制宗教独断专横，反对教条主义都起过良好的促进作用。但是，文化相对论割裂相对与绝对、主观与客观的辩证关系，完全中立的和超然于一切文化之外的观察立场是不可能的，这一点连文化相对论者也不得不承认。这一悖论始终是文化相对主义者不能不面对的一个重要问题。

另一方面，文化相对主义有自身的矛盾和弱点，例如文化相对论者承认并保护不同文化的存在，反对用自身的是非善恶标准去判断另一种文化，这就有可能导致一种文化保守主义的封闭性和排他性，只强调本文化的优越而忽略本文化可能存在的缺失；只强调本文化的"纯洁"而反对和其他文化交往，甚至采取文化上的隔绝和孤立政策；只强调本文化的"统一"而畏惧新的发展，甚至进而压制本文化内部求新、求变的积极因素，结果是导致本文化的停滞，以致衰微。此外，完全认同文化相对主义，否认某些最基本的人类共同标准，就不能不导致对某些曾经给人类带来重大危害的负面文化现象也必须容忍的结论。由此，在赞同文化相对主义的同时，我们仍然不能不看到文化涵化的一般优势法则。事实上，要完全否定人类普遍性的共同要求也是不可能的。况且，人类大脑无论在哪里都具有相同的构造，并具有大体相同的能力，历史早就证明不同文化之间的相互理解、相互吸收和渗透不仅是完全可能的，而且是非常必要的。总而言之，文化相对主义为跨文化研究奠定了基础，开辟了许多新的研究层面，同时也提出了许多亟待解决的新的问题，这些问题已为许多文化相对论者所重视而提出了相应的修正。

第三节　旅游在我国民族地区产生的影响

众所周知，我国旅游是随改革开放而启动的，迄今已经 20 多个年头。其势头强劲、发展迅速、效益明显，颇能振奋人心。但由于人们对旅游的性质和规律知之尚少,难免在认识上和工作上出现些差错。特别是近年来,国内旅游发展过热,管理一时跟不上,产生出一系列问题。这其中之一便是旅游给目的地文化和社会带来的影响和冲突。从旅游的性质来说,旅游者把旅游视作一个文化过程,而旅游业经营者则把它视为一个营利手段,于是其中的隐忧也就由此而生。把旅游作为一种商业手段来经营时,当然希望客流多多财源滚滚,作为个体只要合法经营无可指责,但是他们没有认识到其中的一个特点,就是在旅游产品的流通中,旅游经营者要想多赚钱就得多接待游客,赚得越多,进入接待地的旅客就越多,在这两者之间形成了一种函数增长关系,于是钱是多赚了,游客来得太多,超出接待容量,也超出了景点保障自然安全的生态容量。当地的环境显得拥挤,日用品的供应也短缺了,物价上涨了,时间一长,接待地的人文环境和自然环境以及居民生活质量遭到破坏。当地居民对旅游这个活动以及对外来游客的情绪和态度也会从友好、容忍逐渐转向烦躁、不安、厌恶以致排斥,严重时会导致社会动荡和不稳定。这种情况在国内外接待地都存在过,只是表现形式和严重程度有所不同而已。因旅游者的超容量的涌入,目的地旅游设施不足、管理不力而引发的冲突,是目前我国非常突出的旅游忧患。

一、利弊影响的分析和关注

国内有学者在有关旅游社会学、旅游人类学的研究中,较多地把目光投向了少数民族地区。其研究的重点是旅游对未经工业化开发的少数民族地区产生的有利影响和不利影响。归纳起来,旅游对少数民族地区的有利影响大致有三方面。

一是旅游加快少数民族地区脱贫致富的步伐。其主要表现在旅游为少数民族地区居民创造了就业机会,增加了税收,改善了基础设施,促进了农副产品的开发等。如云南昆明的石林彝族自治县、宁范县永宁乡落水行政村摩梭族等少数民族社区很多农民就是靠发展社区旅游得以脱贫致富。与此同时,旅游的发展,也使少数民族地区居民的观念发生了巨大的变化。社区旅游业的发展,使许多过去耻于经商的少数民族现在能够热情主动地兜售旅游工艺品。如云南大理、丽江的"洋人街"把白族和纳西族等民族风情浓缩在并不起眼的小街上,以其优质的服务,吸引海内外游客;旅游工艺品如珠宝玉石、蝴蝶标本、各式木雕、民族服饰等,绝大多数出于他们之手。在昆明民族文化村,好几个少数民族村寨都有专为游客准备的民族民俗歌舞表演。旅客花钱,就可以欣赏到内容丰富的民族歌舞。这些表演者不仅自己跳,分设在公园各处的各个民族的歌舞场地有身穿民族服装的小姐在教人跳舞。那是集体授课的形式,她在前面边说边比划,你在后面排了队亦步亦趋,节奏简单、明快、易学,跟两圈就能跳出个样儿来。大多数游客最爱学的是傣家的孔雀舞、竹竿舞等民族特色醇厚的舞蹈。参与性的快乐让游客实在不忍离去。民族文化自然而然地进入了市场经济。

二是促进了少数民族地区文化的保护和发展。随着社区旅游的开展和接待外来旅游者的需要,当地一些原先几乎被人们遗忘了的传统习俗和文化活动重新得到开发和恢复;传统的手工艺品因市场需求的扩大重新得到发展;传统的音乐、舞蹈、戏剧等又得到重视和发掘;长期濒临绝灭的历史遗产不仅随着社区旅游的开展而获得了新生,而且成为其他旅游接待国或地区所没有的独特文化资源。它们不仅受到旅游者的欢迎,而且使当地人民对自己的文化增添了新的自豪感。如云南丽江纳西古乐的挖掘、云南剑川寺登街茶马古道古集市的修复等都促进了少数民族地区文化的保护和发展。

云南省丽江古城原是一个"被遗忘的王国",20世纪50年代初当地政府作出了一个明智的决策,"保留古城,另辟新城"。就是这个决策使古城得以完整保存,形成了古城与新城并存发展的城市格局,为丽江以后的一鸣惊人写下了伏笔。1982年以后,丽江古城制定了《丽江县城总体规划》。1986年12月,丽江古城被公布为国家历史文化名城,既而又有了《丽江历史文化名城保护规划》,古城的保护在不断地升级。1994年6月,《云南省丽江历史文化名城保护管理条例》又为中国的古城保护法制建设走出了大胆的一步。1997年,丽江和山西平遥同时获得了世界文化遗产的殊荣。

丽江之所以成功,主要缘于对自己资源优势的正确认识。过去,丽江的财政收入一半靠林业,其相关企业30余个,在职职工9 000余人;同时丽江还有造纸厂、冶炼厂、电化厂、电石厂、水泥厂等,有些经济效益还很好,但当丽江政府认识到古城的旅游资源才是丽江的宝贵财富时,拿出壮士断腕的勇气,几乎关掉了所有产生污染的企业,林业工人也由砍树转变为管树。丽江就是如此为古城文化的传承牺牲了许多眼前利益,但丰厚的遗产也给丽江带来了前所未有的知名度和大幅度的经济增长。丽江古城是绝色的,是世界上任何一座城市无法比拟的,依托着这独特的历史文化氛围,丽江的旅游业得到了飞速的发展。

丽江的旅游业自1985年起步,当年有28个国家的435位外国游人到丽江采风、考察、探险、科考,到1992年短短的七八年时间,外国游人突破万人大关,达到12 517人次。1995年以后,丽江旅游业更是进入高速发展时期,1996年丽江游客量突破百万人大关,达106.27万人,1999年,游人更是达到215万人,旅游业总收入达10.93亿元人民币,占全镇国内生产总值的83.8%。旅游业带动了宾馆业、饮食业、交通业、导游业、购物业、娱乐业、景点服务业等配套产业的全面发展。根据对220个本地居民的调查,在119个就业人员中有43人就业于以旅游为主的服务业,占总就业人数的36.13%,居七大行业之首。正是旅游业的快速发展,才使丽江在全面停止森林采伐、关闭污染企业之后,很快有了替代产业,妥善解决了就业问题,促进了经济发展和社会进步。也正是旅游业,促进了丽江基础设施的建设:日吞吐游客千人的丽江飞机场,全线贯通的丽江至昆明的高等级公路,通达全球的现代化邮政及电信网络,旅游业的发展还促进了传统文化的复苏,许多濒临失传的纳西族传统文化在旅游大潮的触动下开始复苏,并融入了旅游市场,得到了重构重建。例如木府、文峰寺、洛克故居等文物古迹的修复,"勒巴舞"、"白沙细乐"及东巴舞蹈、音乐、字画等民间艺术的复活,打铜、制陶、打银等传统手工业也获得新生。丽江政府将旅游收入中的一部分返还于古城修复与文化保护,从而又促进了传统文化的保护,使丽江进入了经济发展与遗产保护良性循环的发展轨道。

三加快了少数民族地区城市化建设进程。社区旅游的发展给少数民族地区带来了人流、物流、资金流、信息流,带动了少数民族地区相关产业的发展,加快了少数民族社区城镇化建设的步伐,促进了少数民族社区现代化发展的进程。土家族、苗族、白族聚居的张家界近20年来市镇建设的大发展,可谓典型案例。此地四面环山,外墙贴着白瓷片的新楼房鳞次栉比,宽广的街道纵横交错,邻街的店铺打扮得五彩缤纷,人行道上的行人摩肩接踵,马路上车水马龙;无论是人行道,还是行车道,地面干干净净。张家界市市长鲁平益兴奋地告诉记者:"是美丽的风景明珠武陵源造就了张家界市的繁华,是旅游业托起了张家界市这座湘西新城。"20世纪80年代初,随着对长期"养在深闺人未识"的"奇峰三千,秀水八百"的张家界、天子山、索溪峪三大景区的宣传,海内外对张家界市武陵源的关注和重视迅速增加,游人蜂拥而至,人陡然多起来了,车陡然多起来了,昔日寂寞的湘西小城大庸县城奇迹般地热闹、繁荣起来。1982年9月25日,国家计委正式批准张家界为国家第一个森林公园。1985年5月24日,大庸县改为县级大庸市。1988年5月18日,原大庸市升格为地级市,将原属湘西土家族苗族自治州管辖的桑植县和原属常德市管辖的慈利县划归大庸市管辖,将张家界、索溪峪、天子山三大景区合并为武陵源区。1992年,联合国教科文组织将武陵源列为《世界遗产名录》。1994年4月,大庸市更名为张家界市。张家界市委、市政府以张家界绝无仅有的风景资源,吸纳四面八方的资金,建市以来先后投入90多亿元人民币,进行景区景点建设。全市开辟出精品旅游线5条,修建高标准景区游道400多公里,建设高空游览索道两条,可供游览的主要景点景观达300多处。全市建立起各类宾馆、酒店300多家,日接待能力达到2万多人次。通过

11年"旅游带动"战略的实施,张家界市在旅游业方面,已基本形成了"突出专项,兼顾一般,集观光、娱乐、登山、漂流、探险、科研、购物、保健于一体"的旅游经济格局。目前,旅游业已成为张家界市国民经济发展的龙头产业。旅游业的发展,推动着城区的建设和发展,城区人口迅速增加,城区区域迅速扩张,张家界城区人口由原先的3万多增加到目前的12万多人;一座座高楼大厦拔地而起,城区的紫舞路、永定大道、机场路、桥南路、天门路、教场路、鹭鸶湾大桥等相继得以拓宽改造。张家界市由昔日简朴、宁静的小县城变为现代化的旅游城市,成为湘西的一颗璀璨明珠。以张家界荷花机场、张家界二级火车客运站和全市公路网络以及标准游路为主的四通八达的交通体系已经基本形成。能源、通讯也跨上了新台阶,程控电话、微波通讯、无线寻呼、移动电话、图文传真等相继开通并达到全国先进水平。

事物总有两面性,在旅游对民族地区产生有利影响的同时,其不利影响也触目惊心,大致有以下三方面。

一是风情民俗被同化。许多少数民族地区,由于过去与外部世界交往较少,其独特的民族文化和风情民俗对外界具有神秘感。在这些地区开展旅游可促进当地经济的发展,弘扬民族文化,激发民族自豪感。然而,随着旅游业的发展、旅游者的涌入,以及异族、同族异地的文化、思想、生活习俗的引入,旅游地传统的民族文化、风情民俗逐渐被同化、冲淡或消失。旅游地传统民族服饰同化就是一个最显著的例证,如云南大理白族妇女服饰的传统特征是头缠绣花毛巾,头巾边侧飘着一束白色的缨穗,身穿白色上衣,外套绣花丝绒领褂,下着绣花宽裤,腰系紧身绣花圆腰。而今天,随着大理传统文化、风情民俗的对外开放和旅游业的发展,白族妇女的传统服饰正悄然地、逐渐地被同化和演变。穿传统服饰的白族妇女已明显减少,代之而起的是各种形式的超短裙、T恤衫、牛仔裤等等。

二是异地副文化的负面影响和冲击。这体现在旅游者的思想与文化给旅游地社区带来的潜移默化的影响。有些影响会带来诸多消极的因素。如社区居民通过对旅游者行为的观察,逐渐在思想和行为上发生消极的变化,他们开始对自己的传统生活方式感到厌倦,故而先是在装束打扮和娱乐方面盲目仿效,而后发展到有意识地追求。最后导致出现卖淫、赌博、投机诈骗、走私等不良社会现象和犯罪行为,影响了旅游地的社会秩序,破坏了旅游地本土文化的纯朴性,对当地文化产生了污染。例证之一是河北省涞水县野三坡,1988年此地因长期保留了明代风情习俗被列为国家重点风景名胜区。1985年刚有游人进入时,村民们腾出最好的房子、最干净的被褥来接待游客,他们热情好客,住宿均不计报酬,呈现出了村民好客的淳朴民风。随着社区旅游业的发展,游客的大量涌入,野三坡的淳朴民风突然消失,出现了非常盈利的五花八门的各种致富门路;以敲诈勒索、坑蒙拐骗等不法手段追逐金钱的现象屡有出现,从而引起游客的强烈不满。

三是生态环境遭到了破坏。随着少数民族地区旅游业的迅猛发展,一些旅游景点在景区开发建设、保护与管理方面出现了不少问题。如被列为世界文化遗产的云南丽江古城虽然保存得较完好,但周围建造了一些高大建筑,旅游旺季四方街景区人满为患,商业化现象日趋严重。而云南大理的洱海游船排放的油污、生活垃圾等对洱海水环境产生了严重污染,使洱海水体中水生生物的生存条件受到了威胁,造成了洱海生态环境的破坏。日前据中央电视台《新闻30分》报道,记者在新疆采访时发现,阿勒泰地区布尔津县严重违反国务院国家自然保护区管理条例的有关规定,在哈纳斯国家级自然保护区进行破坏性的旅游开发,保护区的自然环境和资源正在遭受严重的破坏。走进哈纳斯自然保护区,记者看到一片忙碌的施工景象。面对着一座座拔地而起用原木构筑的小楼、被挖掘得千疮百孔的草地和弥漫着烟尘的原野,让人难以相信这是在国家级自然保护区里。昔日宁静美丽的保护区如今变成了喧闹而杂乱的建筑工地。像这样大兴土木的工地在整个保护区内竟然有40多处。根据国家自然保护区管理条例的规定,在国家级自然保护区里开发旅游必须经国务院有关行政主管部门批准,而布尔津县是在没有得到批准的情况下,擅自招商引资3 000多万元在保护区内大搞旅游开发。据统计,如此施工已经使得保护区内3万多平方米的林地毁于一旦,甚至将保护区的大铁门也推倒了。保护区管理处曾要求县里把大门和牌子恢复原状,并立即停止破坏性的旅游开发。但县领导却蛮横地将处罚通知书撕掉。有关专家指出,这种破坏性开发如果得不到制止,那么中国将永久失去这样一块极为特殊的生态区域。据国家林业局提供的最新数字显示,中国现有森林20.06亿亩,人均只有1.6亩,为世界人均水平的1/6;森林覆盖率13.92%,在世界160多个国家和地区中排在第120位。据不完全统计,仅1994—1998年间,全国就有256.06万公顷国有林地被改变用途或者因征用而改为非林地。著名景区,已加入世界自然保护遗产地的九寨沟也因旅游开发而正在消失。早在1992年,世界自然保护联盟高级督察员桑塞尔和该组织下属的国家公园及自然保护区委员会主席卢卡斯就在九寨沟留下了一条忠告:"旅游是对景区最严重的挑战,游人增加就会损害景观本身,带来很多不利影响。所以旅游开发要相当谨慎。"桑塞尔认为,当年九寨沟接待13.9万名游客,已经是极限。到了1998年,这一数字是38.5万人。九寨沟总面积为64 297.3公顷,目前共有景点37个。但是,记者2003年3月到九寨沟采访时得知,九寨沟的旅游管理部门不仅不打算对游客进入加以限制,还打算新辟13个景点。年复一年以几何级数增长的游客,支撑起了一方土地上人们的生活,也从此改变了九寨沟。目前正在参加国际环境与发展高级 LEAD 项目研修的农科院区域规划研究所的马忠玉博士指出:"他们没有一个具体的基于生态考虑的经济目标和游客容量的上限。"目前,景区内不少地方已经出现了程度不一的水土流失。"大部分水土流失的发生是由于游客过量的践踏造成的",马忠玉说。四川省旅游局的办公室主任闵维郫透露:"据专家检测,九寨沟水流中的有机质比十年前大大增加,已经造成水生植物的生长。"水生植物生长的罪魁祸首便是游客向九寨沟"贡献"的大量生活污水和生活垃圾。据说,最初做九寨沟开发设计时,曾有一个"沟内游,沟外住"的设计原则,希望把游客住宿放在沟外解决,以减少污染。但事实上却未能实施。从 1985 年开始,沟内的经营性建筑便如雨后春笋般出现,1987 年虽进行了一些清理,但新建的速度远远超过了清理的速度。按规定,改造或新建旅馆应报省建委审批,而且外面的人不准在沟里建房。可知情人告诉记者,实际的情形是镇里或县里干部个人在沟里搞投资,然后安排自己的人或当地农民去管理。总共才 1 003 人的九寨沟人富了,当然,靠九寨沟致富的人绝不仅是沟里人! 这里的问题就发人深省。

　　九寨沟的旅游热了,它在保护生态与发展旅游的冲突中,充分考虑经济而将生态的考虑置于一侧,生态遭破坏就成了一种必然。《保护地球历史国际宣言》指出:人类和地球有共同的遗产,人类和各国政府仅仅是这个遗产的管理者,人类的每一个成员应该懂得,哪怕小小的掠夺也会造成损毁和破坏,并导致不可挽回的损失。任何形式的开发利用都应尊重遗产的独特性。旅游使风景名胜区特别是周边少数民族地区明显感受到了旅游大市场的潜力,部分风景区脱离本区自然资源规律,错误地转换了自己的位置,不适当地增加景区设施,增扩建索道,引进、仿制、移植项目,使本地自然资源和人文资源失去了特点,又破坏了本土资源。开发造成的景区发展的隐患,除哈纳斯和九寨沟外还有泸沽湖。

二、超容量接待引发的文化冲突

　　泸沽湖,又名左所海,位于云南省丽江地区宁蒗彝族自治县和四川省西南部盐源县交界处,面积 74 700 余亩,海拔 2 685 米,平均水深 40 米,是丽江玉龙雪山国家级风景名胜区的重要组成部分,也是云南省省级自然保护区及旅游区。区内保护类型是高原湖泊生成系统,主要保护对象是裂腹鱼、波叶海菜花。区内盛产白瓜子、牦牛肉、松茸菌、波叶海菜花、苏里玛酒、苹果、花椒、核桃等果品和当地的各种名贵药材等。

　　泸沽湖,犹如一颗蓝宝石镶嵌在群山环绕之中。湖水清澈透明,倒映着蜿蜒起伏植被茂密的青山,形成色彩碧翠绚丽的湖光山色。泸沽湖旅游区阳光充足、降水适中、气候冬暖夏凉。景区内有八岛、十四湾、十七个沙滩和一个海堤,还有以格姆山为主体的森林风光、草甸风光、河流瀑布风光、溶洞风光及地质地貌等自然景观。泸沽湖景区被专家誉为"中国西南的一片净水"、"高品位世界级的旅游资源"。

不断改善的交通条件和不断高涨的旅游热使泸沽湖的旅游业如虎添翼般蓬勃发展起来。1989年泸沽湖景区旅游人数为6 120人,到了1997年猛增为10万人左右,增加了16倍。目前每年的游客已经超过20万人,预计到2010年将超过35万人。旅游业已经成为当地的经济支柱产业。旅游业的发展所带来的社会效益和经济效益是显而易见的。但是,旅游业超速发展带来的环境影响却让人担忧。

每逢节假日泸沽湖游人如织、人满为患。目前,泸沽湖的接待能为每年最多时为11万人左右,落水民间接待区床位仅2 400个,而每年接待的实际游客已经超过20万人,有限的旅游接待措施已经在超负荷运转。除了专门的招待所、宾馆,大部分摩梭人家都设有专供游客住宿的房间,可是仍然无法满足过饱和的客流量。过于饱和的游客大大降低了旅游质量。原本很清爽的湖光山色现在是人头攒动,原本很宁静的村落现在变得人声鼎沸。远道而来为了一睹摩梭风情的游客,满眼看到的不是身着民族服装的摩梭人,而是与自己一样的游客,听到的也是熟悉的语言,路旁的花草常常还没来得及从前一批游客的脚下缓过劲儿来,又惨遭践踏。

随着游客的增多,接送游客的车辆、游客自己的车辆增多了,汽车的尾气、扬尘等对泸沽湖的大气环境也造成了一定的影响。各种车辆的喇叭声、马达声让那些为寻求大自然的幽静躲避都市喧嚣的游客无处可逃,对当地人的生活也是一大干扰。

自古以来,摩梭人独特的人文风情,由于地域的偏僻和交通的不便而得以保持完好,具有较高的人文科研和历史保存价值。旅游的兴起,泸沽湖与外面世界的跨文化交流多了。来自国内外的游客或多或少地将不同的文化背景带到这里,在各种文化交流融合趋同的同时,本民族的传统文化猝不及防地与外界遭遇,造成了一定的冲突,影响了摩梭风情的保护和保存。

传统的摩梭人的民居,低矮的木楞房、幽静的庭院、开合变通的邻居小巷,上枕青山,下依清流,古朴自然。但是,为了接待源源不断的游客,各种旅游设施纷纷上马。于是出现了一些违章建设旅游接待设施,建筑屋越建离水越近,建筑物与自然景观极不协调,摩梭风情建筑风格被改变的现象,大大污染了景区的景观,破坏了景观的美学效果,对摩梭人文风情形成了严重的威胁。

　　旅游业的发展使传统以耕作型自然经济结构向旅游服务型转变,农业对耕地的依赖减轻,从而减轻了垦荒对森林的压力,但同时却增加了对陆地生态系统的环境压力。摩梭人的思想观念改变了,经济意识增强了,除了搞农业生产,大多数摩梭人加入到旅游服务行业中来,学会了做生意、开商店、开旅馆、划船、卖烧烤、当导游。整个泸沽湖摩梭人的文化和社会正在转型。原来的泸沽湖在高原湖泊景观、湖泊学及生物多样性保护中具有特殊和重要的地位,并被列入《中国生物多样性保护行动计划》。区内因长期呈半封闭的原始状况,受外界影响少,湖周围无工矿企业,只有农业,环境本底状况较好。随着旅游资源的开发,旅游人数逐年增加,威胁环境的各种因素也随之而来。再加上环境保护措施相对滞后,游客环保意识淡薄,旅游污水、旅游垃圾和一些新建的旅游设施都对原有的自然环境造成了一定的影响和破坏。游客进住到摩梭人家中亲自体验摩梭人生活的接待方式在当地很受欢迎,但由于摩梭人家没有供水、排水设施,生活污水直接排入湖内,增加了对湖水的污染。1995年,泸沽湖旅游污水仅为农村生活污水的20%,占污水总量的17%。根据宁蒗县对旅游人口的增长值统计,2000年旅游污水占农村生活污水的54.2%,到2010年旅游污水将占农村生活污水的65%。对比其余三个污染源,即自然村生活污水、地表径流和大气沉降的发展趋势,未来泸沽湖入湖污染负荷量的增加主要是由旅游业带来的,且呈快速增长之势。

　　泸沽湖的污水处理设施现状是什么样子呢?除了老屋基村寨位于山上外,其他各村皆分布在湖滨,目前村落和旅游生活污水都直接或间接入湖。随着旅游业的发展,如果环保措施不力,落水、浪放和红岩子等旅游景点附近湖面局部水域水质将从Ⅰ类水逐渐恶化到Ⅱ、Ⅲ……类,而且距岸边越近湖水污染越重。随着水质的下降和营养物质的增多,到2010年,这些景点附近湖泊局部水域水质将富营养化。

　　水是泸沽湖的灵魂,水质的恶化对泸沽湖水生生态系统将造成严重影响。泸沽湖中生长的特有物种波叶海菜花、裂腹鱼等将遭到严重破坏,面临绝迹的威胁。而这些生物是泸沽湖水生生态系统的重要组成部分,对维持湖泊生态系统良性循环有十分关键的作用。泸沽湖水资源补给量少,动储能力低;湖周土壤母质破碎,土壤含磷量很高,湖泊生态脆弱,一旦遭到人为破坏,极易造成水体污染、富营养化及水土流失等生态后果,想要再恢复将非常困难。

　　泸沽湖流域的居民点较分散,原先的生活水平低,产生的固体废弃物主要是生活垃圾,且产量小,垃圾中无机类物质含量低,以有机垃圾为主。随着旅游业的迅速发展,垃圾产生量及其构成也发生了变化。1996年本地居民的垃圾年产生量为862.57吨;游客年垃圾量为91吨。高峰期月最大产生量为19吨,日最大产生量1吨。在落水村湖滨带水域,随处可见玻璃瓶、塑料瓶、易拉罐、塑料袋等;在落水至里务比岛水域里,还能发现有烟头等弃物飘浮。这些垃圾不但极大地破坏了景观,同时对环境造成了污染,对区内的生物造成威胁。

文化和环境是互相依赖、互相作用、互相制约的,并在相互适应的过程中达到平衡。长期以来,摩梭人的饮食起居、风俗习惯、宗教信仰都与泸沽湖的自然生态系统息息相关,相辅相成。摩梭人的独特文化与泸沽湖的自然环境是密不可分的。李英南先生深怀忧虑之情地说:"皮之不存,毛何以附焉? 一旦自然生态环境遭到破坏,居住在这里的人们也不得不另迁他处,原有的文明将消失殆尽。"

法国著名旅游学社会学家罗贝尔·朗卡尔指出:"旅游者在与接待地区居民相遇时,会意识到各种价值体系的不同、甚至相互对立。旅游通过个人之间的实际相遇,造成了一种文化的冲突,一种社会的冲突。"① 美国康涅狄格大学D·纳什先生在"作为一种帝国主义形式的旅游"为标题的文章中讨论了旅游对区域社会和经济的影响,他说:"任何一个旅游体系的经济都有外部适应的倾向,并且与那些可以满足旅游需求的服务职业有关。"科恩(Gohen)指出,如果一个群体把其资源基础扩张至其边界之外,这将会改变职业角色对外部资源的依赖。就旅游来说,外部资源就是游客。从经济层面来说,对游客到来的适应性反应就是发展必要的服务职业去和游客打交道。服务部门的扩大,尤其是那些主要或次要职能是接待短暂居住的外地人及其代理人的部门扩大后,对作为一个整体的经济以及社会的其他部门都有影响……总之,旅游体系的演变在这里被认为是受外在和内在力量的影响所控制。外在力量源自一个或多个大都市中心区,包括旅游需求和游客的产生、旅游地区的选择和建立以及直接和间接的游客-东道主交易的确立……对旅游的人类学研究此刻还不足以让我们作出一个有意义的一般性描述,来说明旅游体系的演变,但是如果我们像福斯特和格林伍德那样,集中考察某一历史环境中的某些具体的阶层,那么我们就有可能在本文提出的帝国主义概念框架内建立一个以经验为基础的旅游理论。D·纳什,作为一种帝国主义形式的旅游②。

---

① 〔法〕罗贝尔·朗卡尔,《旅游与旅行社会学》,商务印书馆1997年版,第87页。
② 参见〔美〕瓦伦·L·史密斯主编,《东道主与游客——旅游人类学研究》,张晓萍译,云南大学出版社2002年版,第58页。

因旅游跨文化交往所造成的文化冲突和社会冲突在我国不仅存在而且已发展到一个相当的程度。有些冲突在其初期,被当地政府为核心的主流社会所接受,呈现出主动的文化转型的事实。随着旅游开发进一步发展,游客的大量而急速的涌入,有些冲突的凸现而又不被当地所接纳,表现出抵触和反对。泸沽湖摩梭人聚居区近年来所呈现的文化冲突以当地有识之士的忧虑和呼声为其代表:"旅游开发不当,给摩梭人文风情造成严重的威胁,""泸沽湖中生长的特有物种波叶海菜花、裂腹鱼等将遭到严重破坏,面临绝迹的威胁","这里的人们也不得不另迁他处,原有的文明将消失殆尽"等都是李英南、刘边等撰文者的原话。英国萨里大学(University of Surrey)前副校长布赖恩·阿切尔(Brian Archer)在对旅游对东道地区的影响时也说到一些严峻的问题,他说:"在那些原始的、与世隔绝的地区,太多游客涌入甚至能造成当地人离开其居住地而迁住别处以使生活不受干扰。为了制止这种情况在易受影响的地区(例如北美的印第安人保留地)发生,需要制定并实施'管理规定'。在某些极端案例中,在一些比较发达的地区,旅游已经完全打乱了当地人的生活方式。在非洲一些地方,国家公园体系的建立,在某些情况下,严重影响着当地人狩猎和游牧式的生存方式,尽管这种制度对于野生动植物保护和旅游来说是无可非议的。不过,这个问题并非仅限于发展中国家……迄今为止,对旅游开发所带来的社会文化的负面影响的研究还是远远不够的。在旅游者的文化和社会经济背景与当地居民相差甚远时,他们的相互交往是受欢迎的,但也可能是非常有争议的。在贫困地区的所谓繁荣的'示范效应'可能会激励当地人更加努力工作或争取更好的教育,以及效仿旅游者生活的方式。另一方面,在很多情况下,如果当地居民无法达到同等的富裕,他们就可能会产生一种失落感和挫折感,从而会在旅游者身上发泄敌意,甚至会侵犯旅游者"[①]。

美国学者托马斯·哈定在《文化与进化》中有这样一段话:"高级的类型在其扩展中,能够通过强制地或半强制地将它们改造成自己的模式,支配和同化文化系统的其他类型。由此可见,文化进化恰是一个双向运动的过程:一方面是高级文化类型自身多相性的不断增长;另一方面则是由于不同文化类型的同化而产生的文化同质性的不断增长。无疑,世界文化走向统一的现代趋势,定将在未来社会取得较过去更为迅速的发展。"[②]文化涵化的一般优势法则是一个严酷的

---

① 布赖恩·阿切尔,"旅游的正面影响和负面影响",参见威廉·瑟厄波德,《全球旅游新论》,中国旅游出版社2001年版,第70页。
② 〔美〕托马斯·哈定,《文化与进化》,浙江人民出版社1987年版,第59页。

事实。这样的严酷性在旅游文化的冲突中，就表现在旅游者对旅游目的地文化环境的急剧破坏和负面影响上。这种破坏首先是对原有生态环境的破坏。除了云南泸沽湖畔的摩梭人，我国周边的少数民族地区的旅游目的地多多少少都存在着负面的影响。在国外，旅游文化的冲突，发展到最后，曾由逆反情绪变成了反对旅游的排外情绪、甚至恐怖行为。

旅游文化冲突或社会冲突，是通过个人之间的直接相遇而造成的。由此，旅游者与当地东道主的直接接触就相当关键。那么一般情况下旅游者与当地东道主相接触有哪几种情形呢？一是旅游者购买商品或服务时，商场、宾馆、餐馆、茶楼、交通实施等是相互接触之地；二是游览中观看演出、参与民间活动时，景点的公共场所、活动场所是接触之地；三是其他旅游者和当地居民碰在一起直接交换信息或情况时。这样一些相遇在一般情况下都以短暂为特点。就某些形式的旅游来说，旅游者与东道主相遇更为紧密，时间或许也可能持续三至五周，例如进驻当地居民家中食宿、雇佣当地居民当导游等。实际上，一般团队旅游者与当地居民在一起度过的时间最多只是几小时，因为语言、接待设施以及旅游活动的时间安排本身都对这种相遇起了限制作用。到一个新的国家或新的地区去的旅游者往往没有把握，他必须在感觉到安全之后才能在心理上去实现这种相遇。

旅游接触的短暂性对于旅游者和接待者来说，感受相当的不同。对旅游者来说，这种相遇是短暂的，而且一年只有一次或几次，但对于旅游接待地的人来说，那就是一系列接踵而至的同样短暂而肤浅的相遇。而且，当旅游者参观一地时，他是作为旁观者，而不是作为当地文化中的主角来行事。旅游者往往显出他在物质上的优越性，特别是他感到这种优越性来自于他所在的久居地的文明时。他在接待者面前有优越感，这尤其是因为旅游者都喜欢一年一次地大笔花钱。相互关系变得势利起来：两者间的人际交流、文化交流、好客、微笑、甚至互相帮助，都成了要用金钱换取的行为。因而，在旅游者与接待者之间建立起了这样一种关系，只要旅游者愿意表示他是以消费时间，而且在物质上有优越性，他就会利用接待者的弱点，甚至视接待者的纯朴、厚道为无知，因而趾高气扬。

接待者对旅游者的态度也是有区别的，我们可以简单地整理出一个系列：

——欣快的态度，当地居民十分积极，满怀善意地接待旅游者，而且双方都感到满意。

——冷漠的态度，当旅游业发展起来后，旅游地的人便认为旅游地的一切资源都可以以营利为目的，于是与旅游者之间的接触便形式化起来。

——恼怒的态度，当旅游地发生瓶颈达饱和状态时，已不能单独解决旅游问题时，恼怒情绪就出现了。

——对立的态度,恼怒变得越来越公开;当旅游的增长所带来的所有弊端:增税、对财产的不尊重、对青年的腐蚀出现时,旅游遭到否定。

而且可以肯定的是,旅游越是大众化,它对地方文化的冲击就越大,而每个游客对地方居民的适应性越差,对当地居民的干扰也越大。由此上述不同的态度势必朝两方面发展,一是如果这一旅游目的地大得足够接待大众旅游,那么它就将继续发展下去;二是在某些情况下,逆反情绪会变成反对旅游的排外情绪、甚至恐怖行为。从乱涂"旅游者滚回去"的标语,到愤怒的农民组成突击队赶走露营者,对汽车驾驶者进行野蛮的袭击,有时甚至发展到暗杀。在一些旅游热点地区,旅游者对当地产生的社会负面影响已经相当严重,例如在法国,每年有250万游客在两侧卖小饰物的商贩的夹击下去游览诺曼底海岸的蒙圣米歇尔城。法国的其他地方,已经掀起了一股反旅游的潮流,并且来势更猛。法国的绿色和平组织正在发动一场全国性的运动,要求对旅游业严加限制。那些飞速蔓延的海滨旅馆以及其他与旅游有关的建筑物是令该组织最为关注、最为恼怒的。它的一位官员杰勒德·奥尼斯塔说:"旅游业做了希特勒未能做到的事情:居然沿着大西洋建起了一道混凝土墙!"这种话讲得旅游业的管理者很紧张。但它反映出的怨恨却是真实的。国际旅游经营者联合会主席马丁·布雷肯伯里说:"我们十分清楚这个问题:要找到答案不容易。但是如果旅游业要想长盛不衰,我们可能不得不寄希望于采取'旅游者管理'等各种方式。"这里的"管理"是"限制"的委婉语。世界旅游组织秘书长安东尼奥·恩里克斯·萨维纳克说:"以前搞旅游从来不提限制。"不过他又说:"我们必须认识到,应该有所限制。"他可以罗列出一大堆事例说明旅游业失去控制地发展对其本身是不利的:"有些景点游人过多,情况恶化,有些文化被淹没,交通堵塞愈来愈严重,居民的怨气与日俱增。"类似情况在非洲也有,1973年里,李韦斯就首先记录了以下事实:牙买加黑人拒绝白人对他们国家进行旅游开发;在安提瓜,有人向旅游设施扔炸弹;在巴哈马群岛,黑人把旅游者当作攻击目标;在美洲的维尔京群岛和波多黎各岛,尽管花了许多钱搞旅游宣传活动,但当地很少有人相信旅游带来的好处等等①。

美国的朗·珀杜和阿伦两位研究者就此研究了美国科罗拉多州28个乡村社区,发现社区居民起初支持旅游业的发展,但发展超过一定的限度后,居民对旅游业发展持消极态度。从支持到消极的转折有一个可测量指标,那就是当地旅游业收入占商品零售总值30%。阿伦和珀杜的研究还提供了这样一个有益

---

① 参见胡平,《中国旅游人口研究——中国旅游客源市场的人口学分析》,华东师范大学出版社2000年版,第134页。

的分析:经济发展水平较低、旅游业发展水平较低地区居民对旅游业发展抱有强烈愿望;经济发展水平较低,旅游业发展水平较高地区居民,从旅游业发展中得到了实惠,对旅游业发展一般持积极态度;经济发展水平较高,旅游业发展水平较低的城镇居民经济相对比较富裕、稳定,对旅游业发展必要性认识比较淡漠;经济发展水平较高,旅游业发展水平较高地区,居民认为他们没有从旅游业发展中得到较多的益处。后两地居民对旅游业发展一般持不积极态度。

旅游跨文化交流中的文化转型出于东道主的主动接受,如目的地东道主与游客间相互不能接受、不能进入,以至于造成冲突,那就是文化的抵制、对立和对抗了。旅游跨文化的交流、交往,何以会发生如此相反的结局?这恰是旅游文化学应该关注和予以研究的课题。

[阅读材料6-3 权力边缘的曼春满]

曼春满村位于西双版纳州景洪市28公里外的橄榄坝,是勐罕镇曼听办事处所辖的一个自然村。村寨紧连勐罕镇中心,与曼将、曼听、曼乍、曼嘎等傣族村寨鸡犬相闻。曼春满被澜沧江和龙德湖环抱,村内一年到头都青翠嫩绿,椰子树、槟榔树等热带植物、花卉随处可见。傣家竹楼建筑古朴、美观,一家一幢,周围用竹子篱笆或砖头砌成空心花格矮墙,形成庭院,每家每户的庭院里花果繁茂,树木葱郁。村中小路,曲径通幽,身着艳丽筒裙的傣家妇女穿梭其间,风情别致,自然成趣。村南澜沧江岸有茂密的橡胶林,江边是一片开阔的沙滩,自然风光美不胜收。傣语中"曼"为村寨,"春满"为花园,即汉语的花园寨。

曼春满有103户人家,共528人,均为傣族,生计仍以农业为主。全村耕地面积635亩。农作物主要为水稻、橡胶、蔬菜和西瓜、椰子、甘蔗、芭蕉、香蕉、菠萝、荔枝、柚子、芒果等水果,有些还种植树苗。各户均有自己种植的薪炭林,都养猪和鸡。傣族村民们过着日出而作、日落而息、悠然自得的生活。早晨,男人们用拖拉机或摩托将妇女送至胶林割胶,然后回到各自的田地、园林中做一些看护、修整的工作,大约中午,又将妻子接回。下午,村民基本不外出劳动,男人们开始喝酒聊天,女人们则操持家务并做一些手工活。目前全村的经济收入处在所属曼听办事处几个村寨的中上水平。

20世纪90年代初,旅游产业兴起,曼春满以其优势的地理方位而在西双版纳民族旅游中独占鳌头。从社会变迁的角度看,旅游兴起,为曼春满的社会结构的演变创造了契机。

曼春满旅游发展的第一个阶段——村民自办期(1991—1993)

这一时期村民多以家庭、个人为单位,利用农闲时间参加旅游经营,具有形式灵活多样、资本和劳力投入低、获利快且高的特点。村民的经营服务基本上停留在以家庭方式满足游客的简单消费需要，如门前设置烧烤、米线摊位；庭院中砍椰子、摘芒果卖；竹楼上销售自制的工艺品等。村民参与旅游经营的规模不大，远远没有突破家庭和个人在农闲期间经营的规模，旅游经营收入不占主要地位，此时的经济活动一般仍为种植橡胶、水果、水稻等。因此，并没有改变传统农耕经济的主体结构。但旅游意识的萌生和初试见效，促使少数家庭加快了旅游经营步伐，村中一些村民逐渐将田地租给亲戚或外人，每年每亩收取租米150千克不等，腾出劳力专门从事旅游经营，社会分工由此可见端倪。有村民积蓄近20万元。村长家是村中较早开始进行旅游经营的，他将其在缅寺旁的祖房对游客开放，房内为傣族传统居家陈设。村长家中亲戚也逐渐转向旅游经营。

曼春满的旅游经营第二个阶段——村寨联合期(1994—1997)

在此时期，村中开始自发集资建设风景园大门，铺路，种植花木，旅游基础设施得到明显改善。每名旅游者收门票一元(后涨至3元)，每家各自在家中出售一些孔雀羽毛扇、茶等土特产和工艺品，在旅游高峰期每家每月收入可达2 000～3 000元。在这段时期，村中越来越多的人开始加入旅游经营的队伍，1995年统计全村60%从事旅游经营。他们开设了工艺品商店，出售蝴蝶工艺品、傣族服饰、银饰等。生产队还出资修建春满情餐厅，村民承包，经营风俗小吃，表演小型歌舞。村民们有的进而放弃传统的农业生产方式，把田地全部租给其他人耕种，开始在家中接待游客。各家各户修建厕所、卫生间以及圈养猪、牛，大大改善了卫生条件。

此时虽然旅游经营比重加大，但仍维持多种经济活动，生产水平无明显变化，传统经济特别是割胶业收入仍占家庭收入的较大部分。

由于旅游业的迅速发展，导致大量外来人口的流入开工艺品商店和杂货店。商户林立，竞争激烈，随之也带来了一些不正当经营的负面影响。如沿街的傣楼被浙江人、四川人租用，开始推销一些伪劣商品(假沙金首饰、劣质玉石)。为了吸引游客，这些商人还与旅行社牵线，旅行社负责带游客到傣楼买纪念品，楼主一次性付给司机200元回扣，导游回扣为成交额的30%～80%。这种商业投机的行为，近几年来有增无减。村民议及此事时，大多义愤填膺。

因旅游经营受到外来的冲击，村民收入较之前几年有所下降，有的村民开始减少对旅游经营的投资，原来已全面投入经营的村民也开始分出家中一部分劳动力从事传统的生产。女性从事的劳动量又开始加重，男人仍然只做一些体力活。但也有些传统作业无法恢复，如酿酒，原来曼春满的酒非常出名，但因为生产无法适应市场要求，故随着老人的去世而停做。

1997年,广东东莞某公司选中了以曼春满为中心的五个寨子,提出以五个村寨为基础,公司投资经营管理,联合建设西双版纳傣族园。

曼春满的旅游经营进入了发展的第三阶段——企业参与期(1998—　)

傣族园公司与曼春满及周围五个村寨签订合同征用村民的部分土地,迫使部分村民放弃传统的谋生方式,如曼春满、曼听、曼嘎、曼乍等五村共有28人参加公司组建的歌舞团,傣族园营业后,每天均进行迎宾及歌舞表演。傣族园同时还在村寨中雇佣清洁工40余人,公司每月付给员工工资400~600元不等。傣族园公司征用的土地每亩每年付给土地所有者500元。旅游的全面进入使村民思想开放,开始逐步认同和接受现代化。村中拖拉机、摩托车的拥有率逐年提高,至1998年止,全村拖拉机拥有率为90%,摩托车拥有率为99%,使用燃气灶的农户近50%,有卡拉OK的人家也越来越多,港台的流行歌曲被翻译为傣语广泛流传。旅游文化的进入使青年人更加容易接受汉文化和现代化,宗教生活已不再是他们人生的必修课。傣族园公司正与佛寺协商,把赕佛作为傣族文化园的活动之一。佛爷可为游客开光赐福,同时收取一定费用等。另外,佛寺地面铺的花岗岩地砖,佛爷驾驶摩托、汽车,用现代高级音响,使用传呼机、手机等现代化的通讯工具等等,充满了极浓的现代化气息。

公司的大规模参与,使得村民的生活方式、风俗习惯也发生了较大的改变,如一年一次的泼水节、关门节、开门节所举行的典礼仪式以及为重大纪念日举行的赶摆活动,均成为每天必须操作的旅游项目,成为一种格式化、程序化的模式,同时也使村中更多的人不得不参与到旅游经营活动中。

短短一年间,村寨的发展发生了突如其来的变化,权力作为意识形态得以彰显,已然成为一种技术性的控制手段。包装移植傣族文化的功利性使权力符号的运作体现出一种暧昧的关系,权力被运作于对传统文化"真实性"的追求、模糊或换置主观性情感的流动、全球化现代场景发展之调适、上层精英的把持等控制之中。村民无法选择自由,而精英成员——从某种意义上讲已成为权力的操纵者——也无法或是不愿听到当地人的声音。此时,"国内殖民主义"的概念开始适用于某些产生少数民族的民族主义的场合。由于操作层面上的权力调适失衡与经济利益的分配不均,使得在中心与边缘地区之间,可能存在着掠夺与被掠夺的关系。扭曲的现代性使得中心与边缘的冲突与对抗更加明显:小巧别致的村落庭院被大兴土木改建,欧式路灯、波形瓦等现代建筑材料不合时宜地运用和搭配;宗教节日等盛大庆典成为常规性的操作;文化商品化的进程造成了"传统派"与"现代派"之间的争执;家族势力在权力符号下的凸现,族群内部开始分裂,加之政府作为权力机构的干涉,格式化的经营导致游客冷漠的产生,曼春满旅游滑入了低谷,而部分村民因离开了土地,也随之陷入僵局。事实上,在权力的构置下,规模集中的旅游经营方式不但难以平衡中心与边缘的经济差别,而且加速了旅游目的地贫富悬殊、权力意识冲突的进程,造成地方性社会结构的严重分化。而权力,在脱离了制度因素向外延伸最终又植入制度中时,往往以意识形态相伴,并以技术化为具体介入的物质工具,成为利益的权杖。

  一年后,当我们再次进入曼春满时,发现村中变化很大,泥泞的路已经修好,而大多数欧式路灯都已废弃,村民自建的寨门因不符合规划已被拆掉,原来建起的被命名为"傣族新寨"的傣楼只有零散的人在经营玉器、服饰、水果等,而且都不是本地人。村寨的中心佛寺周围开了很多家商店,大多数也是卖一些民族服饰、木雕、玉器等,但几乎也都不是本地人。傣族能做的,基本上就只有卖烧烤、水果(有些摊位卖水果的也是外地人)。颇具戏剧性的是,傣族园仍在经营,但除了保安部、舞蹈部还在维持外,市场部已基本停止运作。原先的傣楼公开招租,现基本为外地人所把持。广东东莞公司撤走后,龙德湖的开发也就停止了,但已有部分受到污染、破坏。斗鸡场也已荒废,斗鸡又回到了原来村民赌博自娱的层次。斗鸡场旁的集市已废置不用,村民大多数又回到了原来的生活状态——割胶、种水稻、瓜果等。而年轻人的思想有了更大的改变,橄榄坝的娱乐场所越来越多,越来越开放,赌博也越来越盛行,出现了将摩托、汽车、手机等货物作抵押换取现金参与赌博的现象。村中青年参与的很多,傣族青年在接触现代化以后,似乎只接受了其享乐的一面,而并没有看到所谓现代化昭示的危机感和忧患意识,仍然过得很懒散(相对我们的生活而言)。村长现在一个人在茅草屋做生意,据说村长现在每月还能在公司里领一笔钱,他的妻子现在为公司看苗圃,每月有400多元的工资。现在村长因为以前的一些作为使其在村中很不得人心,甚至连亲戚都不喜欢他。

——辑录段颖、杨慧《权力边缘的曼春满》①

[问题与思考]

1. 什么叫文化震惊? 以自己切身体验举例说明。
2. 你在异质文化中遇到文化震惊时反应是怎样的? 有何表现?
3. 在"感受萨乌那"中有无文化震惊? 表现在哪几个环节?
4. 相比较而言,你在文化震惊中属于哪种类型? 有何表现?
5. 种族中心主义和文化相对主义分别说的是什么意思? 它们间的关系如

---

  ① 参见杨慧,旅游、人类学与中国社会[C]昆明,云南大学出版社 2001 年

何？它们在旅游中会有怎样的表现？

6. 你认为跨文化交流中的"理解"包含着怎样的意义？它和"误读"是怎样的一种关系？

7. 阅读《一位文化学者的意大利之旅》(阅读材料6-2)后,请问"地理上的跨越未必意味着文化上的跨越"是什么意思？

8. 从《一位文化学者的意大利之旅》材料中分析,作者所说的"文化自闭症"和"文化的冷感"是什么意思,文章中是怎样表现的？以自己旅游的切身体验,谈谈旅游对一个地区的影响。

9. 旅游对一个地区的影响可分为"有利"和"不利"两方面,你认为这两方面存在什么值得思考的关系。

10. 联系教材前后对泸沽湖摩梭人旅游景区的引述和《权力边缘的曼春满》等材料写一篇读书心得。

11. 什么叫旅游跨文化交往中的文化冲突？它与文化震惊有何区别？

[课外阅读书目]

1. 〔德〕马勒茨克,《跨文化交流——不同文化的人与人之间的交流》,潘亚玲译,北京大学出版社2001年版。

2. 关世杰,《跨文化交流学》中第十三章第五节交流后的心理反应——文化休克,北京大学出版社1995年版。

3. 〔美〕威廉·瑟厄波德主编,《全球旅游新论》第五章"旅游的正面影响和负面影响",中国旅游出版社2001年版。

4. 乐黛云,《跨文化之桥·文化相对主义与比较文学、文化差异与文化误读》,北京大学出版社2002年版。

综论　当代休闲消费：
　　演绎文化的产品

第二次世界大战的硝烟散尽之后,人类步入了一个巨大的飞跃时期,科学技术日新月异,全球社会面临有史以来最深刻的巨变和创造性的重建,一种新的文明正在人们的生活中出现,人们的世界观及处理时间、空间、逻辑和因果关系的方法都在不断的嬗变之中。

20世纪后半叶,人类社会究竟已经发生了哪些深层的变化呢？将来世界的社会文化又会有怎样的发展趋势？对这些问题,未来学家、社会学家们曾作过分析和展望。旅游文化研究,也应对其予以充分的重视。

一、当代文化消费趋势

美国人约翰·奈斯比特在《大趋势》一书中为人们展示了西方从工业社会向后工业社会(信息时代)过渡的特征及未来的方向。在后工业社会,信息技术成为主要生产力,社会观念随之发生质变。人们的时间观念从农业社会的面向过去、工业社会的面向现在转向面向未来；空间观念由工业社会处理与汽车有关的物质空间转向电脑时代处理与电子有关的概念空间；人们的生活目标也从与大自然的对抗和竞争转向与他人的相互作用。高技术的发展使人们渴望寻求高情感的心理平衡。在社会生活的各个方面,人们都更注意自我的参与；人们从非此即彼的选择转向多种多样的选择,而且学会了强调文化特点,推崇民族的多样性,大一统的国际主义逐步让位于富有区域风格的新地区主义。

另一位美国学者阿尔温·托夫勒在其名作《第三次浪潮》中,从技术进步的角度出发,根据生产力的变化,提出了人类三次文明浪潮的概念。按照他的分析,时至今日,人类已经历了两次巨大的变迁浪潮,正面临着第三次浪潮文明。人类文明的浪潮都是以以往不可想像的生活方式取代原来的生活方式,新浪潮淹没以前的文明。第一次浪潮——农业革命——人类从原始的渔猎采集生产方式进入到以耕种畜牧为特征的农业为本的时代。这一时代,历经数千年之后已基本上退隐于边邑僻地。第二次浪潮——工业革命——于17世纪末当第一次浪潮尚未耗尽其势头的时候在欧洲爆发,随后以迅猛的速度波及各国和各大洲,在短短的两个多世纪里,使欧洲、北美和地球上其他地区的生活发生革命性的变化。第二次浪潮迄今仍在蔓延,许多至今依旧属于农业社会的国家工业化的势头未见减弱。但是,从世界范围内来说,工业化在第二次世界大战后10年达到了顶峰,第二次浪潮文明已经走到了尽头。另一个重要的过程——第三次浪潮开始兴起,20世纪后30年里先后遍及大部分工业化国家,开始席卷全球,其潮头所到之处,一切为之改观。

托夫勒认为,第二次浪潮时代的社会结构有6条互相联系的准则:

一是标准化。在工业社会里,不仅产品标准化,企业、行政管理标准化,就连社会文化生活、学校教育都实行标准化,之所以这样,是因为第二次浪潮时代的人们,坚信标准化能提高生产效率。无情的标准化把千差万别的东西统统拉平了。

二是专业化。第二次浪潮时代的大生产方式加速了劳动的分工,以埋头只攻一门专业的专家和工人替代了安逸自在多面手的农民。专业化植根于生产与消费的分裂。因此,精益求精、越分越细的专业化是第二次浪潮时代的共同现象。

三是同步化。这是由于生产与消费分裂而引起的人们对待时间方式上的变化。在以市场为中心的社会里,时间就是金钱,机器不可闲置,它们要按照自己的节奏运行。其劳动经过细致、精确的组织,大家必须密切配合。学校教育从小培养儿童遵守时间的观念。社会生活也根据生产统一步伐而同步化了。

四是集中化。第一次浪潮社会以广阔的、分散的、可再生的能源为技术基础。第二次浪潮社会则几乎全部依靠高度集中的石化原料为能源,工业化大生产把能源、人口、劳动都高度集中起来。第一次浪潮时代,人们分散在田头、村落和家庭中进行劳动,第二次浪潮却把成千上万的工人集中在一个屋顶下劳动。社会的其他组织和方面都有集中化的趋势,比如大城市增多、群体化教育受到重视等,因为人们相信集中化是有效率的。

五是好大狂。由于生产与消费的分裂,扩大生产规模是产生经济效益的一个有效途径,于是"大"成了"有效率"的同义语,大就是美,工厂越大越好,城市越大越好,楼房越高越好,等等。

六是中央集权化。与上述特点相适应,所有的工业化国家都不同程度地发展了中央集权,经济管理和政府制度都有集权化的趋势。

托夫勒说:作为第二次浪潮的人,会本能地运用上述原则,保护这些原则。处在第三次浪潮中的人则向这些原则发起挑战。第三次浪潮文明以四组相互联系的工业群为基础,即电子工业、宇航工业、海洋工程和遗传工程。就像从技术的角度分析批判第二次浪潮一样,托夫勒也是从技术的角度对第三次浪潮文明作出了生动详尽的描述。他认为:第三次浪潮时代信息结构的特点是非群体化的传播媒介,第二次浪潮强调一致性、标准化,第三次浪潮则强调多样化;第三次浪潮排斥集中化,家庭电子化将产生电子家庭,使家庭像第一次浪潮时代一样,重新成为一个生产中心,生产者和消费者再一次合二为一;第二次浪潮时期,人们追求的是征服自然。第三次浪潮时代,人们强调与自然和睦相处,改变以往的对抗状态。第三次浪潮的文化注重研究事物的结构、关系与整体;第三次浪潮文明培养青年的性格是对长者不那么顺从,对消费不那么计较,对享乐不那么沉溺。

总之,托夫勒认为人类正面临着向前大跃进的年代,面临着极其深刻的社会变革和不断的创新和改组,尽管人们还没有清楚地认识到它,但人们正在从头开始建设一个卓越的新文明。这就是第三次浪潮的含义。

在奈斯比特和托夫勒之后,又有许多科学家从不同的角度论述了当代社会的变迁,预测未来社会的形态。近二十年来全球社会的发展,证明他们的分析是相当精辟的。

按照美国学者丹尼尔·贝尔对后工业社会的分析,后工业社会有以下五方面的特征。(1) 经济方面,从生产型经济转变为服务型经济;(2) 职业分布方面,专业与技术人员处于主导地位;(3) 中轴原理方面,理论知识处于中心地位,它是社会革新与制定政策的源泉;(4) 未来方向方面,控制的技术得到发展,并对技术进行鉴定;(5) 制定决策方面,创造新的智能技术。按照这个标准,后工业社会第一个、也是最简单的特点是使大多数劳动力不再从事农业或制造业,而是从事服务业,如贸易、金融、运输、保健、娱乐、研究、教育和管理。未来社会的发展将把更多的人从各种束缚中解放出来,不去干那些束缚人的工作,而更多的是从事创造性的工作。工作对人来说不再是一种被迫,而是一种志愿,变工人农民为知识分子、技术人员、社会管理人员。几个人操作机器即可以完成以前成百上千人的工作,解放出来的人有了更多的休闲时间。休闲时间内人们有了更多的自由可以按照各自对自然界的理解、认识进行研究活动,从事有兴趣、能体现自己个性的活动。

关于后现代社会中休闲活动的情况,在《第四次浪潮》一书中,作者甘哈曼作过预测,认为第四次经济活动的主要内容,多多少少是以我们目前所说的休闲活动为中心的。如会唤起壮丽、矜持、华丽、敬畏或社会性、宗教性、自然以及与万物一体性感情的仪式性和艺术性的活动;创造禁忌、图腾制、戒律严格的宗教传统与习惯;特别为自己而进行的读书、著作、绘画、演出、作曲、工艺制作;观光、游戏、竞技、仪式性行事、展览会、公演；美食主义者到处品尝佳肴，贵族形式主义者的生活样式，享乐主义者以家庭为中心的价值观，包括访问、招待和聚会；狩猎、钓鱼、郊游、露营、泛舟；学习和利用趣味性技能；非经济性动机的园艺、管理、室内装潢、手工艺品使用等；会话、议论、讨论、政治活动和社会性活动；大部分的福利、社会保障机能；其他的度假，如改变情绪、扩大经验、冒险、兴奋、娱乐，等等。未来的人们真能整天过这样的日子？人们在20世纪80年代中期接触到这样的预测时着实产生出许多疑惑，并认为，它离我们还遥远。然而，就在20世纪最后的十年，社会正在发生的全球信息化进程，已不可逆转地正将人类提升到一个新的社会文明阶段。人们已经看到，休闲将成为一种更为重要的社会资源，伴随着人类社会的信息化进程，休闲经济将成为社会的主导经济。

休闲产业即使在工业社会也占据着日益增大的份额，并逐步发展为支柱产业，但在未来的社会信息化过程中，休闲经济在整个国民经济中的地位将发生根本性变化，即休闲经济产值在GNP中将占50％以上，并将提供最大规模的就业市场，从而进入"休闲经济时代"。休闲经济的发展，正是休闲文明时代来临的重要标志。对于未来经济的这种特征，国外学者作了预测和描述。

著名的未来学家格雷厄姆·莫里托在《全球经济将出现五大浪潮》一文中认为，到2015年人类将走过信息时代的高峰期而进入休闲时代，首先是在美国，休闲经济产值将占GNP的50％以上；休闲经济会给人们带来许多新的生活态度、观点和活动。人们将购买经验而不是物品。而提供娱乐和冒险的行业将有望繁荣兴旺。

美国最大的体育娱乐顾问机构创办人迈克尔·沃尔夫在《娱乐经济》一书中指出，人类即将进入娱乐经济时代。为此，他提出了"娱乐因素"概念，认为"娱乐因素"将成为产品与服务竞争的关键，消费者不管购买什么，都在其中寻求"娱乐"的成分。在这种"娱乐导向消费"的驱使下，会有越来越多的产品、服务提供娱乐功能和娱乐因素，只要能让人感受到轻松有趣，跟休闲娱乐甚至文化艺术有关的人、事、物，都是娱乐经济不可缺少的组成部分。当其他产业不断仿效娱乐业或大致采取相同的策略时，社会便进入了"娱乐经济时代"。

还有的美国学者在预测未来经济时，提出了"体验经济"概念，认为人类社会及"服务经济"之后将进入"体验经济时代"。"体验"一般被看成是服务的一部分，但实际上体验是一种经济商品，像服务、货物一样实实在在的产品。与过去不同的是，商品、服务对消费者来说都是外在的，但体验是内在的，存在于个人心中，是个人在形体、情绪、知识上参与的所得。每个人的体验不会完全一样，因为体验来自个人的心境与时间的互动。创造体验一直是娱乐的核心，但如今的娱乐体验已在影视、游乐园之外的产业中生根,新科技的发展,带起互动游戏、动态模拟、虚拟现实等新的体验,更进一步刺激电脑业的新发展。因此未来的企业要发展必须超越功能,在提供体验上竞争。

把娱乐、体验因素渗透到商业、服务中,其提高竞争力的事例不胜枚举。英国航空公司前总裁马歇尔认为,商品经济的正业只扮演了一种功能。如航空业就是尽可能以低廉价格、准时地将旅客从甲地送到乙地。现在这种单一的功能已不能适应需要,必须在提高体验上竞争。体验不仅是娱乐,还应让消费者有所感受、留下印象。娱乐、体验因素一旦深入产品,就拉近了与消费者的距离。比如在银行存折、信用卡上印卡通画、送休闲娱乐产品,能让消费者、尤其是年轻人对冷冰冰、硬邦邦、严肃有余的银行业务觉得熟悉、亲近、容易接受。

休闲经济发展中最大的刺激因素是网络技术的发展。《娱乐经济》一书的作者沃尔夫在接受记者专访时曾说:"任何公司只要上了网络,就办成了娱乐公司。"网络技术的发展,带起互动游戏、动态模拟、虚拟现实等全新体验,它将更加刺激休闲娱乐经济的发展。

可以说,在未来20年或更长的时间里,在全球将出现一个以满足人们休闲的、精神文化需求为主要内容的经济时代,这种经济的产值和吸引的就业人数将会占国民生产的主导地位。

[阅读材料综-1 环球嘉年华登陆上海]

环球嘉年华在2003年6月底和上海市民见面了,就像夏日的一股强旋风,环球嘉年华让因SARS而蛰伏已久的上海人拥有了一次拥抱欢乐、体验激情的机会。

6月27日开业第一天,清晨6时,就有市民赶到陆家嘴嘉年华现场排队购票,下午2时,人流已在东园路一侧排起了长龙。在万众瞩目下,环球嘉年华于下午3时准时开园。虽然遭遇暴雨,但是不少市民拥有了一次真正意义的狂欢之夜。当晚7时举行了盛大的开幕仪式。盛装开幕之际,众多上海市民在雨中尖叫、狂欢、肆意放纵,连空气中都充满了热情,浦东陆家嘴地区掀起了嘉年华风暴,汇聚成欢乐的海洋!

刺激、尖叫、时尚、欢笑……号称世界上最大、最刺激、最经典的机动游艺机登场了。以巡回性、多元性、自主性、互动性为特色的全球著名娱乐品牌环球嘉年华是与迪斯尼、环球影城齐名的世界三大游乐项目;在浦东新区政府的大力支持下,它成了第一个登陆中国的世界顶级游乐品牌。记者从组委会获悉,为期一个月的嘉年华在开幕之前已预售门票7万张,7月7日之前的团体票已售空。

入夜,东方明珠旁 4 万平方米的空地灯光璀璨,来自英国、瑞典、德国、意大利等国的 42 种外形超炫的大型游艺机和近 60 种新鲜有趣的竞技游戏一齐登场,给人们带来一次超凡感受的梦幻之旅,让人犹如进入童话仙境。时而能听到极速型游艺机上乘客惊呼狂叫的声音,时而又会传来获得宠物玩具的游客兴奋的欢叫,缥缈的雨丝经过灯光的渲染呈现出别样风情,而五彩缤纷的雨衣、雨伞更是构筑起一道亮丽的风景线。喜欢冒险和挑战的年轻人是不会错过这次证明自己胆量的好机会的!

环球嘉年华荟萃了当今大型游乐机的精华。

惊呼狂叫(G-Force),这是参加嘉年华所有游艺机中的最大卖点!它的设计灵感源自欧式风车,游客可以坐在类似风车叶片的巨大"手臂"一端作大直径回转。长臂能在 4.5 秒内从静止状态加速到每小时 96 公里!在 40 米的至高点还将作 360 度急速旋转。据说,在香港嘉年华活动中,这个连座位都会摆动的"恐怖"项目,是全场最惨烈叫声的源头。据主办方介绍,这种游艺机目前在全球仅有 4 台,是极速型游艺机中的老大。每分钟转 11 圈,持续旋转 2 分钟,让你边用眼欣赏浦江风景,边惊呼狂叫!要怎么发泄就怎么发泄,根本不用顾及什么面子不面子!

超级跳楼机(Mega Drop),几秒钟前,你还和其他 11 名游客一起在慢慢上升的座椅上,从高空欣赏浦江两岸的醉人美景;突然间身体猛地一沉,你就从 35 米的高空急速"跌"到地面,全过程仅用 2 到 3 秒钟。此时,你就能够体验到疯狂下坠的狂野感受了!

极速大风车(Top Buzz),乘上"风车",36 名乘客会被带到 20 米的空中,然后是高速地翻转、扭动、转向、摇摆、滚动,所有的惊险动作都在瞬间完成。极速大风车是全世界最昂贵的游艺机械,每台造价高达 150 万美元,这样的至尊游艺机全球仅有 3 部,如果不去试试,可能会遗憾终生!

除了堪称体验"死亡"的惊险项目之外,嘉年华里更有一些独具特色的游乐项目,这些绝对趣味奇幻的历程令人欲罢不能。你从这些千奇百怪的名字中就可以读出一二了。

老鼠也疯狂(Wild Mouse),这个"老鼠"可比现实生活中的老鼠调皮多了!32 人的座位,每一个都能 360 度大回环转动,最高点能达到 17 米,11.5 米/秒的最高速度,让你欲罢不能!

异兽奇程(The Beast),从异兽的巨型嘴巴出发,途中经过它的肺部、心脏、胃及大小肠,最后由尾部走出体外。异兽的体内一片漆黑,不过只有到了里面,你才能经历一段全新定制的大型野兽历险,由美国好莱坞专家设计的特别效果,灯光、音响、视觉、触觉全方位出击,让你感受诡异的气氛。这个看上去有些恐怖的大怪兽是去年11月22日才诞生的。在香港嘉年华上,它首次与游客见面,到目前为止,它还是世界上惟一的大怪兽游艺机。

安乐椅(Swing Ride),安乐椅就是平时所说的"空中秋千"。虽然许多人曾经玩过这种机动游戏,但是只要乘上安乐椅,你还是能够感受到它的新意——荡到高空时,能看到陆家嘴和外滩的景色。吹着晚风,看着美景,自己的心也随之飞翔,真是人生一大乐事啊!

旋转木马(Horse & Carriage Ride),是嘉年华新增的4台大型游艺设施之一,从欧洲运过来的这台双层旋转木马是最具有浪漫色彩的。"旋转木马"可谓游乐场的象征,而且还是不少情感电影中传达情侣爱意、父子情深的道具,为了让上海的有情人也能感受这来自木马的浪漫,主办方想方设法终于引进了这台最好的旋转木马。

幸福摩天轮(Europa Wheel),幸福摩天轮是嘉年华的标志性游乐项目之一。它高达31米,重110吨,是全世界最重的游艺器械,也是外滩附近第一座摩天轮。有关人士估计,这肯定是情侣们的最爱了,虽然看到的景观都是身边最熟悉的,但能在星光闪烁的夜空中相依相偎,相信无论看到什么都会觉得浪漫。

如果来嘉年华玩,没有尖叫,那一定是种遗憾,因为其最大卖点无疑是汇集世界上最大型、最刺激和最经典的机动游艺机。有一位游客竟连续乘坐了7个极速型游艺机,都"安然无恙",实在令人啧啧称奇,当他从"老鼠也疯狂"上下来的时候,记者问他有什么感觉,他说:"刺激,我来这就想体验一下人到极限是什么感觉。"有个长发女孩坐上极速大风车之后,一刻不停地说到被带上云霄,然后就只会尖叫到喉咙沙哑。等到公转、自转都统统结束后,她腿脚发软地回到地面,表情显得昏眩,自己也说不清是痛苦,还是幸福。

把疾速当作幸福的主动投入者,或者把疾速当作痛苦的被动旁观者。他们惟一的共同点,就是事先都会观察每种机器的特性。相比之下,惊呼狂叫、跳楼机、极速大风车等一些以速度快、旋转角度多且幅度大的机器最能吸引观众。有趣的是那些旁观者,他们看看也怕,尖叫的分贝比玩的人还高。眼见着跳楼机在2秒钟内跌落35米,看的人频频拍心口。从大风车下来的人,很多都发现自己的双手不由自主地颤抖,竟连一个硬币也拿不稳……即便如此,还是有些人在飞转的时候哈哈大笑,仿佛享受了飞的感觉。

据开业几日来游客的统计,59%的游客选了刺激性游戏,27%的选择赢奖品的游戏项目。只有8%的选择家庭游艺机,5%的选择儿童游艺机。玩刺激游戏的66%是美眉;"我就要玩这个!"嘉年华现场经常可以听见美眉这样向男友撒娇,"平时晚上出去都是喝咖啡、跳舞,大多数时间是为了配合他的商务活动,做决定的基本都是他。今天上嘉年华,是我们两个人的时间,当然是我做主!""我想让他知道,除了表面的温柔外,我还有狂野的一面,在遇到紧急情况时,我能帮助他渡过难关。"一位美眉这样说。而男生们也乐于在这个时候给女生一个展示的机会。

据悉,超过60%的游客一人花了150元左右,而44%的游客来之前计划要花100到200元。也就是说,平均每位游客打算用于买刺激的钱是70元左右,还有70元用于博奖品和买浪漫。

"嘉年华"音译自"CARNIVAL",堪称世界上最古老的狂欢活动,它起源于欧洲民间,最早可追溯到1294年的威尼斯。"环球嘉年华"从历史中寻求灵感,逐步形成包括大型游乐设施在内,辅以各种文化艺术活动的娱乐品牌。迄今,"环球嘉年华"已游历了巴黎、伦敦、吉隆坡、迪拜、香港等名城。去年底、今年初,在香港举办的香港冬季环球嘉年华,两个月就吸引了187万游客,总收入达1.2亿港元。这次上海嘉年华总投入为7000万元,也就是说,如果达到香港站的收入数字,利润将达到5000万元。而本次嘉年华上海之旅,预计将大大超过这个数字。

6月27日嘉年华开幕前,浦东银城东路尽头的一扇铁门外,挤满了等着面试的大学生。这里是2003上海浦东环球嘉年华的临时指挥部。"这儿打工每月能挣1500元左右,"排在队尾的同学说。门卫表示,活动期间能提供约500个岗位。粗粗算来,单这笔"打工费"就将近百万元。但这比起7000万元的大投入,这部分开支确实太少了。

嘉年华到来还带动了与其相关的行业。从独家负责嘉年华金融支持的农行上海市分行获悉,从嘉年华开幕后的11天里,该行每天配备8名工作人员提供现场收款服务,每天从傍晚6:00一直工作到次日凌晨3:00,平均每人每天要处理40万元。该行已清点11天的营业款3600余万元,日均结算量接近330万元,这一数字几乎两倍于嘉年华在香港时的记录。不仅仅是结算一项,匹配嘉年华的一揽子金融服务,也像摩天轮一样全都转了起来。嘉年华营业场所安装了5台POS机设备,方便前来游玩的市民随时刷卡;8台点钞机也不断替钞票验明正身;开园第一周,共有近2万元假币被截。浦东环球嘉年华开门11天已接待游客超过31万人次,平均每天进场3万人,其中周六更创下了单日4.3万人进场的最高记录。沪上中高星级酒店,客房出租率有一个规律:周一到周五走高,周末走低。然而上个周末,浦东地区的酒店客房出现了异常的上涨。毗邻嘉年华的香格里拉酒店周末客房同比上升了5个百分点,而国内客人入住的比例则

上浮了10个百分点,世纪公园附近的经济型连锁酒店如家快捷酒店更是出现"一房难求"的火爆。分析表明:慕名而来的外地游客是嘉年华旺盛人气的重要组成部分。嘉年华虽然只有短短一个月时间,但其中似乎蕴含着耐人寻味的巨大潜能。

——笔者根据媒体新闻报道整理

二、休闲文化与休闲生活

改革开放,中国社会从20世纪80年代中期以后,随着社会物质财富的迅速积聚及社会占有关系的广泛变更而呈现出某种后现代意味。充满魔力的市场经济在90年代中国文化进程中,极其夸张地煽动着商业色彩的物质至上与感性享乐。商品化的逻辑逐步对文化产品蚕食、渗透和控制,以供求关系决定价格、等价交换、效益至上、讲究收益的功利和实用态度规范了文化产品市场。物质至上以对生活内容的感性占有为支配和依据,感性享乐则以物质享受和消费为当下生活的主要形式,两者在根本上都指向了人对物的感性自觉。而"休闲"作为90年代中国审美文化的特定现象,恰恰从物质至上与感性享乐思潮中滋生出来。一方面,"休闲"既需要社会物质的丰富为前提,又需感性享乐至上的动机。休闲服、休闲鞋、休闲椅、休闲一刻、都市闲情、休闲时光、旅游休闲、休闲专栏……充斥人们的生活。从身上穿的,到居家用的;从耳朵听的,到眼睛看的;从个人独自享用,到对他人(如影视明星、社会名流)行止的窥视、模仿。"休闲"一词家喻户晓老少皆知,成了这个时代最时髦的大众话语。诸如戏说、搞笑的电视剧、流行歌曲、摇滚、MTV、时装、室内装饰、汽车、户外运动、球赛、电子游戏、旅游……"休闲"的泛滥流行变得肆无忌惮,成了浮现在当代中国文化表层最为光彩耀目的审美化景观和普遍追求,成了大众对日常生活进行自我价值判断的一种浪漫修饰和华彩乐段。

何为休闲？中文中它与"消闲"、"闲暇"相近,英语为 Leisure。美国《里特莱辞典》对这一词的释义是:"离开正规业务,在自由的时间里进行的娱乐和活动,"它也意味着"安逸"（Freedom From Occupation）、"闲暇不做事"（Free Unoccupied）。这基本上与《辞海》中对"闲暇"一词的释义"空闲,暇时;悠闲自得貌"的含义相同。休闲在西方通常可由三种向度加以定义：(1) 时间定义,"闲暇"（Free Time）指与工作时间相对的可自由支配时间；(2) 心理状态定义,指以放松、愉悦、发展等为目的的心理状态；(3) 活动定义,"休闲活动"已经成为广为接受的概念界定。但从本质上看,Leisure 一词源于古希腊文 Schole,意指"完全不是因外来压力所迫,但乐于全身心从事之严谨活动",而且英文 School 也源于 Schole,可见西方文化中学校教育的基础便是休闲,并体现出最高层次的休闲意义。我国学者根据西方休闲问题研究者的观点,结合我国实际情况,对休闲、休闲学下了各种各样的定义,总的来看,对于"休闲"概念的内涵与外延的把握基本上与西方是统一的：一是认为体现"休闲"的直接存在物是"时间",而且这样的时间是人们求得必要生存需要之外的时间；二是具体的休闲呈现物是一种表现人类生活方式的动态的状态或过程；三是认为休闲的存在价值主要体现在人们"体悟人生与顿略自我、自我发展与自我完善、实现自由"三点之中。由此,我们可初步认定,休闲学是以人的休闲行为、休闲方式、休闲需求、休闲观念、休闲心理、休闲动机等为研究对象,探索休闲与人的生命意义和价值,以及休闲与社会进步、人类文明的相互关系的一门学科。

休闲,西方人也称之为享乐,这与我国的"娱乐"概念相近。休闲是指在工作之余的娱乐和消遣活动,它通过时间和精力的消耗来调节身心。人类的身体和心脑都必须达到生理的平衡。体力劳动者常通过消耗时间来恢复体力；脑力劳动者常通过消耗过剩的体力来恢复大脑。前者倾向于在空闲时间里从事轻松的休闲活动；后者倾向于在闲暇时间里进行消耗性的体育活动,休闲要么消耗掉的是精力,要么消耗掉的是时间,均是在工作之外的节假日等休息时间来进行的。有人把休闲称为"闲暇",指出,从纵向来看是空闲时间,从横向来看是摆脱了工作责任离开了劳动场所,休闲的生活方式就是利用闲暇时间和闲暇空间的方式。

休闲首先是人类在繁重的工作余暇自我调适的一种生活方式、是在闲暇时悠然自得的休息活动和娱乐生活。人类为了生存,必须征服自然、发展社会,即必须从事劳动和生产;然而人类为了生存,同样必须休闲,通过休闲活动来修复体力和心智,以达到进一步工作的目的。工作—休闲—工作—休闲……是否定之否定的关系,正因为这种连续不断的否定,人类社会才得以螺旋式上升和发展。或许人类生活的最终目的并非工作,而是为了休闲和娱乐。当自动化和智能化时代来到后,人类将会从各种繁重的工作中解放出来,那时的人们,休闲和娱乐将会成为其生活的主体。

休闲活动依其不同的功用分为四种类型。

一是张弛型。它是最常见的休闲类型,也是最主要的休闲类型。即在休闲时间里把工作放在一边,从事轻松愉快的活动,以恢复身心。在全面追逐轻松惬意、自由享受的休闲潮流中,人们以日常生活中当下满足的感性的精神性消费为目的。休闲以其特有的万般舒展,在那份随意、潇洒、安逸的生活享受中,处处超越人们传统的熟识的形式表层,指向青春的、阳光的和时尚消费的赖以凝聚自身意义的大众审美文化的层面。

二是陶冶型。陶冶型是张弛型的延伸形式。即利用闲暇时间发展个人爱好,陶冶性情,诺贝尔业余时间作诗写小说,托尔斯泰创作长篇小说《安娜·卡列尼娜》时,每天抽出三个小时弹钢琴,爱因斯坦科研之余拉一会儿小提琴,均属此类。这些闲暇活动既松弛了身心,恢复了体力和精力,又陶冶了性情,激发了工作热情。旅游活动以其既能松弛身心,又能陶冶性情的特点,成为人们休闲时间里的常选活动。

三是反馈型。即在工作之余的休闲时间里发展与工作有关的业余爱好,使这些业余爱好与工作联系起来,促进工作。如侦探在业余时间观看破案电影,就是反馈型的表现。

四是潜能型。即那在休闲时间里继续工作以挖掘专业潜能。这种人必须身体状况极好,并具有将工作与生命合一的信念和气质,以工作为乐。历史学家张舜徽先生的休闲生活就是潜能型的。他常在凌晨四点钟起床,进行写作,一直到晚上九点钟睡觉,中间工作不断,以工作为乐。别人以为其苦,他却乐在其中。所以他的潜能得到充分的发挥,一生撰述了 800 多万字的著作,出书 40 余种。

休闲既是一种生活方式,更是人类文化。休闲文化是指与休闲相关的一切人类活动及其表现。它包括休闲的方式与内容、休闲的民族特色、休闲的作用和功能、休闲的历史走向等等。其核心是休闲这一社会现象所蕴含的文化意义。文化是"人化自然"的结果,休闲是人类在"人化自然"过程中的消遣休息活动,即人在改造自然过程中,为了更好地改造自然,必须使生物的人体得到休息,故产生了休闲活动。休闲本身也是人类征服自然的成果,故它本身就是一种文化。休闲文化正是人类在对自然和自身的"人文化成"过程中产生和形成的特殊的文化现象,它通过艰苦的劳动换取人类的休闲和文化娱乐活动。如果说人类在征服自然过程中主要发展了物质文明的话,那么人类在休闲时光里主要发展了精神文明。工作中紧张的劳作和全神贯注使人类发展了解决问题的科学方法并由此产生了物质成果;休闲中的精神自由则导致了文化娱乐活动的繁荣。随着人对自然征服的节节胜利,休闲活动也越来越具有规模和品位,也日益成为一种完善的文化形态。

休闲文化是人生享受的文化,是人对于自己所创造出来的物质文明和精神文明成果的享受和品尝。在休闲活动中,在享受自己创造的成果时,人才感到自己工作的价值,才感到人生的意义,人才是一个完整的人,一个完善的人。除了患有"工作狂"的人,谁也不会否认休闲的意义,不会否认享受的幸福。17世纪荷兰哲学家斯宾诺莎指出,正是对享乐的追求,才促进了人类的进化,个人或人类之所以能够日复一日地生活下去,便是因为可以追求愉快或避免不愉快。19世纪德国哲学家叔本华在其《幸福论》中把享乐分为三种形态,第一是,对生存的享受,即培养再生的享乐,如饮食、消化、休息、睡眠等生理需要;第二是,为寻求体能刺激的享受,如散步、远足、跳跃、角力、舞蹈、击剑、骑马、狩猎、运动竞技等;第三是,认识过程中的享乐,或者叫做有关精神感受性的享乐,如思考、鉴赏、作诗、绘画、奏乐、读书、静观等。在自然环境恶劣、生活负担沉重的古代社会,人们才会否认休闲和享受的意义。因为那时人们不能停下其前进的脚步,否则很可能被自然和生活重负所吞没所压垮。中国古代自孔子对"饱食终日,无所用心"的鄙视后,便有"玩物丧志"、"小人闲居为不善"等观点,就是在农耕社会环境中所产生的排斥娱乐和休闲的观念。那时休闲的文化意义自然不能为人们所充分认识。

随着工业社会的到来,休闲文化成为人类文化的重要组成部分。著名经济学家于光远曾公开提出过对休闲文化进行研究的主张。1993年他在广州给一个从事旅游业的企业题字,意思是,玩是人生的根本需要之一,但要玩得有文化;要玩得有文化就要研究玩的学问,要掌握玩的技术;要发展玩的艺术。可以说这是对研究休闲文化各个方面所作的勾画。休闲文化是最能体现一个民族或个人本性的文化形态。在工作中,人常变得严肃拘谨,而在休闲生活中,民族或个人的本性则会暴露无遗。林语堂认为,如果不知人们日常的娱乐方法,便不能认识一个民族。就好像对一个人,我们如不知道他怎样消遣就不算熟悉他。当一个人处于意兴而无拘无束的时候,他的个性才能显露出来。中国人在玩耍寻乐的时候,比干正经事情的时候远为可爱。西方人在玩的时候,更像个孩子,天真活泼,全身心投入。总之休闲文化中蕴含着的民族性格使其呈现出有别于其他民族的不同特征。

人要生存就必须工作和劳动,当劳动还没有成为人的第一需要时,当工作和劳动还没有成为人的自觉自愿的自由活动时,在劳动和工作中,人还要受到来自自然和社会及自我等方面的限制不自由时,休闲被压抑而蛰伏。当休闲被人们提出,并成为生活的必需,认识到其成为一种权利时,人类不但获得了对自然和社会的掌握和胜利,更重要的是它表明,人已对自身的掌握和胜利。与劳动不同,休闲给人更多的是自由。在休闲时间内,人的个性可以得到尽情地发挥,人的活动可以惟兴趣是从,充分享受人生。作为人的本质,自由是一个历史的过程,由必然到自由就是由野蛮到文明,由"自然向人生成"的过程。全世界劳动者从古代的整日为生存奔波到实行每周48小时工作制,再到每周40小时五天工作制,以至更少,人一步步走向自我,走向自由。

就人对自然、社会的态度而言,科学求真是手段,道德求善、艺术求美是目的。西方存在主义哲学家尼采在觉察到西方社会发展的惟科学误区之后,曾指出只有作为审美现象,生存于世界才是有充分理由的。艺术是生命的最高使命和生命本来的形而上活动。而浪漫哲学家海德格尔则高扬荷尔德林的名句:人诗意般地栖居于这个世界。马克思所设想的共产主义理想社会则集中地体现人类生存的根本性目的:在共产主义社会里,任何人都没有特定的活动范围,每一个人都可以在任何部门发展,社会调解整个生产,因而使人们有可能随自己的心愿今天干这事,明天干那事,上午打猎,下午捕鱼,傍晚从事畜牧,晚饭后从事批判,但并不因此就使人们成为一个渔夫、牧人或者批判者。在那时,每个人的自由发展是一切人的自由发展的条件,人会成为与自己的社会结合的主人,也即为自然界的主人,成为自己本身的主人——自由的人。

目前,休闲作为大众文化形式,以一种独特的方式影响着大众,支配着大众的生活方式。这种方式就是倡导时尚(Fashion)。换句话说,作为大众文化的休闲,主要体现为代表一种普遍的社会文化心理现象的时尚文化。其发展过程中具有两个特点:即活动中心必须纳入"独特"和"生动",两者缺一不可,相辅相成。所谓独特意指休闲组织尽量提供独特的娱乐和趣味节目,使其纳入大众化的休闲活动中,并让参加者获得心灵上的改变,同时留下一种精神恢复的感觉。而所谓生动则是提供改变人们的机会,包括新的价值观和新态度,使休闲活动达到预期的社会目标。休闲内容有身体的、感情的维系和道德观念的灌输以及文化的发展。

三、走向后现代的文化消费

最早赋予劳动者空闲时间以美学意义的是马克思。他认为要克服社会分工造成的人的片面发展和人的异化,重要条件之一是充分发展生产力,缩短劳动时间,增加劳动者的闲暇。马克思以后,有许多哲学家、科学家论述过闲暇时间的重要性,如爱因斯坦就说过,人的差异在于业余时间,在同样的业余时间内,有的人积极向上,"读万卷书,行万里路",从而成为很有修养的人,而有的人消极懒散,仅热衷于低层次的吃喝玩乐,从而一事无成。这种例子是很多的,特别是从20世纪60年代初开始,美国、西欧等工业发达国家迅速实行了每星期休假两天和每年一度的长期连续休假制度(如美国年满18岁的公民可享受持续一周以上的假期),日本在20世纪70年代初也实行了这一制度。这样,人们的闲暇时间大大增加。如何合理、科学地使用这段时间也就成为社会关注的热点问题。于是闲暇社会学、闲暇时间学等研究闲暇的新学科就相应产生了。

毋庸赘言,这种"闲暇"观念和社会普遍文化水准的提高,与受教育青年人的增多,以及家庭电气化、妇女从繁重家务劳动中解放出来,得以参加各种活动有着密切联系。同时,它也受到了与现代生活方式休戚相关的幸福观念的影响。当代美国社会学家兰德指出,所谓幸福,就是对自身价值观念的一种追求,是一种自我意识。一个人的幸福,也就是他的最高意愿。西方学者认为,今日社会中,除了少数人能很幸运地说,他们自身的最高意愿是和自己所重视的工作完全一致的(这些人便是完全献身于事业的人),而大部分人的工作也好,劳动也好,只是一种谋生或赚钱的手段。他们对自身价值的追求,他们的最高意愿,就必定会通过其他方式,在闲暇活动中表现出来,因而不同志向、不同理想的人所度过的闲暇方式有很大的不同。另外,随着生产力的不断发展,现代社会普遍存在着一种积极追求生活乐趣和享受的价值观。认为单调紧张的工作之余,就应该是轻松、自如、富有趣味,能够自由发挥的生活。一般认为,这种价值观表现了人们,特别是青年人热爱生活、向往未来的良好信念。所有这些观念,与美的欣赏和创造均有着不同程度的联系。

人们的审美活动,必须有一个自由的非功利的环境,根据美学的经典理论,如果带着物质功利的眼光,譬如木匠看到一棵大树只注意到它能出多少木材,打多少家具——那就不可能获得美感享受。在闲暇时间中,人们暂时脱离了一般工作和学习生活的羁绊,脱离了为谋生或养家活口的压力,这就给发挥自己的审美能力,表现自己的审美本质创造了条件。法国雕塑大师罗丹说:"美是无处不有的,对于我们的眼睛,不是缺少美,而是缺少发现。"而闲暇生活那种无忧无虑、自由自在的心境,正是发现美的最好时机。

因而,从审美文化角度看闲暇,便是不带任何物质功利目的,能自由表现人的审美本质,能自由发挥创造力的社会公众的文化活动。

现代旅游能比较完善地体现闲暇活动的审美特点,这也是旅游审美成为闲暇中最能表现人的审美本质的主要活动的真正原因。它与其他闲暇活动的差别主要有四点。

一是旅游需要走出家门,完全脱离日常为营生的工作、学习环境。这有利于人们摆脱一般事务的羁绊,而以审美的眼光来看待周围的一切。

二是旅游活动的目的地、交通方式、活动内容和形式完全可以根据旅游者自己的兴趣爱好、行为能力而决定;而旅游观光活动的较大的随意性,能充分表现人作为审美主体的自由性。

三是旅游多少表现了人们对新奇事物的好奇与追求。求新是人类认知活动的一大特点,它对于审美观念的培养,对于人们审美评价能力和创造能力的提高,具有一定的积极意义。

四是旅游综合了观光欣赏、文化娱乐、休息消遣、自我启发、随心所欲、文化熏陶的审美创造等多种活动内容。这对于人们文化修养、欣赏趣味的表露与物化,提供了多渠道、多层次的可依附的客体,因而作为理想的闲暇活动是最为人们所向往。

实际生活中,旅游已成为人们最主要的闲暇活动,乃是不争的事实。

日本国民生活中心曾经对人们所喜欢的闲暇活动进行过一次很有意思的调查,结果如下:海外旅游占 25.7%;逗留一夜以上的国内旅行占 24.6%;体育活动 8.8%;当天往返的徒步旅行占 5.7%;学习品茶、插花、烹调的 8.2%;为获得资格和技术的学习 8.7%;其他 19.3%。仅仅纯粹的旅游活动就高达 60% 左右;要是考虑体育活动(如海滨游泳)和烹调、插花等活动中的旅游因素,则比例就更高了。可见在日本国民的心目中,旅游是所有闲暇活动中最重要的一部分。

我国的情况也一样。改革开放以来,由于我国经济的持续发展,社会大众的收入也有了大幅度的增长,富裕起来的人们已不再满足吃好与穿好,更希望到外面去走一走。因而在短短的数年中,出外旅游的人数猛增,旅游成了人们最主要的闲暇文化活动。据国家旅游总局公布:1995 年我国国内旅游总数为 6 亿人次,1996 年增加到近 7 亿人次。2001 年我国国内旅游人数达 7.84 亿人次,国内旅游收入 3 522 亿元人民币。这就是说全国每两个人中就有一个参加了旅游活动,特别是在沿海一些经济高增长地区,几乎人人每年都要出去旅游一次。与此相关,据国家统计局统计,2001 年中国入境旅游人数达 8 900 多万人次,继续居世界第五位；国际旅游外汇收入达 177.92 亿美元,首次跃居世界第五位。据世界旅游组织预测,到 2020 年中国将成为世界上第一大旅游接待国和第四大旅游客源输出国。这给我国的旅游产业带来了巨大的发展空间。

除了旅游人数的增多之外,旅游质量也大大提高了。以前上海人出游,主要还是集中在几条常规线路,如苏州、杭州、南京、镇江、扬州、黄山、千岛湖等地;而今,到云南、贵州、四川成了热线,西双版纳、瑞丽、大理丽江以及迷人的童话王国九寨沟、海螺沟等景点,留下了千千万万上海人的足迹。近年来,在上海旅游的人流中,出境游览也异军突起,发展极为迅猛。原先由于经济和其他原因,一般百姓很少出境旅游,而现在中国的劳动大众则可利用闲暇时间,通过旅行社组团出去一览异国他乡的风光。如今,国内各大城市青年人结婚花万把块钱到泰、新、马三国兜一圈,已是十分平常的事。特别是每年春节,人们利用集中假期出国游览已成为一道新的风景线。据报道,上海 1997 年春节出境旅游人数要比 1996 年春节翻一番,上海最早开办境外游的国旅、中旅、青旅、金桥、海外华亨 5 家旅行社近年来,往往年初就开始忙碌起来,派业务人员与航空公司联系。境外游不愁没游客,只愁缺乏机票。几家做境外游业务的老牌旅行社,都从元旦起游客就天天盈门,春节的游团已饱和,出游人数比去年又有增长,港、澳、新、马、泰等地的热点,最受欢迎的还是香港,不少人想去体验一下回归后的气氛,使香港的宾馆床位价格水涨船高。近年出境游成员构成也由往年的公费游、大款游让位于自费和普通老百姓游。许多报名出境的游客说:现在电视中常常介绍国外的风景和城市,到底与国内的不一样,利用假期,出去走走,虽说要花不少钱,也是值得的。这种自发的旅游审美活动是现代人注重生活质量注重文化品位的一大反映。未来社会的闲暇时间将会比现在多得多,法国经济学家弗拉司蒂埃曾写过一本题为《四万小时》的书,预示未来社会中人们一生的劳动时间,每周可定为 30 小时,全年劳动可缩短到 40 周,按照一个人工作 35 年计算,人一生的劳动时间大约为 4 万个小时。而仅仅计算这 35 年的闲暇时间,就有 16.44 万小时,是劳动时间的 4 倍多,要是按照人的平均寿命 75 年计算,则一生的闲暇时间就更可观了。可以预料,随着经济的发展、生活的改善,旅游有着极为广阔的前景;作为人们综合的、自由的文化观赏、民俗参与和审美的活动,必将成为全球性的、发展迅猛的大众文化洪流。

休闲与旅游的关系,既相互区别,又紧密相关。旅游是休闲的或兼具劳作的人们暂时离开久居地的娱乐活动。旅游中的兼或附带的劳作成分与休闲相对立,休闲自然不必离开原有生活空间,因此,旅游与休闲活动尚不是完全等同之物。具体分析旅游与休闲两者的关系,一方面,休闲与旅游是有区别的。首先,休闲的涵盖比旅游大,休闲的对象超过了娱乐性旅游的对象,休闲包括旅游和非旅游性的所有工作之余的娱乐活动,如打扑克、跳舞、看电视等等。而娱乐性的旅游仅是休闲活动中的一个组成部分,是休闲文化中的一种。休闲既可以旅游的形式完成,也可在家中进行,其次,旅游并非纯粹的娱乐活动,无论古今,就转换生活空间的大旅游概念未完全与工作相区别开来,亦不能与娱乐等量齐观,如商务旅游、公务旅游、学术旅游、科学考察、宗教旅游等,均非完全意义上的娱乐,亦非是完全意义上的休闲,自然它也非单纯的商务、公务或学术科考等。休闲是排斥工作的,而旅游有时则与工作相结合。再次,休闲活动不一定带来经济消费,包括散步、看书等在内的自娱自乐休闲方式,并不一定有消费活动。而当代的旅游活动则必然是一项经济消费的活动,事实上旅游已经促进经济的巨大发展,在旅游活动背后已形成了强大的旅游业,并已成为很多地区经济发展的支柱产业。在我国,娱乐尚可形成为一个行业,但如果说休闲也是行业,那就是用词不当了。另一方面,休闲与旅游又是相联系的,休闲为旅游提供了时间条件和娱乐对象;旅游的发展又推动了休闲的繁荣。如果说,古代士子们的旅游仅仅是游山玩水的话,那么,现在的旅游则丰富多彩,旅游者除了有目的地游山玩水外,还在目的地享受各种游乐园、户外体育项目和参与异质文化事象等休闲娱乐。顺应旅游的这种发展趋势,各地都开展了五花八门的休闲娱乐项目,双休制的实行,使以前只能在本地从事的休闲活动,变成可在异地进行的休闲旅游生活,从而增加了奇情异调,满足了人的好奇心和探索欲。

  现代旅游是一种特殊的休闲活动。通过旅游,能使人紧张疲劳的身心得到缓解和调适。旅游活动现在正日益将原来的休闲内容纳入自己的对象之中。旅游不再是单纯的游山玩水活动,它已成为一种综合性的休闲娱乐活动。其中纳入旅游活动中的几项重要的休闲活动有漫步观览、垂钓、狩猎、体育、文艺活动和夜生活等等。

  漫步观览是一项最简单易行而又有益于人体健康的休闲活动。不少风景名胜地都建立了疗养院,不少地方都修建了度假村。前往疗养院和度假村的旅游者,将他们在原有环境中散步的休闲活动带到了旅游目的地。这种异地散步则成为观赏风光的旅游活动之一。这种异地散步观览的休闲活动,既能陶冶人的情操,又能使人欣赏大自然的美丽风光,忘却一切不必要的烦恼,还能启迪人们的智慧,提高文化素养,诱发出思想火花。爱因斯坦的奇妙思维往往产生于漫步河畔花丛中和聆听优美的音乐旋律之后。绿草如茵的道路除了给大文学家契诃夫以新的思想,还是他治疗疾病的良药。据说贝多芬热情奏鸣曲的后半部分就是在漫步于维也纳郊区森林中构思完成的。

垂钓原来只在住地附近进行，现在则有异地垂钓的发展趋势。有条件的人家驱车数百里前往目的地垂钓下饵，使钓鱼这一简单的休闲活动带有了旅游性质。近来不少以水体见长的风景地还举办垂钓比赛，以此招揽钓鱼爱好者，以达到促进旅游发展的目的。人们通过前往一个僻静的风景名胜地下钩垂钓，来品尝静谧安详的生活滋味。垂钓是一项十分有趣、有益于身心健康的室外活动。它可以怡身养性，陶冶情操，急性子是不能钓鱼的。钓鱼活动的运动量不大，动静结合，动中有静，静中有动，以静为主。静态休闲文化是中华文化的基本特征之一，垂钓之乐便是中国静态休闲文化的一种表现。中国庞大的钓鱼大军，显示出与西方动态休闲文化的不同特征。

以山体、草原见长的风景区，则将森林草场辟为狩猎场，以吸引狩猎爱好者。狩猎活动日益成为旅游的特色项目之一，在人民少而禽兽众的时代，狩猎仅是一种谋生手段，人们狩猎用不着远离居住地去追寻野兽的踪迹，而工业化使大批原始森林化为乌有，人口的飞速增长使野兽的活动空间日益退缩和狭小，狩猎活动可以成为一项旅游项目，让人们获得无穷的乐趣。只是当今自然狩猎场所已相当稀少，国家对野生鸟类和兽类都加以保护。狩猎活动一般在以下两类地方开展。一是国家业已划定的狩猎场，如黑龙江连环湖国际水禽狩猎场；一是人工放养的狩猎场所，这样的场所现逐渐多了起来。由此，也使狩猎旅游成为可行的一项休闲活动。

体育项目正日益成为新兴的旅游活动，如果说以前可供休闲的体育活动主要是下棋的话，那么现在越来越多的人在双休日前往异地从事体育活动和观赏体育比赛，使体育活动更多地具有了旅游色彩。把体育活动纳入旅游范围主要是崇尚阳刚的西方人的休闲习惯。西方人每次外出旅游，喜欢在目的地从事登山、滑雪、蹦极、跳伞、滑翔、乘热气球、高空走索、表演飞车特技、潜水、冲浪、滑水、漂流、赛马、拳击、汽车拉力赛、摩托车越野赛、高尔夫球、网球、观赏足球、篮球、排球、手球、橄榄球、曲棍球、冰球、水球和水上芭蕾、空中造型等体育项目。世界杯足球赛、奥运会更是全世界体育爱好者争相前往旅游和观赏的旅游活动季节。

文艺活动和夜生活也被纳入旅游者视野。歌舞与交际是西方文明的特色。西方旅游者每至一地，晚上都需要有相应的"夜生活"，男男女女，舞影幢幢，在轻歌曼舞中交流着友情或爱情。新近兴起的现代都市中的娱乐城、歌舞厅为中外旅游者提供了夜间消遣的好场所。对中国的旅游者来说，文艺活动和夜生活是近来才成为旅游项目的。前往异地旅游观光的游客，在夜幕降临之际，不是早早入睡，而是步入歌舞厅，唱一曲卡拉OK，跳上一段华尔兹，以此轻松神经，尽管旅游者白天游山玩水比较累,但晚上听音乐观舞蹈可以消除他们的疲劳,恢复其精力。尼采1811年11月旅居意大利时生病求医无效,附近歌剧院演出法国作曲家比才的歌剧《卡门》,尼采抱病去听,结果情绪高昂,精神倍增,疾病随之消失。至于五彩缤纷的"文化节",则更是吸引了大量的游客前往旅游观赏。参加异地的歌友会、明星演唱会等也是新近兴起的一项旅游娱乐活动。

  旅游内容正日益丰富,尽可能地将原先基本在久居地的休闲活动纳入其范围,旅游文化与休闲文化正日益渗透和交融。旅游是休闲文明时代里的生活方式,以旅游作为拓展和转换生活空间主要的方式,将是后现代社会人类主要的消费与生存方式。

主要参考文献

1. 〔美〕罗伯特·麦金托什,《旅游学——要素实践基本原理》,上海文化出版社 1985 年版。
2. 章海荣,《旅游审美原理》,上海大学出版社 2002 年版。
3. 威斯布,《希腊的神话和传说》,楚图南译,人民文学出版社 1978 年版。
4. 〔英〕伯特兰·罗素,《西方哲学史(上)》,马元德译,商务印书馆 1976 年版。
5. 严群,《分析的批评的希腊哲学史——前苏格拉底部分》,商务印书馆 1981 年版。
6. 谢贵安,《旅游文化学》,高等教育出版社 1999 年版。
7. 马波,《现代旅游文化学》,青岛出版社 1998 年版。
8. 沈祖祥,《旅游文化概论》,福建人民出版社 1999 年版。
9. 申葆嘉,《旅游学原理》,学林出版社 1999 年版。
10. 司马云杰,《文化社会学》,山东人民出版社 1987 年版。
11. 潘定智,《民族文化学》,贵州民族出版社 1994 年版。
12. 冯天瑜,《中国古文化的奥秘》,湖北人民出版社 1986 年版。
13. 陈金川,《地缘中国》,档案出版社 1998 年版。
14. 易中天,《读城记》,上海文艺出版社 2000 年版。
15. 沙莲香,《社会心理学》,中国人民大学出版社 1987 年版。
16. 陈慧琳,《人文地理学》,科学出版社 2001 年版。
17. 赫维人,《新人文地理学》,中国社会科学出版社 2002 年版。
18. 章海荣,《贵州民族村寨旅游指南》,贵州人民出版社 2000 年版。
19. 王瑞成,《在乡村和城市之间》,四川大学出版社 2001 年版。
20. 博崇兰,《中国运河城市发展史》,四川人民出版社 1987 年版。
21. 阮仪三,《江南六镇》,河北教育出版社 2002 年版。
22. 加斯东·迪歇·絮箫,《欧洲的城堡》,郝海雁译,浙江教育出版社 1999 年版。
23. 董鉴泓,《中国城市建设史》,中国建筑工业出版社 1989 年版。

24. 沈玉麟,《外国城市建设史》,中国建筑工业出版社 1989 年版。

25. 张鸿雁,《城市形象与城市文化资本论——中外城市形象比较的社会学研究》,南京大学出版社 2002 年版。

26. 徐康宁,《文明与繁荣——中外城市经济发展环境比较研究》,东南大学出版社 2003 年版。

27. 钱智,《城市形象设计》,安徽教育出版社 2002 年版。

28. 姜波,《四合院》,山东教育出版社 1999 年版。

29. 罗汉田,《庇荫——中国少数民族住居文化》,北京出版社 2000 年版。

30. 关世杰,《跨文化交流学》,北京大学出版社 1995 年版。

31. 贾玉新,《跨文化交际学》,上海外语教育出版社 1998 年版。

32. 〔美〕托马斯·哈定,《文化与进化》,浙江人民出版社 1987 年版。

33. 〔法〕罗贝尔·朗卡尔,《旅游和旅行社会学》,陈立春译,商务印书馆 1997 年版。

34. 〔美〕拉里·A·萨默瓦,《文化模式与传播方式——跨文化交流文集》,麻争旗译,北京广播学院出版社 2003 年版。

35. 〔美〕瓦伦·L·史密斯主编,《东道主与游客——旅游人类学研究》,张晓萍译,云南大学出版社 2002 年版。

36. 〔美〕威廉·瑟厄波德主编,《全球旅游新论》,中国旅游出版社 2001 年版。

37. 杨慧,《旅游、人类学与中国社会》,云南大学出版社 2001 年版。

38. 〔美〕罗宾·科恩,《全球社会学》,文军译,社会科学文献出版社 2001 年版。

39. 〔美〕G·帕斯卡尔·扎卡里,《我是"全球人"——无国界生存者宣言》,林振熙译,新华出版社 2002 年版。

40. 〔德〕马勒茨克,《跨文化交流——不同文化的人与人之间的交流》,潘亚玲译,北京大学出版社 2001 年版。

41. 万明刚,《文化视野中的人类行为——跨文化心理学导论》,甘肃文化出版社 1996 年版。

42. 乐黛云,《跨文化之桥》,北京大学出版社 2002 年版。

43. 陈俊森,《外国文化与跨文化交际》,华中理工大学出版社 2000 年版。

44. 刘双,《跨文化传播——拆解文化的围墙》,黑龙江人民出版社 2000 年版。

45. 陈超南,《走向新世纪的审美文化》,上海社会科学院出版社 2000 年版。

46. 罗萍,《生活方式学概论》,甘肃科学技术出版社 1989 年版。

47. 孙承志,"休闲哲学观思辨",《社会科学家》1999 年第 4 期。

48. 吴必虎,"美国大学中的旅游研究",《旅游学刊》2001 年第 4 期。

49. 〔加〕张裕禾/钱林森,"关于文化身份的对话",《跨文化对话·9》,上海文化出版社 2002 年版。

50. 王鲁湘,"无梦到徽州",《旅游天地》1998 年第 3 期。

51. 墨岩,"武义江畔古村落",八千里路旅行网。

52. 潘启芝,"瑰丽黔东南",《旅游天地》1998 年第 5 期。

53. "北京的胡同"资料整理：http://www.OKOO.net.

54. 徐新建,"开发中国：'民族旅游'与'旅游民族'的形成与影响——以'穿青人'、'银水寨'和'藏羌村'为案例的评述",《西南民族学院学报》2000 年第 7 期。

55. 周勇,"中西文化交流的环境落差及我的几点思考",《对外文化交流通讯》2002 年第 2 期。

56. 李英南,"泸沽湖不爱浓妆",《中国旅游》2000 年第 2 期。

57. 王红,"生命因休闲而精彩——如何正确认识休闲及构建休闲道德体系",《中州学刊》2002 年 2 期。

58. 王德军,"自然向人生成——关于休闲的哲学思考",《河南社会科学》2002 年第 1 期。

59. 孙永亮,"论休闲文化的研究与发展",《北京第二外国语学院学报》1996 年第 5 期。

后　　记

　　旅游文化学,一门已经起步的学问。在我国各大院校开设旅游学专业后,旅游文化是一门较早受到关注的课程,现可见的较早用于高校旅游专业的教材约在20世纪90年代前期出版,它们多以"中国旅游文化"命名。其内容以介绍旅游中的文化消费或文化遭遇为纲加以编纂,似也有介绍、普及中国传统文化的目的。如潘宝明所编《中国旅游文化》(中国旅游出版社2001年版)一书,共十五章,分别就山水文化、城镇聚落文化、园林文化、建筑文化、宗教文化、民族文化、民俗文化、烹饪文化、酒文化、茶文化、诗词文赋文化、书画雕塑文化、戏曲歌曲文化、工艺美术文化、花鸟虫鱼文化等,作了展开介绍。另有崔进所编《旅游文化纵览》(中国旅游出版社2000年版),所辑更全面,其有篇、章、节三层目录,今就其篇、章两层,看个概略。民俗文化篇含中国民俗文化、中国民俗民风掌故两章,分别就服饰、民居、礼仪、婚娶、丧葬文化、中国人的姓氏、节庆习俗、龙的传人溯源、奇异的客家民俗等进行介绍。民间工艺文化篇含中国陶瓷文化、中国民间雕塑文化、中国的石文化、中国的剪纸文化、扇文化、中国织绣文化、中国编织文化七章。古建筑、园林艺术篇含中国古典建筑艺术、中国古代建筑工程艺术欣赏、中国古典园林艺术等四章。旅游文化艺术篇含中国的旅游文学、中国主要传统艺术欣赏两章。宗教文化篇含佛教、道教、伊斯兰教、基督教四章。饮食文化篇含中国的饮食文化、茶文化、酒文化三章。主要客源国的民俗风情及禁忌有亚洲国家、欧洲国家、北美、大洋洲国家,另有外国民俗风情欣赏各章。

　　类似的著述还有一些,如《中国旅游文化传统》(喻学才,东南大学出版社1995年版)、《旅游与文化》(张文,旅游教育出版社2001年版);以《中国旅游文化》命名的图书还见到五种(高立成,复旦大学出版社1992年版;王明煊,浙江大学出版社1998年版;王会昌,重庆大学出版社2001年版;甄尽忠,郑州大学出版社2002年版;赵荣光,东北财经大学出版社2003年版)。它们可看作同一类型。

　　旅游和文化两者都是内涵丰富、包容量相当大的概念,旅游文化更可从多种视角进入。旅游中可能的文化消费或文化遭遇是一种理解,由此也可构建出一个学习体系,但那是一种知识介绍类型的图书。它虽简洁也很朴实,可能否构成一门学科呢?如果以知识介绍的观点来看待旅游文化,却又要以一种学科的思路去建构,那就会产生两个疑问。一是它的核心理论是什么?遵循着旅游中的文化消费或文化遭遇的思路所罗列的领域,几乎都已有相当成熟的学科理论存在,无论是建筑、园林、宗教、文学、工艺美术、民族、民俗……都有相对成熟的学科,都有本行专家的研究。旅游者在有限的时间内只能是浅尝初涉,他不可能是研究者。如果在此将旅游者作为观赏者来看待,那么这样的旅游文化,即转变为旅游审美学科的一部分:旅游审美对象的展开。由此,就产生了一个旅游主体的文化内核是什么的问题。这个问题有一个更广阔的学科背景,即旅游文化学的母学科旅游学,以及它与旅游文化学之间学理衔接和延伸的问题。旅游中的文化消费或文化遭遇的整个编纂游离于旅游学学科的学理构架之外,它本身无法确立为一门旅游文化学。

教育部高等教育出版社于1998年1月在重庆召开了"旅游文化学"这门新教程的研讨。会上,专家们提出,这应是直接以旅游文化作为一门学问来研读的课程。会后高等教育出版社在全国推出了高等院校旅游类专业教材《旅游文化学》(谢贵安主编)。类似的著述还有马波的《现代旅游文化学》(青岛出版社1998年版)、沈祖祥的《旅游文化概论》(福建人民出版社1999年版)等。这样的命名已表明作者是将其作为一门学科所作的探索。今读其目录,可见与旅游中的文化消费或文化遭遇不同。

谢贵安主编的《旅游文化学》共六章,第一章分四节:旅游文化学的研究对象,旅游文化系统、结构及其特征,旅游文化的功能,旅游文化学的研究方法和目的。第二章旅游文化源流,共三节:旅游文化的起源与发展,旅游文化的突变与扩展,旅游文化的交流与整合。第三章旅游主体文化,共五节:民族旅游性格,民族旅游性格的近现代转换,旅游主体文化人格,旅游主体文化人格的塑造,休闲文化对旅游主体性格的调适。第四章旅游客体文化,两节:旅游客体的定义和类别、旅游客体的特征与文化功能。第五章旅游中介文化,三节:旅游中介体,旅游行业文化和旅游企业文化,旅游服务者文化人格的塑造。最后一章旅游社会环境文化,三节:旅游出发地社会环境文化,旅游目的地社会环境文化,旅游目的地社会环境文化的调适与保护。全书结束语是"旅游的文化步履:从超越自然到回归自然"。

马波的《现代旅游文化学》以旅游消费行为文化、旅游审美文化、旅游资源及其开发文化、旅游企业文化、旅游接待地经营文化综合成书。该书似乎企图以文化学的某种逻辑秩序对旅游文化进行组合,涉及了旅游文化的定位、历程、基础、特点、传统、继承与发展。

谢先生在前言中自谦地说:"由于编著者水平有限,书中一定有不少缺点和失误,恳请专家与读者不吝指正。"马波先生在其前言中也自谦为"初生之物,其形必丑"。其实,他们的著述为建立旅游文化学这门学科所做的开创性和奠基性工作,是应该充分肯定的。20世纪末我国在旅游文化学学科上已有了可贵的初创。这一初创成果至少有两点较为突出:一是作为学科思考的体系结构;二是该学科的主体构建已有了最初的内容。

面对这样的研究状况,复旦大学出版社是有眼光的,他们要求新的书稿应具有"新颖性、权威性和前瞻性"。这就要求在旅游文化学学科建设上作出实质性推进。

两年来,在完成这本《旅游文化学》的写作过程中,我给予自己的一个任务是:明确研究对象和学科归属,提出核心理论,梳理学理来源,构建基本体系,推进旅游文化学作为一门学科的相对定型和完善。

如何达到上述目标? 起初萦绕在我心头的是一个又一个问题:旅游文化概念该如何理解? 它反映出旅游现实怎样的一个侧面? 它与旅游学和文化学的关系如何? 它与旅游专业所学的其他课程如旅游资源与开发、旅游美学、旅游地理学等等的关系怎样? 我国旅游专业所开设的课程与旅游教学发达国家比有何不足? 如何调整? 高校旅游专业本科生在这门课程中应该得到怎样的知识范畴? 应给予他们怎样的实践指导和进一步的理论发展? 专业课程又如何及时吸纳国内外学者的前沿研究? 在旅游学研究中我国学者与西方学者的研究有何侧重? 如何各取其长融为一炉? 今天,书稿的成型,恰是在这一系列问题的解答中得以实现的。当然,想总是比做要容易,也更精彩。总之,取法乎上,仅得其中吧。

多年旅游专业的教学给了我驾驭旅游文化学研究的方向;长期从事旅游学、文化学的研究和积累推动着旅游文化学的前行。这本旅游文化学的著述,似乎是回顾了我近20年来的学术生涯。在此,最应记取的是中国比较文学和比较文化学学会的朋友们:徐新建(四川大学)、陈跃红(北京大学)、潘知常(南京大学)、叶舒宪(中国社科院)易中天(厦门大学)、潘年英(黎明大学)、王建开(复旦大学)、袁荻勇(贵州师范大学)、张晓松(贵州大学)、彭兆荣(厦门大学)……尽管大家星散于各地,自1985年深圳成立大会以后,西安、贵阳、张家界、长春、成都、南京……三年一次的年会,多少理论问题得以明了,多少学术研究提高层次,乃至比较文学学科和人才队伍在天南海北的流动中,壮大起来、成熟起来。与朋友们在一起对话、切磋,他们有的致力于文化人类学的研究,有的致力于传统诗学的中外比较和交流,有的致力于大众的审美文化和传播学的研究,有的则致力于民族民间文化的社会学探索,在此宽阔的基地上,我栽下了旅游的跨文化交流之苗。有此相关学科的培育、滋养,我知道,旅游文化学可以并能够建立学科规范的成长天地,特别是在已经提出了旅游人类学、旅游社会学这样的学科概念后,旅游文化学将成长和该成材即成为一种可能与现实。

旅游文化学——研究旅游生活所创的跨文化交流的学问。

值此成书之际,谨向朋友们问候,并致以登临高山的敬礼!

章海荣
2003 年 10 月

图书在版编目(CIP)数据

旅游文化学/章海荣著. —上海:复旦大学出版社,2004.4(2020.7 重印)
(复旦博学·现代旅游学教材系列)
ISBN 978-7-309-03913-9

Ⅰ.旅… Ⅱ.章… Ⅲ.旅游-文化 Ⅳ.F590

中国版本图书馆 CIP 数据核字(2004)第 0011323 号

旅游文化学
章海荣 著
责任编辑/徐惠平

复旦大学出版社有限公司出版发行
上海市国权路 579 号　邮编:200433
网址:fupnet@fudanpress.com　http://www.fudanpress.com
门市零售:86-21-65102580　　团体订购:86-21-65104505
外埠邮购:86-21-65642846　　出版部电话:86-21-65642845
上海华业装潢印刷厂有限公司

开本 787×960　1/16　印张 18.5　字数 333 千
2020 年 7 月第 1 版第 8 次印刷
印数 20 701—21 800

ISBN 978-7-309-03913-9/F·851
定价:29.00 元

如有印装质量问题,请向复旦大学出版社有限公司出版部调换。
版权所有　侵权必究